Lavagem de Dinheiro por Meio de Obras de Arte

Uma Perspectiva Judicial Criminal

Fausto Martin De Sanctis

Lavagem de Dinheiro por Meio de Obras de Arte

Uma Perspectiva Judicial Criminal

Belo Horizonte
2015

Copyright © 2015 Editora Del Rey Ltda.

Nenhuma parte deste livro poderá ser reproduzida, sejam quais forem os meios empregados, sem a permissão, por escrito, da Editora.
Impresso no Brasil | Printed in Brazil

EDITORA DEL REY LTDA.
www.livrariadelrey.com.br

Tradução e atualização da edição inglesa:
Money Laundering Through Art: A Criminal Justice Perspective
Copyright @ Springer International Publishing, AG 2013
Springer International Publishing is part of Springer Sciense+Business Media
All rights reserved.

Editor: Arnaldo Oliveira

Editor Adjunto: Ricardo A. Malheiros Fiuza

Editora Assistente: Waneska Diniz

Coordenação Editorial: Wendell Campos Borges

Projeto Gráfico: Dilex Editoração Ltda.

Editoração: Dilex Editoração Ltda.

Revisão: Adriana Armond de Carvalho

Capa: CYB Comunicação

Editora / MG
Rua dos Goitacazes, 71 – Sala 709-C – Centro
Belo Horizonte – MG – CEP 30190-050
Tel: (31) 3284-5845
editora@delreyonline.com.br

Conselho Editorial:
Alice de Souza Birchal
Antônio Augusto Cançado Trindade
Antonio Augusto Junho Anastasia
Antônio Pereira Gaio Júnior
Aroldo Plínio Gonçalves
Carlos Alberto Penna R. de Carvalho
Celso de Magalhães Pinto
Dalmar Pimenta
Edelberto Augusto Gomes Lima
Edésio Fernandes
Felipe Martins Pinto
Fernando Gonzaga Jayme
Hermes Vilchez Guerrero
José Adércio Leite Sampaio
José Edgard Penna Amorim Pereira
Luiz Guilherme da Costa Wagner Junior
Misabel Abreu Machado Derzi
Plínio Salgado
Rénan Kfuri Lopes
Rodrigo da Cunha Pereira
Sérgio Lellis Santiago

S212l   Sanctis, Fausto Martin De

         Lavagem de dinheiro por meio de obras de arte: uma perspectiva judicial criminal. / Fausto Martin De Sanctis. Belo Horizonte: Del Rey, 2015.

         xiv + 330 p.

         ISBN: 978-85-384-0406-4

         1. Lavagem de dinheiro. 2. Lavagem de dinheiro, criminalização. 3. Lavagem de dinheiro, jurisprudência. 4. Obra de arte. 5. Artes plásticas, coleções. 6. Museu, exposição. I. Título.

                                                                    CDU: 343.72

Nilcéia Lage de Medeiros
Bibliotecária
CRB6: 1545

APRESENTAÇÃO

A arte foi descoberta pelos criminosos como um efetivo e um clandestino modo de lavar dinheiro, nacional ou internacionalmente. Infelizmente, tal não tem sido observado pelas autoridades, o que tem possibilitado a existência de uma gama grande de brechas legais e institucionais, permitindo a lavagem de milhões de dólares. A presente obra trata-se de um estudo sobre o combate e a prevenção da lavagem de dinheiro, em particular em obras de arte, fornecendo, também, visão ampla das maneiras atuais da prática desse crime. Tal foi possível graças ao apoio do Centro Judiciário Federal (órgão ligada a Corte Suprema americana), localizado em Washington, DC, Estados Unidos (pesquisa realizada entre 02.04.2012 a 28.09.2012, com a devida atualização para a publicação em português). Espera-se que seja um guia para investigadores, promotores, procuradores e juízes porquanto tem sido de alguma forma negligenciado o foco nas novas técnicas usadas por delinquentes para a lavagem de dinheiro. De fato, galerias e casas de leilões internacionais não constituem as únicas instituições possíveis para a prática criminosa. ONGs, *Trusts*, Associações, Fundações, *Remittances* ou Empresas Remessadoras, Pagamentos (em espécie, por *offshores*, *wire transfers*, cartões de crédito pré-pagos ou de depósito de valores – *stored value cards*, via *internet*), bem ainda o papel das agências governamentais de controle e de investigação das Unidades de Inteligência Financeira, enfim, dos Poderes Executivo, Legislativo e Judiciário, tiveram que ser analisados. Propostas finais foram elaboradas, uma vez que se concluiu pela necessidade do aperfeiçoamento institucional e normativo, e não apenas da regulação do mercado das artes.

Sumário

Introdução e Questionamentos 1

CAPÍTULO I – LAVAGEM DE DINHEIRO E TUTELA LEGISLATIVA CIVIL E CRIMINAL DO PATRIMÔNIO CULTURAL 13

I.1. Lavagem de Dinheiro 13

I.2. Diplomas Internacionais (Proteção do Patrimônio Mundial, Cultural e Natural contra o Crime Organizado). 26

I.3. Legislação e Ações Nacionais – Estados Unidos e Brasil 32

CAPÍTULO II – MEIOS DE CONTENÇÃO DO DELIQUENTE ECONÔMICO 53

CAPÍTULO III – A ARTE E A PREVENÇÃO DO CRIME 59

III.1. A Arte, seus Atores e Investigação 59

III.2. A Arte de Lavar Dinheiro e o Papel dos Atores para a sua Prevenção e o seu Combate 72

III.3. Conselho Internacional dos Museus – ICOM. 79

III.4. Entidades Culturais e o Incentivo à Difusão da Arte. Receita Federal 80

III.5. Empresas de Seguro 99

III.6. Financial Crimes Enforcement Network – FinCEN e o Conselho de Controle de Atividades Financeiras – COAF – Comunicação de Operações Suspeitas. Riscos bancários 100

III.7. Receita Federal.. 103

CAPÍTULO IV – CASOS RETRATADOS NA JURISPRUDÊNCIA E NA IMPRENSA 115

IV.1. Jurisprudência.. 116

IV.1.1. UNITED STATES OF AMERICA, Appellee, v. Orlando BIRBRAGHER, also known as Orlando Villarreal Birbragher, also known as Orlando Villarreal, Appellant. N.º 08-4004. Submitted: Nov. 20, 2009. Filed: April 26, 2010. Rehearing Denied May 27, 2010. *603 F.3d 530, 2010 WL 1643597* (United States Court of Appeals, Eighth Circuit, St. Louis, Missouri). 116

IV.1.2. UNITED STATES OF AMERICA, Plaintiff-Appellee, v. VIOLET M. MARSH, Defendant-Appellant. N.º 97-30188. United States Court of Appeals for the ninth circuit. 1998 U.S. App. LEXIS 25440.September 16, 1998, Argued and Submitted, Seattle, Washington October 7, 1998, Filed.. 117

IV.1.3. UNITED STATES OF AMERICA, against KATHRYN AMIEL, JOANNE AMIEL, and SARINA AMIEL, Defendants. 92-CR-238 (TCP) United States District Court For The Eastern District Of New York 889 F. Supp. 615; June 15, 1995, U.S. Dist. LEXIS 12611.. 118

IV.1.4. UNITED STATES OF AMERICA v. MICHAEL S. CIARCIA. CRIM. N.º 3:04CR172(AWT). United States District Court For The District Of Hartford, Connecticut, June 28 2006 U.S. Dist. LEXIS 43833.. 119

IV.1.5. GALERIE FURSTENBERG, Plaintiff, v. PHILIP COFFARO, individually, and in his capacity as an officer, agent and/or director of C.V.M. ART COMPANY, LTD., GALLERY 25 LTD., HERITAGE

viii

GRAPHICS, INC. and/or d/b/a COMBINED GRAPHICS, THOMAS WALLACE, individually, and in his capacity as an officer, agent and/or director of GENEVA GRAPHICS LIMITED and/or INTERNATIONAL FINE ARTS LTD. and/or as an agent of C.V.M. ART COMPANY, LTD., CAROL CONVERTINE, individually, and in her capacity as an officer, agent and/or director of CONVERTINE FINE ART LTD., JULIEN AIME, ANDREW LEVINE, individually, and in his capacity as an officer, agent and/or director of A.D.L. FINE ARTS INC. and/or d/b/a COMBINED GRAPHICS, T.R. ROGERS, a/k/a Tom Reed, a/k/a Reed Rogers, individually, and in his capacity as an officer, agent and/or director of T.R. ROGERS INC. and/or ROGERS ON RODEO INC., MELTON MAGIDSON, individually, and in his capacity as an officer, agent and/or director of MAGIDSON & ASSOCIATES, INC., Defendants, No. 88 Civ. 355 (LLS), United States District Court For The Southern District Of New York, 697 F. Supp. 1282; October 5, 1988 U.S. Dist. LEXIS 11750; 9 U.S.P.Q.2D (BNA) 1201.. 120

IV.1.6. UNITED STATES OF AMERICA, Appellee, v. MAHIR REISS, also known as BARBITAS, also known as BARBAS, also known as UNCLE, also known as THE RABBI, Defendant-Appellant, ABRAHAM REISS, BERNARD GRUNFELD, JACK PINSKI, ROBERTO BUENDIA, FABIO ARANA, LISANDRO MONTES DE OCA, FRANCISCO GIL, ESTONIO RODRIGUEZ, JUAN SUAREZ, ALVARO DUQUE, AND ISRAEL KNOBLOCH, Defendants. Docket Nos. 98-1468 & 98-1441(L) UNITED STATES COURT OF APPEALS FOR THE SECOND CIRCUIT 186 F.3d 149; 1999 U.S. App. LEXIS 11132 March 17, 1999, Argued May 27, 1999, Decided, 186 F.3d 149, 1999 U.S. App. LEXIS 11132....................... 121

IV.1.7. UNITED STATES OF AMERICA, Appellee, v. Frederick SCHULTS, Defendant-appellant. United States District Court for the Southern District of New York, Rakoff, 333 F.3d.393 2003 (http://law. justia.com/cases/federal/appellate-courts/F3/333/393/603190/)....... 123

IV.1.8. United States v. McClain, 545 F. 2d 998 (5th Circ.) [McClain I], rehearing denied, 551 F. 2d 52 (5th Cir. 1977 (per curiam); US v. McClain, 593 F. 2d 658 (5th Cir.) [McClain II], cert. denied, 444 919 (1979). (Two convictions, two appeals)... 125

ix

IV.1.9. Autos n.º 2007.61.81.0011245-7/SP, condenação em 2008 pela 6ª Vara Criminal Federal especializada em Crimes Financeiros e em Lavagem de Dinheiro, confirmada pelo Tribunal Regional Federal da 3ª Região (São Paulo e Mato Grosso do Sul), Apelação Criminal n.º 0001234-26.2007.04.03.6181/SP, j. em 06.03.2012, Rel. Des. Federal Johonsom di Salvo. 126

IV.1.10. Ação Penal n.º 2003.71.00.054398-0 instaurada na 3ª Vara Federal Criminal de Porto Alegre (Estado do Rio Grande do Sul)... 127

IV.1.11. Ação Civil Pública na Vara Ambiental, Agrária e Residual de Porto Alegre, Rio Grande do Sul (n.º 2006.71.00.014365-6/RS/0014365-43.2006.404.7100). 128

IV.1.12. Ação Penal n.º 2004.61.81.008954-9 (envolvendo o ex-Banco Santos) instaurada na 6ª Vara Criminal Federal especializada em Crimes Financeiros e em Lavagem de Dinheiro, recurso para o Tribunal Regional Federal da 3ª Região (São Paulo e Mato Grosso do Sul). 134

IV.2. Imprensa 148

IV.2.1. Money Laundering Charges for Art Dealers. New York Times, published June 02, 2001, www.westlaw.com, last visit June 23rd 2012; or What´s Hot Now. Laundering Drug Money With Art. In: http://forber.com/2003/04/08/cx_0408hot_print.html, last visit

March 23, 2012. 148

IV.2.2. YAMSUAN, Cathy. Money Laundering through artworks. Philippine Daily Inquirer. 9/27/10, 2010 WLNR 19286199, Loaded Date 09/28/2010, September 27, 2010, www.westlaw.com, last visit June 26th 2012. 149

IV.2.3. Knoedler Gallery Seeks Dismissal of Fraud Suit. New York Times, Patrícia Cohen. May 16, 2012, www.westlaw.com, 2012 WLNR 10297512, loaded date 05/16/2012, last visit in 20.06.2012. 150

IV.2.4. Megaupload's Kim Dotcom denied bail in New Zealand. Agence France Presse English Wire, Erica Berenstain. January 25, 2012, www.lexis.com, last visit April 11, 2012. 150

IV.2.5. Venerable Art Dealer Is Enmeshed in Lawsuits. New York Times, Doreen Carvajal e Carol Vogel, 2011 (WLNR 7675570, 2011 WLNR 7675570, loaded date: 04/20/2011, April 20, 2011, www.westlaw.com, last visit April 11, 2012; Lost Art and a mystery vault Billionaire French dealer claims his institute has no record of treasures. Dooren Carvajal e Carol Vogel. International Herald Tribune, 2011, WLNR 14463006, loaded date: 07/21/2011, July 22, 2011, www.westlaw.com, last visit April 11, 2012. 151

IV.2.6. Art auctions 'marred by fakes, cheats' As prices soar for Chinese artworks, the auction system is linked to fake certificates, artificial prices and a myriad of other irregularities. Priscilla Jiao. South China Morning Post, (2011 WLNR 12240563). June 20, 2011. In www.westlaw.com, last visit April 14, 2012. 151

IV.2.7. Orion Group chairman sentenced to prison over slush funds, Yon – Yonhap News Agency of Korea, October 21, 2011, loaded date 10/22/2011, www.lexis.com, last visit on April 14, 2012. 152

IV.2.8. Money-Laundering: Third Directive set to be unveiled by Commission. European Report. 2004 WLNR 7240827, June 23rd 2004, www.westlaw.com, last visit June 23rd, 2012. 152

IV.2.9. Making a dent in the trafficking of stolen art. Smithsonian, 9/1/95, 1995 WLNR 5552723, Loaded Date 12/26/2008, September 1995, v. 26, Issue n.º 6, last visit July 5th 2012. 153

IV.2.10. What´s Hot Now. Laundering Drug Money With Art. In: http:// forber.com/2003/04/08/cx_0408hot_print.html, last visit March 23, 2012. 153

CAPÍTULO V – PAGAMENTOS POR VIAS ILEGAIS OU MASCARADAS E USO INADEQUADO DE ONGS, TRUSTS, ASSOCIAÇÕES OU FUNDAÇÕES 155

V.1. Transferências Eletrônicas (Wire Transfers) ou Casas de Câmbio (Black Market Exchanges) 159

V.2. Cartões Pré-Pagos ou Instrumentos de Depósito de Valores ou Moedas Digitais (Travel Money ou Stored Value Instruments ou Prepaid Access Cards ou Bitcoins) 166

V.3. Uso de Organizações Não Governamentais (ONGs), Trusts, Associações e Fundações para Fins Ilícitos 170

CAPÍTULO VI 179

VI.1. Cooperação Jurídica Internacional e Repatriação de Bens 179

VI.2. Cooperação Jurídica Internacional 190

VI.3. Bloqueio, Confisco e Repatriação de Bens 205

CAPÍTULO VII – RESPOSTAS ÀS INDAGAÇÕES INICIAIS E CONCLUSÕES 223

VII.1. Respostas às Indagações Iniciais 223

VII.2. Conclusões 239

CAPÍTULO VIII – PROPOSTAS AO APERFEIÇOAMENTO DA PREVENÇÃO E REPRESSÃO À LAVAGEM DE DINHEIRO E DO FINANCIAMENTO AO TERRORISMO 251

VIII.I. Plano internacional 253

VIII.I.1. Grupo de Ação Financeira Internacional – GAFI (FATF) 253

VIII.I.2. Paraísos fiscais, Offshores e Trusts 253

VIII.I.3. Cooperação Jurídica Internacional e Repatriamento de Bens (aperfeiçoamento da cooperação internacional, inclusive para viabilizar o repatriamento de bens, com vistas à efetividade da Justiça, que deve ser considerada universal, mediante as seguintes medidas e posicionamento dos países, considerando que a luta contra o crime independe do local onde ele foi praticado e o confisco é fundamental) 255

VIII.II. Plano nacional 259

VIII.II.1. Medidas institucionais (Poderes Executivo e ou

Legislativo). 259

VIII.II.2. Apreensão, Congelamento e Confisco 260

VIII.II.3. Órgão Regulador.. 260

VIII.II.4. Comerciantes de Arte ou Art Dealers 261

VIII.II.5. Empréstimos, Participações, Benefícios, Pagamentos (em espécie, cartões, remittances, eletrônicos ou mediante instrumentos de depósito de valores pré-pagos – stored value cards e internet). 262

VIII.II.6. Offshores or Trusts... 266

VIII.II.7. Organizações Não Governamentais – ONGs, Associações e Fundações 267

VIII.II.8. Crime de Lavagem – Tipificação... 270

VIII.II.9. Administração da Justiça e Juízes 271

VIII.II.10. Agências Governamentais de Controle e Investigação (law enforcement agencies). Unidades de Inteligência Financeira (Financial Intelligence Units – FIUs) e Eventual Órgão Regulador do Setor das Artes.. 271

VIII.II.11. Receita Federal e ou Ministério Público............................ 274

VIII.II.12. Empresas de Seguro... 276

VIII.II.13. Casas de Leilões Internacionais, Galerias de Arte, Museus e Bibliotecas 277

Referências bibliográficas.. 283

INTRODUÇÃO E QUESTIONAMENTOS

A arte[1] constitui um dos muitos setores que têm atraído a delinquência para o fim de lavar recursos provenientes de toda sorte de ilícitos. Até então, sabia-se que ela era objeto de furto, roubo e falsificações. Infelizmente, como bem revelam Leonard Duboff, Michael Murray e Christy King, o roubo de arte tem crescido consideravelmente nos últimos anos, aparentemente movimentando o mercado ilegal com bilhões de dólares.[2]

Por exemplo, uma das pinturas mais importantes já realizadas e que representa a transição entre a Idade Média e a Renascença é a obra de Jan Van Eyck inti-

---

[1] Importante distinguir arte de artesanato (pequenos trabalhos manuais). Segundo Leonard Duboff, Michael Murray e Christy King, o artesão realiza trabalho essencialmente manual (que mental), efetuando mecanicamente mais do que por inspiração. *O trabalho pelo qual ele cumpre suas tarefas é essencialmente automático; e o sucesso de sua profissão depende não de um poder de criação, mas de destreza, artifício e aplicação habilidosa de regras preestabelecidas (vide The Deskbook of Art Law. Booklet A. Art: The Customs Definition,* New York: Oceana, Second Edition, Release 2010-2, Issued December 2010, p. A-21).

[2] Cf. *The Deskbook of Art Law.* Booklet C (Theft). New York: Oceana, Second Edition, Release 2010-2, Issued December 2010, p. C1.

tulada *A adoração do Carneiro Místico*.[3] Desde sua concepção entre 1426 e 1432, esta obra, que contempla doze painéis em pintura a óleo, foi tomada em três diferentes guerras, queimada, desmembrada, falsificada, contrabandeada, ilicitamente vendida, censurada, escondida, usada como ferramenta diplomática, resgatada, caçada por Napoleão e pelos nazistas, recuperada por agentes austríacos, e, finalmente, treze vezes roubada. A referida obra-prima, com aparência de uma caixa de quebra cabeças, trata-se de um enfeite de altar e encontra-se hoje no coração de Gante, Bélgica, na sua catedral.

Ao se abrir seu centro, um campo idealizado com várias figuras, são identificados santos, mártires, sacerdotes, eremitas, justiceiros, cavaleiros de Cristo e um coral angélico, todos fazendo uma peregrinação para homenagear a figura central – um carneiro no altar do sacrifício, em pé e orgulhoso, enquanto sangra num cálice de ouro.

Não há qualquer precedente que se compare ao nível de detalhamento desse grandioso trabalho. Até a consecução da referida arte, apenas miniaturas de retratos e manuscritos iluminados continham ricos detalhes. A sua fama vem, portanto, de sua beleza e interesse artístico[4] e, também, de sua importância para a História da Arte.[5]

Muitos outros casos são conhecidos. Parte da política estabelecida pelo regime nazista foi a do confisco de obras de arte de famílias judaicas durante a Segunda Grande Guerra Mundial. De alguma forma, tais trabalhos encontraram um caminho não tão virtuoso para estarem na posse de museus e colecionadores. Muitos destes adquiriram de boa-fé pagando o justo preço ou então os receberam como doação.[6]

Isso já é bem conhecido. Porém, falar em lavagem de dinheiro por meio de obras de arte é algo recente, que data do final do século passado.

---

[3] A obra é conhecida por vários nomes, já que apenas centenas de anos depois raramente possuíam nomes específicos. Muitos dos títulos hoje conhecidos foram dados por historiadores da arte para facilitação de sua identificação. Em flamengo, a língua da Bélgica, chama-se *O Carneiro de Deus*. Também tem sido chamado de *O Carneiro Místico* ou simplesmente de *O Carneiro*.

[4] Enche os olhos e provoca a mente.

[5] Cf. Noah Charney. *Stealing The Mystic Lamb. The True Story of the World's Most Coveted Masterpiece*, p.04.

[6] Vide Ralph Lerner. *The Nazi Art Theft Problem and The Role of The Museum: A Proposed Solution To Disputes Over Title*. Citation: 31 N.Y.U.J. Int'l L & Pol. 15 1998-1999. Content download/printed from HeinOnline (http://heinonline.org). Wed Apr 18 11:44:51 2012, p.15.

Este caminhar inusitado da criminalidade tem uma razão de ser. Os controles que têm sido exigidos, em cumprimento às orientações do Grupo de Ação Financeira Internacional – GAFI (*Financial Action Task Force – FATF*) para estancar a lavagem de valores, determinaram que fossem buscados novos mecanismos para lavar o proveito do delito de forma a desvinculá-lo deste. Além disso, o mercado financeiro global e o desenvolvimento das tecnologias de informação têm gradualmente impulsionado a economia do submundo do crime, estendendo as possibilidades da prática de delitos econômicos.

Tanto quanto outros negócios, a arte tem sido usada por criminosos para a lavagem de dinheiro ou para a perpetração de atividades ilegais, com o objetivo de obtenção ilícita de ganhos. Assim como acontece no setor esportivo (jogos de azar e futebol), as conexões dos delinquentes com o mundo artístico muitas vezes não são motivadas por ganhos monetários. Prestígio social, aparições ao lado de pessoas famosas e o trato com autoridades relevantes podem também constituir um fator de atração por investidores privados que vivem à margem da lei. Também uma especialização acentuada – já que poucos conhecem de fato o mercado historicamente dominado por práticas delitivas (uma ética particular?)[7] –, pode constituir grande fator de interesse escuso.

Para Geoffrey Lewis, na esteira da Declaração dos dezenove diretores-líderes de museus do mundo, em 2004, a *importância e o valor de museus universais merece nossa detalhada atenção. A admiração universal pelas civilizações antigas não seria tão profundamente estabelecida hoje se não fosse a influência exercida pelos artefatos produzidos por estas culturas, amplamente disponíveis ao público internacional na maioria dos museus*, daí a expressão *museus universais,*[8]

---

[7] A professora Diane Apostolos-Cappadona, da Universidade de Georgetown, Washington, DC, discute no curso *Art and Ethics* o relacionamento existente entre as realidades políticas, sociais e culturais identificadas no termo ética e o mundo das artes. O roubo e sua restituição, patrimônio cultural, financiamento público das artes e práticas museológicas com um olhar na aquisição e na disposição de arte, especialmente religiosa, bem ainda sobre o papel dos museus como instituições culturais e educativas. Informações obtidas da própria professora, em reunião na Universidade citada em 19.04.2012, às 16h00, ou *www.georgetown.edu*, acessado em 08.05.2012.

[8] Cf. *The Universal Museum: A Case of Special Pleading? Art and Cultural Heritage. Law, Policy, and Practice*, p. 379.

motivando a necessidade de darmos mais atenção à criminalidade que envolve a herança cultural.

A arte constitui um dos setores atrativos para a prática da lavagem diante das grandes transações monetárias envolvidas e do desconhecimento geral desse mundo particular, marcado por confidencialidade e pela grande atividade criminosa com que historicamente tem se defrontado esse mercado (furto/roubo/falsificação/receptação e mais, recentemente, lavagem de dinheiro).

O objetivo deste trabalho é dimensionar o problema, verificar eventuais brechas legislativas e ou institucionais que proporcionam mobilidade e dinamicidade à criminalidade organizada, permitindo o continuísmo e a riqueza ilícita sem precedentes. A inércia prudencial que vem abatendo o setor deve ser enfrentada com apreciação pontual sobre o problema, que não pode se limitar à tomada de atitudes isoladas ou não coordenadas, caso em que o conflito e a instabilidade continuarão a marcá-lo, com grave risco à sua credibilidade e mesmo à sua existência futura.

Com efeito, a tolerância reiterada com a despropositada prática delituosa, de há muito conhecida (*em nome da arte*), mina este mercado e sua credibilidade a partir do momento em que as autoridades não têm conseguido, a contento, fazer valer a lei e a vontade popular das boas práticas.

A presente análise busca fornecer meios para uma série de decisões públicas importantes e estimular manifestações dos especialistas, a fim de evitar a manipulação ou o uso da arte para fins ilícitos, pretendendo também compreender as fragilidades da situação desse mercado, não tão bem digeridas pelas autoridades e pela sociedade.

Por constituir a arte algo de interesse mundial, não poderia deixar de ser abordada sob o prisma criminológico, diante da sua importância social, educacional e cultural.

Devemos refletir, constante e diariamente, sobre os tempos atuais, que desafiam as autoridades e as concitam à tomada de ações contra a lavagem de dinheiro, o financiamento do terrorismo e a criminalidade organizada, uma percepção diferenciada de uma nova situação mundial, que tem permitido a perpetuação de uma série de delitos graves e o enriquecimento ilícito de seus agentes. Em outras palavras, tentar obter uma resposta que permita uma persecução penal eficaz.

Não se pode esquecer que uma das características criminológicas essenciais na lavagem de dinheiro, como bem nos lembra Pedro Caeiro, citando Jorge Fernandes Godinho e Luís Goes Pinheiro,[9] constitui a ligação necessária com o crime organizado, o que provoca notável diversidade, no plano empírico, das condutas que aí se podem conter.

Por essa razão, exige-se uma forte intervenção penal do Estado, logo no início, inclusive quanto aos bens e valores dos investigados para, uma vez confirmadas a sua propriedade e posse ilegítimas, aniquilar com a ideia de que o crime compensa, apesar de eventual condenação e prisão.

Este trabalho destina-se a constituir não somente uma introdução ao palpitante tema, mas tecer considerações outras que possam subsidiar o estudo de métodos que viabilizem a efetiva transparência negocial, de molde a inibir ou diminuir a incidência delitiva. Enfim, reduzir o mistério de muitas práticas, apesar de sua incrível importância.

Visa-se, pois, encarar, dentro do possível, o universo que cerca pontos importantes do mundo artístico, no que tange às práticas negociais, com vistas ao aprimoramento do sistema de prevenção e repressão punitiva. Espera-se traçar, portanto, um horizonte com o objetivo de realizar uma análise crítica, prática e real, trazendo, inclusive, a visão de estudos já realizados em âmbito mundial sobre esse importante e atual tema.

A tentativa de se fazer uma leitura desse setor, um retrato do mercado que pretenda, de fato, vislumbrá-lo e orientá-lo de molde a conferir transparência, necessitaria de uma bagagem e representatividade própria e especializada. Ou, então, deveria seguir um rigoroso procedimento de catalogação e investigação, porquanto não se pode perder de vista que o recrudescimento do crime organizado é, frequentemente, fruto de uma sistemática época de desatenção, de tolerâncias mútuas, de códigos de ética que frequentemente são enaltecidos, mas aplicados, de fato, apenas a alguns; de arrogância, de permissibilidade, quando não, do apoio velado de parte da sociedade civil (parte da elite, da imprensa etc.), que

---

[9] Cf. Pedro Caeiro, in *Branqueamento de capitais*. Manual distribuído no curso promovido pela OEA e o Ministério da Justiça a juízes e promotores brasileiros entre 17 e 21 de outubro de 2005. p. 4.

insiste em apontar os defeitos tão-somente daqueles que não atendam a seus próprios interesses.

O presente trabalho teve início com a reflexão do autor sobre muitos pontos. Foi idealizada uma série de questões que deveriam ser respondidas, a saber:

01. Existe algum certificado ou documento de registro de obras de arte para serem leiloadas?

02. Há algumas restrições ao transporte, para fora do País, de obras-primas?

03. Casas de leilões internacionais (CLIs) ou galerias somente indagam aos vendedores onde os valores devem ser depositados? E se a resposta for num paraíso fiscal?

04. Existe algum questionamento sobre a origem do dinheiro (do comprador) entregue ou depositado?

05. Devem os compradores depositar na conta da CLI ou da galeria ou diretamente na conta do vendedor?

06. A obra de arte em si mesma, como é possível verificar sua autenticidade? As CLIs e as galerias possuem peritos?

07. Como são fixados os preços de uma obra de arte?

08. Como verificar a origem dos recursos, principalmente se provenientes de uma terceira parte?

09. Possuem, as CLIs, os museus, as galerias, as bibliotecas ou as agências governamentais, banco de dados de obras desaparecidas, vendidas (obras-primas), com identificação dos clientes e dos beneficiários de contas bancárias?

10. Uma CLI ou uma galeria deve realizar uma comunicação de operação suspeita a uma unidade de inteligência financeira, como FinCEN, nos EUA, ou COAF, no Brasil?

11. Existe algum movimento (uma coordenada ação) para evitar a venda de obras desaparecidas ou roubadas?

12. Existe alguma troca de informações entre agências governamentais e o mercado das artes?

13. Além da INTERPOL, existe um *site* de consulta pelo público de obras desaparecidas ou roubadas?

14. Existe um banco de dados privado que consigne os delinquentes e os receptadores ou mesmo tutores que eventualmente deram lições equivocadas acerca do manejo adequado de obras de arte?

15. Existe mais atenção por parte das pessoas para obras de arte de retratos (podem ser facilmente reconhecidas no caso de roubo) e pinturas de embarcações (se há uma bandeira, pessoas podem mais facilmente reconhecê-las)?

16. Qual a percentagem da recuperação de obras usurpadas ou roubadas?

17. Qual é a quantia dos objetos roubados?

18. O sistema de informática das CLIs, das galerias, das bibliotecas e dos museus é concebido para prover vaga investigação ou informação?

19. Se não, as CLIs, as bibliotecas, as galerias e os museus ajudam as agências governamentais de controle, a Polícia e o Ministério Público?

20. As CLIs, as galerias, as bibliotecas, os museus e as agências de controle possuem peritos capazes de identificar uma peça com certeza razoável?

21. As CLIs, as galerias, as bibliotecas, os museus e as agências governamentais recebem informações de informantes ou anônimas sobre obras de arte desaparecidas ou roubadas?

22. Uma vez que a obra de arte pode passar pelas mãos de vários compradores, como uma pessoa honesta, que deseja adquiri-la, pode perceber que está adquirindo obra com origem legítima?

23. Deve o comprador expor a peça? Se, em revistas, deve evitar a menção de seu proprietário, notificar a Polícia ou Ministério Público, a empresa de seguros, *art dealers*, fazer folhetos e enviar *emails* com a fotografia do item roubado e oferecer um prêmio no caso de pistas concretas?

24. São os bancos de dados acompanhados de fato por CLIs, galerias, bibliotecas, museus ou agências de controle governamentais, como Polícia e Ministério Público?

25. As CLIs, galerias, bibliotecas, museus ou agências de controle observam os catálogos de suas congêneres com a devida atenção?

26. Os catálogos são analisados quando da próxima venda de uma obra valiosa?

27. Qual o papel das empresas de seguro?

28. Poucos anos de prescrição (cinco, no caso de roubo) para a persecução penal é suficiente? Está tal prazo submetido à interrupção ou à suspensão?

29. As autoridades colocam tais questões de lado para se debruçarem no que consideram mais relevantes (crimes de sequestro, homicídios etc.)?

30. São os ladrões de obras de arte conhecedores de arte? Ou alguns são apenas especialistas em assaltos?

31. Podem ser eles um *insider* (vigilantes ou zeladores) e substituírem uma obra genuína por uma cópia?

32. CLIs, galerias, bibliotecas, museus e agências de controle dão notícias sobre descobertas (recuperações) de obras de arte?

33. As descobertas são pelo menos similares, em números, quanto às subtrações?

34. Devem a Receita Federal e as Cortes de Justiça punir CLIs, galerias, bibliotecas ou museus com tributos pesados (Receita) e multas (ambos), prisão e com a responsabilidade penal das pessoas jurídicas eventualmente envolvidas (Judiciário)?

35. As CLIS, as galerias, as bibliotecas e os museus oferecem serviços sigilosos de depósito de obras conforme a solicitação dos clientes?

36. Se a resposta for positiva, isso acaba gerando problemas quando se deseja rastrear obras desaparecidas, notadamente quando o colecionador morre anos depois?

37. É o mercado de obras de arte baseado num submundo onde pessoas mentem constantemente, por exemplo, *foi uma aquisição de família desde a sua concepção?*

38. Como têm sido os certificados falsos de autenticidade, há colaboração entre compradores, vendedores, leiloeiros para aumentar artificialmente os preços e propiciar trocas ilegais?

39. São os leilões ou as obras de arte usadas para lavar dinheiro (por exemplo, contratar alguém para comprar obra que realizou de forma inflacionada)?

40. É possível corromper pessoal para colocar uma obra de arte no mercado?

41. Já se verificou o envolvimento de empregados com uma conduta não ética antes do leilão, fazendo um negócio com um vendedor?

42. O que pode ser dito sobre o "mercado das pulgas" de obras de arte?

43. Para evitar a fraude fiscal, seria suficiente comparar o tributo pago como resultados anuais ou a diferença eventual pode ser atribuída a atrasos nos pagamentos das prestações devidas?

44. Existem diretrizes para os leilões, planos para campanhas de inspeções individuais pelas próprias CLIs ou políticas públicas de educação do mercado?

45. É possível alguma casa de leilão internacional recusar uma eventual investigação baseada no tributo pago e nos resultados anuais obtidos, simplesmente porque a credibilidade da realização de seu negócio não pode tolerar exame?

46. Tem sido suficiente a *provenance* (documento que atesta a origem) para garantir a autenticidade da obra? E se o artista ou a família deste certificar a autenticidade da obra em poder de um terceiro, não poderá existir conflito de informações de autenticidade?

47. São as CLIs autorreguladas ou possuem uma regulamentação específica?

48. A confidencialidade entre compradores e vendedores é tratada de que forma quando haja necessidade para o devido controle das autoridades públicas?

49. É possível adquirir obras de arte de uma CLI por meio de cartões pré-pagos ou de depósito de valores?

50. E pagamentos por meio de empresas de remessas ou casas de câmbio?

Tais questões podem, de fato, ser inferidas a partir das experiências vividas, inclusive, no dia a dia judicial. Quando foi a mim oportunizada a pesquisa com o apoio do Centro Judiciário Federal (*Federal Judicial Center* – FJC) em Washington, DC, em 2012 (de 02 de abril a 28 de setembro), tive a oportunidade de frequentar Cortes Federais americanas, Biblioteca do Congresso americano, do próprio FJC, além de seminários, palestras e *sites* (principalmente *Lexis, LexisNexis, Westlaw, WestlawNext*). Além disso, estive em contato com autoridades americanas, dentre as quais procuradores federais, professores, representantes de museus, de casas de leilões, juízes, agentes do *Federal Bureau of Investigation* (FBI), INTERPOL, FinCEN e outros órgãos que me forneceram valiosas informações.

A dificuldade de obter informações específicas sobre a lavagem de dinheiro, a despeito das importantes fontes, pôde ser por mim percebida já pelas próprias expressões nos rostos das pessoas contatadas: perplexidade, reflexão, ponderação. Ao mesmo tempo, notou-se um respeito pelo tema, dada sua complexidade, dificuldade e dimensão, aparentemente sem solucionamento e que a todos desafia. Daí porque talvez grasse no universo criminoso com tanta maestria.

Para tanto, o trabalho foi dividido em oito capítulos. O primeiro cuida de tecer considerações de relevo sobre a lavagem de dinheiro e a legislação civil e criminal de tutela artística. O segundo, sobre a difícil tarefa de contenção do delinquente econômico. O terceiro, sobre a arte e o papel de seus atores. Não se poderia deixar de consignar casos importantes julgados na Justiça (Estados Unidos e Brasil), bem ainda retratados pela mídia. O quarto capítulo tenta trazer o estudioso para essa realidade. No quinto, abordam-se questões das formas de pagamento e uso de ONGs, *trusts*, associações e fundações para a eventual circulação de valores ilícitos. A cooperação jurídica internacional, o repatriamento e o confisco de bens mereceram análise no sexto capítulo. No sétimo, cuidou-se, especificamente, de responder aos questionamentos iniciais que podem esclarecer, em grande medida, como funciona a prevenção do setor para a lavagem de dinheiro; contempla também as conclusões finais. No último (oitavo), propostas para o aperfeiçoamento do setor são sugeridas, nos planos internacional e nacional, de molde a evitar-se a lavagem de dinheiro e o financiamento do terrorismo.

Esta obra, apesar de aparentar, a partir de uma perspectiva literal, ter esgotado o assunto, não se desincumbiu de tal mister. Tenta, no entanto, ser completa em termos lógicos e práticos e propiciar uma visão de um mundo pouco explorado ou conhecido, no qual crimes graves são cometidos com arte. O objetivo desejado é fazer com que o sucesso obtido com a prática criminosa no meio artístico seja invariavelmente incompleto ou infrequente.

Capítulo I

Lavagem de Dinheiro e Tutela Legislativa Civil e Criminal do Patrimônio Cultural

I.1. LAVAGEM DE DINHEIRO

A lavagem de dinheiro tem reclamado a atenção de todos diante do alto grau de sofisticação das atividades criminosas, que, já há algum tempo, organizaram-se, profissionalizaram-se e transnacionalizaram-se.

Propiciando a transformação daquilo que é ilegal em legal, o crime organizado atuava livremente por total ineficácia dos diplomas nacionais e internacionais, que não eram compatíveis com essa nova realidade.

Nesse ponto, Gilson Dipp pontifica que tal crime aproveita-se *do peso do Estado, dos Poderes Executivo, Legislativo e Judiciário, que estão regulados, quase amarrados, ao princípio da territorialidade, ou seja, de que a lei se aplica apenas nos seus limites. É um conceito totalmente ultrapassado. O Estado, não abdicando da sua soberania, precisa desenvolver ampla cooperação internacional. Se insistirmos no conceito de soberania do século XIX, permitiremos que o crime organizado exerça o seu poder em detrimento da soberania formal.*[10]

De outro lado, a noção de que esse tipo de delinquência atinge sobremaneira a ordem econômica e social fez com que fosse reconhecida a necessidade de se estabelecer de forma precisa um novo delito, também pertencente à criminalidade econômica, caracterizada, em princípio, por não possuir valoração social negativa.

Francisco de Assis Betti, ao abordar os crimes econômicos de uma maneira geral, compreende-os como crimes em que haja *constatação da ausência de valoração social negativa, que procede de vários fatores: apego excessivo aos bens materiais, como o lucro; egoísmo exagerado dos detentores do capital, que devotam total desprezo às classes menos favorecidas e a certeza da impunidade. A maioria desses crimes é abafada pelas autoridades coniventes e, quando vêm a público, as provas são mal produzidas, os fatos são de difícil apuração, exigindo assessoria técnica especializada nas diversas áreas de que se originaram, culminando, quase sempre, na impunidade.*[11]

No início, o crime estava vinculado ao delito de tráfico ilícito de entorpecentes, tendo como ponto de partida, na Europa, uma Recomendação do Conselho da Europa de 1980. A Convenção das Nações Unidas contra o tráfico ilícito de entorpecentes e substâncias psicotrópicas (Convenção de Viena de 1988) é considerada o marco internacional, propiciando, no mundo, a sua análise político-criminal.

A preocupação em caracterizar a lavagem de dinheiro como delito autônomo teve íntima conexão com o tráfico internacional de entorpecentes. Com efeito, dois aspectos parecem ter sido decisivos para que houvesse uma mobilização internacional no sentido de se punir quem tornava aparentemente lícita a riqueza proveniente do tráfico ilícito de drogas.

Um deles é a já previsível ineficácia dos meios repressivos de combate ao narcotráfico; outro fator é representado pelo impacto econômico-financeiro que a movimentação dos chamados *narcodólares*, no rumo da

---

[10] Entrevista publicada em 03.11.2004 no *site Consultor Jurídico*. Disponível em: *www.conjur.com.br*, Acesso em 18.06.2012.

[11] In BETTI, Francisco de Assis. *Aspectos dos crimes contra o sistema financeiro nacional – comentários às Leis 7.492/86 e 9.613/98*, p. 20.

aparente licitude, provoca na economia de muitos países, interferindo, sobremaneira, nas normais relações de produção, concorrência e consumo.

Deste modo, o grande impulso internacional para a adoção de medidas de combate à lavagem de dinheiro, ou seja, o marco legal internacional global foi mesmo a Convenção das Nações Unidas de Viena de 1988, que teve como escopo específico o combate ao tráfico de entorpecentes e substâncias psicotrópicas.

Possuía-se a ideia da falência dos diplomas tradicionais em fazer face a essa nova realidade. Preocupação constante de variados países é a luta contra crimes importantes, que ainda representam uma ameaça real por permitir o fluxo de capitais ilegais, o que causa séria desconfiança na eficácia das instituições incumbidas em seu combate.

Mireille Delmas-Marty e Geneviève Giudicelli-Delage asseguram que foi *a partir do final dos anos 1980 que a comunidade internacional se conscientizou da inadequação – e mesmo da inutilidade – dos direitos nacionais em face de uma criminalidade cada vez mais eficaz em escala internacional e prospera precisamente sobre o terreno da disparidade e da ausência de harmonização das legislações nacionais (...). A Convenção da ONU, assinada em Viena em 20 de dezembro de 1988, traduz a primeira resposta de harmonização.*[12]

Não se pode deixar de ter em vista que o delito de lavagem de dinheiro aparece como medida para cercear o proveito e o uso de bens adquiridos com as vantagens da infração. É, pois, delito derivado de outro, não existindo sem que o antecedente tenha ocorrido no passado. Trata-se, nas palavras de Jean Larguier e Philippe Conte, de uma *infração de consequência* e não um comportamento anterior ou contemporâneo ao ato principal ou a essa tentativa.[13]

Para usufruir os bens ilícitos, de tranquila forma, a criminalidade tem se aparelhado, como também o Estado, obrigando-o a efetivar os mais modernos mecanismos de combate ao crime.

Francisco de Assis Betti aduz nem sempre ser *fácil para o delinquente a utilização do produto do crime. A imprevidência nos gastos com excentricidades que*

---

[12]   Cf. DELMAS-MARTY, Mireille; GIUDICELLI-DELAGE, Geneviève. *Droit pénal des affaires*. 4. ed. Paris: Presses Universitaire de France, 2000. p. 309-310.

[13]   In CONTE, Philippe; LARGUIER, Jean. *Le recel de choses et le blanchiment. Droit pénal des affaires*, p. 238.

sempre acompanham o dinheiro obtido com facilidade e a aquisição imediata de bens acima de seu padrão pessoal de vida revelam sinais exteriores de riqueza, despertando suspeitas, sugerindo investigação pela polícia ou pelo imposto de renda. Por isso, os infratores experientes procuram organizar um projeto de inversão do produto do crime, contando com cooperadores dispostos a ocultar esses recursos e a encobrir as pistas que esse dinheiro deve seguir, com o objetivo de iludir a ação repressora.[14]

Na medida em que a sociedade tem se apercebido que grave não é apenas a violência expressada por meio de sangue e armas, mais e mais os Estados têm ratificado instrumentos normativos internacionais, sem restrição, denotando não mais tolerar em seus territórios a continuidade de uma delinquência desmedida.

O vínculo existente entre lavagem de dinheiro e criminalidade organizada obrigou uma intervenção estatal contundente e mais imediata até como forma de sua sobrevivência.

Pelo teor do artigo terceiro da Convenção de Viena, cada país signatário compromete-se a tomar as medidas necessárias ao combate do narcotráfico, tipificando como delitos penais, em seu Direito interno, as condutas ali mencionadas. Os referidos comportamentos são divididos, pelo próprio artigo terceiro, em três grupos. O primeiro grupo (item "a" do art. 3º) relaciona-se com o tráfico propriamente dito, quando tipifica a produção, fabricação, extração, preparação ou oferta [3, a) i)], o cultivo [3, a) ii)], a posse ou aquisição para qualquer das condutas antecedentes [3, a) iii)], transporte e distribuição [3, a) iv)] e a organização, gestão ou financiamento de qualquer das condutas anteriores [3, a) v)]. O segundo (item "b" – art. 3º) trata da lavagem de dinheiro em que os Estados signatários comprometem-se a tipificar a conversão ou transferência de bens cuja origem esteja vinculada aos delitos previstos no item "a" [3, b) i)] e a ocultação ou encobrimento da origem, natureza, localização, destino ou propriedade dos mesmos [3, b) ii)]. Finalmente, o terceiro grupo (item "c" do art. 3º) cuida de outras modalidades de condutas vinculadas ao narcotráfico ou à lavagem de dinheiro, como a aquisição, posse ou utilização de bens provenientes do narcotráfico [3, c) i)], a posse de materiais ou equipamentos relacionados com o tráfico de entorpecentes [3, c) ii)], a instigação ou o induzimento à prática dos delitos ali tipifica-

---

[14] In BETTI, Francisco de Assis. *op. cit.*, p. 39.

dos [3, c) iii)] e a participação em comissão em qualquer dos delitos ali tipificados [3, c) iv)].

Destaca-se, à evidência, que o crime de lavagem de dinheiro é, por essência, um crime derivado porque sua configuração depende da existência de um crime precedente.

Posteriormente, em 1992, nas Bahamas, a Assembleia Geral da OEA aprovou e adotou um Regulamento Modelo sobre delitos de lavagem de dinheiro relacionados com o tráfico ilícito de entorpecentes, cuidando, no seu artigo segundo, de definir quais seriam os comportamentos ensejadores de incriminação. Isso motivou a promulgação de diversas legislações na América Latina, como na Colômbia (Lei n.º 333, de 1996), no Chile (Lei n.º 9.366/1995), no Paraguai (Lei n.º 1.015/1997) e na Venezuela, sendo que na Argentina, no Equador, no México e no Peru já existiam leis sobre lavagem de dinheiro antes da aprovação do Regulamento Modelo das Bahamas, mas posteriores à Convenção de Viena.

Quando promulgada a Lei de Lavagem no Brasil, o crime em questão já tinha perdido, em muitos dos países que incriminam este tipo de conduta, o caráter de crime exclusivamente derivado dos crimes relativos ao tráfico de entorpecentes. Espanha, Suíça, Áustria, Estados Unidos, Canadá, Austrália e México, todos estes países já não tipificam apenas a lavagem como apêndice do tráfico de entorpecentes. Dada a evidência que o problema do branqueamento de dinheiro não é uma questão exclusiva do narcotráfico e diante das consequências deletérias da introdução de dinheiro proveniente de determinados crimes na economia formal, muitas legislações passaram a estender o conceito de lavagem de dinheiro, associando-a a outros tipos de delitos precedentes.

A desvinculação do delito de lavagem de dinheiro da questão do narcotráfico, se, por um lado, mostrou-se necessária, pois não se via justificativa para incriminar apenas aquela forma de enriquecimento ilícito, por outro, veio provocar sérias questões doutrinárias, uma das quais relacionadas ao bem jurídico tutelado.

De fato, quando era delito único e exclusivamente vinculado à questão das drogas, podia-se alegar que a objetividade jurídica era, ainda que de modo indireto e reflexo, a mesma dos crimes de narcotráfico. Isto fica bem claro na Convenção de Viena, que não faz distinção formal entre o narcotráfico propriamente dito e o seu consequente enriquecimento.

A legislação Argentina, mais precisamente, o art. 25 da Lei n.º 23.737/1989, preceitua que será punido com dois a dez anos todo aquele que praticar o delito de lavagem de capitais, *sin haber tomado parte ni cooperado en la ejecución de los hechos previstos en el esta ley*. Logo, se a condição para a punibilidade da lavagem de dinheiro é o fato de não ter participado de algum crime de narcotráfico precedente, entende-se que se cuida de uma violação ao mesmo bem jurídico, em progressão criminosa, de modo que deverá se evitar o *bis in idem*.

Perdendo sua vinculação exclusiva com o delito do qual se originou, surgiram muitas questões sobre a nova objetividade jurídica do delito em comento. Não resta dúvida, hoje, que o crime de lavagem de dinheiro está inserido no contexto do Direito Penal Econômico, por ser a ordem socioeconômica a atingida com a lavagem de capitais e tendo em vista a inclusão no mercado de vultosas quantias de dinheiro provenientes de crime, interferindo nas normais relações de produção, consumo e concorrência.

Outra dificuldade que existe em relação à lavagem é que sua forma de execução não é simples, nem segue uma regra predeterminada. A execução do delito passa por processos amiúde complexos e sofisticados, por intermédio de atos concatenados e fracionados, que ao final vão conferir aparência lícita a dinheiro *sujo*. Com efeito, é possível, numa conceituação singela, definir lavagem de dinheiro como o processo por meio do qual se transformam bens adquiridos de forma criminosa em bens aparentemente lícitos. Entretanto, a tipificação desta conduta não pode, em face das necessidades imperiosas da legalidade e segurança jurídica, ser feita de forma tão simples.

Identifica-se, classicamente, no delito de lavagem de dinheiro, três fases da conduta, a bem saber: ocultação ou colocação ou *placement*, em que se procura tirar a visibilidade dos bens adquiridos criminosamente; controle, dissimulação ou *layering*, em que se busca afastar o dinheiro de sua origem, dissimulando os vestígios de sua obtenção; integração ou *integration*, em que o dinheiro ilícito reintegra-se na economia sob uma aparência de licitude. Soma-se a isto a fase de reciclagem ou *recy-*

cling consistente no apagamento de todos os registros de fases anteriores concretizadas.

Diante da complexidade das condutas e do processo que compõe a lavagem de dinheiro, percebe-se a quase completa impossibilidade de se incriminá-la senão por meio de tipos mistos, prevendo mais de uma forma de conduta, e abertos, pois o elevado número de condutas descritas na Convenção de Viena, adotadas pela maioria dos países, reclama interferência para completar o tipo, dentro dos limites ali previstos. Além disso, o delito de lavagem de dinheiro é sempre derivado, de modo que necessariamente terá que ser feita, em maior ou menor grau, alguma conexão com o crime precedente. Todas estas questões fazem com que tal delito possua inúmeras peculiaridades, que deverão, pouco a pouco, ser pacificadas pela doutrina.

No caso brasileiro, a tipificação da lavagem de dinheiro não foi feita no próprio corpo do Código Penal, como ocorre, por exemplo, nos Estados Unidos (*18 US Code § 1956*), representando uma indiscutível dificuldade, pois o referido delito, se fosse codificado, passaria a ter uma imediata adequação aos princípios e regras do Código Penal. Tratando-se de sistema harmônico e hierárquico, não se criaria espaço para exceções injustificáveis. Assim é na França, Itália, Suíça e Colômbia.

Criado em dezembro de 1989 pelos sete países mais ricos do mundo (G7),[15] o Grupo de Ação Financeira Internacional (*Financial Action Task Force on Money Laundering* – FATF ou *Groupe d'Action Financière sur le blanchiment des capitaux* – GAFI), no âmbito da Organização para a Cooperação e Desenvolvimento Econômico (OCDE), possui a finalidade de examinar, desenvolver e promover políticas de combate à lavagem de dinheiro. Reuniu inicialmente quinze países europeus e a Austrália. Posteriormente, foi incorporando outros países (inclusive China, desde 2007) e dois organismos internacionais (a Comissão Europeia e o *Gulf Cooperation Council*). A partir da XI Reunião Plenária, realizada em setembro de 1999, o Brasil passou a integrá-lo, inicialmente como observador.

Constitui um organismo intergovernamental com o propósito de promover, pois, medidas ao combate da lavagem. Em 1990, redigiu 40

---

[15]   EUA, Japão, Alemanha, França, Reino Unido, Itália e Canadá. Conta, hoje, com a participação da Rússia (G8).

Recomendações, revistas em 1996. Em 2003, foram redigidas mais oito (sobre financiamento ao terrorismo) e em 2004, foi editada a nona Recomendação (também sobre financiamento ao terrorismo). Em 16 de fevereiro de 2012, as 49 Recomendações foram revisadas, aperfeiçoadas e condensadas em quarenta.

Não possuem caráter vinculante, mas exercem forte influência internacional sobre vários países (mesmo não membros) para evitar a perda de credibilidade, sendo reconhecidas pelo Fundo Monetário Internacional e pelo Banco Mundial como padrões internacionais para o combate da lavagem de dinheiro e ao financiamento do terrorismo. Na versão de 1996, foram adotadas por 130 países. Na versão de 2003 e 2004, por mais de 180 países.

Importante mencionar que partiu do Brasil, que o presidiu entre 2008 e 2009, a ideia de aperfeiçoar e ajustar as Recomendações evitando distorções, duplicidades e ainda incorporar as nove Recomendações sobre financiamento ao terrorismo no texto base (quarenta Recomendações).

As resistências iniciais foram vencidas porquanto não se desejava, na ocasião, alterar o texto já assimilado. Em momento algum esperava-se mudança substancial, mas o foco foi o de se fazer um ajuste fino, tornando-as mais claras e objetivas, possibilitando uma cobrança mais incisiva ao seu cumprimento, o que veio alterar e facilitar, inclusive, as metodologias de avaliação dos países-membros.

Contêm, de relevante, já com a última revisão de 2012, o seguinte:

Os países devem identificar, avaliar e compreender os riscos a que estão sujeitos para o cometimento da lavagem de dinheiro e do financiamento ao terrorismo, devendo ser coordenadas ações que os mitiguem (*Risk-Based Approach* – *RBA*, Recomendação n.º 1); a revisão faculta aos países-membros a cooperação e a coordenação nacionais das políticas de prevenção e repressão, com ações adequadas, Unidades de Inteligência Financeira (*Financial Intelligence Unit* – *FIU*) etc. De certa maneira, com a nova redação (antes se encontrava na Recomendação n.º 31) legitimou-se a Estratégia Nacional de Combate à Corrupção e à Lavagem de dinheiro – ENCCLA existente no Brasil[16] (Recomendação n.º 2); a

---

[16] Segundo estudo realizado pelo Centro de Estudos Judiciários do Conselho da Justiça Federal a respeito da efetividade da Lei n.º 9.613/1998, tramitavam no País, até setembro de

imputação de crime de lavagem de dinheiro pode se dar até a quem cometeu o delito antecedente, que pode constituir em uma grave ofensa ou a um vasto rol ou, ainda, a crimes com penas iguais ou superiores a um ano, havendo previsão da responsabilidade penal das pessoas jurídicas, independentemente da responsabilidade civil ou administrativa (Recomendação n.º 3); não exigência de condenação criminal prévia para a perda de bens. Além disso, ao se referir às Convenções ONU de Viena (Tráfico Internacional/1988), de Financiamento ao Terrorismo (1999) e de Palermo (Crime Organizado Transnacional/2000), permite-se a inversão do ônus da prova dos bens apreendidos (Recomendação n.º 4); estabelecimento do crime de financiamento ao terrorismo (Reco-

---

2001, apenas 260 inquéritos policiais junto à Polícia Federal, sendo que a maioria dos juízes federais entrevistados no referido estudo, especificamente 87%, respondeu que não havia qualquer processo em tramitação em sua Vara relativamente a este crime até 31.12.2000, data constante do formulário de pesquisa (CONSELHO DA JUSTIÇA FEDERAL. *Uma análise crítica da lei dos crimes de lavagem de dinheiro*). Presidida pelo Ministro Gilson Dipp do Superior Tribunal de Justiça e contou com a participação de representantes da Justiça Federal, Ministério Público Federal, Polícia Federal e da FEBRABAN e elaborou, em 2002 e 2003, recomendações concretas para aprimorar a investigação e persecução do crime de lavagem de dinheiro a partir da cooperação de diversos setores do Estado e da sociedade responsáveis pela implementação da Lei. É considerado o embrião da ENCLA (*Estratégia Nacional de Combate à Lavagem de dinheiro e de Recuperação de Ativos*), rebatizado como ENC-CLA (*Estratégia Nacional de Combate à Corrupção e à Lavagem de dinheiro*). A chamada *Estratégia Nacional de Combate à Corrupção e à Lavagem de dinheiro* (ENCCLA) é composta pelos principais órgãos envolvidos com o tema, basicamente a Advocacia-Geral da União (AGU), o Conselho de Controle de Atividades Financeiras (COAF), o Departamento de Recuperação de Ativos e Cooperação Jurídica Internacional do Ministério da Justiça (DRCI), o Conselho da Justiça Federal (CJF), o Ministério Público Federal (MPF), a Controladoria-Geral da União (CGU) e a Agência Brasileira de Inteligência (ABIn), estabelecendo a política anual para o conjunto de ações por aqueles encarregados da efetivação da Lei n.º 9.613/1998, uma vez que se observou execução de agendas próprias e desarticuladas, quando não conflitantes entre si, dos órgãos e agentes públicos responsáveis por seu combate. Houve reunião, em 05 a 07 de dezembro de 2003, em Pirenópolis (Estado de Goiás) visando desenvolver uma estratégia conjunta de combate à lavagem de dinheiro. Para acompanhar o andamento das metas definidas nos objetivos de *acesso a dados, recuperação de ativos, articulação institucional, capacitação e treinamento* e *atuação e cooperação internacional*, criou-se o *Gabinete de Gestão Integrada de Prevenção e Combate à Lavagem de Dinheiro* (GGI-LD), atendendo a Meta 01 da ENCLA/2004. Esse *Gabinete* é composto pelos principais órgãos públicos governamentais, bem como pelo Poder Judiciário e pelo Ministério Público, reunindo-se em diversas ocasiões em plenárias e em grupos de trabalho. Anualmente são definidas Ações (antigas Metas), esperando-se que as conclusões obtidas durante os trabalhos desenvolvidos se transformem em resultados efetivos.

mendação n.º 5); obrigação de implementar o regime de sanções para o cumprimento das Resoluções do Conselho de Segurança das Nações Unidas quanto ao terrorismo e seu financiamento (Recomendação n.º 6), bem ainda no que tange à proliferação de armas de destruição em massa e seu financiamento (Recomendação n.º 7); estabelecimento de política adequada às Organizações Não Governamentais (*Non-Profit Organizations*) no sentido de se obter informação em tempo real de suas atividades, tamanho e outras características importantes, como transparência, integridade e publicidade da administração e melhores práticas, com a supervisão e monitoramento (Recomendação n.º 8); não invocação do sigilo bancário ou profissional como forma de obstrução das Recomendações do GAFI/FATF (Recomendação n.º 9); Dever de vigilância relativo à clientela, pessoas físicas e jurídicas, *Customer Due Diligence – CDD*, proibição de contas anônimas ou titularizadas com nomes fictícios e obrigação de identificação de seu beneficiário final – *beneficial owner* (Recomendação n.º 10), com manutenção de registro por pelo menos 5 anos (Recomendação n.º 11); definição das Pessoas Politicamente Expostas (*Politically Exposed Persons – PEPs*), isto é, aquelas que normalmente tenham maior facilidade em *lavar* valores, como políticos e seus parentes (com funções proeminentes), obrigando um maior controle sobre elas, sendo sua definição alargada (revisão 2012) para contemplar pessoas nacionais e estrangeiras, até mesmo de organizações internacionais (Recomendação n.º 12).

Vale ainda destacar:

A obrigação de, nas transferências eletrônicas (*wire transfers*), serem cobradas informações detalhadas da informação originária, bem ainda de seu beneficiário, com a possibilidade de monitoramento, havendo a faculdade de proibir transações de determinadas pessoas segundo as Resoluções do Conselho de Segurança das Nações Unidas n.ºs 1269/1999 e 1373/2001, relativamente à prevenção e à supressão do terrorismo e seu financiamento (Recomendação n.º 16); obrigação de comunicação compulsória de operações suspeitas por parte de empresas ou profissões não financeiras (*Non-Financial Businesses and Professions – DNFBPs*), como cassinos, imobiliárias, negociantes de metais ou pedras preciosas, bem ainda advogados, notários e contabilistas, devendo ser estabelecidos controles internos, preservação dos comunicantes contra responsabilidade civil ou criminal (Recomendação n.º 22, combinada com as de n.ºs 18 a 21); dever de transparência dos beneficiários das pessoas jurídicas, devendo ser obtida pelos países informação adequada e em tempo real (Recomendação n.º 24), inclusive de *trusts*, *settlors* e *trustees* ou beneficiários (Recomendação n.º 25); as Unidades de Informação Financeira (FIU's) devem ter acesso, direto ou indireto e em tempo útil, às informações financeiras, administrativas e provenientes das autoridades de aplicação da lei (*Law Inforcement Authorities*), para desempenhar cabalmente as suas funções, incluindo a análise das declarações de operações suspeitas (Recomendações n.ºs 26, 27, 29 e 31); regramento adequado dos cassinos, com efetiva supervisão e regulamentação à prevenção da lavagem de dinheiro (Recomendação n.º 28); estabelecimento da possibilidade de congelamento e apreensão ainda que o cometimento do delito antecedente tenha se dado em outra jurisdição (país), bem ainda com a implementação de grupos especializados multidisciplinares, leiase forças-tarefa (Recomendação n.º 30); adoção de técnicas de investigação como operações encobertas, interceptação das comunicações, acesso a sistemas de computação e entrega controlada (Recomendação n.º 31); restrição ou fim de transporte físico de moedas (Recomendação n.º 32); penas proporcionais e dissuasivas às pessoas físicas e jurídicas (Recomendação n.º 35); cooperação jurídica internacional, nos termos das Convenções ONU de Viena (Tráfico Internacional/1988), de Palermo (Crime Organizado Transnacional/2000) e Mérida (Corrupção/2003), com retiradas de obstáculos (Recomendação n.º 36) e assistência mútua direta para uma solução rápida, construtiva e efetiva (Recomendação n.º 37), inclusive de congelamento e confisco mesmo que não exista condenação prévia (Recomendação n.º 38), extradição e mediante espontânea atitude que vise ao combate de crimes antecedentes, de lavagem de dinheiro e do financiamento ao terrorismo (Recomendação n.º 40).

Assim, a partir da revisão de 2012, as Recomendações estabeleceram as normas gerais, que são detalhadas pelas Notas Interpretativas. Por sua vez, o Glossário tem permitido a correta dimensão dos conceitos adotados e, até, esclarecimentos importantes.

As Notas Interpretativas foram melhor descritas para se adequarem tanto aos países que adotam a *Common Law* quanto aos de direito positivado ou *continental*.

Uma importante inovação, apesar de não ter sido este o objetivo da revisão de fevereiro de 2012, foi a de pontuar a necessidade de os países adotarem o chamado *Risk-Based Aproach* – RBA, ou seja, antes de se aplicar quaisquer medidas, critérios que deveriam ser estabelecidos para o direcionamento de políticas públicas de prevenção e repressão à lavagem de dinheiro, ao financiamento ao terrorismo e (o que é inovador) à proliferação de armas de destruição em massa.

Com relação às Pessoas Politicamente Expostas (ou *Politically Exposed Persons – PEP's*), antes apenas uma obrigação de acompanhamento de certas pessoas ou autoridades estrangeiras, mas que agora se referem a nacionais, aí incluindo organizações internacionais.

O GAFI (FATF) impulsionou a criação de órgãos semelhantes, conhecidos como FSRB's (*FATF – Style Regional Bodies*). Visam à integração da chamada rede global de combate à lavagem de dinheiro, a saber:

a) *Asia/Pacific Group on Money Laudering* (APG, que inclui: Austrália, Bangladesh, Brunei Darussalam, Camboja, Taiwan, Ilhas Cook, Ilhas Fiji, Hong Kong, Índia, Indonésia, Japão, Coreia do Sul, Malásia, Ilhas Marshall, Mongólia, Nepal, Nova Zelândia, Niue, Paquistão, Palau, Filipinas, Samoa, Singapura, Sri Lanka, Tailândia, Tonga, EUA, Vanuatu);

b) *Eurasian Group* (EAG, incluindo Belarus ou Bielorrússia, Cazaquistão, Rússia, Quirguistão, República Popular da China, Tadjiquistão);

c) *Middle East and North Africa Financial Action Task Force* (MENAFATF, *v. g.*, com a seguinte composição: Argélia, Bahrein, Egito, Jordânia, Kwait, Líbano, Marrocos, Omã, Catar, Arábia Saudita, Síria, Tunísia, Iêmen, Emirados Árabes);

d) *Caribbean Financial Action Task Force* (CFATF ou GAFI CARAÏBE, para América Central e Caribe, a saber: Antígua e Barbuda, Anguilla, Aruba, Bahamas, Barbados, Belize, Bermuda, Ilhas Virgens Britânicas, Cayman, Costa Rica, Dominica, República Dominicana, El Salvador, Granada, Guatemala, Guiana, Haiti, Honduras, Jamaica, Montserrat, Antilhas Holandesas, Nicarágua, Panamá, São Cristóvão e Nevis, Santa Lúcia, São Vicente e Granadinas, Suriname, Ilhas *Turks & Caicos*, Trinidad e Tobago e, finalmente, Venezuela);

e) *Moneyval* (Conselho da Europa, como segue: Albânia, Andorra, Armênia, Azerbaijão, Bósnia-Herzegóvina, Bulgária, Croácia, Chipre, República Tcheca, Estônia, Geórgia, Hungria, Letônia, Liechtenstein, Lituânia, Moldávia, Malta, Mônaco, Polônia, Romênia, Rússia, San Marino, Sérvia e Montenegro, Eslováquia, Eslovênia, Macedônia e Ucrânia);

f) *Eastern and Southern Africa Anti-Money Laudering Group* (ESAAMLG, Botsuana, Quênia, Lesoto, Malauí, Moçambique, Maurício, Namíbia, África do Sul, Suazilândia, Seicheles, Uganda, Tanzânia, Zâmbia e Zimbábue);

g) *Financial Action Task Force of Latin America* (GAFILAT), ex *Financial Action Task Force of South America* (GAFISUD, para a América do Sul e países da América Central, com a seguinte composição: Argentina, Bolívia, Brasil, Chile, Colômbia, Costa Rica, Cuba, Equador, Guatemala, Honduras, México, Nicarágua, Panamá, Paraguai, Peru e Uruguai;

h) *Intergovernmental Task Force against Money Laudering in West Africa* (GIABA);

i) *Group on Anti-Money Laudering in Central Africa* (GABAC).[17]

Existe um Grupo semelhante a uma FSRB, o *Offshore Group of Banking Supervisors* – OGBS (composto por Aruba, Bahamas, Bahrein, Barbados, Bermuda, Cayman, Chipre, Gibraltar, Guernsey, Hong Kong, Ilha do Homem, Jersey, Labuan, Malásia, Macau, Maurício, Antilhas Holandesas, Panamá, Singapura e Vanuatu).

Possuem a finalidade de promover a adoção e a implementação efetiva das 40 Recomendações, obrigando os países-membros a aceitar uma vigilância multilateral e avaliações mútuas.

Não se verificou, com relação à arte, uma preocupação particular por parte do GAFI (FATF), já que ao recomendar a obrigação de co-

---

[17] Vide Annual Report 2013-2014, do Financial Action Task Force/Groupe d'Action Financière. Site: http://www.fatf-gafi.org/media/fatf/documents/brochuresannualreports/ FATF%20Annual%20report%202013-2014.pdf em 02..03.2015.

municação compulsória de operações suspeitas por parte de empresas ou profissões não financeiras (*Non-Financial Businesses and Professions – DNFBPs*), momento algum fez menção a referido setor. Com efeito, restringiu-se a cassinos, imobiliárias, negociantes de metais ou pedras preciosas, bem ainda a advogados, notários e contabilistas, estabelecendo que a estes deveriam ser previstos controles internos, preservação dos comunicantes contra responsabilidade civil ou criminal (Recomendação n.º 22, combinada com as de n.ºs 18 a 21).

Mesmo com estimativas bilionárias de valores envolvendo o submundo de obras de arte,[18] o Grupo de Ação Financeira Internacional não se atentou ao problema.

I.2. DIPLOMAS INTERNACIONAIS (PROTEÇÃO DO PATRIMÔNIO MUNDIAL, CULTURAL E NATURAL CONTRA O CRIME ORGANIZADO).

A UNESCO (*United Nations Educational, Scientific and Cultural Organization*), o órgão das Nações Unidas para a Educação, Ciência e Cultura, elaborou uma Convenção para a Proibição e Prevenção de Importação Ilícita, Exportação e Transferência de Propriedade do Patrimônio Cultural, de 14 de novembro de 1970, tentou prevenir o comércio ilegal de obras de arte para que ele ficasse permitido no caso de licenças especiais de exportação e mediante um sistema administrativo de controle que possibilite aos Estados-Membros a prevenção da exploração e a importação ilegais.[19]

---

[18] Cf. Robert Spiel Júnior estima em 1,3 bilhões de dólares anuais a extensão mundial que envolve o roubo de obras de arte (in *Art Theft and Forgery Investigation*, p.31 e 237-238). Já o *Federal Bureau of Investigation* (FBI) estima que o tráfico internacional de obras de arte movimenta aproximadamente US$ 6 bilhões por ano, enquanto a UNESCO afirmaria que o montante seria de mais de um bilhão de dólares anuais (cf. Tailson Pires Costa e Joceli Scremin da Rocha, A incidência da Receptação e do Tráfico Ilícito de Obras de Arte no Brasil. *https:// www.metodista.br/ revistas/ revistas-ims/ index.php/ ... / 523*, p.264-265).

[19] *Article 6 reads: The States Parties to this Convention undetake: (a) To introduce an appropriate certificate, in which the exporting State would specify that the export of the cultural property in question is authorized. The certificate should accompany all items of cultural property exported in accordance with the regulations; (b) to prohibit the exportation of cultural property from their territory unless accompanied by the above-mentioned export certificate; (c) to publicize this prohibition by appropriate means, particularly amont*

O Escritório para Assuntos Educacionais e Culturais do Departamento de Estado norte-americano (*Bureau of Educational & Cultural Affairs of the United States Department of State*) faz um importante trabalho de apoio às demandas de Estados em face de eventuais violações da Convenção da UNESCO mencionada, além de destinar, em 2012, seis milhões de dólares para a conservação de obras de arte (não apenas nos Estados Unidos) e um milhão à capacitação e ao treinamento de agências governamentais, inclusive procuradores federais.[20]

Outra importante Convenção internacional que visa também combater o mercado ilícito de obras de arte é a Convenção da ONU para o Retorno de Objetos Roubados e Ilegalmente Exportados (*Convention on the Internation Return of Stolen or Illegally Exported Cultural Objects* – UNIDROIT, Roma, 1995). O preâmbulo desta pontifica a preocupação no

---

persons likely to export or import cultural property; Article 7 reads: To take necessary measures, consistent with national legislaton, to prevent museums and similar institutions within their territories from acquiring cultural property originating in another State Party which has been illegally exported after entry into force of this Convention, in the States concerned. Whenever possible, to inform a State of origin Party to this Convention of un offer of such cultural property illegally removed from that State after the entry into force of this Convention in both States; (b) (i) to prohibit the import of cultural property stolen from a museum or a religious or secular public monument or similar institution in another State Party to this Convention after the entry into force of this Convention for the States concerned, provided that such property is documented as appertaining to the inventory of that institution; (ii) at the request of the State Party of origin, to take appropriate steps to recover and return any such cultural property imported after the entry into force of this Convention in both States concerned, provided, however, that the requesting State shall pay just compensation to an innocent purchaser or to a person who has valid title to that property. Requests for recovery and return shal be made through diplomatic offices. The requesting Party shall furnish, at its expense, the documentation and other evidence necessary to establish its claim for recovery and return. The Parties shall impose no customs duties or other charges upon cultural property returned pursuant to this Article. All expenses incident to the return and delivery of the cultural property shall be borne by the requesting Party; Article 10 reads: (a) To restrict by education, information and vigilance, movement of cultural property illegally removed from any State Party to this Convention and, as appropriate for each country, oblige antique dealers subject to penal or administrative sanctions, to maintain a register recording the origin of each item of cultural property, names and addresses of the supplier, description and price of each item sold and to inform the purchaser of the cultural property of the export prohibition to chich such property may be subject'; (b) to endeavour by educational means to create and develop in the public mind a realization of the value of cultural property and the threat to the cultural heritage created by theft, clandestine excavations and illicit exports.

[20] Bureau of Educational & Cultural Affairs. United States Department of State, reunião com Margaret G.H. MacLean, Senior Analyst, em 21.06.2012, às 15h00, no SA5, Fifth Floor; e acesso ao endereço eletrônico: *exchanges.state.gov/heritage/culprop/review.html*, visitado em 22.06.2012.

mercado ilegal de objetos culturais,[21] reclamando dos Estados-Membros o estabelecimento de regras comuns para a restituição ou repatriamento, com o retorno do bem ilegalmente removido. Referida Convenção determina o retorno ainda que o bem tenha sido adquirido de boa-fé.[22]

Na esteira do que recomenda a Convenção sobre a Proteção do Patrimônio Mundial, Cultural e Natural, fruto da Conferência Geral da UNESCO, reunida em Paris de 17.10 a 21.11.1972, de 23.11.1972,[23] importante aos Estados conferir às obras de arte *uma função na vida da coletividade* (artigo 5º).

Aliás, é dever de todos a preservação de bens culturais da humanidade, conforme prevê a Convenção citada (para a Proteção do Patrimônio Mundial, Cultural e Natural), dispondo o seguinte:

Artigo 4º:

Cada Estado-Parte da presente Convenção reconhece que lhe compete identificar, proteger, conservar, valorizar e transmitir às gerações futuras o patrimônio cultural e natural situados em seu território. O Estado-Parte envidará esforços nesse sentido tanto com recursos próprios como, se necessário, mediante assistência e cooperação internacionais à qual poderá recorrer, especialmente nos planos financeiro, artístico, científico e técnico.

Artigo 5º:

A fim de assegurar proteção e conservação eficazes e valorizar de forma ativa o patrimônio cultural e natural (...) cada Estado-Parte da presente convenção se emprenhará em: d) tomar as medidas jurídicas, científicas, técnicas, adminis-

---

[21] *Deep concern of the illicit trade in cultural objects and the irrapable damage frequently caused by it, both to these objects themselves and to the cultural heritage of national, tribal, indigenous or other communities, and also to the heritage of all peoples,, and in particular by the pillage of archaeological sites and the resulting loss of irreplaceable archaeological, historical and scientific information.*

[22] *Article 3 reads(1) The possessor of a cultural object which has been stolen shall return it; (2) For the purposes of this Convention, a cultural object has been unlawfully excavated or lawfully excavated but unlawfully retained shall be considered stolen, when consistent with the law of the State where excavation took place.*

[23] Os Estados Unidos figuram como Estado-Parte desde 07.12.1973 (data do depósito), enquanto o Brasil desde 01.09.1977 (data da aceitação) (cf. *http://whc.unesco.org/en/statesparties*, acessado em 21.05.2012). Porém, pelo Decreto Legislativo n.º 74, de 30.06.1977, apenas a partir de 07.11.1977.

trativas e financeiras cabíveis para identificar, proteger, conservar, valorizar e reabilitar o patrimônio.

Artigo 11.1:

Cada um dos Estados-Partes da presente Convenção submete, na medida do possível, ao Comitê do Patrimônio Mundial uma lista dos bens do patrimônio cultural e natural situados em seu território e suscetíveis de serem inseridos na lista prevista no parágrafo 2° do presente artigo. Essa lista, não exaustiva, deve documentar o local onde os bens em questão se situam e seu interesse.

Artigo 11.2:

Com base nas listas apresentadas pelos Estados de acordo com o disposto no parágrafo 1 acima, o Comitê estabelece, atualiza e divulga, sob o nome 'Lista do Patrimônio Mundial', os bens do patrimônio cultural e do patrimônio natural, tal como definidos nos artigos 1 e 2 da presente Convenção, que considere de valor universal excepcional em aplicação dos critérios por ele estabelecidos, e divulga a lista atualizada pelo menos a cada dois anos.

Seu artigo 15 criou o Fundo para a Proteção do Patrimônio Mundial Cultural e Natural, intitulado *Fundo do Patrimônio Mundial*, prevendo no artigo 16 a obrigação, além de uma voluntária, de depositar seguramente, a cada dois anos, contribuições ao Fundo.[24] Por fim, o artigo 29 exige dos Estados-Partes a realização de Relatórios para Conferência Geral da ONU para a Educação, a Ciência e a Cultura que são levados ao conhecimento do Comitê do Patrimônio Mundial.

Tais medidas foram adotadas para evitar o crime comum contra obras de arte (furto/roubo/receptação/falsidade), mas não foram pensadas no caso de lavagem de dinheiro e do financiamento ao terrorismo. O crime comum praticado constitui, por vezes, apenas um elemento da lavagem de dinheiro, e a arte é objeto deste delito apenas para dar aparência de legitimidade às atividades ilícitas.

Por sua vez, a Convenção das Nações Unidas de Palermo sobre o Crime Organizado Transnacional, de 15.11.2000,[25] na esteira da Con-

---

[24] Ressalvada, porém, pelo Brasil (pelo decreto que a aprovou).
[25] No Brasil, promulgada pelo Decreto n.º 5.015, de 12.03.2004, e aprovada pelo Decreto Legislativo n.º 231, de 29.09.2003.

venção das Nações Unidas de Viena contra o Tráfico Ilícito de Entorpecentes e Substâncias Psicotrópicas, de 20.12.1988 (artigo 5º),[26] ambos marcos normativos mundiais, determina aos Estados-Partes a criminalização da lavagem do produto do crime (art. 6º), bem como apreensão e confisco *do produto das infrações previstas na presente Convenção ou de bens cujo valor corresponda ao desse produto* (art. 12, 1, a). No mesmo sentido tem-se a Convenção de Mérida das Nações Unidas sobre a Corrupção, de 2003 (artigo 31, item 5 – apreensão e confisco de dinheiro no montante equivalente ao produto do ilícito).[27]

Os itens 2, 3 e 4 do artigo 12 da Convenção de Palermo das Nações Unidas sobre o Crime Organizado Transnacional deixam assentado, respectivamente, que: *os Estados-Partes tomarão as medidas necessárias para permitir a identificação, a localização, o embargo ou a apreensão dos bens referidos no parágrafo 1 do presente artigo, para efeitos de eventual confisco; se o produto do crime tiver sido convertido, total ou parcialmente, noutros bens, estes últimos podem ser objeto das medidas previstas no presente artigo, em substituição do referido produto* e *se o produto do crime tiver sido misturado com bens adquiridos legalmente, estes bens poderão, sem prejuízo das competências de embargo ou apreensão, ser confiscados até ao valor calculado do produto com que foram misturados.*

Tais previsões dão a exata dimensão da nova ordem mundial sobre o enfrentamento da criminalidade organizada ou mesmo do tráfico de entorpecentes e corrupção.

Por vezes, são alegados pelos acusados que os bens apreendidos nenhum vínculo possuem com o crime. Ora, ao magistrado caberá estimar adequadamente o eventual montante decorrente do proveito do suposto crime imputado tendo em vista a necessidade de se dar cumprimento ao que estabelecem as Convenções citadas, bem ainda o artigo 387, inciso IV, do Código de Processo Penal brasileiro (que prevê a necessidade de, na sentença condenatória, ser fixado *o valor mínimo para reparação dos danos causados pela infração, considerando os prejuízos sofridos pelo ofendido*), para viabilizar o confisco, ou seja, a perda em definitivo desse valor ao ofendido ou, na sua ausência, ao Estado, a título de indenização pelos danos causados com a prática delitiva.

---

[26] Ratificada pelo Brasil por meio do Decreto n.º 154, de 26.06.1991.
[27] Ratificada pelo Decreto n.º 5.687, de 31.01.2006.

Nas ações comuns, previstas no artigo K.3 do Título VI do Tratado de Maastricht (1992), os Estados-Membros da União Europeia se comprometeram a adotar política comum nas suas ações internas, sendo que a de 1998 (98/773/JAI), buscou enquadrar a lavagem de dinheiro como espécie de *crime organizado*. Esta foi parcialmente revogada pela *Decisão-quadro*[28] do Conselho da União Europeia, de 26.06.2001, mediante a qual os Estados-Membros obrigam-se a não fazer reservas aos artigos 2º e 6º da Convenção da Europa de 1990 (incluindo a regra que prevê a lavagem de dinheiro resultante genericamente de infrações penais) desde que *infrações graves* estejam em causa, garantindo medidas de confisco e a criminalização das vantagens provenientes de crimes, com pena máxima superior a um ano, ou daqueles considerados graves (artigo 1º).

A *Decisão-quadro* de 24.02.2005 (2005/212/JAI), relativa à perda de produtos, instrumentos e bens relacionados com o crime, permite o chamado *confisco alargado*, visando, não somente o confisco de bens de todos os condenados, mas daqueles adquiridos pelos seus cônjuges ou companheiros e cuja propriedade tivesse sido transferida para uma pessoa jurídica sob influência ou controle do condenado, no caso de crime praticado no âmbito de uma organização criminosa, moeda falsa, tráfico de pessoas, auxílio à imigração ilegal, exploração sexual de crianças e pornografia infantil, tráfico de entorpecentes, terrorismo, organização terrorista e lavagem de dinheiro, desde que sejam puníveis com pena máxima de cinco a dez anos de prisão, ou, tratando-se de lavagem, com pena máxima não inferior a quatro anos de prisão e tendo por natureza a de gerar proventos financeiros (artigo 3º, números 1 a 3).

---

[28] Decisão e decisão-quadro (Título VI do Tratado da União Europeia): com a entrada em vigor do Tratado de Amsterdã, estes novos instrumentos do Título VI do Tratado da União Europeia (*Cooperação policial e judiciária em matéria penal*) substituem a ação comum. A decisão-quadro é utilizada para aproximar as disposições legislativas e regulamentares dos Estados-Membros. É proposta por iniciativa da Comissão ou de um Estado-Membro e deve ser adotada por unanimidade. Vincula os Estados-Membros quanto ao resultado a alcançar, cabendo às instâncias nacionais decidir quanto à forma e os meios para fazê-lo. A decisão diz respeito a todos os outros objetivos para além da aproximação das disposições legislativas e regulamentares dos Estados-Membros. A decisão é vinculativa e as medidas necessárias para dar execução à decisão no âmbito da União Europeia são adotadas pelo Conselho, deliberando por maioria qualificada.

Importante realçar que a Convenção de Palermo permite a cooperação internacional para tal fim (art. 13, 1), havendo expressa previsão de destinação do valor do produto dos bens ilícitos para um Fundo das Organizações das Nações Unidas visando o seu financiamento para que ela ajude os Estados-Partes a obter meios para aplicação da Convenção (arts. 3º, a, c/c 30, 2, a).

Obras de arte podem, pois, ser inseridas no contexto desta Convenção se, no âmbito criminal, apontar-se a existência de indícios veementes de que estariam relacionadas à eventual prática de delitos antecedentes e de lavagem de dinheiro, havendo, pois, a utilização do mercado de artes como meio de lavagem de valores, circunstâncias que determinam a constrição judicial de busca e apreensão, visando o seu futuro confisco.

I.3. LEGISLAÇÃO E AÇÕES NACIONAIS – ESTADOS UNIDOS E BRASIL

Nos Estados Unidos, a legislação dá pleno suporte ao confisco de bens tanto no campo administrativo quanto no penal. O título 19 do Código dos Estados Unidos, § 1595a (c), estabelece o confisco alfandegário (*Customs Forfeiture*) ao prever que *mercadoria introduzida ou tentada sua introdução aos Estados Unidos em contrariedade à lei deve ser apreendia e confiscada se roubada, contrabandeada ou clandestinamente importada ou introduzida.*[29] De seu turno, há ofensa à lei americana (*Failure to Declare*), mais precisamente ao § 1497 (a; 1, A; 1, B, i, ii), com previsão de confisco se, em geral, qualquer artigo não for declarado ou mencionado por escrito ou oralmente.[30]

O *US Cultural Property Implementation Act*, de março de 1983(19 USC §§ 2601-2613), prevê uma série de medidas administrativas, destacando-se:

---

[29] *Merchandise which is introduzed or attempted to be introduced into the United States contrary to law shall be treated as follows: (1) The merchandise shall be seized and forteited if it...(a) is stolen, smuggled, or clandestinely imported or introduced.*

[30] *§ 1497 (a) In general (1) Any article which – (A) is not included in the declaration and entry as made or transmitted; and (B) is not mentioned before examination of the baggage begins – (i) in writing by such person, if written declaration and entry was required, or (ii) orally, if written declaration and entry was not required; shall be subject to forfeiture and such person shall be liable for a penalty determined under paragraph (2) with respect to such article.*

§ 2609 (a):

Qualquer material arqueológico ou etnográfico ou artigo da propriedade cultural importado para os Estados Unidos em violação das secções 2606 e 2607[31] deste título fica sujeito à apreensão e confisco.[32]

Já o Código Criminal americano (18 USC) estabelece como crime:

§ 542 (Lançamento de bens mediante falsa declaração)

Quem entra ou introduz no comércio dos Estados Unidos qualquer mercadoria importada por meio de documentação falsa ou fraudada, declaração, affidavit, letra, papel, ou por meio de qualquer declaração falsa, escrita ou verbal, ou realiza qualquer declaração falsa ou declaração sem razoável justificativa, ou procura fazer qualquer falsa declaração sobre a quantidade ou qualidade, deve ser considerado culpável.[33]

§ 545 (Contrabando ou descaminho de bens)

Quem fraudulentamente ou conscientemente importa ou traz para os Estados Unidos, qualquer mercadoria contrariamente à lei, ou recebe, oculta, compra, venda, ou de qualquer forma facilita o transporte, a ocultação, ou vende tal mercadoria depois da importação, sabendo ter sido trazida para os Estados Unidos contrariamente à lei, deve ser considerado culpável. Mercadoria introduzida nos Estados Unidos em violação desta secção, deve ser confiscada para os Estados Unidos.[34]

---

[31] Cuidam de obras roubadas.

[32] *Any designated archaeological or ethnological material or article of cultural property which is imported into the United States in violation of section 2606 of this title or section 2607 of this title shall be subject to seizure and forfeiture.*

[33] *Whoever enters or introduces...into the commerce of the United States any imported merchandise by means of any fraudulent or false invoice, declaration, affidavit, letter, paper, or by means of any false statement, written or verbal,...or makes any false statement in any declaration without reasonable cause to believe the truth of such statement, or procures the making of any such false statement as to any matter material thereto without reasonable cause to believe the truth of such statement [shall be guilty of a crime].*

[34] *Whoever fraudulently or knowingly imports or brings into the United States, any merchandise contrary to law, or receives, conceals, buys, sells, or in any manner facilitates the transportation, concealment, or sale of such merchandise after importation, knowing the same to have been brought into the United States contrary to law [shall be guilty of a crime]. Merchandise introduced into the United States in violation of this section,...shall be forfeited to the United States.*

§ 1956 (Lavagem de dinheiro)

*(a) (1) Quem, sabendo que a propriedade ou a posse em uma transação finan-ceira, representa a renda de alguma atividade ilegal, realiza ou tenta realizar uma transação financeira a qual de fato envolve a renda de uma atividade ilícita específica – (A) (i) com a inten*ção de promover a realização de uma atividade específica ilícita; ou com a intenção de engajar na conduta que constitua violação a seção 7201 ou 7206 do Código Tributário de 1986; ou sabendo que a transação é realizada no todo ou em parte *(i) para esconder ou dissimular a natureza, a localização, a fonte, a propriedade, ou o controle sobre a renda ou o lucro de uma atividade ilícita específica; ou para evitar a comunicação requerida pela legislação estadual ou federal, deve ser apenado com uma multa de não mais de U$ 500.000,00 ou duas vezes o valor da propriedade envolvida na transação, o que for maior, ou prisão de não mais de vinte anos, ou ambas. (...) (2) Quem transporta, transmite, ou transfere, ou tenta transportar, transmitir ou transferir um instrumento monetário ou valores de um lugar dos Estados Unidos para ou por meio de um lugar fora dos Estados Unidos ou para um lugar nos Estados Unidos de ou por meio de um lugar fora dos Estados Unidos – (A) com a intenção de promover a realização de uma ati-vidade ilegal específica; ou (B) sabendo que o instrumento monetário ou os valores envolvidos no transporte, transmissão ou transferência são designados no todo ou em parte – (i) para esconder ou dissimular a natureza, a localização, a origem, a propriedade, ou o controle dos valores de uma atividade ilícita específica; ou (ii) para evitar a comunicação exigida pela legislação estadual ou federal, deve ser apenado com uma multa de não mais de U$ 500.000,00 ou duas vezes o valor da propriedade envolvida na transação, o que for maior, ou prisão de não mais de vinte anos, ou ambas (...)*[35]

---

[35] *(a)(1) Whoever, knowing that the property involved in a financial transaction represents the proceeds of some form of unlawful activity, conducts or attempts to conduct such a financial transaction which in fact involves the proceeds of specified unlawful activity – (A) (i) with the intent to promote the carrying on of specified unlawful activity; or(ii)with intent to engage in conduct constituting a violation of section 7201 or 7206 of the Internal Revenue Code of 1986; or (B) knowing that the transaction is designed in whole or in part – (i) to conceal or disguise the nature, the location, the source, the ownership, or the control of the proceeds of specified unlawful activity; or (ii)to avoid a transaction reporting requirement under State or Federal law, shall be sentenced to a fine of not more than $500,000 or twice the value of the property invol-ved in the transaction, whichever is greater, or imprisonment for not more than twenty years, or both. For purposes of this paragraph, a financial transaction shall be considered to be one involving the proceeds of specified unlawful activity if it is part of a set of parallel or dependent transactions, any one of which invol-ves the proceeds of specified unlawful activity, and all of which are part of a single plan or arrangement.(2) Whoever transports, transmits, or transfers, or attempts to transport, transmit, or transfer a monetary ins-trument or funds from a place in the United States to or through a place outside the United States or to a place in the United States from or through a place outside the United States – (A) with the intent to pro-*

mote the carrying on of specified unlawful activity; or (B) knowing that the monetary instrument or funds involved in the transportation, transmission, or transfer represent the proceeds of some form of unlawful activity and knowing that such transportation, transmission, or transfer is designed in whole or in part – (i) to conceal or disguise the nature, the location, the source, the ownership, or the control of the proceeds of specified unlawful activity; or (ii) to avoid a transaction reporting requirement under State or Federal law, shall be sentenced to a fine of not more than $500,000 or twice the value of the monetary instrument or funds involved in the transportation, transmission, or transfer, whichever is greater, or imprisonment for not more than twenty years, or both. For the purpose of the offense described in subparagraph (B), the defendant's knowledge may be established by proof that a law enforcement officer represented the matter specified in subparagraph (B) as true, and the defendant's subsequent statements or actions indicate that the defendant believed such representations to be true. (3) Whoever, with the intent – (A) to promote the carrying on of specified unlawful activity; (B) to conceal or disguise the nature, location, source, ownership, or control of property believed to be the proceeds of specified unlawful activity; or (C) to avoid a transaction reporting requirement under State or Federal law, conducts or attempts to conduct a financial transaction involving property represented to be the proceeds of specified unlawful activity, or property used to conduct or facilitate specified unlawful activity, shall be fined under this title or imprisoned for not more than 20 years, or both. For purposes of this paragraph and paragraph (2), the term "represented" means any representation made by a law enforcement officer or by another person at the direction of, or with the approval of, a Federal official authorized to investigate or prosecute violations of this section. (b) Penalties. – (1) In general. – Whoever conducts or attempts to conduct a transaction described in subsection (a)(1) or (a)(3), or section _1957_, or a transportation, transmission, or transfer described in subsection (a)(2), is liable to the United States for a civil penalty of not more than the greater of – (A)the value of the property, funds, or monetary instruments involved in the transaction; or (B) $10,000. (2) Jurisdiction over foreign persons. For purposes of adjudicating an action filed or enforcing a penalty ordered under this section, the district courts shall have jurisdiction over any foreign person, including any financial institution authorized under the laws of a foreign country, against whom the action is brought, if service of process upon the foreign person is made under the Federal Rules of Civil Procedure or the laws of the country in which the foreign person is found, and – (A)the foreign person commits an offense under subsection (a) involving a financial transaction that occurs in whole or in part in the United States;(B) the foreign person converts, to his or her own use, property in which the United States has an ownership interest by virtue of the entry of an order of forfeiture by a court of the United States; or (C) the foreign person is a financial institution that maintains a bank account at a financial institution in the United States.(3) Court authority over assets. A court may issue a pretrial restraining order or take any other action necessary to ensure that any bank account or other property held by the defendant in the United States is available to satisfy a judgment under this section.(4) Federal receiver. – (A) In general. – A court may appoint a Federal Receiver, in accordance with subparagraph (B) of this paragraph, to collect, marshal, and take custody, control, and possession of all assets of the defendant, wherever located, to satisfy a civil judgment under this subsection, a forfeiture judgment under section _981_ or _982_, or a criminal sentence under section _1957_ orsubsection (a) of this section, including an order of restitution to any victim of a specified unlawful activity.(B) Appointment and authority. – A Federal Receiver described in subparagraph (A) – (i)may be appointed upon application of a Federal prosecutor or a Federal or State regulator, by the court having jurisdiction over the defendant in the case; (ii) shall be an officer of the court, and the powers of the Federal Receiver shall include the powers set out in section _754_ of title _28_, United States Code; and(iii)shall have standing equivalent to that of a Federal prosecutor for the purpose of submitting requests to obtain information regarding the assets of the defendant – (I) from the Financial Crimes Enforcement Network of the Department of the Treasury; or (II) from a foreign country pursuant to a *mutual legal assistance treaty, multilateral agreement, or other arrangement for international law enforcement assistance, provided that such requests are in accordance with the policies and procedures of the Attorney General.(c)As used in this section – (1) the term "knowing that the property involved in a financial transaction represents the proceeds of some form of unlawful activity" means that the person knew the property involved in the transaction represented proceeds from some form, though not necessarily which form, of activity that constitutes a felony under State, Federal, or foreign law, regardless of whether or not such activity is specified in paragraph (7);(2) the term "conducts" includes initiating, concluding, or participating in initiating, or concluding a transaction; (3) the term "transaction" includes a purchase, sale, loan, pledge, gift, transfer, delivery, or other disposition, and with respect to a financial institution includes a deposit, withdrawal, transfer between accounts, exchange of currency, loan, extension of credit, purchase or sale of any stock, bond, certificate of deposit, or other monetary instrument, use of a safe deposit box, or any other payment, transfer, or delivery by, through, or to a financial institution, by whatever means effected; (4) the term "financial transaction" means (A) a transaction which in any way or degree affects interstate or foreign commerce (i) involving the movement of funds by wire or other means or (ii) involving one or more monetary instruments, or(iii) involving the transfer of title to any real property, vehicle, vessel, or aircraft, or (B) a transaction involving the use of a financial institution which is engaged in, or the activities of which affect, interstate or foreign commerce in any way or degree; (5) the term "monetary instruments" means (i) coin or currency of the United States or of any other country, travelers' checks, personal checks, bank checks, and money orders, or(ii)investment securities or negotiable instruments, in bearer form or otherwise in such form that title thereto passes upon delivery;(6) the term "financial institution" includes – (A) any financial institution, as defined in section 5312(a)(2) of title 31, United States Code, or the regulations promulgated thereunder; and (B)any foreign bank, as defined in section 1 of the International Banking Act of 1978 (12 U.S.C. 3101); (7) the term "specified unlawful activity" means – (A) any act or activity constituting an offense listed in section 1961(1) of this title except an act which is indictable under subchapter II of chapter 53 of title 31; (B) with respect to a financial transaction occurring in whole or in part in the United States, an offense against a foreign nation involving – (i) the manufacture, importation, sale, or distribution of a controlled substance (as such term is defined for the purposes of the Controlled Substances Act);(ii) murder, kidnapping, robbery, extortion, destruction of property by means of explosive or fire, or a crime of violence (as defined in section 16);(iii) fraud, or any scheme or attempt to defraud, by or against a foreign bank (as defined in paragraph 7 of section 1(b) of the International Banking Act of 1978)); [1](iv) bribery of a public official, or the misappropriation, theft, or embezzlement of public funds by or for the benefit of a public official;(v) smuggling or export control violations involving – (I) an item controlled on the United States Munitions List established under section 38 of the Arms Export Control Act (22 U.S.C. 2778); or (II) an item controlled under regulations under the Export Administration Regulations (15 C. F.R. Parts 730-774); (vi) an offense with respect to which the United States would be obligated by a multilateral treaty, either to extradite the alleged offender or to submit the case for prosecution, if the offender were found within the territory of the United States; or (vii) trafficking in persons, selling or buying of children, sexual exploitation of children, or transporting, recruiting or harboring a person, including a child, for commercial sex acts; C)any act or acts constituting a continuing criminal enterprise, as that term is defined in section 408 of the Controlled Substances Act (21 U.S.C. 848); (D) an offense under section 32 (relating to the destruction of aircraft), section 37 (relating to violence at international airports), section 115 (relating to influencing, impeding, or retaliating against a Federal official by threatening or injuring a family member), section 152 (relating to concealment of assets; false oaths and claims; bribery), section 175c (relating to the variola virus), section 215 (relating to commissions or gifts for procuring loans), section 351 (relating to congressional or Cabinet officer assassination), any of sections 500 through 503 (relating to certain counter-*

feiting offenses), section 513 (relating to securities of States and private entities), section 541 (relating to goods falsely classified), section 542 (relating to entry of goods by means of false statements), section 545 (relating to smuggling goods into the United States), section 549 (relating to removing goods from Customs custody), section 554 (relating to smuggling goods from the United States), section 641 (relating to public money, property, or records), section 656 (relating to theft, embezzlement, or misapplication by bank officer or employee), section 657 (relating to lending, credit, and insurance institutions), section 658 (relating to property mortgaged or pledged to farm credit agencies), section 666 (relating to theft or bribery concerning programs receiving Federal funds), section 793, 794, or 798 (relating to espionage), section 831 (relating to prohibited transactions involving nuclear materials), section 844(f) or (i) (relating to destruction by explosives or fire of Government property or property affecting interstate or foreign commerce), section 875 (relating to interstate communications), section 922(l) (relating to the unlawful importation of firearms), section 924(n) (relating to firearms trafficking), section 956 (relating to conspiracy to kill, kidnap, maim, or injure certain property in a foreign country), section 1005 (relating to fraudulent bank entries), 1006 [2](relating to fraudulent Federal credit institution entries), 1007 [2](relating to Federal Deposit Insurance transactions), 1014 [2](relating to fraudulent loan or credit applications), section 1030 (relating to computer fraud and abuse), 1032 [2](relating to concealment of assets from conservator, receiver, or liquidating agent of financial institution), section 1111 (relating to murder), section 1114 (relating to murder of United States law enforcement officials), section 1116 (relating to murder of foreign officials, official guests, or internationally protected persons), section 1201 (relating to kidnaping), section 1203 (relating to hostage taking), section 1361 (relating to willful injury of Government property), section 1363 (relating to destruction of property within the special maritime and territorial jurisdiction), section 1708 (theft from the mail), section 1751 (relating to Presidential assassination), section 2113 or 2114 (relating to bank and postal robbery and theft), section 2252A (relating to child pornography) where the child pornography contains a visual depiction of an actual minor engaging in sexually explicit conduct, section 2260 (production of certain child pornography for importation into the United States), section 2280 (relating to violence against maritime navigation), section 2281 (relating to violence against maritime fixed platforms), section 2319 (relating to copyright infringement), section 2320 (relating to trafficking in counterfeit goods and services), section 2332 (relating to terrorist acts abroad against United States nationals), section 2332a (relating to use of weapons of mass destruction), section 2332b (relating to international terrorist acts transcending national boundaries), section 2332g (relating to missile systems designed to destroy aircraft), section 2332h (relating to radiological dispersal devices), section 2339A or 2339B (relating to providing material support to terrorists), section 2339C (relating to financing of terrorism), or section 2339D (relating to receiving military-type training from a foreign terrorist organization) of this title, section 46502 of title 49, United States Code, a felony violation of the Chemical Diversion and Trafficking Act of 1988 (relating to precursor and essential chemicals), section 590 of the Tariff Act of 1930 (19 U.S.C. 1590) (relating to aviation smuggling), section 422 of the Controlled Substances Act (relating to transportation of drug paraphernalia), section 38(c) (relating to criminal violations) of the Arms Export Control Act, section 11 (relating to violations) of the Export Administration Act of 1979, section 206 (relating to penalties) of the International Emergency Economic Powers Act, section 16 (relating to offenses and punishment) of the Trading with the Enemy Act, any felony violation of section 15 of the Food and Nutrition Act of 2008 (relating to supplemental nutrition assistance program benefits fraud) involving a quantity of benefits having a value of not less than $5,000, any violation of section 543(a)(1) of the Housing Act of 1949 (relating to equity skimming), any felony violation of the Foreign Agents Registration Act of 1938, any felony violation of the Foreign Corrupt Practices Act, or section 92 of the Atomic Energy Act of 1954 (42 U.S.C. 2122) (relating to prohibitions governing atomic weapons) [3]environmental crimes (E)a felony violation of the Federal Water Pollution

§ 1957 (Emprego em transações financeiras de bem derivado de atividade ilícita específica).

*Quem, em qualquer circunstância, praticar o que está estabelecido na subseção (d), sabendo que participa ou tenta participar de uma transa*ção monetária envolvendo a posse ou a propriedade criminosa com valor superior a

---

Control Act (33 U.S.C. 1251 et seq.), the Ocean Dumping Act (33 U.S.C. 1401 et seq.), the Act to Prevent Pollution from Ships (33 U.S.C. 1901 et seq.), the Safe Drinking Water Act (42 U.S.C. 300f et seq.), or the Resources Conservation and Recovery Act (42 U.S.C. 6901 et seq.); or (F) any act or activity constituting an offense involving a Federal health care offense; (8) the term "State" includes a State of the United States, the District of Columbia, and any commonwealth, territory, or possession of the United States; and (9) the term "proceeds" means any property derived from or obtained or retained, directly or indirectly, through some form of unlawful activity, including the gross receipts of such activity. (d) Nothing in this section shall supersede any provision of Federal, State, or other law imposing criminal penalties or affording civil remedies in addition to those provided for in this section. (e) Violations of this section may be investigated by such components of the Department of Justice as the Attorney General may direct, and by such components of the Department of the Treasury as the Secretary of the Treasury may direct, as appropriate, and, with respect to offenses over which the Department of Homeland Security has jurisdiction, by such components of the Department of Homeland Security as the Secretary of Homeland Security may direct, and, with respect to offenses over which the United States Postal Service has jurisdiction, by the Postal Service. Such authority of the Secretary of the Treasury, the Secretary of Homeland Security, and the Postal Service shall be exercised in accordance with an agreement which shall be entered into by the Secretary of the Treasury, the Secretary of Homeland Security, the Postal Service, and the Attorney General. Violations of this section involving offenses described in paragraph (c)(7)(E) may be investigated by such components of the Department of Justice as the Attorney General may direct, and the National Enforcement Investigations Center of the Environmental Protection Agency.(f)There is extraterritorial jurisdiction over the conduct prohibited by this section if – (1) the conduct is by a United States citizen or, in the case of a non-United States citizen, the conduct occurs in part in the United States; and (2) the transaction or series of related transactions involves funds or monetary instruments of a value exceeding $10,000. (g) Notice of Conviction of Financial Institutions. – If any financial institution or any officer, director, or employee of any financial institution has been found guilty of an offense under this section, section 1957 or 1960 of this title, or section 5322 or 5324 of title 31, the Attorney General shall provide written notice of such fact to the appropriate regulatory agency for the financial institution. (h) Any person who conspires to commit any offense defined in this section or section 1957 shall be subject to the same penalties as those prescribed for the offense the commission of which was the object of the conspiracy. (i) Venue. – (1) Except as provided in paragraph (2), a prosecution for an offense under this section or section 1957 may be brought in – (A)any district in which the financial or monetary transaction is conducted; or (B) any district where a prosecution for the underlying specified unlawful activity could be brought, if the defendant participated in the transfer of the proceeds of the specified unlawful activity from that district to the district where the financial or monetary transaction is conducted. (2) A prosecution for an attempt or conspiracy offense under this section or section 1957 may be brought in the district where venue would lie for the completed offense under paragraph (1), or in any other district where an act in furtherance of the attempt or conspiracy took place. (3) For purposes of this section, a transfer of funds from 1 place to another, by wire or any other means, shall constitute a single, continuing transaction. Any person who conducts (as that term is defined in subsection (c)(2)) any portion of the transaction may be charged in any district in which the transaction takes place.

US$ *10.000,00 e é oriundo de uma atividade ilícita específica, dever ser punido conforme subseção (b).*[36]

§ 2314 (Movimentação de bens roubados ou fraudados)

Quem transporta, transmite ou transfere no comércio interestadual ou internacional quaisquer bens, mercadorias, ações, obrigações ou dinheiro, de valor igual ou superior a US$ 5.000,00, sabendo que os mesmos foram objeto de roubo, conversão ou fraude, deve ser considerado culpado.[37]

Com base em tais instrumentos normativos, a Procuradoria dos Estados Unidos do Distrito Sul de Nova Iorque (*United States Attorney's,*

---

[36] *Engaging in monetary transactions in property derived from specified unlawful activity (a) Whoever, in any of the circumstances set forth in subsection (d), knowingly engages or attempts to engage in a monetary transaction in criminally derived property of a value greater than $10,000 and is derived from specified unlawful activity, shall be punished as provided in subsection (b). (1) Except as provided in paragraph (2), the punishment for an offense under this section is a fine under title 18, United States Code, or imprisonment for not more than ten years or both. (2)The court may impose an alternate fine to that imposable under paragraph (1) of not more than twice the amount of the criminally derived property involved in the transaction. (c) In a prosecution for an offense under this section, the Government is not required to prove the defendant knew that the offense from which the criminally derived property was derived was specified unlawful activity. (d)The circumstances referred to in subsection (a) are – (1) that the offense under this section takes place in the United States or in the special maritime and territorial jurisdiction of the United States; or (2) that the offense under this section takes place outside the United States and such special jurisdiction, but the defendant is a United States person (as defined in section 3077 of this title, but excluding the class described in paragraph (2)(D) of such section). (e) Violations of this section may be investigated by such components of the Department of Justice as the Attorney General may direct, and by such components of the Department of the Treasury as the Secretary of the Treasury may direct, as appropriate, and, with respect to offenses over which the Department of Homeland Security has jurisdiction, by such components of the Department of Homeland Security as the Secretary of Homeland Security may direct, and, with respect to offenses over which the United States Postal Service has jurisdiction, by the Postal Service. Such authority of the Secretary of the Treasury, the Secretary of Homeland Security, and the Postal Service shall be exercised in accordance with an agreement which shall be entered into by the Secretary of the Treasury, the Secretary of Homeland Security, the Postal Service, and the Attorney General. (f) As used in this section – (1) the term "monetary transaction" means the deposit, withdrawal, transfer, or exchange, in or affecting interstate or foreign commerce, of funds or a monetary instrument (as defined in section 1956(c)(5) of this title) by, through, or to a financial institution (as defined in section 1956 of this title), including any transaction that would be a financial transaction under section 1956(c)(4)(B) of this title, but such term does not include any transaction necessary to preserve a person's right to representation as guaranteed by the sixth amendment to the Constitution; (2) the term "criminally derived property" means any property constituting, or derived from, proceeds obtained from a criminal offense; and (3) the terms "specified unlawful activity" and "proceeds" shall have the meaning given those terms in section 1956 of this title.*

[37] *Whoever transports, transmits, or transfers in interstate or foreign commerce any goods, wares, merchandise, securities or Money, of the value of $5,000 or more, knowing the same to have been stolen, converted or taken by frauds [shall be guilty of a crime].*

Office Southern District of New York) conseguiu apreender, confiscar ou repatriar muitas obras de arte roubadas ou fraudulentamente enviadas aos Estados Unidos, mediante falsa ou inadequada documentação.[38]

No Brasil, o Projeto de Lei n.º 3443/2008, convertido na Lei n.º 12.683, de 09.07.2012, que alterou a Lei n.º 9.613, de 03.03.1998, foi bastante debatido por diversos órgãos que participam da Estratégia Nacional de Combate à Corrupção e Lavagem de dinheiro (ENCCLA). Composta por mais de sessenta integrantes (diversas agências estatais, como Receita Federal do Brasil, Banco Central, Ministério da Justiça, Ministérios Públicos, estadual e federal, Polícia federal, Justiças estadual e federal etc.), a ENCCLA tenta fazer valer os compromissos internacionais mantidos pelo Brasil, seguindo todos os países integrantes do

---

[38] A Procuradora-chefe da Unidade de Confisco de Bens (*Asset Forfeiture Unit*), Sharon Cohen Levin, em documento entregue ao autor em seu gabinete (localizado no edifício da Procuradoria, One Saint Andrew's Plaza) forneceu, em 16.05.2012, substancial informação de relevo quanto às demandas instauradas para a recuperação de bens, citando-se: US v. An Antique Platter of Gold, Known as a Gold Phiale Mesomphalos, 400 b.C.; US v. Tenth Century Marble Wall Panel Sculpure of a Guardian from the Tomb of Wang Chuzhi; US v. Paintings Known as *Venus and Adonis* and *Hercules and Omphale* by Andrea Appiani; US v. Head of Alexander the Great; US v. A Silver Rhyton in the Shape of a Griffin, 700 b.C.; US v. A South Arabian Alagaster Plaque or Stele, 300-400 a.C.; US v. A Colossal Roman Marble Portrait ot the Emperor Trajan; US v. One Egyptian Alabaster Offering Vessel; US v. A Bronze Statute of Zeus; US v. An Archaic Etruscan Pottery Ceremonial Vase, 7th Century b.C., and A Set of Rare Villanovan and Archaic Etruscan Blackware with Buchero and Impasto Ware, 8th-7th b.C.; US v. Indian Artifacts; US v. Marble Sarcophagus of Child; US v. A Pair of Gold Earrings; US v. Roman Marble Portrait Head of the Emperor Marcus Aurelius (comercializado na Christie's de Nova Iorque); US v. Decrees of Anna Ioannovna to Kaysarov (1733), Aleksandr I, II and III (1825, 1867, 1892), Nicolay I (June and april, 1832) and Empress Catherine II (1762); US v. The Painting Knowh as *Le Marche*, created by Camille Pissarro; US v. Lega ed Il Cigno (Leda and the Swan), an oil on copper painting by Lelio Orsi; US v. One Julian Falat painting entitled *Off to the Hunt* and One Julian Falat painting entitled *The Hunt*; U.S. v. The painting known as *Hannibal*, by Jean-Michel Basquiat, et al. as *Modern Painting with Yellow Interweave*, by Roy Lichtestein, *Figure Dans Une Structure* by Joaquin Torres-Garcia, *Composition Abstraite* by Serge Poliakoff; *Roman Togatus*, unattributed Sculptor (Edemar Cid Ferreira Collection); US v. One Terra Cotta Urn from Italy dating from the Ninth Century b. C.; US v. Portrait of A Musician Playing A Bagpipe (Holocaust Property); US v. An Oil Painting Known as Saint Hieronymus (Holocaust Property); US v. Ancient Hebrew Bible, 1516 (Holocaust Property); US v. Portrait of Wally, a painting by Egon Schiele (Holocaust Property).

Grupo de Ação Financeira Internacional em Lavagem de Dinheiro – GAFI (FATF).[39]

Dentre as suas recomendações existe a necessidade de abarcar todas as brechas legais que viabilizem a lavagem de dinheiro e, da mesma forma que em todas as relações que requeiram nível importante de confiança (auditores, gerentes de bancos, corretores de seguros, imóveis e bens de capital, etc.), obriga a Comunicação de Operação Suspeita à Unidade de Inteligência Financeira, pilar central de todo o sistema de combate.

Ao findar com uma lista fixa de crimes antecedentes, na verdade, tentou-se afinar com o que há de mais moderno em termos de legislação antilavagem, andando bem ao prever a alienação antecipada de bens. Também é positiva a mudança que obriga a comunicação acima referida pelas juntas comerciais, pelos registros públicos e pelos que promovem, intermedeiam, agenciam ou negociam direitos de transferência de atletas, pecando por não incluir, por exemplo, deveres de comunicação por parte de clubes, federações e confederações esportivas.

Pela alteração incluída pela Lei n.º 12.683, de 09.07.2012, o crime de lavagem de dinheiro passa a ser assim definido:

> *Art. 1º Ocultar ou dissimular a natureza, origem, localização, disposição, movimentação ou propriedade de bens, direitos ou valores provenientes, direta ou indiretamente, de infração penal.*
>
> *Pena: reclusão, de 3 (três) a 10 (dez) anos, e multa.*
>
> *§ 1º – Incorre na mesma pena quem, para ocultar ou dissimular a utilização de bens, direitos ou valores provenientes de infração penal:*
>
> *I - os converte em ativos lícitos;*

---

[39] Com esse escopo, importante verificar a mais recente lei argentina sobre a lavagem de dinheiro (Lei n.º 26.683, de 21.06.2011, que além de introduzir a autolavagem, aumentar de dois para três o mínimo de pena privativa de liberdade (mantendo-se o máximo de 10 anos), constar como antecedente um *ilícito penal*, incorporar ao Código Penal a responsabilidade penal das pessoas jurídicas, estabelece a possibilidade do perdimento definitivo de bens sem a necessidade de condenção penal, desde que comprovada a ilicitude de sua origem, estendendo-o para os casos de falecimento, fuga, prescrição, existência de qualquer motivo de suspensão ou extinção da ação penal ou quando o imputado reconhecer a procedência do uso ilícito dos bens (INFORME ANNUAL 2011. *Unidad de Información Financiera*. Buenos Aires: Departamento de Prensa, Ministerio de Justicia y Derechos Humanos/Presidencia de la Nación, 2012, p. 24-26).

II - os adquire, recebe, troca, negocia, dá ou recebe em garantia, guarda, tem em depósito, movimenta ou transfere;

III - importa ou exporta bens com valores não correspondentes aos verdadeiros.

§ 2° – Incorre, ainda, na mesma pena quem:

I - utiliza, na atividade econômica ou financeira, bens, direitos ou valores provenientes de infração penal;

II - participa de grupo, associação ou escritório tendo conhecimento de que sua atividade principal ou secundária é dirigida à prática de crimes previstos nesta Lei.

§ 3° – A tentativa é punida nos termos do parágrafo único do art. 14 do Código Penal.

§ 4° – A pena será aumentada de um a dois terços, se os crimes definidos nesta Lei forem cometidos de forma reiterada ou por intermédio de organização criminosa.

§ 5° – A pena poderá ser reduzida de um a dois terços e ser cumprida em regime aberto ou semiaberto, facultando-se ao juiz deixar de aplicá-la ou substituí-la, a qualquer tempo, por pena restritiva de direitos, se o autor, coautor ou partícipe colaborar espontaneamente com as autoridades, prestando esclarecimentos que conduzam à apuração das infrações penais, à identificação dos autores, coautores e partícipes, ou à localização dos bens, direitos ou valores objeto do crime.

O Instituto do Patrimônio Histórico e Artístico Nacional – IPHAN constitui uma autarquia federal, vinculada ao Ministério da Cultura, com competência para fiscalizar e proteger a guarda das coleções arqueológicas, bens da União (artigo 20, X, da Constituição Federal, e artigo 17 da Lei n.º 3.924, de 26.07.1961), bens insuscetíveis de guarda por particulares por serem, de direito, bens pertencentes à União, sendo vedada qualquer outra destinação. Além disso, cabe-lhe a proteção de bens de valor histórico, artístico e cultural. Isto porque a Carta Magna brasileira, em seu artigo 20, inciso X, estatui que são bens da União *os sítios arqueológicos e pré-históricos* e em seu artigo 23, incisos III e IV, estabelece ser de responsabilidade dos Poderes Públicos (União, Estados, Distrito Federal e Municípios) a proteção de *documentos, obras e outros bens de valor histórico, artístico e cultural (...) e os sítios arqueológicos,* bem ainda *impedir a evasão, a destruição e a descaracterização de obras de arte e de outros bens de valor histórico, artístico e cultural.*[40]

---

[40] Constituição brasileira e o arcabouço de proteção cultural: *TÍTULO I – Dos Princípios Fundamentais (...) Art. 4° A República Federativa do Brasil rege-se nas suas relações internacionais pelos seguintes princípios: (...) Parágrafo único. A República Federativa do Brasil buscará a integração econômica, política, social e cultural dos povos da América Latina, visando à formação de uma comunidade latino-americana de nações. (...) TÍTULO II – Dos Direitos e Garantias Fundamentais CAPÍTULO I DOS DIREITOS E DEVERES INDIVIDUAIS E COLETIVOS Art. 5° Todos são iguais perante a lei, sem distinção de qualquer natureza, garantindo-se aos brasileiros e aos estrangeiros residentes no País a inviolabilidade do direito à vida, à liberdade, à igualdade, à segurança e à propriedade, nos termos seguintes: (...) XXIII – qualquer cidadão é parte legítima para propor ação popular que vise a anular ato lesivo ao patrimônio público ou de entidade de que o Estado participe, à moralidade administrativa, ao meio ambiente e ao patrimônio histórico e cultural, ficando o autor, salvo comprovada má-fé, isento de custas judiciais e do ônus da sucumbência; (...) TÍTULO III – Da Organização do Estado (...) CAPÍTULO II DA UNIÃO Art. 23. É competência comum da União, dos Estados, do Distrito Federal e dos Municípios: (...) III – proteger os documentos, as obras e outros bens de valor histórico, artístico e cultural, os monumentos, as paisagens naturais notáveis e os sítios arqueológicos; IV – impedir a evasão, a destruição e a descaracterização de obras de arte e de outros bens de valor histórico, artístico ou cultural; V – proporcionar os meios de acesso à cultura, à educação e à ciência; (...) Art. 24. Compete à União, aos Estados e ao Distrito Federal legislar concorrentemente sobre: (...) VII – proteção ao patrimônio histórico, cultural, artístico, turístico e paisagístico; VIII – responsabilidade por dano ao meio ambiente, ao consumidor, a bens e direitos de valor artístico, estético, histórico, turístico e paisagístico; IX – educação, cultura, ensino e desporto; (...) CAPÍTULO IV Dos Municípios Art. 30. Compete aos Municípios: (...) IX – promover a proteção do patrimônio histórico-cultural local, observada a legislação e a ação fiscalizadora federal e estadual. (...) TÍTULO VIII – Da Ordem Social (...) CAPÍTULO III – DA EDUCAÇÃO, DA CULTURA E DO DESPORTO Seção I – DA EDUCAÇÃO (...) Art. 213. Os recursos públicos serão destinados às escolas públicas, podendo ser dirigidos a escolas comunitárias, confessionais ou filantrópicas, definidas em lei, que: (...) § 2° – As atividades universitárias de pesquisa e extensão poderão receber apoio financeiro do Poder Público. (...) Seção II – DA CULTURA Art. 215. O Estado garantirá a todos o pleno exercício dos direitos culturais e acesso às fontes da cultura nacional, e apoiará e incentivará a valorização e a difusão das manifestações culturais. § 1° – O Estado protegerá as manifestações das culturas populares, indígenas e afro-brasileiras, e das de outros grupos participantes do processo civilizatório nacional. § 2° – A lei disporá sobre a fixação de datas comemorativas de alta significação para os diferentes segmentos étnicos nacionais. § 3° A lei estabelecerá o Plano Nacional de Cultura, de duração plurianual, visando ao desenvolvimento cultural do País e à integração das ações do poder público que conduzem à: (Incluído pela Emenda Constitucional n.° 48, de 2005) I – defesa e valorização do patrimônio cultural brasileiro; (Incluído pela Emenda Constitucional n.° 48, de 2005) II – produção, promoção e difusão de bens culturais; (Incluído pela Emenda Constitucional n.° 48, de 2005) III – formação de pessoal qualificado para a gestão da cultura em suas múltiplas dimensões; (Incluído pela Emenda Constitucional n.° 48, de 2005) IV – democratização do acesso aos bens de cultura; (Incluído pela Emenda Constitucional n.° 48, de 2005) V – valorização da diversidade étnica e regional. (Incluído pela Emenda Constitucional n.° 48, de 2005) Art. 216. Constituem patrimônio cultural brasileiro os bens de natureza material e imaterial, tomados individualmente ou em conjunto, portadores de referência à identidade, à ação, à memória dos diferentes grupos formadores da sociedade brasileira, nos quais se incluem: I – as formas de expressão; II – os modos de criar, fazer e viver; III – as criações científicas, artísticas e tecnológicas; IV – as obras, objetos, documentos, edificações e demais*

espaços destinados às manifestações artístico-culturais; V – os conjuntos urbanos e sítios de valor histórico, paisagístico, artístico, arqueológico, paleontológico, ecológico e científico. § 1° – O Poder Público, com a colaboração da comunidade, promoverá e protegerá o patrimônio cultural brasileiro, por meio de inventários, registros, vigilância, tombamento e desapropriação, e de outras formas de acautelamento e preservação. § 2° – Cabem à administração pública, na forma da lei, a gestão da documentação governamental e as providências para franquear sua consulta a quantos dela necessitem. § 3° – A lei estabelecerá incentivos para a produção e o conhecimento de bens e valores culturais. § 4° – Os danos e ameaças ao patrimônio cultural serão punidos, na forma da lei. § 5° – Ficam tombados todos os documentos e os sítios detentores de reminiscências históricas dos antigos quilombos. § 6° – É facultado aos Estados e ao Distrito Federal vincular a fundo estadual de fomento à cultura até cinco décimos por cento de sua receita tributária líquida, para o financiamento de programas e projetos culturais, vedada a aplicação desses recursos no pagamento de: (Incluído pela Emenda Constitucional n.° 42, de 19.12.2003) I – despesas com pessoal e encargos sociais; (Incluído pela Emenda Constitucional n.° 42, de 19.12.2003) II – serviço da dívida; (Incluído pela Emenda Constitucional n.° 42, de 19.12.2003) III – qualquer outra despesa corrente não vinculada diretamente aos investimentos ou ações apoiados. (Incluído pela Emenda Constitucional n.° 42, de 19.12.2003) Seção III – DO DESPORTO Art. 217. É dever do Estado fomentar práticas desportivas formais e não formais, como direito de cada um, observados: (…) § 3° – O Poder Público incentivará o lazer, como forma de promoção social. CAPÍTULO IV – DA CIÊNCIA E TECNOLOGIA (…) Art. 219. O mercado interno integra o patrimônio nacional e será incentivado de modo a viabilizar o desenvolvimento cultural e socioeconômico, o bem-estar da população e a autonomia tecnológica do País, nos termos de lei federal. CAPÍTULO V – DA COMUNICAÇÃO SOCIAL Art. 220. A manifestação do pensamento, a criação, a expressão e a informação, sob qualquer forma, processo ou veículo não sofrerão qualquer restrição, observado o disposto nesta Constituição. § 1° – Nenhuma lei conterá dispositivo que possa constituir embaraço à plena liberdade de informação jornalística em qualquer veículo de comunicação social, observado o disposto no art. 5°, IV, V, X, XIII e XIV. § 2° – É vedada toda e qualquer censura de natureza política, ideológica e artística. § 3° – Compete à lei federal: I – regular as diversões e espetáculos públicos, cabendo ao Poder Público informar sobre a natureza deles, as faixas etárias a que não se recomendem, locais e horários em que sua apresentação se mostre inadequada; II – estabelecer os meios legais que garantam à pessoa e à família a possibilidade de se defenderem de programas ou programações de rádio e televisão que contrariem o disposto no art. 221, bem como da propaganda de produtos, práticas e serviços que possam ser nocivos à saúde e ao meio ambiente. § 4° – A propaganda comercial de tabaco, bebidas alcoólicas, agrotóxicos, medicamentos e terapias estará sujeita a restrições legais, nos termos do inciso II do parágrafo anterior, e conterá, sempre que necessário, advertência sobre os malefícios decorrentes de seu uso. § 5° – Os meios de comunicação social não podem, direta ou indiretamente, ser objeto de monopólio ou oligopólio. § 6° – A publicação de veículo impresso de comunicação independe de licença de autoridade. Art. 221. A produção e a programação das emissoras de rádio e televisão atenderão aos seguintes princípios: I – preferência a finalidades educativas, artísticas, culturais e informativas; II – promoção da cultura nacional e regional e estímulo à produção independente que objetive sua divulgação; III – regionalização da produção cultural, artística e jornalística, conforme percentuais estabelecidos em lei; IV – respeito aos valores éticos e sociais da pessoa e da família. Art. 222. A propriedade de empresa jornalística e de radiodifusão sonora e de sons e imagens é privativa de brasileiros natos ou naturalizados há mais de dez anos, ou de pessoas jurídicas constituídas sob as leis brasileiras e que tenham sede no País. (Redação dada pela Emenda Constitucional n.° 36, de 2002) § 1° – Em qualquer caso, pelo menos setenta por cento do capital total e do capital votante das empresas jornalísticas e de radiodifusão sonora e de sons e imagens deverá pertencer, direta ou indiretamente, a brasileiros natos ou naturalizados há mais de dez anos, que exercerão obrigatoriamente a gestão das atividades e estabelecerão o conteúdo da programação. (Redação

O artigo 24 do Decreto-Lei n.º 25, de 30.11.1937, que organizou a proteção do Patrimônio Histórico e Artístico Nacional, estatui que *a União manterá, para a conservação e a exposição de obras históricas e artísticas de sua propriedade, além do Museu Histórico Nacional e do Museu Nacional de Belas Artes, tantos outros museus nacionais quantos se tornarem necessários, devendo outrossim providenciar no sentido de favorecer a instituição de museus estaduais e municipais, com finalidades* similares.

---

dada pela Emenda Constitucional n.º 36, de 2002) § 2º – A responsabilidade editorial e as atividades de seleção e direção da programação veiculada são privativas de brasileiros natos ou naturalizados há mais de dez anos, em qualquer meio de comunicação social. (Redação dada pela Emenda Constitucional n.º 36, de 2002) § 3º – Os meios de comunicação social eletrônica, independentemente da tecnologia utilizada para a prestação do serviço, deverão observar os princípios enunciados no art. 221, na forma de lei específica, que também garantirá a prioridade de profissionais brasileiros na execução de produções nacionais. (Incluído pela Emenda Constitucional n.º 36, de 2002) § 4º – Lei disciplinará a participação de capital estrangeiro nas empresas de que trata o § 1º. (Incluído pela Emenda Constitucional n.º 36, de 2002) § 5º – As alterações de controle societário das empresas de que trata o § 1º serão comunicadas ao Congresso Nacional. (Incluído pela Emenda Constitucional n.º 36, de 2002) Art. 223. Compete ao Poder Executivo outorgar e renovar concessão, permissão e autorização para o serviço de radiodifusão sonora e de sons e imagens, observado o princípio da complementaridade dos sistemas privado, público e estatal. § 1º – O Congresso Nacional apreciará o ato no prazo do art. 64, § 2º e § 4º, a contar do recebimento da mensagem. § 2º – A não renovação da concessão ou permissão dependerá de aprovação de, no mínimo, dois quintos do Congresso Nacional, em votação nominal. § 3º – O ato de outorga ou renovação somente produzirá efeitos legais após deliberação do Congresso Nacional, na forma dos parágrafos anteriores. § 4º – O cancelamento da concessão ou permissão, antes de vencido o prazo, depende de decisão judicial. § 5º – O prazo da concessão ou permissão será de dez anos para as emissoras de rádio e de quinze para as de televisão. Art. 224. Para os efeitos do disposto neste capítulo, o Congresso Nacional instituirá, como seu órgão auxiliar, o Conselho de Comunicação Social, na forma da lei. CAPÍTULO VI – DO MEIO AMBIENTE (…) CAPÍTULO VII – Da Família, da Criança, do Adolescente, do Jovem e do Idoso (…) CAPÍTULO VIII – DOS ÍNDIOS Art. 231. São reconhecidos aos índios sua organização social, costumes, línguas, crenças e tradições, e os direitos originários sobre as terras que tradicionalmente ocupam, competindo à União demarcá-las, proteger e fazer respeitar todos os seus bens. § 1º – São terras tradicionalmente ocupadas pelos índios as por eles habitadas em caráter permanente, as utilizadas para suas atividades produtivas, as imprescindíveis à preservação dos recursos ambientais necessários a seu bem-estar e as necessárias a sua reprodução física e cultural, segundo seus usos, costumes e tradições. (…) Art. 232. Os índios, suas comunidades e organizações são partes legítimas para ingressar em juízo em defesa de seus direitos e interesses, intervindo o Ministério Público em todos os atos do processo. (…) Art. 227. É dever da família, da sociedade e do Estado assegurar à criança, ao adolescente e ao jovem, com absoluta prioridade, o direito à vida, à saúde, à alimentação, à educação, ao lazer, à profissionalização, à cultura, à dignidade, ao respeito, à liberdade e à convivência familiar e comunitária, além de colocá-los a salvo de toda forma de negligência, discriminação, exploração, violência, crueldade e opressão. (Redação dada Pela Emenda Constitucional n.º 65, de 2010) TÍTULO IX – Das Disposições Constitucionais Gerais (…) Art. 242. (…) § 1º – O ensino da História do Brasil levará em conta as contribuições das diferentes culturas e etnias para a formação do povo brasileiro. (…).

Existe também previsão de sequestro administrativo (no caso de fuga de obras tombadas),[41] bem ainda o confisco decorrente de um crime (previsão genérica no caso de produto ou instrumento de crime; e previsão na Lei de Lavagem de Dinheiro brasileira, artigo 91, incisos I e II, do Código Penal, e artigo 7º, inciso I, da Lei n.º 9.613, de 03.03.1998, com alteração da Lei n.º 12.683/2012).

Diante da pertinência e ineditismo, cabe insistir em tema bastante relevante que constou de obra do autor[42] e que diz respeito ao confisco extrapenal de bens sem prévia condenação penal. Como foi dito, na versão atualizada das Recomendações do Grupo de Ação Financeira Internacional – GAFI (notadamente das Recomendações n.º 4 e 30), bem ainda, na esteira da Convenção das Nações Unidas sobre o Tráfico Ilícito de Entorpecentes e Substâncias Psicotrópicas, conhecida por Convenção de Viena, de 20 de dezembro 1988 (artigo 5.º); da Convenção das Nações Unidas contra a Criminalidade Organizada Transnacional, Convenção de Palermo, de 2000 (artigo 12, item 7); da Convenção das Nações Unidas contra a Corrupção, Convenção de Mérida, de 2003 (artigos 20; 30, item 8; e 47) e da Convenção do Conselho da Europa relativa à Lavagem, Apreensão, Perda e Confisco das Vantagens do Crime e ao Financiamento ao Terrorismo, Convenção de Varsóvia, de 2005 (artigo 2.º), recomenda-se aos países a possibilidade de considerar a adoção de medidas de confisco sem uma prévia condenação penal, ou medidas que ponham a cargo do acusado o ônus de provar a licitude da origem dos bens.

Visando potencializar a capacidade de recuperação de ativos de origem criminosa, os Estados estão sendo instados a elaborar leis instituindo a Ação Civil de Perdimento de Bens de Origem Ilícita, com o fim de combater o delito de lavagem de dinheiro por meio da interrupção do gozo de produtos do crime.

---

[41] *Cf. Artigo 15 do Decreto-Lei n.º 25, de 30.11.1977 (legislação que organizou a proteção do Patrimônio Histórico e Artístico Nacional) e Lei n.º 3.924, de 26.07.1961 (disciplina os bens púlicos de interesse da União, como arqueológicos e etnográficos) combinada com a Lei n.º 4.845, de 19.11.1965 (proíbe a saída para o exterior de obras de arte e ofícios produzidos no Brasil, havendo previsão de seu sequestro).*

[42] In *Lavagem de Dinheiro. Teoria e Prática.* Campinas: Millennium, 2008, p. 163/173.

Por exemplo, nos dias 05 e 06 de setembro de 2005, autoridades judiciais, membros do Ministério Público Federal, do Ministério Público Estadual e do Departamento de Recuperação de Ativos e Cooperação Jurídica Internacional – DRCI (vinculado ao Ministério da Justiça) reuniram-se no Brasil, no Ministério da Justiça, para discussão do projeto, sendo certo que houve a participação de Kimberly Prost, especialista da O.N.U. para assuntos de drogas e crime. Posteriormente, referida reunião teve continuidade aos 07 de outubro do mesmo ano e, em 20 de março de 2006, para finalização do projeto e continuidade das discussões.

O foco principal era o de estabelecer um meio ágil de recuperação de valores ilícitos que não demandasse um juízo de responsabilidade criminal do réu, mas uma cognição judicial restrita à prova da origem ilícita dos bens, à ausência de justo título para sua aquisição e à incompatibilidade entre o patrimônio adquirido e a renda.

O fato de se deixarem valores obtidos de maneira ilícita nas mãos de delinquentes, especialmente da criminalidade organizada, propicia que tais valores revertam ao delito, ao seu incremento, ou, então, às atividades empresariais ilegais realizadas antes, durante ou mesmo depois do cumprimento da condenação com sérios danos à sociedade.

A Meta n.º 19 da ENCCLA 2008, antevendo a necessidade de apreensão de bens ilícitos, estabeleceu a importância de uma lei que viabilize medidas assecuratórias de urgência em processos administrativos, de tal forma que a Advocacia-Geral da União se comprometeu à elaboração de um projeto de lei, que uma vez concretizado, poderá ter aplicação nos procedimentos administrativos e nas ações de improbidade administrativa, independentemente da ação civil aqui tratada.

A ação civil representa um caminho novo para a obtenção de valores que em última análise acaba financiando a criminalidade organizada uma vez que são originários dela. Permite ao Estado, pois, o manejo dos frutos do crime, devendo-se, entretanto, estar devidamente regrada para que não fira preceitos fundamentais individuais, de um lado e, de outro, constitua um instrumento eficaz e ágil para a recuperação de bens ilícitos.

A excogitada ação civil revela-se, assim, como uma verdadeira extensão dos poderes estatais quanto aos bens ilegais pelo fato de permitir a sua perda definitiva sem que exista uma decisão condenatória transitada em julgado, obrigando que se faça adequado balizamento entre eles e o necessário respeito aos direitos humanos.

Não se pode, então, deixar de proteger o direito dos que receberam os bens de boa-fé, bem como de terceiros em mesma situação. Deve-se, pois, assegurar-lhes o poder de contestar a demanda civil e, até, assegurar-lhes o pagamento de pequenas despesas (*living expenses*) durante a discussão de sua situação. Pode-se provar, por exemplo, que alugou a casa e não sabia (boa-fé) que era usada para atividades ilegais (prostituição).

Descabe, porém, na contestação alegar-se usucapião já que fácil seria burlar o objetivo da ação se, por exemplo, o proprietário pagar a um *laranja* para que este afirme posse ininterrupta.

Importante mencionar que o peso da prova da origem ilegal dos bens e valores recai, em princípio, sobre o Estado e inclui não somente o produto do ilícito, como também os seus instrumentos, como carros, barcos, casas e negócios. Explico: apenas na hipótese de figurarem na declaração do imposto de renda, cabe ao Estado a prova; do contrário, ao proprietário, possuidor ou detentor.

Frise-se que o principal efeito de se remover os benefícios do delito em favor do Estado reside na percepção de que muitas vezes a sanção penal definitiva é meramente considerada um acaso e temporária (mesmo na hipótese de elevada punição), enquanto a retirada compulsória de bens valiosos, como carros, casas de luxo e vida nababesca, provoca maiores dissabores aos delinquentes diante de sua definitividade.

Não se deseja com a ação civil, entretanto, dotar o Estado de mais um instrumento punitivo, mas tal efeito acaba ocorrendo de forma aguda à medida que as pessoas, acostumadas a possuir bens ilegais, valorizam muito mais o ter, mesmo quando colocado em confronto com sua liberdade individual. Assim, a ação civil de extinção de domínio acaba se constituindo em valioso instrumento de retenção de delitos, além de ser mais eficaz na recuperação de ativos ilícitos.

Constatando-se ser muito mais difícil obter um resultado satisfatório em crimes graves e complexos, mormente o de lavagem de dinheiro, porquanto a criminalidade tem se valido de profissionais capacitados que lhe permitem se distanciar do crime, a ação civil afigura-se bastante útil porque o juízo de valor envolvido é diverso. O que se provará é o vínculo, não num juízo de mérito semelhante ao do processo penal, mas as probabilidades dos valores serem fruto de atividade ilícita.

Com efeito, o custo envolvido para a reunião de evidências e provas de um crime como o de lavagem e a dificuldade de obtenção de resultado favorável, mesmo que exista forte suspeita de criminalidade, compeliram os Estados a repensar todo o sistema, a partir da adoção de medidas menos custosas, mas cercadas com as garantias necessárias, constituindo em forte aliado na recuperação de valores ilícitos.

Para o sucesso da demanda, importante que sejam realizados acordos específicos de cooperação entre os Estados, o que pode constituir um caminho relevante para a recuperação de valores ilícitos.

A ação excogitada pode ser intentada, dada a sua autonomia, concomitantemente com a persecução penal, mas desde que não prejudique a investigação criminal que muitas vezes é sigilosa. Se no curso de uma ação civil verificar-se a viabilidade rápida de solucionamento da demanda penal, recomenda-se à primeira sua suspensão, aguardando-se o resultado desta última.

Deve-se, contudo, reconhecer a autonomia absoluta da ação civil já que hipóteses como, por exemplo, de morte do investigado ou acusado, de prescrição, de prova insuficiente, de imunidades penais e de obtenção de provas no exterior, dificultam, quando não impedem, a recuperação de valores ilegais.

Para maior eficácia da ação civil, deve-se permitir o uso das medidas preventivas de arresto ou sequestro antes da perda definitiva, possibilitando-se a nomeação de administrador dos bens, mas não cabe alienação antecipada, porquanto se apresentaria temerária uma vez que o juízo de mérito difere daquele presente na ação penal, salvo na hipótese de deterioração.

No caso de acordo na ação civil, o efeito criminal será o de permitir a redução da pena, quer pelo reconhecimento do arrependimento posterior (artigo 16 do Código Penal brasileiro – CPB), quer pela atenuante, no caso de espontânea cooperação (artigo 65, III, "*b*", CPB), quer, finalmente, na hipótese de delação premiada.[43]

---

[43] Prevista em vários instrumentos normativos do Brasil, dentre os quais: Código Penal (artigo

A fim de evitar o manejo indevido dessa ação (apelos de caráter estritamente pessoal ou político), algumas condições de procedimento específicas deveriam ser estabelecidas, como, *ad exemplum*, seu descabimento após o decurso de dez ou quinze anos da posse ou detenção; a realização de prévia análise do histórico patrimonial mediante perícia técnica, o que evitará demandas temerárias e pouco embasadas, além de audiência prévia do réu.

A ação civil de extinção de domínio é atualmente aceita no Reino Unido, Islândia, Itália, Estados Unidos e Colômbia (este país latino editou a Lei n.º 793, de 27 de dezembro de 2002), Austrália e África do Sul.

Nos Estados Unidos, o Escritório de Controle da Moeda (*Office of the Comptroller of the Currency* – OCC do Departamento do Tesouro (*Department of Treasury*) obriga os bancos a procederem à Comunicação de Operação Suspeita (*Suspicious Activity Report* – SAR) para a Unidade de Inteligência Financeira (*Financial Crimes Enforcement Network* – FinCEN), também ligada ao mesmo Departamento. Isto deve ocorrer quando se tomar conhecimento da prática de um crime ou houver suspeita de sua prática, bem ainda no caso de a transação suspeita envolver lavagem de dinheiro ou violação às normas que regem o sigilo bancário (*Bank Secrecy Act* – BSA).[44]

Importante verificar que o OCC tem recebido solicitações para alterar a expressão, dado seu alcance ilimitado, *tomar conhecimento da prática de um crime ou houver suspeita de sua prática* (*known or suspected violation*), mas chegou-se a conclusão, porém, que a tentativa de crimes ou a potencialidade destes devem ser reportadas com o objetivo de manter a eficácia do combate à lavagem de dinheiro. Houve, entretanto, uma melhor clareza quanto à previsão de os bancos reportarem operações suspeitas por qualquer razão (*for any reason*), já que os críticos consideravam muito extensa a expressão, tornando sem sentido o limite de US$ 5.000,00

159, § 4º, com a redação dada pela Lei n.º 9.269, de 02.04.1996); Lei n.º 7.492, de 16.06.1986 (artigo 25, § 2º, acrescentado pela Lei n.º 9.080, de 19.07.1995); Lei n.º 8.072, de 25.07.1990 (artigo 8º, parágrafo único); Lei n.º 8.137, de 27.12.1990 (artigo 16, parágrafo único, acrescentado pela Lei n.º 9.080/1995); Lei n.º 9.034, de 03.05.1995 (artigo 6º); Lei n.º 9.613, de 03.03.1998 (artigo 1º, § 5º); Lei n.º 9.807, de 13.07.1999 (artigos 13/15); Lei n.º 11.343, de 23.08.2006 (artigo 41).

[44] Cf. VILLA, John K. *Banking Crimes. Fraud, Money Laundering and Embezzlement*, vol.2, App. 2A1.

para a comunicação suspeita. Assim, estabeleceu o OCC que a comunicação deve ser realizada no caso de qualquer operação envolvendo US$ 5.000,00 ou mais se os bancos conhecerem, suspeitarem ou tiverem razões de suspeitar que a operação envolva fundos derivados de atividades ilícitas ou exista a intenção de escondê-los ou disfarçá-los, ou que faça parte de um plano para evitar qualquer comunicação, ou que não tenha propósito lícito nem negocial ou que não entraria normalmente no perfil esperado do cliente.[45]

---

[45] Cf. VILLA, John K. *Banking Crimes. Fraud, Money Laundering and Embezzlement*, vol.2, App. 2A5-6.

Capítulo II

Meios de Contenção do Deliquente Econômico

O Direito Penal Econômico passou a ter um peso maior na atualidade. Com a mundialização da economia muitas transformações estão em marcha. Até há pouco tempo, forte era a distância entre ocidente e oriente, as antíteses norte-sul, a guerra fria e um socialismo pautado no comunismo. Com a ideia da prevalência da economia de mercado, inclusive nos países sem essa tradição (fenômeno China), aliada às inovações tecnológicas, houve a necessidade de novas práticas de gestão aplicadas às empresas.

Tanto quanto o tempo, os criminosos também evoluem. Passou-se para uma nefasta competitividade não solidária e destruidora que se tornou muito mais evidente. Apesar da globalização ter infundido esperanças, o que é positivo, também agregou angústias, já que não sabemos onde tudo isso irá desaguar (tendências perigosas).

A globalização decorrente da vida moderna, com todas as consequências positivas e negativas que lhes são inerentes, acaba ensejando uma criminalidade tecnológica e transnacional, praticada, inclusive, por empresas e conglomerados, o que obriga um intercâmbio inédito entre as nações.

O protagonismo especial do Direito Penal Econômico justifica-se pela simples ideia de que as leis de mercado, sozinhas, não atendem às aspirações evidentes se, em seu contexto, a prática dos negócios envereda, muitas vezes, num campo, no mínimo, eticamente cinzento e perigoso.

A proteção de bens jurídicos obriga a intervenção estatal e a regulação socioeconômica para que normas de conduta, que digam respeito às práticas negociais, obtenham a sua estabilização e a sua sobrevivência.

Os bens tutelados, baseados na confiança, são protegidos de uma maneira global, não apenas por cada figura penal, esperando uma função geral estabilizadora das normas que propiciem o correto e honesto funcionamento do mercado (das sociedades, dos papéis privados e públicos, dos derivativos etc.).

Trata-se de um Direito Penal que objetiva suprir lacunas incriminatórias[46] do Direito Penal patrimonial, ocasionadas, em grande medida, pelo aumento de infrações penais decorrente do incremento exponencial da atividade econômica no Estado e do desenvolvimento das relações econômicas internacionais.

É certo que incide, o Direito Penal, de forma subsidiária ou fragmentária (*ultima ratio*), não se esperando que o seu ramo econômico tenha papel exclusivo de Direito Penal simbólico. Porém, quando se observa que tais princípios são invocados de forma indiscriminada e sem uma mínima fundamentação racional, há verdadeira desproteção sistêmica da ordem econômica.

Esse quadro demonstra que a criminalidade econômica constitui tema de marcada atualidade, *seja pela dimensão dos danos materiais que provoca, seja pela sua capacidade de adaptação e sobrevivência às mudanças sociais e*

---

[46] In PEDRAZZI, Cesare. O Direito Penal das Sociedades e o Direito Penal Comum. *Revista Brasileira de Criminologia e Direito Penal*. Rio de Janeiro: Instituto de Criminologia do Estado da Guanabara, 1965, v. 9, p.133.

às alterações políticas, seja pela aptidão para criar defesas e frustrar as formas de combate que a ela se opõem.[47]

A conceituação de crime econômico não é tarefa simples, não podendo ser mensurado apenas pela extensão dos danos que ocasiona, o que nos leva a considerar que tal crime assenta-se na natureza coletiva ou supraindividual dos interesses ou bens jurídicos que determinam a tipificação das infrações contra a economia.

A redução da intervenção àqueles supostos fatos que realmente resultem merecida e necessária, excluindo uma responsabilidade penal excessivamente formal, não afasta a conclusão de que o direito administrativo sancionador não tem servido, por si só, para inibir deveres básicos dos cidadãos ao atuarem no subsistema econômico.

A Constituição Federal brasileira, por exemplo, foi além. No Título *Da Ordem Econômica e Financeira*, capítulo I, *Dos Princípios Gerais da Atividade Econômica*, regula a ordem econômica e financeira, dispondo, até mesmo, sobre a responsabilidade criminal das empresas: *a lei, sem prejuízo da responsabilidade individual dos dirigentes da pessoa jurídica, estabelecerá a responsabilidade individual desta, sujeitando-a às punições compatíveis com a sua natureza, nos atos praticados contra a ordem econômica e financeira e contra a economia em particular* (art. 173, § 5°, CF).

Na sua origem, o Direito Penal tinha uma preocupação de proteger instituições básicas do Estado e os interesses mais elementares dos cidadãos, mas, com o tempo, além de ser utilizado, é certo, para a garantia de certos mínimos de convivência, também se presta à proteção de novos interesses socioeconômicos. Uma brutal mudança das estratégias de intervenção estatal, uma tutela jurídico-penal que abarca o fenômeno intimidatório do crime organizado, o qual deseja influenciar, dada a sua petulância, na vontade de políticos, jornalistas, juízes, empresários etc.

Por exemplo, a criminalidade econômica de *colarinho branco* tem de ser enfrentada sobre o aspecto da figura do delinquente e também dos efeitos sociais deste tipo de comportamento. A evolução criminológica referendou as conclusões a que chegou Edwin Sutherland que qualificou como criminalidade de colarinho branco os delitos cometidos por

---

[47] Cf. OLIVEIRA, Eugênio Pacelli de. Coordenador. *Direito e processo penal na justiça federal: doutrina e jurisprudência.* São Paulo: Atlas, 2011, p. 69.

uma pessoa honorável, com prestígio social e profissional,[48] isto talvez explique por que este tipo de criminalidade conta com uma reação social pouco incisiva.

Talvez este fenômeno seja explicável pela pouca percepção da periculosidade do criminoso diante da ausência de violência direta, de enfrentamento com a vítima, até porque não existe a intencionalidade de danos físicos. Incide, assim, a ideia de Thomas Lynch, para o qual os graves crimes implicam mais manchas de tinta do que de sangue.[49] Daí, quiçá, certa neutralidade moral.

Na esteira de José Ángel Brandariz Garcia, a pena privativa de liberdade ao deliquente econômico não traria, nem mesmo, os inconvenientes da vitimização social e da conformação da conduta a uma identidade criminosa, dadas suas características pessoais e socioeconômicas.[50]

Conquanto seja de conhecimento não tão corrente que a criminalidade econômica produza efeitos mais deletérios à sociedade que, em regra, os delitos comuns, dada sua inserção nas instituições e na organização social, fato é que ela acaba também fomentando a criminalidade comum (corrupção, concorrência desleal, fraudes etc.). É prejudicial para o seu combate, pois a ignorância social quanto aos efeitos deletérios à sociedade tendo em vista a retirada dos já escassos recursos financeiros a ela pertencentes.

Os criminosos econômicos são, aliás, dotados de forte potencialidade criminosa, além de uma grande capacidade de adaptação social, quando não de relevante tolerância da comunidade, o que resulta em criminosos cada vez mais perigosos e audaciosos.

Por outro lado, o delinquente econômico efetua verdadeiro cálculo custo-benefício em relação aos resultados que decorrem de sua conduta e às possíveis implicações (penas) impostas decorrentes do sistema legal. Executando cálculo utilitarista[51] pode facilmente concluir que, se desco-

---

[48] In CAVERO, Percy García. *Derecho Penal Econômico – Parte General.* Lima-Peru: Grijley, 2 ed., 2007, p. 276-277.

[49] *Apud* MIR, José Ricardo Sanches; GENOVÊS, Vicente Garrido. *Delincuencia de cuella blanco.* Madri: Instituto de Estudos de Política, 1987, p. 71.

[50] In *El delicto de defraudación a la seguridad social.* Valencia: Tirand lo Blanch, 2000, p. 80-81.

[51] FISCHER, Douglas. *Inovações no Direito Penal Econômico: contribuições criminológicas, político-criminais e dogmáticas.* Organizador: Artur de Brito Gueiros Souza. Brasília: Escola Superior do

berto, pouca ou nenhuma consequência sofrerá dado o nosso sistema criminal, tolerante e formalmente rigoroso. Um apuro técnico distinto do criminoso comum.

Cláudia Cruz Santos defende que *as teorias da escolha racional e da prevenção situacional parecem assentar-lhes como uma luva: a sua ponderação dos custos e dos benefícios associados à infração poderá dissuadi-los da prática da mesma, caso as oportunidades sejam menores e as possibilidades de detecção e sancionamento maiores.*[52]

O decisivo não é a vontade senão a incompatibilidade da conduta proibida pela norma, não bastando mais a concepção de se tratar de delitos de perigo abstrato e de lesividade social (possibilidade de reiteração). A tipificação do delito econômico tem a ver com considerações normativas mais complexas e a prática de uma conduta juridicamente intolerável, a despeito da intencionalidade do delinquente. Esta somente será apurada em momento ulterior, quando já se tiver concluído pela violação da regra do dever de evitar determinados comportamentos.

Os crimes econômicos, dada sua lesividade e abrangência, na sua maioria, são de competência – nos países que consagram a dualidade de Justiça, como Brasil e Estados Unidos – federal (da Justiça Federal):

> *Boa parte dessa competência coloca em causa crimes complexos, quer pelos suspeitos ou acusados envolvidos – pessoas com grande poder econômico e/ou político, que, em regra, atuam em rede e com ramificações internacionais – quer pelo tipo de criminalidade – de natureza econômica, corrupção, tráfico de influências, lavagem de dinheiro, entre outros. A sua gravidade, a danosidade social e a ameaça que representam para as instituições do Estado de Direito exigem outro equilíbrio entre o direito dos acusados e de outros sujeitos processuais ao processo célere e o dever do Estado em perseguir e punir as condutas ilícitas.*[53]

Não se deve deixar de mencionar que essa danosa criminalidade, de competência federal, exige, para sua configuração, o reconhecimento do crime econômico mediante violação a dever jurídico negativo, dever de

---

Ministério Público da União, 2011, p. 37.

[52] Cf. *O crime de colarinho branco* (da origem do conceito e sua relevância criminológica à questão da desigualdade na administração da justiça penal), 2001, p. 175.

[53] OLIVEIRA, Eugênio Pacelli de. *Direito e processo penal na justiça federal: doutrina e jurisprudência.* São Paulo: Atlas, 2011, p. 71.

comportar-se sem prejudicar ilegitimamente terceiros e ou a administração pública, e a dever jurídico positivo, de comportar-se para o bem-estar coletivo. Cultura da licitude progressivamente aceita.

Exige-se, pois, uma análise mais complexa, que envolva tais deveres jurídicos (negativos e positivos), sobre os quais se projeta a valoração especificamente jurídico-penal.

A ressocialização do criminoso econômico deve-se centrar, pois, na necessidade de fazer com que repense seus modos de agir. Se existe racionalidade na ação delitiva quanto ao cálculo dos custos e vantagens que cada conduta proporciona ao delinquente, uma pessoa somente cometerá um fato típico se, e somente se, a sanção esperada for inferior às vantagens privadas esperadas com a realização do ato.[54]

Portanto, deve-se repensar a aplicabilidade ou a restrição das penas pecuniárias, já que estas possuem efeito intimidatório muito baixo, porquanto ingressam nos custos da atividade criminosa. Também, nesse diapasão, as penas restritivas de direitos em substituição às penas privativas, uma vez que as exigências de proporcionalidade (gravidade do fato e culpabilidade) e a necessidade de prevenção geral demandam uma resposta mais adequada para o grave delito econômico.

A pena deve buscar intentos preventivos, quer especial, quer geral, pois, se certa, pontual e inibidora, terá efeito a nível individual e social, não podendo a sociedade dar-se ao luxo de negar obviedades.

Citando K. Polk, R.S.M., Mackenzie afirma que um quarto requisito deve ser acrescido aos três existentes para deter criminosos econômicos. Além da certeza, severidade e celeridade da punição, deve-se incluir o cálculo que eles fazem entre a probabilidade da punição e a ação proibida.[55]

---

[54] Nesse sentido, vide Jesús-María Silva Sánchez (in *Eficiência e direito penal*. Coleção Estudos de Direito Penal. São Paulo: Manole, 2004, n.º 11, p. 11) e Anabela Miranda Rodrigues (in Contributo para a fundamentação de um discurso punitivo em matéria fiscal. *Direito Penal Econômico e Europeu: textos doutrinários*. Coimbra: Coimbra ed., 1999, p. 484-485).

[55] In Going, Going, Gone: *Regulationg the Market in Illicit Antiquities*, p. 231.

Capítulo III

A Arte e a Prevenção do Crime

III.1. A ARTE, SEUS ATORES E INVESTIGAÇÃO

A arte tem a característica de modelar, de caracterizar, uma sociedade. Define seres humanos. Trata-se de herança e de história. Algo difícil de conceituar, uma vez que envolve estética, sentido, utilidade e imaginação. Seria necessário um conhecimento importante, que não significa, entretanto, um ensinamento de história da arte, mas que permite uma noção básica necessária para a análise de casos envolvendo obras de arte em roubos, furtos e falsificações e, até, lavagem de dinheiro.

Não se afigura simples a questão colocada uma vez que a produção artística, tanto quanto comida, roupas etc., é fruto da constante e vasta atividade humana. Assim como uma produção agrícola, a artística pode variar em quantidade e qualidade em diferentes épocas de tempo.

Entretanto, não se pode perder de vista a ideia da frequente discriminação, notadamente em favor da Europa e Estados Unidos, que não respeita qualidade e quantidade, fazendo grande diferença o local de onde o objeto artístico foi coletado. Nesse sentido discorre Robert Spiel Júnior, para *quem colecionadores, negociantes e museus discriminam em favor de certos períodos e regiões geográficas e excluem outras, numa significante extensão.*[56]

Assim temos:[57]

1) 3000 a.C. a 1000 a.C:

Europa: Arte grega e escritas grega e romana;

África: Arte egípcia;

Ásia: Cerâmica chinesa, arte da Babilônia (Iraque) e de Troia (Turquia). Início do Hinduísmo (Índia);

América: Arte olmec (México).

2) 1000 a.C. a 500 d.C:

Europa: Arte romana; arte etrusca (Itália), moedas gregas e romanas, arte do ouro grega;

África: Cerâmicas e esculturas (Nigéria), instrumentos científicos (Alexandria, Egito), esculturas com ferro;

Ásia: Arte dos assírios (Iraque); Buda (Índia – 550-480 a.C), desenvolvimento da caligrafia chinesa, primeiros profetas;

América: Arte malaia (México e América Central) e Civilização Moche (Peru).

3) 500 d.C. a 1000 d.C.:

Europa: Arte bizantina, construção de catedrais e sua decoração, tapeçarias, cerâmicas em vidro, esculturas/símbolos russos, manuscritos, cristais venezianos;

Ásia: Pinturas islâmicas, construção de mesquitas, templos budistas, porcelanas chinesas e japonesas, esculturas indianas e japonesas, Civilização Khmer (Cambodja) e Dinastia T'ang (China);

---

[56] In *Art Theft and Forgery Investigations,* p. 16.

[57] Baseado na obra de Robert Spiel Júnior (*Art Theft and Forgery Investigations,* p. 16-20), porém complementado pelo autor.

América: Incas (Peru), pueblos (índios) no Novo México e Arizona (EUA).

4) 1000 d.C. a 1400 d.C.:

Europa: Relógios, instrumentos científicos, vitrais, cristais venezianos;

África: Reinados no oeste se formando;

Ásia: Dinastia Ming (China – 1350 a 1650), espadas dos samurais (Japão);

América: Astecas (México – 1000 a 1500), povo Anasazi (Arizona, Novo México e Utah/EUA).

5) 1400 d.C a 1500 d.C.:

Europa: Botticelli (*Quattrocento*), Brunelleschi, Da Vinci, Donatello, Fra Angelico, Masaccio, Michelangelo, Titian, todos na Itália. De fora: Bosch, Durer, Gutenberg, Família Van Eyck;

Ásia: Sikhism (Índia);

América: Período pré-colombiano.

6) 1500 d.C. a 1600 d.C.:

Europa: Itália – Caravaggio, Cellini, Giorgione, Michelangelo, Raphael, Tintoretto, Vasari, Violins: Fora da Itália – Família Brueghel, Cranach, El Greco, Grunewald, Hals, Holbein, Rubens;

África: Esculturas de bronze e de marfim (Nigéria);

Ásia: Tapetes e pinturas orientais, especialmente persas (Irã); cultura otomana (Turquia), pintura Ukiyoe (Japão).

7) 1600 d.C. a 1700 d.C.:

Europa: Berrini, Borromini, Murillo, Poussin, Rembrandt, Stradivari, Van Dyck, Velasquez, Vermeer, Watteau, Zurbarán, pratarias e porcelanas finas;

Ásia: Gravuras e arte imperial chinesas;

América: última civilização Maia (México).

8) 1700 d.C. a 1800 d.C.:

Europa: Móveis antigos (Luís XIV e XV), cristais finos (Baccarat e Waterford), porcelanas finas (Dresden, Limoges, Meissen e Sèvres), vinhos de alta qualidade, Canaletto, Constable, David, Fragonard, Gainsborough, Goya, Guardi, Hogarth, Reynolds, Turner, Tiepolo, Wedgwood;

Ásia: Hokusai, Utamaro (pintores japoneses);

América: Copley, Gilbert Stuart, Benjamin West.

9) 1800 d.C. a 1900 d.C.:

Europa: Museus de arte (em torno de 1890), art nouveau, Cézanne, Degas, Família Dufy, Fabergé, Gauguin, Manet, Matisse, Monet, Pissarro, Renoir, Rodin, Seurat, Toulose-Lautrec, Van Gogh, desenvolvimento da fotografia, revolução industrial;

Ásia: Hiroshige (Japão);

América: Bierstadt, Carousels, Cassatt, Homer, Innes, Sargent, Remington, Russel, Stieglitz, Whistler.

10) 1900 d.C. a 1945 d.C.:

Europa: Art Déco, cubismo, construtivismo, expressionismo, surrealismo. Braque, Brancusi, Calder Chagall, Dali, Hummer, Kandinsky, Klee, Léger, Matisse, Miró, Modigliani, Mondrian, Moore, Munch, Picasso, Utrillo;

América: Bellows, Benton, Calder, Cassatt, O'Keeffe, Pollock, Rivera, Rockwell, Tiffany, Wood, Wright, Di Cavalcanti, Portinari, Tarsila do Amaral e Anita Malfatti, Galileo Emendabili.

11) 1945 d.C. até os dias atuais:

Europa: Picasso, Damien Hirst, Anish Kapoor;

Ásia: Takashi Murakami;

América: Ansel Adams, Botero, Calder, Edward Curtis, Johns, Lichtenstein, Rauchenberg, Rockwell, Rothko, Warhol, Di Cavalcanti, Portinari, Tarsila do Amaral Anita Malfatti, Galileo Emendabili e Romero Brito.

Normalmente, quando pensamos em obras de arte, imediatamente nossos pensamentos nos remetem a elas e aos museus. Importante mencionar que *museus* são apenas parte do mundo das artes, uma das formas mais comuns de acessar, tanto quanto bibliotecas. Ambos as coletam e as mantêm, sendo que muitos livros raros e manuscritos possuem valores altos e podem ser objeto de interesse de colecionadores e de negociantes especializados. Estes, muitas vezes, consideram seus espaços um museu e não um negócio. Na verdade, isso é parcialmente verdadeiro se considerarmos que existem pessoas que frequentam tais ambientes não para adquirirem arte, mas para observá-la, numa maneira mais intimista e menos formal ou institucional que num museu. De outro lado, o que um galerista oferece para venda sempre *está em exibição* e nunca *está à venda*.

A crença popular estabeleceu que apenas os bem afortunados podem comprar arte. Algumas sim, mas é surpreendente que encontremos pessoas ou colecionadores provenientes de classes medianas que, por vezes, gastam tempo e dinheiro para devotar essa verdadeira paixão. Existe, também, a doação entre colecionadores. Na verdade, a troca de presentes.

Além disso, grandes empresas ou corporações têm se interessado pela aquisição de obras de arte, não sofrendo qualquer resistência de seus acionistas. Na verdade, acaba sendo um importante investimento.

O investidor é, de fato, um colecionador específico que, por vezes, pode não se importar com o bem colecionado. Se ele frequentemente adquire e vende, ele será certamente considerado um negociador ou negociante. Um *art dealer*.

Fragilidade, intolerância aos extremos de humidade e de temperatura, exigem um transporte adequado das obras de arte, razões pelas quais uma empresa especializada deve se ocupar dessa tarefa.

O simples fato de um especialista avaliar a obra,[58] não significa sua autenticidade, apesar de, muitas vezes, possuir condições técnicas de autenticar. A autenticação exige uma especial habilidade (*expertise*) em determinados domínios. Alguém que se diz conhecedor de tudo, e não de *fina arte*, de *armas e armaduras* ou de *selos*, dificilmente será um bom avaliador ou autenticador.

A preservação de uma obra de arte obriga a um diligente cuidado na proteção do bem, de molde a minimizar os riscos, ainda que sejam tomadas medidas de segurança bem rigorosas. Para tanto, deve-se adotar uma política adequada de seguro de maneira a cobrir qualquer risco inci-

---

[58] Existem endereços eletrônicos especializados em avaliações. No Brasil, por exemplo, pode ser citado *www.catalogodasartes.com.br* (último acesso em 03.06.2012), o qual oferece serviço de consulta de preços de artes e antiguidades, com fotos, características, valores em reais e em dólares, data e fonte de pesquisa.

dental. Normalmente espera-se uma proteção contra perda do bem e do seu poder de compra, além da assunção de responsabilidades.

Seguro está baseado essencialmente em contrato, em regras gerais. Porém, no caso de obras de arte lança-se mão de meios de consignação próprios quando normalmente as partes não estejam de acordo com os contratos-padrão. As empresas de seguro e os segurados são livres para negociar qualquer cláusula contratual desde que não haja violação de políticas públicas ou de regras estabelecidas.

Muitas questões éticas podem ser suscitadas. Uma delas, por exemplo, é se um comerciante pode ser avaliador. Ora, conflitos poderão existir se a avaliação for intencionalmente baixa para, depois, o próprio avaliador adquirir a obra por meio de um terceiro. Uma tendência artificial de baixar os preços para ganhos não legítimos. Recomendável que o avaliador de um tipo de arte, jamais poderia adquiri-la ou vendê-la.

A determinação de preço de uma obra de arte sofre inúmeras variáveis. Diva Benevides Pinho, a esse respeito e para exemplificar a sua complexidade, revela que *as pessoas que afluem à sessão de venda de uma obra também têm importância na determinação de seu preço, já que a oferta provoca a categoria da demanda. Se famosos compradores disputam uma obra, sua cotação aumenta, porque esse interesse já faz supor boa qualidade. Ou, ao contrário, o comparecimento de poucos compradores 'importantes' provoca a queda de preço.* Citando Howard Becker, a referida autora aduz que *daí Becker observar que é mais importante saber quem compra ou procura comprar as obras de um artista determinado que conhecer a exata qualidade das obras.*[59]

A academia desempenha importante papel no estudo científico, trazendo ao público aspectos históricos, geográficos e sociológicos de arte, notadamente das que são recentemente descobertas ou que estejam em posse, por anos, de colecionadores.

Para assuntos legais, existem alguns profissionais especializados (por exemplo, advogados) em consignação, leilões, instituições de caridade e presentes, além de direito do autor.

---

[59] Vide *A Arte como Investimento. A Dimensão Econômica da Pintura.* São Paulo: Nobel e Universidade de São Paulo – Edusp (coedição), 1989, p. 100.

Falar do mundo das artes obriga também tecer considerações sobre o seu submundo. Curioso que nesse sistema sempre houve a necessidade de abordagem do último (submundo em sentido pejorativo), um ecossistema particular que permeia e impregna o ambiente artístico.

Sob esse aspecto, Robert Spiel Júnior, afirma que *atualmente, delinquentes estão confortavelmente atuando no mundo das artes em número consideravelmente maior à Polícia e às agências governamentais de controle.*[60]

De fato, existem notícias de crimes praticados por empregados de museus e por organizações especializadas nessa prática, essencialmente oriundas de colecionadores e negociadores. As investigações nos Estados Unidos, por exemplo, dão conta de que a maioria (entre 80 e 90 %) dos crimes praticados nesse meio é proveniente de pessoas desse próprio mercado, aí incluindo curadores, colecionadores, voluntários, negociadores (*dealers*), avaliadores e, até, professores. Outra parte, a menor, é proveniente de delinquentes comuns, que nada sabem acerca do objeto material de seus delitos, mas são atraídos por saberem, quase sempre pela mídia, o quão tem sido fácil a subtração de obras de arte e como são valiosas. Já falsificadores e falsos distribuidores necessitam de um conhecimento e certa conexão ao mundo das artes e são, por vezes, oriundos do ambiente artístico ou são profissionais de restauração.

As negociações com arte (*business practices*) diferem de muitos segmentos porquanto não é inusual para colecionadores ou *dealers* a simples troca que, por vezes, pode significar a não entrega de nenhum centavo. Por sua vez, museus adquirem (acessão) mediante pagamento, escambo ou *empréstimo* de outros museus, dependentes que são de doações ou subsídios governamentais.

As aquisições são normalmente registradas, quer pelo vendedor, quer pelo comprador, no caso de museus e leilões. O valor agregado compele os interessados ao registro, o que constitui um elemento facilitador de alguma investigação. Contudo, no caso de colecionadores privados ou investidores, independentemente de serem ricos ou não, tal não ocorre e aí a prova da posse legítima dependerá do encontro de alguma nota fiscal, pequenos registros ou da qualidade de fotos. Existiram casos em que

---

[60] Cf. *Art Theft and Forgery Investigation*, p. 24.

a imprensa revelou a existência de obras de arte a partir de fotos tiradas da residência do investigado ou acusado.

Por outro lado, o inventário constitui descrições importantes de colecionadores, mas tem ocorrido o registro parcial de obras de arte por parte de colecionadores privados, notadamente das mais importantes, uma forma de esconder e registrar apenas na memória, comprometendo a sua busca ulterior.

Questão de revelância consiste a *confidencialidade* das negociações envolvendo arte, salvo, é claro, com relação aos *dealers*. Os adquirentes ou vendedores não desejam ser expostos. Os últimos ficam extremamente envergonhados quando vendem suas preciosidades e os compradores, sabedores disso, não desejarão desagradá-los. Por sua vez, os *dealers* receiam a perda de seus lucros, razão pela qual preferem não revelá-los.

Doutra parte, a pouca transparência na fixação dos preços constitui uma característica desse mercado. Por exemplo, não se sabe, muitas vezes, o valor dos bens dos museus, enquanto *dealers* não são coerentes e muitas vezes desejam atrair compradores baixando os preços, enquanto outros classificarão ou rotularão suas obras independentemente do maior ou menor interesse do mercado.

Os acontecimentos mais importantes em termos de roubo de obras de arte foram a Segunda Grande Guerra Mundial e o tráfico de drogas. Na primeira hipótese, cometido por autoridades civis e militares. Soldados praticaram tal delito em todas as partes do conflito e as obras de arte, antes furtadas ou roubadas, acabaram sendo vendidas porque a geração que as tomou está morrendo ou já faleceu, o que tem resultado em demandas por parte de vítimas (governos, instituições ou descendentes).

No que tange às drogas, existem teorias que explicam a sua conexão com o submundo das obras de arte. Estas podem financiar a aquisição de entorpecentes ou ser objetos de cobiça por parte de *drug dealers* ou seus associados, que passaram a adquiri-las de forma *legítima*, algo completamente desconhecido no passado. Uma teoria existente é a de que, como faziam os ricos *gangsters*, a compra de pinturas, gravuras e livros raros possui a finalidade de lhes render alguma respeitabilidade, algo demasiadamente duvidoso diante do repúdio existente com relação ao traficante de drogas.

Para Manus Brinkman, as causas do tráfico ilícito internacional da propriedade cultural são, de fato, muito similares às do tráfico de drogas. *De um lado, há uma demanda de consumidores abonados, e, de outro, existe um grande suprimento em regiões onde a pobreza reina. É particularmente estranho que uma coleção de objetos culturais de uma* provenance *desconhecida por indivíduos abastados seja ainda ampla e socialmente aceita. Ninguém tem que colecionar material ilícito.*[61]

O fato é que o impacto da constante falsificação das obras de arte tem permitido a diminuição do interesse de sérios compradores porquanto cada vez mais estão desconfiados da sua real autenticidade e estão certos de que não mais podem confiar cegamente em muitos *dealers*, quer pela qualidade da contrafação, quer pela dúvida quanto à intenção destes.

Importantíssimo papel tem sido executado por receptadores e/ou por falsos distribuidores que vendem os produtos do crime para o incauto público. Os criminosos repassam o objeto de delito para receptadores ou falsos distribuidores que, por sua vez, o revendem para um desavisado consumidor.

O uso de falsa documentação de identificação tem sido um complicador. O vendedor criminoso, com RG contrafeito, pode solicitar ao comprador que telefone ao banco deste para emissão de uma ordem de pagamento em nome do primeiro. Neste caso, o vendedor não seria incomodado com procedimentos bancários de segurança.

Por vezes, uma autêntica *provenance* pode ser também objeto de furto ou roubo ou mesmo ser forjada a partir de catálogos de museus ou leiloeiros. O delito contra o patrimônio pode ocorrer depois ou antes da falsidade documental (*provenance*). O fato de, por exemplo, Sotheby's ou Christie's[62] ter vendido a obra uma única vez, não confere necessariamente sua autenticidade. Pode ter ocorrido uma legítima, mas fraudulenta, aquisição de *provenance* mediante o uso da família do artista, ou mesmo

---

[61] In Reflexions on the Causes of Illicit Traffic in Cultural Property and Some Potential Cures. *Art and Cultural Heritage. Law, Policy, and Practice*, p. 64.

[62] Conforme Sarah Thornton, Christie´s e Sotheby´s, juntas, *controlam 98% do mercado mundial de leilões de arte. A palavra venda sugere descontos e pechinchas, mas as casas de leilões buscam conseguir o preço mais alto possível. Mais ainda, são exatamente essas somas extraordinárias que transformaram os leilões em um esporte da alta sociedade* (in *Sete dias no mundo da arte. Bastidores, tramas, intrigas de um mercado milionário*. Tradução: Alexandre Martins. Rio de Janeiro: Agir, 2010, p. 26).

deste, para a obtenção da autenticidade, que pode gerar uma presunção irrefutável de autenticidade perante as Cortes de Justiça. Seria o caso de sua contratação para certificação de nova *provenance* por um terceiro; um conflito de interesses entre o comprador original da obra e aquele que contratou a segunda *provenance*.

Finalmente, não se apresenta incomum o fato de pessoas, diferentemente de museus e *dealers,* raramente possuírem a documentação relativa à arte em seu poder. Nenhuma nota fiscal, comprovante de pagamentos, *provenance*, ou seja, nenhum traço da documentação original ou mesmo subsequente a esta. Isto ocorre normalmente porque pertenceu à família por gerações, propiciando aos deliquentes um mundo fértil para o cometimento de uma série de crimes a partir da vantagem produzida por esta situação que, pode-se afirmar, é tão corriqueira.

Com o uso moderno dos computadores, é possível verificar, com rapidez, obras de arte roubadas ou recuperadas, principalmente nos arquivos contendo inventário de peças de eventuais colecionadores investigados ou acusados. Também fácil a rápida transmissão de informações sobre o eventual desaparecimento, com descrição completa, melhor ainda se com registro fotográfico.

Sabemos que o cometimento de crimes comuns (furto, roubo e a posse de obras falsificadas, isto é, delito também de natureza patrimonial de receptação) é uma prática bastante conhecida no mundo das artes. Releva aqui a compreensão sobre o cálculo da prescrição penal. Por exemplo, existe uma substancial diferença entre tais delitos no que tange ao início da prescrição penal. A questão é saber quando os crimes se consumaram, ou seja, o momento em que deixaram de ser cometidos. Ora, o furto ou o roubo consuma-se com a posse tranquila, ou seja, quando encerrada a subtração ou, no caso de violência (roubo), quando terminada a execução desta conjuntamente com a subtração, fazendo com que seu autor ingresse na posse pacífica, isto é, sem risco. Fácil seria a contagem do prazo prescricional que teria início a partir deste momento. Já, no caso de posse de obras falsificadas (receptação), importante mencionar que a contagem do lapso inicia-se a partir do instante em que o titular da conduta esteja na posse tranquila, sabendo que esta não é legítima em decorrência da prática de um crime patrimonial anterior.

Ora, como no caso de obras de arte a posse tem sido transferida por gerações, o último detentor somente poderia ser responsabilizado a partir do momento em que, ciente da sua condição ilegítima, aja como se dono fosse da coisa. Neste caso a prescrição começaria a correr a partir deste instante.

Existem bancos de dados importantes registrando obras roubadas (furtadas) ou desaparecidas. Eles constam em museus, agências internacionais (Organização Internacional de Polícia Criminal – INTERPOL[63]), governamentais (*Federal Bureau of Investigation* – FBI),[64] não governamentais (*The Art Loss Register*)[65] e em Foros Internacionais (UNESCO[66] e Conselho Internacional de Museus, *International Council of Museums* – ICOM[67]).

A questão que hoje se coloca é o fato de que tanto obras roubadas (ou furtadas) quanto obras legítimas podem atrair criminosos que pretendam lavar dinheiro sujo valendo-se desse mercado que, por si só, apresenta-se de difícil compreensão (pouco conhecido), de fácil manipulação (pelos próprios agentes, como colecionadores e *dealers*), e com tanto problemas (furto/roubo/falsificação/lavagem).

Apesar das vias tradicionais de lavagem de dinheiro, como aquisição de *comodities* e imóveis, mediante uso do sistema financeiro (especialmente paralelo ou clandestino), de terceiros (laranjas), de *offshores* e de *hawalas systems* (doleiros) para afastar dinheiro de sua origem, serem normalmente utilizadas pelo crime organizado, este tem evoluído para outras áreas, menos regradas ou observadas.

Como revela Fletcher Baldwin Júnior, *uma nova maneira é o uso de arte. Embora soe estranho pensar em traficantes de drogas e de armas adquirindo famosa*

---

[63]   Possui sede em Lyon, França, *http://www.interpol.int/* (acesso em 21.05.2012).

[64]   O *Art and Cultural Property Crime,* que inclui roubo, fraude, saque e tráfico nacional ou internacional, gera uma perda de seis bilhões de dólares anualmente, sendo que o F.B.I. possui um departamento especializado (*Art Crime Team*), composto de quatorze agentes especiais, além de um índice computadorizado de arte roubada pelo mundo (vide.: *http://www.fbi.gov/about-us/investigate/vc_majorthefts/arttheft*, acesso em 21.05.2012).

[65]   Banco privado de dados e de serviços, oferecendo-se para registro, procura e recuperação de obras de arte (in *http://www.artloss.com/en*, acessado em 21.05.2012).

[66]   Cf. *http://whc.unesco.org/en/list* (acesso em 21.05.2012).

[67]   Cf. *http://icom.museum/programmes/fighting-illicit-traffic,* (acesso em 20.06.2012).

obra de Renoir ou Picasso, o uso da arte para lavar dinheiro não é tão incomum quanto parece; e de fato, é extremamente efetivo.[68]

Os *dealers* podem ajudar na tarefa de detecção do crime de falsidade, patrimonial (furto, roubo, receptação) ou mesmo contra a ordem econômica e financeira e a administração da Justiça (lavagem). Quando da oferta, eles podem, imediatamente acessar, de forma anônima, os endereços eletrônicos correspondentes (procedimento cautelar e privado de investigação) e recusarem, ou não, a negociação. Poderão, também, comunicar o fato à polícia, ao Ministério Público ou à Unidade de Inteligência Financeira de seu país (por exemplo, ao *Financial Crimes Enforcement Network* – FinCEN/EUA ou ao Conselho de Controle de Atividades Financeiras – COAF/Brasil), caso em que nem sempre permaneceriam anônimos (pelo menos nos registros haveria a identificação da fonte). Ao aceitarem a operação, porém, dando ciência às autoridades competentes, certamente assumirão risco futuro de responder por indenização civil ou mesmo por prática criminosa, inclusive lavagem de dinheiro (no caso de existir a obrigação de comunicação de operação suspeita e a omissão for considerada relevante se, com o seu comportamento anterior, tenha havido a criação do risco da existência do resultado). Aqui, haveria adesão delituosa com relevância penal, uma modalidade especial de participação, um concurso de agentes, cuja ação principal decorre da inércia de quem deve tomar as cautelas devidas diante de sua posição de destaque no mercado.

Neste caso, não haveria que se alegar ofensa ao princípio da legalidade. Com efeito, o preceito requer medida penal restritiva de um direito por meio do uso de um tipo penal previsto em lei, tanto no sentido formal quanto no sentido material, além de estar formulado de forma expressa, precisa, taxativa e previamente. Quando um crime não especifica o dolo exigido, permite-se a subjetividade da interpretação acerca da existência de um delito ainda que o sujeito ativo teoricamente alegue não ter tido a vontade de cometer o ilícito.[69]

---

[68]   Cf. *Art Theft Perfecting The Art of Money Laundering*, p.02.

[69]   Second Report on the Situation of Human Rights Defenders in the Americas. Inter-American Commission on Human Rights. Published by Organization of American States (OAS), December 31, 2011, p. 33, item 91.

Poder-se-ia, quiçá, invocar a *conscious avoidance doctrine,* ou seja, uma tradicional regra doutrinária nos Estados Unidos de imputação de culpa pelo conhecimento àquele que conscientemente evitou a verdade.[70]

Por vezes, os *dealers* poderão, simplesmente, preferir comprar ou declinar, caso em que não comunicarão para não estarem envolvidos com autoridades. Nesta hipótese, mais difícil seria a apuração do delito e a recuperação da obra para a entrega à vítima. Daí porque seu comportamento apresenta-se de extrema relevância para o combate aos crimes que permeiam o mundo das artes.

Um desavisado ou negligente *dealer,* no intuito de adquirir obra importante, pode preferir não escolher o procedimento privado cautelar de investigação, adquirindo de qualquer forma e sem comunicação às autoridades competentes, afastando ainda mais da vítima o bem (novamente ingressa-se na hipótese eventual de comportamento anterior que teria dado causa à ocorrência do resultado).

Pode ocorrer que, por pânico, *dealers* acabem, diante de uma investigação de fôlego, destruindo o objeto (furtado/roubado/falsificado/lavado) ou simplesmente escondendo por um extenso período (*driving the object underground*) para não figurarem dentre os investigados, furtarem-se do dever de explicação perante as autoridades ou mesmo para protegerem os compradores. A intensidade da investigação pode, de fato, ter duplo efeito: o de amedrontar e ou de conferir segurança de que de uma forma ou de outra o bem será recuperado e o criminoso que colaborou para a empreitada criminosa acabará respondendo perante a Justiça penal. Muito provavelmente, mais e mais atores do mercado, com a atuação contundente das autoridades, terão mais disposição em ajudar e diminuir o seu uso por criminosos.

A atuação dos *dealers*, pois, assemelha-se à de informantes, ou seja, aquela pessoa que, em razão dos contatos confidenciais que possui (alguns do submundo por serem deste egressos), dos contatos propriamente com o mundo artístico ou de ambos, sabe ou pode descobrir o que não seria possível de outra forma. Trata-se de pessoas em quem criminosos possam confiar, apesar de não significar, necessariamente,

---

[70] Cf. VILLA, John K. *Banking Crimes. Fraud, Money Laundering and Embezzlement*, vol. I, 2011-2012 Suplement, § 4:11.

que se cuida de delinquentes ou egressos. Acabam recebendo, direta ou indiretamente, informação importante de atividades criminosas passadas, presentes e ou futuras.

Nos Estados Unidos, é bastante usual a figura dos agentes encobertos (*undercover methods*), essenciais para o esclarecimento de tais crimes. Trata-se, em verdade, de agentes governamentais de cumprimento da lei, oficiais profissionais, que se passam por criminosos. Diferentemente dos informantes ou dos *dealers*, possuem alto grau de resistência a retaliações, suas ações são fáceis de serem controladas ou dirigidas, além de possuírem grande capacidade de reação em caso de emergência. Acrescente-se, ainda, que podem figurar como testemunhas com grande credibilidade. Por outro lado, pouca responsabilidade haveria no caso de algum acidente, ao contrário de informantes ou de *dealers*.[71]

O uso de tal técnica aliada a outras pode e deve redundar na apreensão ou na recuperação de obras de arte furtadas/roubadas, falsificadas ou legítimas, mas adquiridas com dinheiro de crimes anteriores. Na maioria dos sistemas legais, no momento em que se prende alguém, é possível apreender coisas que interessem ao crime (no caso da lavagem, coisas que interessem a este e ou ao crime antecedente), fornecendo importante prova, tanto do objeto do crime (coisa ou pessoa sobre a qual incide a atividade criminosa) ou do proveito deste.

III.2. A ARTE DE LAVAR DINHEIRO E O PAPEL DOS ATORES PARA A SUA PREVENÇÃO E O SEU COMBATE

A visão da arte, apenas no seu sentido romântico (utilidade, registro histórico, expressão, imaginação e beleza), não encontra correspondência com as práticas usuais, notadamente do mundo atual que, aos poucos, tem constatado que a criminalidade, inclusive proveniente do tráfico de drogas, antes circunscrita a alguns setores, acabou por lançar seus voos nesse ramo. O que é pior, com sensível mutação de atuação para abarcar delitos de extrema lesividade social, como a lavagem de dinheiro.

---

[71] Cf. SPIEL JÚNIOR, Robert E. *Art Theft and Forgery Investigation*, p. 213.

O fato é que desde os tempos antigos o homem tem louvado a arte, sendo impensável a vasta comercialização, seu mercado internacionalizado sem precedentes, altas somas de recursos envolvidos, seu uso como investimento por não apreciadores e por parte de criminosos.

O professor da Universidade da Florida, Fletcher Baldwin Júnior,[72] e o professor da de Ohio, Hanna Purkey,[73] traçaram um importante paralelo entre imóveis e arte. Imóveis são um dos mais conhecidos métodos de lavagem de dinheiro porquanto apresentam como características o fato de possuírem, por si só, valores normalmente expressivos, estão sujeitos a frequente especulação, dependendo de quanto se deseja pagar, e podem ser adquiridos com dinheiro em espécie. Existe bastante similitude com a arte, sendo que ambos são classificados como não financeiros e por isso não possuem a mesma regulação e idêntico controle rígido estabelecido ao setor financeiro.

Uma diferença importante é que a arte pode ser transportada, os avaliadores e ou *dealers* podem facilmente ser comprados, ou mesmo *inventados*, porquanto não lhes são exigidos qualificação ou licença (bastando possuírem reputação e experiência), não existe obrigação de autorização para negociar com arte.

Por sua vez, as agências reguladoras pouca atenção dão ao setor.

Nos Estados Unidos, o *Patriot Act* tem regulado propriamente o mercado imobiliário a fim de evitar toda forma criminosa, obrigando corretores (*real estate agents*) a reportarem operações em espécie que sejam iguais ou superiores a dez mil dólares.[74] O § 365, apesar de impor a comunicação de setores não financeiros, não fez as mesmas exigências para os *art dealers*, como fez aos bancos, cassinos, negociantes de automóveis, casas de câmbio.

---

[72] In *Art Theft Perfecting The Art of Money Laundering*, p. 8.

[73] Cf. *The Art of Money Laundering*, p. 112-113 e 128-134.

[74] Veja United States v. Campbell, 977 F.2d 854 (4th Cir. 1992). Neste caso, uma corretora, Ellen Campbell, foi condenada por lavagem de dinheiro por vender um imóvel a um traficante, Mark Lawing, que dizia realizar serviço de customização de automóveis por preço mais baixo, recebendo parte em espécie (notas embrulhadas), o que contribuiu para encobrir das autoridades dinheiro ilícito. Também United States v. Massac, 867 F. 2d. 174, 177-78 (3d Cir. 1989), conhecimento que fundos tinham relação com drogas foi suficiente para a responsabilização penal. Ainda United States v. Isabel, 945 F.2d 1193, 1202-03 (1st Cir. 1991).

Já, no Brasil, a obrigação de reportar operações suspeitas tanto vale para as *pessoas físicas ou jurídicas que exerçam atividades de promoção imobiliária ou compra e venda de imóveis* quanto para as *pessoas físicas ou jurídicas que comercializem joias, pedras e metais preciosos, objetos de arte e antiguidades* (artigo 9º, respectivamente, incisos X e XI, da Lei de Lavagem de Dinheiro, n.º 9.613, de 03.03.1998, alterada pela Lei n.º 12.683/2012). Com a nova redação, foi alterado o inciso X para também incluir as *pessoas físicas*, sendo incluído o inciso XIII, fazendo constar a mesma obrigação *para as juntas comerciais e os registros públicos*. As alterações são bem vindas, mas deveriam ser complementadas com uma forte atuação de controle de comunicações porquanto têm sido historicamente raras no setor das artes. Além disso, existe a sua autorregulação, o que pode fazer com que os *dealers* aceitem pagamentos em espécie sem se preocuparem com eventual responsabilização futura.

Por exemplo, as duas das maiores casas de leilões do mundo, Sotheby's[75] e Christie's[76] são autorreguladas (*agency law* ou *self-regulation*) e possuem o dever de agir na mais boa-fé e no interesse de seus clientes ou consignadores.[77] Ambas têm aceitado o pagamento em espécie e a elas não tem sido exigido especificamente a obrigação de reportar operações suspeitas. A Sotheby's não proíbe pagamento em espécie, mas sujeito às determinadas restrições legais não definidas, enquanto a Christie's sequer menciona qualquer limitação no caso de pagamento em dinheiro vivo, que pode ser por transferência eletrônica, ordens de pagamento, espécie ou cheque.

---

[75] Cf. *http://www.sothebys.com/en/buysell/buy.html*: *You can pay with cash (subject to certain restrictions and legal limits), check, money order or wire transfer. Certain credit cards are accepted at Sotheby's London, Amsterdam, Paris, Switzerland and Hong Kong salerooms and you may contact these sale locations directly for specific information. Successful bidders can pay immediately following an auction, otherwise an invoice will be sentouhttp://selectsothebysrealty.com/page/make_a_payment: Make a Payment Thank you for your business. We are grateful for your relationship with us! Please note that payments are preferred by certified check, personal check or money order. For your convenience, we can also accept credit cards. If you would like to pay with credit card, please submit your payment below. Additional charges may apply for processing* (endereços acessados em 13.03.2015).

[76] In *http://www.christies.com/features/guides/buying/pay-ship.aspx*: *we accept wire transfers, bank drafts or cashier's orders, cash or checks. Under certain circumstances, some Christie's salerooms may accept payment by credit card (check with your saleroom for details)* (última visita em 26.02.2015).

[77] Nesse sentido, Hannah Purkey (in *The Art of Money Laundering*, p. 134).

Manus Brinkman revela que, embora reputadas casas de leilões e *dealers ajam dentro dos padrões legais, não são tomadas medidas para restringir fortemente o livre comércio de objetos culturais considerando que o mercado negro tradicionalmente prospera: como a demanda por antiguidades cresce, ela é suprida, ainda que a fonte seja despojada ilegalmente.*[78]

Tais casas criam e estimulam a demanda por objetos de países fornecedores. Desenvolvem tendências de forma agressiva. Manus Brinkman revela que, em 1996, *a forte demanda por pinturas do sudeste asiático cresceu consideravelmente entre a influente classe média asiática quando a Christie's deixou cinco pinturas indonésias em Singapura depois que o Museu Nacional de Jacarta as identificou como produto de roubo.*[79]

Importante afirmar que tais casas de leilões internacionais, nos Estados Unidos, submetem-se ao Código Comercial Unificado (*Uniform Comercial Code*), o qual não restringe o uso de dinheiro em espécie como forma de pagamento, de tal maneira que elas podem aceitar, com ou sem conhecimento da ilicitude, valores decorrentes de atividades ilegais, apesar do dever de atuarem na mais alta boa-fé.

Como são disciplinadas mediante autorregulamentação, podem facilmente transferir a responsabilidade para o consignante e não assumir uma obrigação perante a comunidade internacional.

Veja que, segundo Erin Thompson, a tradição de confidencialidade tem permitido aos *dealers* e às casas de leilões omitirem informação sobre anteriores proprietários, sendo certo que uma pesquisa realizada na Sotheby´s e na Christie´s, em Londres, desde a Segunda Grande Guerra até o ano 2000, mostrou que cerca de 95% dos objetos não possuíam indicação do local encontrado e 89% não tinham listagem de informação histórica. Semelhantemente, menos de um por cento de objetos maias leiloados entre 1971 e 1999 pela Sotheby´s foram listados com alguma indicação do local encontrado. Ou seja, conclui afirmando que *a grande maioria dos bens vendidos não possuía provenance.*[80]

---

[78] Reflexions on the Causes of Illicit Traffic in Cultural Property and Some Potential Cures. *Art and Cultural Heritage. Law, Policy, and Practice*, p. 64.

[79] *Ibidem.*

[80] In *The Relationship between Tax Deductions and the Market for Unprovenanced Antiquities*. HeinOnline (*www.heinonline.com*), Citation: 33 Colum. J.L.& Arts 241 2009-2010, acesso em 18.04.2012, p. 247.

Importante afirmar que a não existência de *provenance* significa que a obra não está acompanhada pela documentação do local encontrado e ou do histórico de propriedade (jamais quanto ao fluxo monetário envolvido), não se podendo afirmar, contudo, que necessariamente foi objeto de exportação ilegal de seu país de origem.

Por tais motivos, a falta de um adequado regramento, monitoramento ou mesmo interesse tem feito com que lavadores de dinheiro passassem a observar esse mercado para tornar limpos seus fundos ilícitos uma vez que os preços podem ser estabelecidos, manipulados e alterados a qualquer tempo.

Pode-se afirmar que o dinheiro sujo gradualmente começou, em larga escala, a descobrir a arte, tanto quanto os imóveis. Aumentando o fluxo financeiro ilícito permitiu-se, de um lado, a atuação do crime organizado e, de outro, consequências danosas, diante dos riscos de mais fraudes, sonegação e corrupção. A arte passou, pois, a ser um canal natural para a lavagem de dinheiro ilícito.

As autoridades têm tomado consciência do problema que envolve a indústria da arte, sua vulnerabilidade a uma série de questões e das ameaças globais (existem organizações terroristas roubando bens culturais para o financiamento de suas atividades). O alto volume de recursos envolvidos e a transparência deficitária das negociações exigem um controle mais incisivo das autoridades, cuja ausência propicia uma oportunidade ímpar para que a criminalidade organizada lave dinheiro sujo. Tudo isto sem contar a gana de obtenção de lucros por investidores privados que veem na arte apenas mais um negócio comercial, no qual o princípio primeiro seria *business is not built on the beautitudes*.

É possível verificar um verdadeiro impacto econômico quando grande soma de recursos ilegais é canalizada. No caso da arte, em nome da transmissão de valores culturais, pouca atenção de seus atores tem sido verificada no que tange às várias práticas delitivas, sobressaindo sonegação, lavagem de dinheiro e mesmo corrupção.

Misha Glenny, em importante reflexão, revela que *dado que a economia paralela se tornou uma força tão poderosa em nosso mundo, é surpreendente quão pouco esforço sistemático seja dedicado a compreender como ela funciona e como se relaciona com a economia lícita. Esse mundo obscuro não é, de forma alguma, diferente de sua parceria que vive à luz do dia; também a economia lícita, muitas vezes, não é tão transparente quanto pensamos ou gostaríamos que fosse.*[81]

Em nome da autonomia do setor e da sua necessária confidencialidade, tem-se permitido posturas duvidosas por aqueles que dele participam, mesmo que casos na Justiça e relatos na mídia internacional, além de alguns estudos, apontem para existência de esquemas internacionais e organizados ilegais por detrás de sua prática.

Não haveria, pois, como tolerar a eventual conexão entre a criminalidade organizada e a arte uma vez que pode significar num futuro breve fim de seu mercado, marcado por falsidades e não por boas práticas, além de risco de fomento e perpetuação de graves atividades criminosas (terrorismo), diante da inércia institucionalizada.

Aparentemente, parece existir uma perplexidade geral que tem arrefecido ações de controle estatal à mercê que ficou das informações sigilosas fornecidas a conta-gotas ou pouco transparentes. Essa constatação tem confrontado as ortodoxas práticas de gestão e tomado de sobressalto os seus estudiosos, porquanto vem cercado por um agir misterioso, não mais se resumindo num simples prognóstico do delito, mas em um verdadeiro diagnóstico penal, com enfoques diferenciados.

O fato de métodos e técnicas sofisticadas para apagar os vestígios do delito apresentarem constantes mutações em resposta à evolução das medidas destinadas ao seu combate, faz-se imperiosa uma legislação ágil e flexível, com foco no mal provocado pelos crimes antecedentes e no mal maior levado a efeito para a economia ao se misturarem valores lícitos e ilícitos.

Por isso que se apresenta indispensável a reflexão sobre o papel de cada participante do setor para que sejam adotadas medidas necessárias para a obtenção de resultados desejados num tempo razoável, sem prejuízo, por certo, das garantias fundamentais básicas.

Apesar de um aparente controle normativo, o uso da arte para a lavagem de dinheiro tem sido um atrativo à criminalidade organizada, uma vez que as autoridades não possuem adequado treinamento para reco-

---

[81] In *Mcmaffia: crime sem fronteiras*. Tradução Lucia Boldrini. São Paulo: Companhia das Letras, 2008, p. 14.

nhecer uma potencial suspeita. O cartel de drogas tem se utilizado dessa via porque sabe da falta de atenção ou mesmo conhecimento de muitas autoridades competentes de que a arte tem crescido consideravelmente como método de lavar dinheiro.

Existem exemplos mundo afora, inclusive no Brasil,[82] dando conta de obras de arte transferidas do ou para o exterior para sua utilização no mercado internacional, que aparentemente não tem se preocupado com a origem dos fundos destinados à aquisição de arte, mas tão-somente com a arte, sua qualificação em si mesma.

Citando Marianne James, Hannah Purkey revela que grupos diversos como americanos, italianos, máfia russa, IRA e os cartéis colombianos têm sido considerados como lavadores de recursos ilícitos mediante arte diante de seu fácil transporte, seu alto valor e sua pouca regulação ou controle.[83]

Outras tipologias foram já detectadas, podendo ser citada a conhecida como *smurfing*, ou seja, fundos ilícitos que são divididos entre diversas instituições. É a tal pulverização das aplicações financeiras de molde a dificultar o papel de combate da lavagem pelas autoridades públicas. Entretanto, como estão sujeitos a um controle efetivo, essa modalidade já não é tão popular entre os criminosos, que têm escolhido via não financeira, como imóveis, para despistar a atividade repressiva do Estado. O Grupo de Ação Financeira Internacional – GAFI (FATF) tem atentado para o problema, tanto que propõe um maior controle sobre atividades não financeiras, preocupando-se, inclusive, quanto a técnica de alterar preços viabilizando o super e o subfaturamento.

---

[82] Vide caso que envolveu o colombiano Juan Carlos Ramires Abadia, condenado, dentre outros acusados, em primeira e segunda instâncias por lavagem de dinheiro (autos n.º 2007.61.81.0011245-7/SP, condenação em 2008, confirmada, em 2012, pelo Tribunal Regional Federal da 3ª Região, que abrange os Estados de São Paulo e Mato Grosso do Sul, Apelação Criminal n.º 0001234-26.2007.04.03.6181/SP, j. em 06.03.2012, Rel. Des.Federal Johnsom di Salvo). Também o caso conhecido como Banco Santos, em que Edemar Cid Ferreira, o ex-dono da instituição financeira, também foi condenado em primeira instância, em 2006, por crimes financeiros e lavagem de dinheiro (ação penal n.º 2004.61.81.008954-9). Ambos tramitaram perante a Justiça Federal Criminal de São Paulo (6ª Vara Federal Criminal especializada em Lavagem de Dinheiro e Crimes Financeiros).

[83] Vide *The Art of Money Laundering*, p. 123.

Tanto quanto imóveis, nas artes faz-se possível avaliar excessivamente um bem para possibilitar a lavagem, com o consequente aumento substancial do seguro (da hipoteca no caso de imóveis) porquanto falsa documentação permite uma inadequada avaliação, de um lado, e a obtenção de um financiamento vultoso, de outro.

A lavagem em obras de arte dá-se, pois, com a falsa fixação de seus preços, quantidade, qualidade e o transporte *overseas* (do e para o exterior), uma tentativa de conferir legitimidade aos seus recursos ilícitos.

III.3. CONSELHO INTERNACIONAL DOS MUSEUS – ICOM.

De seu turno, o Conselho Internacional dos Museus ICOM (*International Council of Museums*), criado, em 1946, na França, possui *status* consultivo do Conselho Econômico e Social das Nações Unidas. Com relação especificamente aos Museus, concebeu um *Código de Ética para os Museus*,[84] adotado, por unanimidade, pela 15ª Assembleia Geral, realizada em Buenos Aires, Argentina, em 04 de novembro de 1986, revisto pela 21ª Assembleia Geral, realizada em Seul, Coreia do Sul, em 08 de outubro de 2004.

O referido Código constitui uma norma mínima para museus prevendo, por exemplo: estipulação clara do estatuto jurídico do museu (1.1); acessibilidade pública a seu acervo (1.4), condições de segurança adequadas (1.5); recursos financeiros suficientes (1.9), podendo gerar receita (1.10); todos os esforços devem ser feitos para assegurar que o exemplar a ser comprado, doado, emprestado, legado ou permutado não tenha sido adquirido ilegalmente em seu país de origem ou dele exportado ilicitamente, ou de um país de trânsito onde ele poderia ter um título válido de propriedade, incluindo o próprio país do museu. Neste caso, há obrigação de diligência para estabelecer o histórico completo do item em questão, desde sua descoberta ou criação (2.3); veda a aquisição

---

[84] *ICOM Code of Ethics for Museums* (versão em inglés). As versões em francês e espanhol adotam, respectivamente, os títulos *Code de déontologie pour les musées* e *Codigo de Deontologia del ICOM para los museos* (in *http://icom.museum/who-we-are/the-vision/code-of-ethics.html*, acessado em 13.03.2015).

de um objeto quando existam indícios de que a sua obtenção envolveu dano ou destruição não autorizada, não científica ou intencional de monumentos, sítios arqueológicos, geológicos, espécimes ou ambientes naturais (2.4); da mesma forma, um museu não deve adquirir espécimes biológicos ou geológicos que tenham sido coletados, vendidos ou de qualquer outra maneira transferidos em desacordo com a legislação em vigor ou tratados locais, nacionais, regionais ou internacionais (2.6); no caso de alienação, deve atender rigorosamente às exigências e aos procedimentos previstos em lei ou outras disposições (2.12).

III.4. ENTIDADES CULTURAIS E O INCENTIVO À DIFUSÃO DA ARTE. RECEITA FEDERAL

No Brasil a política cultural é centralizada em nível federal. A Lei n.º 11.904, de 14.01.2009, instituiu o Estatuto de Museus, enquanto que a Lei n.º 11.906, de 20.01.2009, criou o Instituto Brasileiro de Museus – IBRAM.

O Decreto que regulamentou a Lei 11.904, Decreto n.º 8.124, de 17.10.2013, especialmente o seu artigo 20, prevê o direito de preferência de que gozam os Museus integrantes do Sistema Brasileiro de Museus – SBM (adesão voluntária) no caso de venda judicial ou de leilão de bens.

A Declaração de Interesse Público de um determinado bem limita sua movimentação e obriga ao direito de preferência em favor do Instituto Brasileiro de Museus – IBRAM.

O direito de preferência necessita ser bem exercido. Se os museus pagarem o mesmo preço e nas mesmas condições não haverá qualquer prejuízo ao dono da obra de arte. Importante é saber como os museus pagarão por ela e se a burocracia estatal for usada para constituir elemento que dificulte qualquer venda. A simples possibilidade de declaração de interesse público de obra nacional pode afastar o interesse do colecionador em adquiri-la, o que pode, ao contrário do esperado, contribuir para o desencorajamento da produção ou distribuição em território brasileiro.

O fato de ser considerado bem de interesse público acarreta ao proprietário uma série de exigências administrativas, com penalidades elevadas. O proprietário não pode se tornar "fiel depositário" de obra porque desestimulará o colecionismo de obra brasileira e muito menos emprestará para exposições ou publicações temendo o exercício do direito de preferência pelo IBRAM. Havendo real interesse público, deve este rapidamente exercer o direito de preferência a fim do resguardo do acesso público de bem cultural.

Nos Estados Unidos não existe um órgão federal centralizador incumbido da política cultural, um Ministério da Cultura, por exemplo, como existe no Brasil. Lá, a política cultural está difusa em diferentes instituições, podendo citar dentre outros, o *Smithsonian Institution*, sendo a regulação dos museus eventualmente submetida, não sendo instituições federais, às legislações locais (estados, cidades ou condados). Por isso, a coordenação de políticas públicas não se apresenta tão fácil.

Segundo James Reap, pelas Emendas à Lei de Preservação Histórica Nacional (*National Historic Preservation Act* – NHPA), a partir de 1980, o Secretário do Interior possui a responsabilidade de dirigir e coordenar as atividades norte-americanas com base na Convenção da UNESCO (de 1972), em coordenação com o Secretário de Estado, com o *Smithsonian Institution* e com o Conselho Consultivo em Preservação Histórica (*the Advisory Council on Historic Preservation*).[85]

No caso do *Smithsonian Institution* (o maior complexo de museus e de centros de pesquisa do mundo), que congrega cerca de dezenove museus e galerias, além do *National Zoological Park*, nove Centros de Pesquisa,[86] constitui respeitável instituição americana e recebe doações de fundações, corporações e de pessoas qualificadas. Isto ocorre, segundo Judith Leonard, Conselheira-Geral do *Smithsonian Institute*,[87] por ser uma *gift authority*, autorregulada, uma Organização Não Governamental (uma *Non-Profit Organization*). Seus fundos estão separados do Departamento

---

[85] Public Law 96-515, December 12, 1980, 94 Stat. 3000 (in The United States and the World Heritage Convention. *Art and Cultural Heritage. Law, Policy, and Practice*, p. 234).

[86] Cf. Endereço eletrônico: *http://www.si.edu/Museums*, acessado em 13.03.2015.

[87] Recebeu em reunião o autor, às 10h00, em 21.05.2012, no *Smithsonian Institution* (1000 Jefferson Drive SW, room 302, Smithsonian Castle) e Bonnie Magness-Gardiner, agente do F.B.I., integrante do grupo de combate ao crime no setor artístico (*Art Crime Team*). Afirmou que não existe obrigação de listar seus doadores, bem ainda de reportar operações suspeitas, havendo, entretanto, a tomada de cautelas como, por exemplo, a não aceitação de doações em espécie, cartões de depósito de valores (*stored value cards*) ou cartões pré-pagos (*prepaid cards*).

do Tesouro norte-americano. Pelo endereço eletrônico, é possível averiguar a aceitação de dinheiro, não havendo, porém, informações de relevo quanto à modalidade de tais doações ou pagamentos.[88] A Conselheira deixou claro que a Instituição examina com bastante propriedade a *provenance*, certificando-se sempre quanto à autenticidade das obras de arte. Tanto ela quanto Bonnie Magness-Gardiner, agente do F.B.I., integrante do grupo de combate ao crime no setor artístico (*Art Crime Team*) categoricamente asseveraram que o referido Instituto adota restrições éticas até maiores que as estabelecidas pelo ICOM.

Bonnie Magness-Gardiner afirmou, ainda, que muitos delitos foram descobertos devido ao transporte ilícito ou quando haja movimentação bancária suspeita, caso em que, e somente nesta hipótese, haveria razão para comunicar operação suspeita. Também revelou que todas as informações possíveis, inclusive com a utilização do *google*, são obtidas pelos agentes do F.B.I., aí incluindo notícias publicadas pela imprensa. Finalmente, afirmou que os Arquivos têm sofrido bastante com a ação ilegal de seus inúmeros visitantes, dada sua fragilidade e quantidade enorme de papéis objetos de consulta.

Importante aqui a constatação de que o Congresso norte-americano tem permitido, desde 1917, a dedução das doações para entidades beneficentes, religiosas ou educacionais ou similares, ainda que sob a natureza de organizações sem fins lucrativos (ONGs). Nesse sentido, e citando um relatório de 1938 do Comitê da Câmara para Oportunidades (*House Committee on Ways and Means*), Erin Thompson explicitou que a perda tributária causada pelas deduções caritativas é compensada pelo

---

[88] *Your Gift Truly Makes a Difference. It's as powerful as the visionary gift by the Smithsonian's founding benefactor, James Smithson — because your generosity enables the Smithsonian to educate, inspire, and bring people together. Federal appropriations only provide about 70 cents of every dollar needed: To keep the Smithsonian's museum doors open to everyone, free of charge, to conduct ground-breaking scientific and scholarly research, to expose visitors of all ages to new ideas and new worlds, the rest is up to you. There are so many ways to give to the Smithsonian — from cash donations, to planned gifts, to support from your family foundation or your business. If you participate in the workplace giving program the Combined Federal Campaign (CFC), contributing to the Smithsonian is easy — simply user our CFC number, 10782. Make a gift to the Smithsonian today. It takes just a few minutes, and helps us bring alive our nation's history, culture, art and science for people around the world.* In: *http://si.edu/giving/*, acessado em 22.05.2012.

alívio do ônus financeiro que teria, e pelos benefícios da promoção do bem-estar geral.[89]

A conveniência de se conceder deduções de impacto fiscal tem sido frequentemente avaliada em termos de efetividade, objetivo e a possibilidade de abuso em potencial. A Receita norte-americana tem permitido deduzir apenas a quantia equivalente que o bem possui no mercado, no caso de doações de arte, visando evitar a avaliação artificialmente elevada e o correspondente aumento indevido da dedução fiscal.[90] Para evitar a dedução de bem importado ilicitamente deveria ser apenas permitida a doação baseada em *provenance*, o que desestimularia o interesse de compradores na aquisição de bens objeto de roubo ou fraude.

No Brasil, as deduções são também autorizadas. A legislação de incentivo cultural mais conhecida é a chamada Lei Rouanet (Lei n.º 8.313, de 23.12.1991,[91] que instituiu o Programa Nacional de Apoio à cultu-

---

[89] In *The Relationship between Tax Deductions and the Market for Unprovenanced Antiquities.* HeinOnline (www.heinonline.com), Citation: 33 Colum. J.L. & Arts 241 2009-2010, acesso em 18.04.2012, p. 241.

[90] *Idem*, p. 243.

[91] *CAPÍTULO I – Disposições Preliminares Art. 1º Fica instituído o Programa Nacional de Apoio à Cultura (Pronac), com a finalidade de captar e canalizar recursos para o setor de modo a: I – contribuir para facilitar, a todos, os meios para o livre acesso às fontes da cultura e o pleno exercício dos direitos culturais; II – promover e estimular a regionalização da produção cultural e artística brasileira, com valorização de recursos humanos e conteúdos locais; III – apoiar, valorizar e difundir o conjunto das manifestações culturais e seus respectivos criadores; IV – proteger as expressões culturais dos grupos formadores da sociedade brasileira e responsáveis pelo pluralismo da cultura nacional; V – salvaguardar a sobrevivência e o florescimento dos modos de criar, fazer e viver da sociedade brasileira; VI – preservar os bens materiais e imateriais do patrimônio cultural e histórico brasileiro; VII – desenvolver a consciência internacional e o respeito aos valores culturais de outros povos ou nações; VIII – estimular a produção e difusão de bens culturais de valor universal, formadores e informadores de conhecimento, cultura e memória; IX – priorizar o produto cultural originário do País. Art. 2º O Pronac será implementado através dos seguintes mecanismos: I – Fundo Nacional da Cultura (FNC); II – Fundos de Investimento Cultural e Artístico (Ficart); III – Incentivo a projetos culturais. § 1º – Os incentivos criados por esta Lei somente serão concedidos a projetos culturais cuja exibição, utilização e circulação dos bens culturais deles resultantes sejam abertas, sem distinção, a qualquer pessoa, se gratuitas, e a público pagante, se cobrado ingresso. (Renumerado do parágrafo único pela Lei n.º 11.646, de 2008) § 2º – É vedada a concessão de incentivo a obras, produtos, eventos ou outros decorrentes, destinados ou circunscritos a coleções particulares ou circuitos privados que estabeleçam limitações de acesso. (Incluído pela Lei n.º 11.646, de 2008) Art. 3º – Para cumprimento das finalidades expressas no art. 1º desta lei, os projetos culturais em cujo favor serão captados e canalizados os recursos do Pronac atenderão, pelo menos, um dos seguintes objetivos: I – incentivo à formação artística e cultural, mediante: a) concessão de bolsas de estudo, pesquisa e trabalho, no Brasil ou no exterior, a autores, artistas e técnicos brasileiros ou estrangeiros residentes no Brasil; b) concessão de prêmios a criadores, autores, artistas, técnicos e suas obras,*

filmes, espetáculos musicais e de artes cênicas em concursos e festivais realizados no Brasil; c) instalação e manutenção de cursos de caráter cultural ou artístico, destinados à formação, especialização e aperfeiçoamento de pessoal da área da cultura, em estabelecimentos de ensino sem fins lucrativos; II — fomento à produção cultural e artística, mediante: a) produção de discos, vídeos, obras cinematográficas de curta e média metragem e filmes documentais, preservação do acervo cinematográfico bem assim de outras obras de reprodução videofonográfica de caráter cultural; (Redação dada pela Medida Provisória n.° 2.228-1, de 2001) b) edição de obras relativas às ciências humanas, às letras e às artes; c) realização de exposições, festivais de arte, espetáculos de artes cênicas, de música e de folclore; d) cobertura de despesas com transporte e seguro de objetos de valor cultural destinados a exposições públicas no País e no exterior; e) realização de exposições, festivais de arte e espetáculos de artes cênicas ou congêneres; III — preservação e difusão do patrimônio artístico, cultural e histórico, mediante: a) construção, formação, organização, manutenção, ampliação e equipamento de museus, bibliotecas, arquivos e outras organizações culturais, bem como de suas coleções e acervos; b) conservação e restauração de prédios, monumentos, logradouros, sítios e demais espaços, inclusive naturais, tombados pelos Poderes Públicos; c) restauração de obras de artes e bens móveis e imóveis de reconhecido valor cultural; d) proteção do folclore, do artesanato e das tradições populares nacionais; IV — estímulo ao conhecimento dos bens e valores culturais, mediante: a) distribuição gratuita e pública de ingressos para espetáculos culturais e artísticos; b) levantamentos, estudos e pesquisas na área da cultura e da arte e de seus vários segmentos; c) fornecimento de recursos para o FNC e para fundações culturais com fins específicos ou para museus, bibliotecas, arquivos ou outras entidades de caráter cultural; V — apoio a outras atividades culturais e artísticas, mediante: a) realização de missões culturais no País e no exterior, inclusive através do fornecimento de passagens; b) contratação de serviços para elaboração de projetos culturais; c)ações não previstas nos incisos anteriores e consideradas relevantes pelo Ministro de Estado da Cultura, consultada a Comissão Nacional de Apoio à Cultura. (Redação dada pela Lei n.° 9.874, de 1999). CAPÍTULO II — Do Fundo Nacional da Cultura (FNC) Art. 4° Fica ratificado o Fundo de Promoção Cultural, criado pela Lei n° 7.505, de 2 de julho de 1986, que passará a denominar-se Fundo Nacional da Cultura (FNC), com o objetivo de captar e destinar recursos para projetos culturais compatíveis com as finalidades do Pronac e de: I — estimular a distribuição regional equitativa dos recursos a serem aplicados na execução de projetos culturais e artísticos; II — favorecer a visão interestadual, estimulando projetos que explorem propostas culturais conjuntas, de enfoque regional; III — apoiar projetos dotados de conteúdo cultural que enfatizem o aperfeiçoamento profissional e artístico dos recursos humanos na área da cultura, a criatividade e a diversidade cultural brasileira; IV — contribuir para a preservação e proteção do patrimônio cultural e histórico brasileiro; V — favorecer projetos que atendam às necessidades da produção cultural e aos interesses da coletividade, aí considerados os níveis qualitativos e quantitativos de atendimentos às demandas culturais existentes, o caráter multiplicador dos projetos através de seus aspectos sócio-culturais e a priorização de projetos em áreas artísticas e culturais com menos possibilidade de desenvolvimento com recursos próprios. § 1° — O FNC será administrado pelo Ministério da Cultura e gerido por seu titular, para cumprimento do Programa de Trabalho Anual, segundo os princípios estabelecidos nos arts. 1o e 3o.(Redação dada pela Lei n.° 9.874, de 1999). § 2° — Os recursos do FNC somente serão aplicados em projetos culturais após aprovados, com parecer do órgão técnico competente, pelo Ministro de Estado da Cultura. (Redação dada pela Lei n.° 9.874, de 1999) § 3° — Os projetos aprovados serão acompanhados e avaliados tecnicamente pelas entidades supervisionadas, cabendo a execução financeira à SEC/PR. § 4° — Sempre que necessário, as entidades supervisionadas utilizarão peritos para análise e parecer sobre os projetos, permitida a indenização de despesas com o deslocamento, quando houver, e respectivos pró-labore e ajuda de custos, conforme ficar definido no regulamento. § 5° — O Secretário da Cultura da Presidência da República designará a unidade da estrutura básica da SEC/PR que funcionará como secretaria executiva do FNC. § 6 ° — Os recursos do FNC não poderão ser utilizados para despesas de manutenção administrativa do Ministério da Cultura, exceto para a aquisição ou locação de equipamentos e bens necessários ao cumprimento das finalidades do Fundo. (Redação dada pela Lei n.º 9.874, de 1999). § 7º – Ao término do projeto, a SEC/PR efetuará uma avaliação final de forma a verificar a fiel aplicação dos recursos, observando as normas e procedimentos a serem definidos no regulamento desta lei, bem como a legislação em vigor. § 8º – As instituições públicas ou privadas recebedoras de recursos do FNC e executoras de projetos culturais, cuja avaliação final não for aprovada pela SEC/PR, nos termos do parágrafo anterior, ficarão inabilitadas pelo prazo de três anos ao recebimento de novos recursos, ou enquanto a SEC/PR não proceder a reavaliação do parecer inicial. Art. 5º O FNC é um fundo de natureza contábil, com prazo indeterminado de duração, que funcionará sob as formas de apoio a fundo perdido ou de empréstimos reembolsáveis, conforme estabelecer o regulamento, e constituído dos seguintes recursos: I – recursos do Tesouro Nacional; II – doações, nos termos da legislação vigente; III – legados; IV – subvenções e auxílios de entidades de qualquer natureza, inclusive de organismos internacionais; V – saldos não utilizados na execução dos projetos a que se referem o Capítulo IV e o presente capítulo desta lei; VI – devolução de recursos de projetos previstos no Capítulo IV e no presente capítulo desta lei, e não iniciados ou interrompidos, com ou sem justa causa; VII – um por cento da arrecadação dos Fundos de Investimentos Regionais, a que se refere a Lei nº 8.167, de 16 de janeiro de 1991, obedecida na aplicação a respectiva origem geográfica regional; VIII – Três por cento da arrecadação bruta dos concursos de prognósticos e loterias federais e similares cuja realização estiver sujeita a autorização federal, deduzindo-se este valor do montante destinados aos prêmios; (Redação dada pela Lei n.º 9.999, de 2000); IX – reembolso das operações de empréstimo realizadas através do fundo, a título de financiamento reembolsável, observados critérios de remuneração que, no mínimo, lhes preserve o valor real; X – resultado das aplicações em títulos públicos federais, obedecida a legislação vigente sobre a matéria; XI – conversão da dívida externa com entidades e órgãos estrangeiros, unicamente mediante doações, no limite a ser fixado pelo Ministro da Economia, Fazenda e Planejamento, observadas as normas e procedimentos do Banco Central do Brasil; XII – saldos de exercícios anteriores; XIII – recursos de outras fontes. Art. 6º O FNC financiará até oitenta por cento do custo total de cada projeto, mediante comprovação, por parte do proponente, ainda que pessoa jurídica de direito público, da circunstância de dispor do montante remanescente ou estar habilitado à obtenção do respectivo financiamento, através de outra fonte devidamente identificada, exceto quanto aos recursos com destinação especificada na origem. § 1º – (Vetado). § 2º – Poderão ser considerados, para efeito de totalização do valor restante, bens e serviços oferecidos pelo proponente para implementação do projeto, a serem devidamente avaliados pela SEC/PR. Art. 7º A SEC/PR estimulará, através do FNC, a composição, por parte de instituições financeiras, de carteiras para financiamento de projetos culturais, que levem em conta o caráter social da iniciativa, mediante critérios, normas, garantias e taxas de juros especiais a serem aprovados pelo Banco Central do Brasil. CAPÍTULO III – Dos Fundos de Investimento Cultural e Artístico (Ficart). Art. 8º Fica autorizada a constituição de Fundos de Investimento Cultural e Artístico (Ficart), sob a forma de condomínio, sem personalidade jurídica, caracterizando comunhão de recursos destinados à aplicação em projetos culturais e artísticos. Art. 9º São considerados projetos culturais e artísticos, para fins de aplicação de recursos do FICART, além de outros que venham a ser declarados pelo Ministério da Cultura: (Redação dada pela Lei n.º 9.874, de 1999) I – a produção comercial de instrumentos musicais, bem como de discos, fitas, vídeos, filmes e outras formas de reprodução fonovideográficas; II – a produção comercial de espetáculos teatrais, de dança, música, canto, circo e demais atividades congêneres; III – a edição comercial de obras relativas às ciências, às letras e às artes, bem como de obras de referência e outras de cunho cultural; IV – construção, restauração, reparação ou equipamento de salas e outros ambientes destinados a atividades com objetivos culturais, de propriedade de entidades com fins lucrativos; V – outras atividades comerciais ou industriais, de interesse cultural, assim consideradas pelo Ministério da Cultura. (Redação dada pela Lei n.º

9.874, de 1999). Art. 10. Compete à Comissão de Valores Mobiliários, ouvida a SEC/PR, disciplinar a constituição, o funcionamento e a administração dos Ficart, observadas as disposições desta lei e as normas gerais aplicáveis aos fundos de investimento. Art. 11. As quotas dos Ficart, emitidas sempre sob a forma nominativa ou escritural, constituem valores mobiliários sujeitos ao regime da Lei nº 6.385, de 7 de dezembro de 1976. Art. 12. O titular das quotas de Ficart: I – não poderá exercer qualquer direito real sobre os bens e direitos integrantes do patrimônio do fundo; II – não responde pessoalmente por qualquer obrigação legal ou contratual, relativamente aos empreendimentos do fundo ou da instituição administradora, salvo quanto à obrigação de pagamento do valor integral das quotas subscritas. Art. 13. A instituição administradora de Ficart compete: I – representá-lo ativa e passivamente, judicial e extrajudicialmente; II – responder pessoalmente pela evicção de direito, na eventualidade da liquidação deste. Art. 14. Os rendimentos e ganhos de capital auferidos pelos Ficart ficam isentos do imposto sobre operações de crédito, câmbio e seguro, assim como do imposto sobre renda e proventos de qualquer natureza. (Vide Lei n.º 8.894, de 1994). Art. 15. Os rendimentos e ganhos de capital distribuídos pelos Ficart, sob qualquer forma, sujeitam-se à incidência do imposto sobre a renda na fonte à alíquota de vinte e cinco por cento. Parágrafo único. Ficam excluídos da incidência na fonte de que trata este artigo, os rendimentos distribuídos a beneficiário pessoa jurídica tributada com base no lucro real, os quais deverão ser computados na declaração anual de rendimentos. Art. 16. Os ganhos de capital auferidos por pessoas físicas ou jurídicas não tributadas com base no lucro real, inclusive isentas, decorrentes da alienação ou resgate de quotas dos Ficart, sujeitam-se à incidência do imposto sobre a renda, à mesma alíquota prevista para a tributação de rendimentos obtidos na alienação ou resgate de quotas de fundos mútuos de ações. § 1º – Considera-se ganho de capital a diferença positiva entre o valor de cessão ou resgate da quota e o custo médio atualizado da aplicação, observadas as datas de aplicação, resgate ou cessão, nos termos da legislação pertinente. § 2º – O ganho de capital será apurado em relação a cada resgate ou cessão, sendo permitida a compensação do prejuízo havido em uma operação com o lucro obtido em outra, da mesma ou diferente espécie, desde que de renda variável, dentro do mesmo exercício fiscal. § 3º – O imposto será pago até o último dia útil da primeira quinzena do mês subsequente àquele em que o ganho de capital foi auferido. § 4º – Os rendimentos e ganhos de capital a que se referem o caput deste artigo e o artigo anterior, quando auferidos por investidores residentes ou domiciliados no exterior, sujeitam-se à tributação pelo imposto sobre a renda, nos termos da legislação aplicável a esta classe de contribuintes. Art. 17. O tratamento fiscal previsto nos artigos precedentes somente incide sobre os rendimentos decorrentes de aplicações em Ficart que atendam a todos os requisitos previstos na presente lei e na respectiva regulamentação a ser baixada pela Comissão de Valores Mobiliários. Parágrafo único. Os rendimentos e ganhos de capital auferidos por Ficart, que deixem de atender aos requisitos específicos desse tipo de fundo, sujeitar-se-ão à tributação prevista no artigo 43 da Lei nº 7.713, de 22 de dezembro de 1988. CAPÍTULO IV – Do Incentivo a Projetos Culturais. Art.18. Com o objetivo de incentivar as atividades culturais, a União facultará às pessoas físicas ou jurídicas a opção pela aplicação de parcelas do Imposto sobre a Renda, a título de doações ou patrocínios, tanto no apoio direto a projetos culturais apresentados por pessoas físicas ou por pessoas jurídicas de natureza cultural, como através de contribuições ao FNC, nos termos do art. 5o, inciso II, desta Lei, desde que os projetos atendam aos critérios estabelecidos no art. 1o desta Lei. (Redação dada pela Lei n.º 9.874, de 1999). § 1º – Os contribuintes poderão deduzir do imposto de renda devido as quantias efetivamente despendidas nos projetos elencados no § 3o, previamente aprovados pelo Ministério da Cultura, nos limites e nas condições estabelecidos na legislação do imposto de renda vigente, na forma de: (Incluído pela Lei n.º 9.874, de 1999) a)doações; e(Incluída pela Lei n.º 9.874, de 1999) b) patrocínios. (Incluída pela Lei n.º 9.874, de 1999). § 2º – As pessoas jurídicas tributadas com base no lucro real não poderão deduzir o valor da doação ou do patrocínio referido no parágrafo anterior como despesa operacional. (Incluído pela Lei n.º 9.874, de 1999). § 3º – As doações e os patrocínios na produção cultural, a que se refere o § 1o, atenderão exclusivamente aos seguintes segmentos: (Redação dada pela Medida Provisória n.º 2.228-1, de 2001) a)artes cênicas; (Redação dada pela Medida Provisória n.º 2.228-1, de 2001); b)livros de valor artístico, literário ou humanístico; (Redação dada pela Medida Provisória n.º 2.228-1, de 2001) c) música erudita ou instrumental; (Redação dada pela Medida Provisória n.º 2.228-1, de 2001) d)exposições de artes visuais; (Redação dada pela Medida Provisória n.º 2.228-1, de 2001) e)doações de acervos para bibliotecas públicas, museus, arquivos públicos e cinematecas, bem como treinamento de pessoal e aquisição de equipamentos para a manutenção desses acervos; (Redação dada pela Medida Provisória n.º 2.228-1, de 2001) f) produção de obras cinematográficas e videofonográficas de curta e média metragem e preservação e difusão do acervo audiovisual; e (Incluída pela Medida Provisória n.º 2.228-1, de 2001) g)preservação do patrimônio cultural material e imaterial. (Incluída pela Medida Provisória n.º 2.228-1, de 2001) h) construção e manutenção de salas de cinema e teatro, que poderão funcionar também como centros culturais comunitários, em Municípios com menos de 100.000 (cem mil) habitantes. (Incluído pela Lei n.º 11.646, de 2008) Art. 19. Os projetos culturais previstos nesta Lei serão apresentados ao Ministério da Cultura, ou a quem este delegar atribuição, acompanhados do orçamento analítico, para aprovação de seu enquadramento nos objetivos do PRONAC. (Redação dada pela Lei n.º 9.874, de 1999) § 1º – O proponente será notificado dos motivos da decisão que não tenha aprovado o projeto, no prazo máximo de cinco dias. (Redação dada pela Lei n.º 9.874, de 1999) § 2º – Da notificação a que se refere o parágrafo anterior, caberá pedido de reconsideração ao Ministro de Estado da Cultura, a ser decidido no prazo de sessenta dias. (Redação dada pela Lei n.º 9.874, de 1999) § 3º – (Vetado) § 4º – (Vetado) § 5º – (Vetado) § 6º – A aprovação somente terá eficácia após publicação de ato oficial contendo o título do projeto aprovado e a instituição por ele responsável, o valor autorizado para obtenção de doação ou patrocínio e o prazo de validade da autorização. § 7º – O Ministério da Cultura publicará anualmente, até 28 de fevereiro, o montante dos recursos autorizados pelo Ministério da Fazenda para a renúncia fiscal no exercício anterior, devidamente discriminados por beneficiário. (Redação dada pela Lei n.º 9.874, de 1999) § 8º – Para a aprovação dos projetos será observado o princípio da não concentração por segmento e por beneficiário, a ser aferido pelo montante de recursos, pela quantidade de projetos, pela respectiva capacidade executiva e pela disponibilidade do valor absoluto anual de renúncia fiscal. (Incluído pela Lei n.º 9.874, 1999) Art. 20. Os projetos aprovados na forma do artigo anterior serão, durante sua execução, acompanhados e avaliados pela SEC/PR ou por quem receber a delegação destas atribuições. § 1º – A SEC/PR, após o término da execução dos projetos previstos neste artigo, deverá, no prazo de seis meses, fazer uma avaliação final da aplicação correta dos recursos recebidos, podendo inabilitar seus responsáveis pelo prazo de até três anos. § 2º – Da decisão a que se refere o parágrafo anterior, caberá pedido de reconsideração ao Ministro de Estado da Cultura, a ser decidido no prazo de sessenta dias.(Redação dada pela Lei n.º 9.874, de 1999) § 3º – O Tribunal de Contas da União incluirá em seu parecer prévio sobre as contas do Presidente da República análise relativa à avaliação de que trata este artigo. Art. 21. As entidades incentivadoras e captadoras de que trata este Capítulo deverão comunicar, na forma que venha a ser estipulada pelo Ministério da Economia, Fazenda e Planejamento, e SEC/PR, os aportes financeiros realizados e recebidos, bem como as entidades captadoras efetuar a comprovação de sua aplicação. Art. 22. Os projetos enquadrados nos objetivos desta lei não poderão ser objeto de apreciação subjetiva quanto ao seu valor artístico ou cultural. Art. 23. Para os fins desta lei, considera-se: I – (Vetado); II – patrocínio: a transferência de numerário, com finalidade promocional ou a cobertura, pelo contribuinte do imposto sobre a renda e proventos de qualquer natureza, de gastos, ou a utilização de bem móvel ou imóvel do seu patrimônio, sem a transferência de domínio, para a realização, por outra pessoa física ou jurídica de atividade cultural com ou sem finalidade lucrativa prevista no art. 3º desta lei. § 1º – Constitui infração a esta Lei o recebimento pelo patrocinador, de qualquer vantagem financeira ou material em decorrência do patrocínio que efetuar. § 2º – As transferências definidas neste artigo não estão sujeitas ao recolhimento do Imposto sobre a Renda na fonte. Art. 24. Para os fins deste Capítulo, equiparam-se a doações, nos termos do regulamento: I – distribuições gratuitas de ingressos para eventos de caráter artístico-cultural por pessoa jurídica a seus empregados e dependentes legais; II – despesas efetuadas por pessoas físicas ou jurídicas com o objetivo de conservar, preservar ou restaurar bens de sua propriedade ou sob sua posse legítima, tombados pelo Governo Federal, desde que atendidas as seguintes disposições: a) preliminar definição, pelo Instituto Brasileiro do Patrimônio Cultural – IBPC, das normas e critérios técnicos que deverão reger os projetos e orçamentos de que trata este inciso; b) aprovação prévia, pelo IBPC, dos projetos e respectivos orçamentos de execução das obras; c) posterior certificação, pelo referido órgão, das despesas efetivamente realizadas e das circunstâncias de terem sido as obras executadas de acordo com os projetos aprovados. Art. 25. Os projetos a serem apresentados por pessoas físicas ou pessoas jurídicas, de natureza cultural para fins de incentivo, objetivarão desenvolver as formas de expressão, os modos de criar e fazer, os processos de preservação e proteção do patrimônio cultural brasileiro, e os estudos e métodos de interpretação da realidade cultural, bem como contribuir para propiciar meios, à população em geral, que permitam o conhecimento dos bens de valores artísticos e culturais, compreendendo, entre outros, os seguintes segmentos: I – teatro, dança, circo, ópera, mímica e congêneres; II – produção cinematográfica, videográfica, fotográfica, discográfica e congêneres; III – literatura, inclusive obras de referência; IV – música; V – artes plásticas, artes gráficas, gravuras, cartazes, filatelia e outras congêneres; VI – folclore e artesanato; e VII – patrimônio cultural, inclusive histórico, arquitetônico, arqueológico, bibliotecas, museus, arquivos e demais acervos; VIII – humanidades; e IX – rádio e televisão, educativas e culturais, de caráter não comercial. Parágrafo único. Os projetos culturais relacionados com os segmentos do inciso II deste artigo deverão beneficiar exclusivamente as produções independentes, bem como as produções culturais-educativas de caráter não comercial, realizadas por empresas de rádio e televisão. (Redação dada pela Lei n.º 9.874, de 1999) Art. 26. O doador ou patrocinador poderá deduzir do imposto devido na declaração do Imposto sobre a Renda os valores efetivamente contribuídos em favor de projetos culturais aprovados de acordo com os dispositivos desta Lei, tendo como base os seguintes percentuais: (Vide arts. 5º e 6º, Inciso II da Lei n.º 9.532 de, 1997) I – no caso das pessoas físicas, oitenta por cento das doações e sessenta por cento dos patrocínios; II – no caso das pessoas jurídicas tributadas com base no lucro real, quarenta por cento das doações e trinta por cento dos patrocínios. § 1º – A pessoa jurídica tributada com base no lucro real poderá abater as doações e patrocínios como despesa operacional. § 2º – O valor máximo das deduções de que trata o caput deste artigo será fixado anualmente pelo Presidente da República, com base em um percentual da renda tributável das pessoas físicas e do imposto devido por pessoas jurídicas tributadas com base no lucro real. § 3º – Os benefícios de que trata este artigo não excluem ou reduzem outros benefícios, abatimentos e deduções em vigor, em especial as doações a entidades de utilidade pública efetuadas por pessoas físicas ou jurídicas. § 4º – (VETADO) § 5º – O Poder Executivo estabelecerá mecanismo de preservação do valor real das contribuições em favor de projetos culturais, relativamente a este Capítulo. Art. 27. A doação ou o patrocínio não poderá ser efetuada a pessoa ou instituição vinculada ao agente. § 1º – Consideram-se vinculados ao doador ou patrocinador: a) a pessoa jurídica da qual o doador ou patrocinador seja titular, administrador, gerente, acionista ou sócio, na data da operação, ou nos doze meses anteriores; b) o cônjuge, os parentes até o terceiro grau, inclusive os afins, e os dependentes do doador ou patrocinador ou dos titulares, administradores, acionistas ou sócios de pessoa jurídica vinculada ao doador ou patrocinador, nos termos da alínea anterior; c) outra pessoa jurídica da qual o doador ou patrocinador seja sócio. § 2º – Não se consideram vinculadas as instituições culturais sem fins lucrativos, criadas pelo doador ou patrocinador, desde que devidamente constituídas e em funcionamento, na forma da legislação em vigor. (Redação dada pela Lei n.º 9.874, de 1999) Art. 28. Nenhuma aplicação dos recursos previstos nesta Lei poderá ser feita através de qualquer tipo de intermediação. Parágrafo único. A contratação de serviços necessários à elaboração de projetos para a obtenção de doação, patrocínio ou investi-

mento, bem como a captação de recursos ou a sua execução por pessoa jurídica de natureza cultural, não configura a intermediação referida neste artigo. (Redação dada pela Lei n.º 9.874, de 1999) Art. 29. Os recursos provenientes de doações ou patrocínios deverão ser depositados e movimentados, em conta bancária específica, em nome do beneficiário, e a respectiva prestação de contas deverá ser feita nos termos do regulamento da presente Lei. Parágrafo único.Não serão consideradas, para fins de comprovação do incentivo, as contribuições em relação às quais não se observe esta determinação. Art. 30. As infrações aos dispositivos deste capítulo, sem prejuízo das sanções penais cabíveis, sujeitarão o doador ou patrocinador ao pagamento do valor atualizado do Imposto sobre a Renda devido em relação a cada exercício financeiro, além das penalidades e demais acréscimos previstos na legislação que rege a espécie. § 1º – Para os efeitos deste artigo, considera-se solidariamente responsável por inadimplência ou irregularidade verificada a pessoa física ou jurídica propositora do projeto. (Renumerado do parágrafo único pela Lei n.º 9.874, de 1999). § 2º – A existência de pendências ou irregularidades na execução de projetos da proponente junto ao Ministério da Cultura suspenderá a análise ou concessão de novos incentivos, até a efetiva regularização.(Incluído pela Lei n.º 9.874, de 1999) § 3º – Sem prejuízo do parágrafo anterior, aplica-se, no que couber, cumulativamente, o disposto nos arts. 38 e seguintes desta Lei. (Incluído pela Lei n.º 9.874, de 1999) CAPÍTULO V – DAS DISPOSIÇÕES GERAIS E TRANSITÓRIAS Art. 31. Com a finalidade de garantir a participação comunitária, a representação de artista e criadores no trato oficial dos assuntos da cultura e a organização nacional sistêmica da área, o Governo Federal estimulará a institucionalização de Conselhos de Cultura no Distrito Federal, nos Estados, e nos Municípios. Art. 31-A. Para os efeitos desta Lei, ficam reconhecidos como manifestação cultural a música gospel e os eventos a ela relacionados, exceto aqueles promovidos por igrejas. (Incluída pela Lei n.º 12.590, de 2011). Art.32 Fica instituída a Comissão Nacional de incentivo à Cultura – CNIC, com a seguinte composição: I – o Secretário da Cultura da Presidência da República; II – os Presidentes das entidades supervisionadas pela SEC/PR; III – o Presidente da entidade nacional que congregar os Secretários de Cultura das Unidades Federadas; IV – um representante do empresariado brasileiro; V – seis representantes de entidades associativas dos setores culturais e artísticos de âmbito nacional. § 1º – A CNIC será presidida pela autoridade referida no inciso I deste artigo que, para fins de desempate terá o voto de qualidade. § 2º – Os mandatos, a indicação e a escolha dos representantes a que se referem os incisos IV e V deste artigo, assim como a competência da CNIC, serão estipulados e definidos pelo regulamento desta Lei. Art.33. A SEC/PR, com a finalidade de estimular e valorizar a arte e a cultura, estabelecerá um sistema de premiação anual que reconheça as contribuições mais significativas para a área: I – de artistas ou grupos de artistas brasileiros ou residentes no Brasil, pelo conjunto de sua obra ou por obras individuais; II – de profissionais da área do patrimônio cultural; III – de estudiosos e autores na interpretação crítica da cultura nacional, através de ensaios, estudos e pesquisas. Art. 34. Fica instituída a Ordem do Mérito Cultural, cujo estatuto será aprovado por Decreto do Poder Executivo, sendo que as distinções serão concedidas pelo Presidente da República, em ato solene, a pessoas que, por sua atuação profissional ou como incentivadoras das artes e da cultura, mereçam reconhecimento. (Regulamento) Art. 35. Os recursos destinados ao então Fundo de Promoção Cultural, nos termos do art. 1º, § 6º, da Lei no 7.505, de 2 de julho de 1986, serão recolhidos ao Tesouro Nacional para aplicação pelo FNC, observada a sua finalidade. Art. 36. O Departamento da Receita Federal, do Ministério da Economia, Fazenda e Planejamento, no exercício de suas atribuições específicas, fiscalizará a efetiva execução desta Lei, no que se refere à aplicação de incentivos fiscais nela previstos. Art. 37. O Poder Executivo a fim de atender o disposto no art. 26, § 2o, desta Lei, adequando-o às disposições da Lei de Diretrizes Orçamentárias, enviará, no prazo de 30 dias, mensagem ao Congresso Nacional, estabelecendo o total da renúncia fiscal e correspondente cancelamento de despesas orçamentárias. Art. 38. Na hipótese de dolo, fraude ou simulação, inclusive no caso de desvio de objeto, será aplicada, ao doador e ao beneficiário, multa correspondente a duas vezes o valor da ra (PRONAC), existindo outras leis de fomento à atividade audiovisual (Lei n.º 8.685, de 20.07.1993), bem ainda outras previsões de mesma natureza.[92] Existem também isenções de cobrança do Imposto sobre a

---

vantagem recebida indevidamente. Art. 39. Constitui crime, punível com a reclusão de dois a seis meses e multa de vinte por cento do valor do projeto, qualquer discriminação de natureza política que atente contra a liberdade de expressão, de atividade intelectual e artística, de consciência ou crença, no andamento dos projetos a que se refere esta Lei. Art. 40. Constitui crime, punível com reclusão de dois a seis meses e multa de vinte por cento do valor do projeto, obter redução do imposto de renda utilizando-se fraudulentamente de qualquer benefício desta Lei. § 1º – No caso de pessoa jurídica respondem pelo crime o acionista controlador e os administradores que para ele tenham concorrido. § 2o – Na mesma pena incorre aquele que, recebendo recursos, bens ou valores em função desta Lei, deixa de promover, sem justa causa, atividade cultural objeto do incentivo. Art. 41. O Poder Executivo, no prazo de sessenta dias, Regulamentará a presente lei. Art. 42. Esta lei entra em vigor na data de sua publicação. Art. 43. Revogam-se as disposições em contrário. Brasília, 23 de dezembro de 1991; 170º da Independência e 103º da República. FERNANDO COLLOR Jarbas Passarinho.

[92] *Instrução Normativa MinC n.º 2, de 26 de abril de 2012* – Altera e inclui dispositivos na Instrução Normativa n.º 1, de 9 de fevereiro de 2012, que estabelece procedimentos para apresentação, recebimento, análise, aprovação, execução, acompanhamento e prestação de contas de propostas culturais, relativos ao mecanismo de Incentivos Fiscais do Programa Nacional de Apoio à Cultura – Pronac, e dá outras providências; *Instrução Normativa MinC n.º 1, de 9 de fevereiro de 2012* – Estabelece procedimentos para apresentação, recebimento, análise, aprovação, execução, acompanhamento e prestação de contas de propostas culturais, relativos ao mecanismo de Incentivos Fiscais do Programa Nacional de Apoio à Cultura – Pronac, e dá outras providências; *Lei n.º 12.590, de 9 de janeiro de 2012* – Altera a Lei n.º 8.313, de 23 de dezembro de 1991 – Lei Rouanet – para reconhecer a música gospel e os eventos a ela relacionados como manifestação cultural; *Portaria MinC n.º 140, de 28 de dezembro de 2011* – Aprova o Plano de Trabalho Anual de Incentivos Fiscais para o exercício de 2012; *Portaria MinC n.º 131, de 21 de dezembro de 2011* – Institui o Regimento Interno da Comissão Nacional do Fundo Nacional da Cultura – CFNC, dispõe sobre as linguagens artísticas e os segmentos culturais para a alocação de recursos do FNC e dá outras providências; *Portaria MinC n.º 130, de 21 de dezembro de 2011* – Aprova o Plano de Trabalho Anual do Fundo Nacional de Cultura para 2012; *Portaria MinC n.º 129, de 21 de dezembro de 2011* – Aprova o Plano de Trabalho Anual do Fundo Nacional de Cultura para 2011; *Portaria MinC n.º 116, de 29 de novembro de 2011* – Regulamenta os segmentos culturais previstos no § 3º do art. 18 e no art. 25 da Lei n.º 8.313, de 23 de dezembro de 1991; *Portaria MinC n.º 83, de 8 de setembro de 2011* – Define as regras de classificação e distribuição de projetos ou produtos culturais entre peritos, bem como procedimentos e competências relativas à implementação doSistema de Credenciamento, no âmbito doSistema MinC, e dá outras providências; *Portaria MinC n.º 50, de 24 de maio de 2011* – Aprova o Plano de Trabalho Anual de Incentivos Fiscais do Ministério da Cultura para o exercício de 2011; *Instrução Normativa ANCINE n.º 93, de 3 de maio de 2011* – Altera dispositivos da Instrução Normativa n.º 22, de 30 de dezembro de 2003, que regulamenta a elaboração, a apresentação e o acompanhamento de projetos de obras audiovisuais, da Instrução Normativa n.º 21, de 30 de dezembro de 2003, que regulamenta os procedimentos a serem adotados para a elaboração e a apresentação da prestação de contas, e da Instrução Normativa n.º 54, de 02 de maio de 2006, que estabelece critérios

Circulação de Mercadorias – ICMS, um tributo estadual, na comercialização de obras importadas para o Brasil nos Estados do Rio de Janeiro e São Paulo.

O Museu de Arte Contemporânea da Universidade de São Paulo (MAC-USP),[93] por exemplo, tem se norteado pelos preceitos estabelecidos pelo Código de Ética para os Museus do ICOM, sendo que a aquisição se dá por meio de compra ou doação de artistas, colecionadores, instituições museológicas, empresas privadas e Associação dos Amigos do

---

para a classificação de empresa brasileira, produtora independente de obra audiovisual, e dá outras providências; *Resolução ANCINE n.º 39, de 2 de maio de 2011* – Define, no âmbito da ANCINE, parâmetros para priorização de análise de projetos e de pedidos de prorrogação do prazo de captação, redimensionamento e remanejamento de fontes de recurso; *Portaria n.º 34, de 26 de abril de 2011* – Aprova o *Manual de Identidade Visual* do Ministério da Cultura a ser observado na elaboração do Plano Básico de Divulgação de propostas culturais apresentadas ao Programa Nacional de Apoio à Cultura – Pronac, e dá outras providências; *Portaria n.º 43, de 09 de julho de 2009* – Aprova o regulamento referente à implementação do Sistema de Credenciamento de peritos no âmbito do Sistema MinC; *Portaria n.º 29, de 21 de maio de 2009* – Dispõe sobre a elaboração e gestão de editais de seleção pública para apoio a projetos culturais e para concessão de prêmios a iniciativas culturais no âmbito do Ministério da Cultura; *Portaria n.º 8, de 18 de março de 2008* – Dispõe sobre a convocação das entidades associativas de caráter cultural e artístico e as representativas do empresariado, todas de âmbito nacional, para participarem do processo de habilitação de instituições para indicação dos membros que comporão a CNIC – Comissão Nacional de Incentivo à Cultura, para o biênio 2008/2010; *Lei n.º 11.646, de 10 de março de 2008* – Altera dispositivos da Lei n.º 8.313, de 23 de dezembro de 1991, para estender o benefício fiscal às doações e patrocínios destinados à construção de salas de cinema em Municípios com menos de 100.000 (cem mil) habitantes, e dá outras providências; *Decreto 6.170, de 25 de julho de 2007* – Dispõe sobre as normas relativas à transferência de recursos da União mediante convênios e contratos de repasse, e dá outras providências; *Decreto n° 5.761, de 27 de abril de 2006* – Regulamenta a Lei n.º 8.313, de 23 de dezembro de 1991, estabelece sistemática de execução do Programa Nacional de Apoio à Cultura – PRONAC e dá outras providências; *Lei n.º 9.874, de 23 de novembro de 1999* – Altera dispositivos da Lei n° 8.313, de 23 de dezembro de 1991, e dá outras providências; *Lei n° 9.532, de 10 de dezembro de 1997* – Altera a legislação tributária federal e dá outras providências; *Instrução Normativa Conjunta MINC/MF n° 1, de 13 de junho de 1995* – Dispõe sobre os procedimentos de acompanhamento, controle e avaliação a serem adotados na utilização dos benefícios fiscais instituídos pela Lei n° 8.313, de 1991, alterada pela Lei n° 8.981, de 1995 e Medidas Provisórias n.ºs. 998 e 1.003, de 1995; *Lei n° 8.313, de 23 de dezembro de 1991* – Restabelece princípios da Lei n° 7.505, de 2 de julho de 1986, institui o Programa Nacional de Apoio à Cultura (Pronac) e dá outras providências. *(nova redação dada pelas Leis n.º 9.874, de 23 de novembro de 1999 e n.º 11.646, de 10 de março de 2008).*

[93] Completará 50 anos em 2013 e possui coleção a partir de segmentos como Arte Moderna Internacional, Arte Moderna Brasileira, Arte Contemporânea Internacional e Arte Contemporânea Brasileira.

MAC-USP (com ou sem uso de leis de incentivo à cultura). Para tanto, são realizadas avaliações de mérito e da documentação por profissionais do Museu que emitem pareceres específicos para a deliberação final do Conselho do MAC-USP. Prevalece, ainda, a informalidade entre o artista e o mercado de arte.[94]

Devem as instituições se acautelar. Por exemplo, o *Metropolitan Museum* de Nova Iorque foi objeto de crítica pública diante de sua política de aquisições, um exemplo dos problemas que são gerados pelo sigilo destas. Em 1972, Detrich Von Bothmer, curador das Artes Romanas e Gregas do museu citado, viu um vaso, um cálice, em Zurique, que foi apresentado e representado por Roberto Hecht Júnior, um americano vivendo na Itália que tinha se envolvido antes, porém, em várias transações questionáveis. Detrich Von Bothmer adquiriu-o e expôs a peça em novembro daquele mesmo ano. Uma investigação posterior apurou, contudo, que na negociação houve a participação de um cambista libanês, que inicialmente se apresentou como um colecionador suíço, depois como um colecionador armênio e, finalmente, como um *art dealer*. Este alegou ter recebido o vaso de seu pai, possuindo-o por cinquenta anos. Posteriormente, uma investigação da polícia italiana descobriu que, em verdade, a peça foi escavada, de forma ilegal, de uma tumba etrusca em 1971.[95]

Os museus têm crescido e se desenvolvido, modificando muitas de suas funções e enriquecendo o seu escopo. Daí porque têm assumido novas posições dentro da sociedade globalizada e fortemente competitiva dos tempos atuais, nos quais turismo, rede (internet) e uso da tecnologia constituem apenas um de seus ingredientes.

Dentro deste aspecto, cabe citar Yani Herreman, para quem *uma das mais importantes e permanentes mudanças tem sido tornar o seu público mais consciente e estar acompanhando com o processo social da atualidade.*[96] Isto também

---

[94] Informações repassadas ao autor pela professora Ana Farinha, integrante do MAC-USP (recebidas em 20.05.2012, pelos emails institucionais – TRF3 e USP).

[95] Cf. DUBOFF, Leonard; MURRAY, Michael; KING, Christy. *The Deskbook of Art Law.* New York: Oceana, Second Edition, Booklet B (*International Movement of Art*), Release 2010-1, Issued November 2010, B-94.

[96] Cf. The Role of Museums Today: Tourism and Cultural Heritage. *Art and Cultural Heritage. Law, Policy, and Practice*, p. 419.

vale para as casas de leilões, galerias, bibliotecas e feiras,[97] inseridas que se encontram nesse novo contexto mundial, marcado pelo desenvolvimento sustentável e pelo turismo cultural.

Sarah Thornton revela que embora muitos estudantes da faculdade de belas-artes não se sintam confortáveis denominando a si mesmos de *artista*, eles frequentemente necessitam do endosso de um *marchand,* uma exposição em museu ou um cargo de professor.[98]

Por isso, vemos uma final de século (XX) e um início (XXI) marcados por uma tendência de verdadeiro *boom* cultural. Nunca antes se viu tantas instituições de cultura sendo construídas, restauradas, ampliadas, apesar de estarmos em meio a mudanças econômicas e sociais de relevo.

As casas de leilões ou as galerias de arte podem dispor de uma obra por meio de dois métodos, ou seja, mediante sua consignação ou sua aquisição. Podem, entretanto, combinar entre consignação e aquisição. A primeira hipótese (consignação) é bastante usual porquanto dispensa gastos com a compra e, se não há venda, simplesmente ela retorna o bem para as mãos do artista. Como obras de arte são relativamente caras, as casas de leilões e galerias têm optado por tal modalidade na qual um acordo de exposição é realizado entre elas e o artista, sendo que, do preço de venda, cada parte fica com cinquenta por cento. Na verdade, tudo dependerá do acordo e pode chegar a um percentual de 70/30% em favor do artista. A percentagem dependerá ora da escolha do artista, ora do custo da produção da obra, método esse bastante válido na hipótese de artistas vivos. Por sua vez, as casas de leilões ou galerias comercializarão a obra para o artista, pagando para colocá-la em catálogos especializados (quando não possuir o seu próprio) e arcam com as despesas da abertura

---

[97] Tem atraído verdadeiros exércitos de galeristas e colecionadores, podendo ser citada a *The Armony Show* e *Frieze Art Fair* (Nova Iorque), *Frieze Art Fair* (Londres), *Art HK 12* (Hong Kong), *Art Basel* (Basileia – Suíça), *FIAC* (Paris), *Art Basel* (Miami), *Arco* (Madri), *Zona Marco* (Mexico), *ArtRio* (Rio de Janeiro), *SP-Arte* (São Paulo) e *Parte* (Universidade de São Paulo, SP). Cf. Bienal vende tudo. Principal feira de arte do País, SP-Arte completa sete anos e comemora aquecimento do setor. São Paulo, p.34. Publicação da Folha de São Paulo, 6 a 12 de maio de 2012.

[98] In *Sete dias no mundo da arte. Bastidores, tramas, intrigas de um mercado milionário.* Tradução: Alexandre Martins. Rio de Janeiro: Agir, 2010, p.71.

da *exposição*. Algumas casas especializam-se em certos tipos de trabalho ou possuem a habilidade de tornar desconhecidos bem populares.

As casas de leilões são, hoje, uma das mais populares entidades de comércio de obras de arte, sendo responsáveis por cinquenta por cento das vendas anuais nos Estados Unidos. Noventa por cento do multibilionário mercado mundial e quase três quartos de todas as vendas são controladas pela Sotheby's e pela Christie´s.[99]

Público importante, como plateia e comprador, acorreu aos leilões. Com relação ao Brasil, o fenômeno também ocorreu e *exigiu dos marchands uma relação mais elaborada com o produto e com a clientela. Buscaram-se salas mais amplas em locais mais 'nobres' (...). Um sem-número de telas de autores desconhecidos ou de pouco prestígio foram incorporados aos catálogos, aumentando o nível do faturamento. A relação entre custo e faturamento, à medida que começavam a escassear obras de autores consagrados, e de elevado valor, tornou-se preocupação, agravada pelas críticas de que os leilões em breve se tornaram canais de escoamento de 'rebotalhos' e de 'encalhes' das galerias.*[100]

Exercem importante e complexo papel como agentes do vendedor e do comprador, bem ainda como representante de si mesma. Por isso, possuem uma gama importante de responsabilidades, inclusive a de obter licença para a localidade onde se situam, a de usar esforços estratégicos para maximizar os itens oferecidos, a de trazer informação relevante sobre a natureza e o preço dos bens no mercado, a de aceitar pagamentos e a de assegurar o envio da obra, com segurança para o comprador. Transferem, porém a responsabilidade pela venda ao vendedor perante o comprador por qualquer deficiência (vício) na obra.[101]

Para observar o lucro auferido por elas, devem ser considerados o custo dos bens vendidos, o seu inventário de obras (estoque e as em

---

[99] Vide DUBOFF, Leonard; MURRAY, Michael; KING, Christy. *The Deskbook of Art Law. Booklet M (Auctions)*. New York: Oceana, Second Edition, Release 2010-2, Issued December 2010, p. M-1.

[100] Nesse sentido, DURAN, José Carlos. *Arte, Privilégio e Distinção. Artes Plásticas, Arquitetura e Classe Dirigente no Brasil, 1855/1985*. Estudos. Sociologia da Arte. São Paulo: Perspectiva e Universidade de São Paulo – Edusp/coedição, 1989, p. 198-199.

[101] Vide DUBOFF, Leonard; MURRAY, Michael, KING, Christy. *The Deskbook of Art Law. Booklet M (Auctions)*. New York: Oceana, Second Edition, Release 2010-2, Issued December 2010, p. M-36-37.

consignação), a sua contabilidade e suas vendas. Não é fácil verificar a conformidade entre o negócio realizado entre casas de leilão ou galerias e o artista, uma vez que delas não é exigido qualquer comunicação às autoridades sobre os seus rendimentos auferidos com as vendas em consignação. Alguns artistas pagam suas despesas pessoais em espécie e por vezes preferem dessa forma receber das casas de leilões ou galerias pelas obras vendidas e que se encontravam em consignação.

Uma casa de leilão pode prover facilidades financeiras e opções. Existem casos de empréstimos a compradores mediante a garantia da própria obra que se pretende adquirir, o que foi criticado por permitir a sobrevalorização de preço da obra de arte porquanto criaria melhores condições para sua aquisição.[102]

Ao se verificar um exemplar de um documento de consignação, é possível constatar que nele são registrados o nome, o endereço, o número de telefone do artista-consignante, a descrição do item ou dos itens, preço estabelecido pelo artista, a data negociada, a percentagem acordada entre ele e o consignatário e as suas assinaturas. Nada nele consta sobre a forma de pagamento. Por sua vez, nas informações para a Receita Federal (*Information Document Request* – IDR), deve-se exigir o registro de toda a arte recebida em consignação, o lucro obtido com esta e o número destas, de forma individualizada, por ano.[103] Isto ocorre porque a receita bruta deve ser compreendida como todo o rendimento não importando a sua fonte, seja dinheiro, propriedade e serviço prestado ou *in natura* (comida, acomodação, estoque etc.), a menos que seja excluída pela lei.

Uma vez os itens sendo vendidos, leiloeiros e seus funcionários examinam cuidadosamente e avaliam as peças. Peritos podem ser consultados para examinar a identidade ou a autenticidade de uma obra desconhecida. Se existe qualquer dissenso com a casa de leilão, esta possui o dever de revelar seu desacordo interno para o consignante, apesar deste

---

[102] Nesse sentido, DUBOFF, Leonard; MURRAY, Michael; KING, Christy. *The Deskbook of Art Law. Booklet M (Auctions)*. New York: Oceana, Second Edition, Release 2010-2, Issued December 2010, p. M-43.

[103] Vide Artists and Art Galleries. Publication by Internal Revenue Service.Department of the Treasury.Market Segment Specialization Program.*Source: www.artchain.com/resources/art_audit_guide.pdf, accessed on May 23 2012, Chapter 3, p. 6-7 e 13-17.*

normalmente enxergar uma casa de leilão como um mercado técnico e especializado, confiando em suas recomendações e quanto a um preço adequado.[104] Por isso, devem fornecer opiniões confiáveis tanto com relação ao valor quanto às recomendações que fizerem para um bem a si consignado.

Analisando, por exemplo, as condições de venda de um leilão de pinturas antigas, realizado na Christie's, em Nova Iorque, em 06 de junho de 2012, verificou-se o seguinte:[105]

01. As referidas condições de venda contêm todos os termos nos quais Christie´s, o agente do vendedor, contrata com o comprador, podendo este fazer emendas àquelas durante o leilão (cláusula 1). Isto significa dizer que o comprador que fizer suas apostas será obrigado a se vincular a tais termos (Introdução) não havendo tempo para discussão, de fato, das condições *impostas*;

02. A Christie´s possibilita a análise prévia da obra a ser leiloada, e até a recomenda (cláusula 2, *a*), não se responsabilizando – como também não responsabiliza o vendedor – quanto à natureza da obra; porém, nos cinco anos seguintes ao leilão, sua responsabilidade se restringe, apenas, ao que, com relação aos bens, está descrito em letra maiúscula ou caixa-alta, normalmente contemplando exclusivamente nome do autor (criador da obra) ou a autoria (período, cultura, fonte ou origem). Não se responsabiliza, nem mesmo, por todas as demais descrições que ela mesmo redige abaixo do título do lote (autor e/ou autoria) com relação à obra, sendo ora qualificadas como *diretrizes* (cláusulas 2, *a*, e 6, *caput*);

03. A referida garantia apenas é válida para comprador original e não para terceiros eventuais futuros compradores (cláusula 6, *iii*);

04. A Christie´s poderá solicitar, no caso de contestação sobre as informações em letra maiúscula ou em caixa-alta, a comprovação

---

[104] Nesse sentido, DUBOFF, Leonard; MURRAY, Michael; KING, Christy. *The Deskbook of Art Law*. Booklet M (*Auctions*). New York: Oceana, Second Edition, Release 2010-2, Issued December 2010, p. M-69).

[105] Vide CHRISTIE'S CATALOG. New York, *Old Master Paintings. Wednesday 6 June 2012*. London: Christie, Manson & Woods Ltd., 2012, p.118-119.

por escrito de dois reconhecidos especialistas, mutualmente aceitos (cláusula 6, *v*);

05. O comprador deve retornar a obra no estado em que a recebeu e no mesmo local do leilão (cláusula 6, *vi*);

06. A casa de leilão possui direito a recusar ou admitir, de forma sigilosa, ofertas ou participantes;

07. Para participação nos leilões, é exigido um registro prévio do comprador (*online* ou 30 minutos antes da hora marcada para o leilão), que deverá se identificar e assinar um documento, podendo ser eventualmente exigidas referências bancárias (cláusula 3, *b*);

08. Ao se fazer apostas, o comprador aceita pagar o preço da compra, incluindo o prêmio do comprador e todos os tributos incidentes, mais toda e qualquer cobrança aplicável (cláusula 3, *c*);

09. A Christie´s não se responsabiliza pelos valores expostos em leilões convertidos em outras moedas, nem ainda pelos vídeos ou imagens veiculados da obra (cláusula 3, *d* e *e*);

10. A menos que excepcionado, as obras são alienadas sob reserva, ou seja, não se pode negociar por valor menor ao mínimo sugerido (cláusula 3, *h*);

11. O leiloeiro possui a discricionariedade para recusar a aposta, avançar o ritmo do leilão, dividir os lotes e, no caso de dúvida ou erro, decidir quem é o ganhador (cláusula 3, *i*);

12. A conclusão do contrato é marcada pelo *bater do martelo* (*hammer marks*),[106] sendo que os riscos e a responsabilidade pela obra e sua estrutura expiram sete dias após a data do leilão (cláusula 3, *j*);

13. Para além do preço fixado (*hammer price*), o comprador é obrigado a pagar para a Christie´s o preço do prêmio do comprador (25% do preço final, se igual ou inferior a US$ 50.000,00; vinte por cento, se

---

[106] Marca ou pontifica a aquisição de um apostador ou eventual hesitação daquele que desejava adquirir.

acima de US$ 50.000,00 até igual a US$ 1.000.000,00; e doze por cento, se superior a este valor) junto com todas as demais cobranças (cláusula 4, *a*);

14. Logo após a venda, o comprador deve prover o nome e o endereço completo e, se exigido, dados bancários da conta que servirá de pagamento, devendo ser pago o preço final (*hammer price,* prêmio do comprador e os tributos) até às 16h30 do sétimo dia após a data do leilão (dias corridos), valendo o prazo, inclusive, no caso de ser necessária a obtenção de licença de exportação. O comprador somente é considerado titular da peça se honrar integralmente o preço (cláusula 4, *b*), do contrário haverá direito à sua retenção até a satisfação por meio de fundos bons, ou seja, em *good cleared funds,* podendo ser exigida, sob pena de cancelamento (caso em que fica autorizada a venda a terceiros), a demonstração de não se tratar de lavagem de dinheiro ou de recursos decorrentes do financiamento ao terrorismo (cláusula 4, *c*).

Fica claro pelo catálogo da Christie´s que o pagamento somente será aceito se proveniente de pessoa listada na fatura.[107]

Por se tratar de produto não homogêneo, a arte exige uma especialização e assim também devem ser os setores de controle e fiscalização do setor.

Tais entidades tornaram-se centros de difusão cultural e gancho para atividades diversas e multidisciplinares, visando o atendimento, o prazer e o ganho de conhecimento das pessoas.

Estes papéis só vêm reforçar o inarredável engajamento cultural enquanto instituições de caráter eminentemente sociais.

Assim, certas situações, delicadas, hão de merecer um olhar público (do público e para o público), apesar de se apresentarem com feições aparentemente de cunho privado ou particular.

---

[107] CHRISTIE'S CATALOG. *New York, Old Master Paintings. Wednesday 6 June 2012.* London: Christie, Manson & Woods Ltd., 2012, p. 129.

III.5. EMPRESAS DE SEGURO

As empresas de seguro são invariavelmente contratadas no caso de obras de alto valor econômico, sendo estas tratadas diferentemente do que normalmente são cuidados bens pessoais comuns.

Para o efeito da cobertura, na apólice deverá constar a identificação de cada peça, juntamente com o seu respectivo valor, sendo que, de praxe, o segurado assume inteira responsabilidade pelos valores declarados na proposta de seguro e que servem de base para a emissão da apólice e para o cálculo do prêmio devido. No contrato deve constar que não estão garantidos bens que não possuam comprovação irrefutável de posse ou existência anterior ao início da vigência do seguro, bem ainda os que são objeto de contrabando, furto, roubo, falsificação, comércio ilegal e lavagem de dinheiro.

Tais empresas necessitam, portanto, de uma adequada avaliação porque em caso de um acidente os valores pagos corresponderão à avaliação previamente acertada. Elas têm exigido uma descrição detalhada também pelo fato de, no caso de extravio ou perda, poder melhor recuperá-las. Além disso, deve haver uma periódica atualização do bem avaliado (*honest clause*) a fim de ajustar o valor à proporção devida entre a última avaliação e o valor de mercado, até porque uma das dificuldades envolvendo arte é justamente a fixação do preço em caso de perda. Assim, as empresas de seguro frequentemente solicitam a avaliação de cada item segurado, não significando, entretanto, que elas estariam vinculadas a essa previsão porquanto esta é considerada mero valor de sugestão.[108]

No contrato de seguro deve constar que a apólice não cobre reclamações decorrentes de vício, atos praticados por autoridade pública, como busca, apreensão e confisco, e riscos provenientes de furto, roubo, contrabando, transporte ou comércio ilegal e lavagem de dinheiro.

---

[108] Vide: DUBOFF, Leonard D., MURRAY, Michael D., KING, Christy A. *The Deskbook of Art Law. Booklet L (Insurance)*. New York: Oceana, Second Edition, Release 2010-2, Issued December 2010, L-21, 36 e 52.

III.6. FINANCIAL CRIMES ENFORCEMENT NETWORK – FINCEN E O CONSELHO DE CONTROLE DE ATIVIDADES FINANCEIRAS – COAF – COMUNICAÇÃO DE OPERAÇÕES SUSPEITAS. RISCOS BANCÁRIOS

A confidencialidade da comunicação de operações suspeitas, nos Estados Unidos, é exigida. Houve uma dúvida se ela estaria restrita à comunicação propriamente dita ou se também se estenderia à documentação de suporte. No início, considerava-se apenas a comunicação sigilosa, mas, depois, o Escritório de Controle da Moeda – OCC (*Office of the Comptroller of the Currency*),[109] vinculado ao Departamento do Tesouro, tem entendimento que também a documentação de base possui a mesma natureza. O sigilo é tão necessário que, mesmo no caso de intimações judiciais para revelações de comunicações ou da documentação de suporte em ações cíveis, o OCC entendeu que este deve ser notificado pela instituição bancária para eventualmente integrar a lide e que a revelação deverá obedecer ao Código de Processo Civil (*Federal Rules of Civil Procedure*). Houve a sugestão de compartilhamento de informações entre as instituições financeiras para melhor detectar novos esquemas fraudulentos. O Departamento do Tesouro, por meio do FinCEN e outras agências governamentais, decidiu fornecer informações para que elas pudessem verificar a evolução e as tendências dos crimes relacionados, promovendo pronunciamentos, encontros e seminários. Em hipótese alguma, poderá a Comunicação ser revelada para a pessoa supostamente envolvida, à exceção do FinCEN ou outra agência governamental apropriada.

Interessante observar que existe um prazo para a Comunicação de Operação Suspeita: trinta dias da percepção dos fatos, mas se não se puder identificar o suspeito, o prazo se prorroga por mais trinta dias. Não poderá ultrapassar, portanto, 60 dias depois da data da ciência dos fatos.

Frise-se que o monitoramento adequado e a Comunicação de Operação Suspeita são considerados essenciais para assegurar que a instituição

---

[109] *http://icom.museum/programmes/fighting-illicit-traffic* (acesso em 13.03.2015).

financeira possua um programa de *compliance* efetivo. Políticas e procedimentos apropriados devem ser concebidos para monitorar e identificar, no tempo e lugar adequados, atividades não usuais. Os sistemas de comunicação devem abraçar a identificação ou alerta para atividades incomuns (contendo identificação do empregado, a informação necessária e o resultado da pesquisa), alertas de gestão (ciência de todos os métodos de identificação e avaliação, em todas as suas áreas negociais), a comunicação e o envio desta, independentemente do seu tamanho. A sofisticação dos sistemas de monitoramento deve ser compreendida como algo que integre o risco bancário, com ênfase na composição de produtos de alto risco, serviços, correntistas, entidades. Por isso, devem as instituições financeiras assegurar pessoal adequado para identificar, pesquisar e reportar operações suspeitas, levando em conta o risco geral e o volume das transações.

O *Financial Crimes Enforcement Network* – FinCEN não possui norma específica para determinar que casas de leilões, galerias, museus ou *dealers* reportem operações suspeitas. Entretanto, enquadram-se na obrigação geral estabelecida para a comunicação no caso de pagamentos em espécie quando as transações envolverem US$ 10.000,00 ou mais.

A Resolução do Conselho de Controle de Atividades Financeiras – COAF n.º 008, de 15 de setembro de 1999, com o objetivo de prevenir e combater a lavagem de dinheiro mediante objetos de arte e antiguidades estabeleceu a obrigação de reportar obrigações suspeitas por parte das pessoas físicas ou jurídicas que comercializem, importem ou exportem, intermedeiem a compra e venda, em caráter permanente ou eventual, de forma principal ou acessória, cumulativamente ou não.

Obriga à realização de um cadastro do cliente por período mínimo de cinco anos, sendo pessoa física, com nome, endereço completo, número de identificação, nome do órgão expedidor e data da expedição ou dados do passaporte ou carteira civil, se estrangeiro e número de inscrição no Cadastro de Pessoas Físicas – CPF. No caso de pessoa jurídica, denominação ou razão social, número no Cadastro Nacional de Pessoa Jurídica – CNPJ, endereço completo, telefone, atividade principal desenvolvida e nome de controladora (s), controlada (s) ou coligada (s) (art. 3º). O registro deverá conter a descrição pormenorizada de cada peça, valor e data da transação e a forma de pagamento (dinheiro, cheque, cartão de crédito, financiamento etc.) (art.5º).

Tal obrigação se estende a museus, galerias de arte e bibliotecas diante de sua natureza e diante da redação da Lei da Lavagem de Dinheiro, não se circunscrevendo, portanto, apenas àquelas pessoas físicas ou jurídicas que comercializem de forma permanente (como galerias). Por incrível, tal não tem sido o entendimento, apesar da clara redação legal.

Por outro lado, observando os dados estatísticos do COAF, percebe-se um baixíssimo número de comunicações de operações suspeitas, sendo 9, em 2013 e 24, em 2014 (31.12.2014). Desde sua criação (1999), o COAF recebeu um total de apenas 68 comunicações, o que demonstra que a legislação brasileira não tem sido levada a sério.[110]

O fato é que a falta de condições de fiscalização por parte da Unidade de Inteligência Financeira brasileira e a crença de que a lavagem por meio da arte é de risco relativamente menor (mercado muito especializado, ostensivo, que chama a atenção, de pouca liquidez e de ágio grande) que aquela realizada via outros setores, acabam tornando letra morta a exigência legal, um faz de conta institucionalizado, não merecendo a questão tratamento adequado e esperado das autoridades competentes.

Por sua vez, a Resolução COAF n.º 10, de 19 de novembro de 2001, determina idêntica obrigação para as pessoas jurídicas não financeiras prestadoras de serviços de transferências nacionais ou internacionais de numerário, devendo constar o valor dos recursos transferidos, forma de pagamento, data da transação, finalidade da remessa, nome, CPF ou CNPJ, se for o caso, do remetente e do destinatário dos recursos e a localidade de origem e de destino destes.

Tais determinações dão a falsa impressão de que a lavagem de dinheiro eventualmente praticada nesse setor seja possível de ser detectada. Também se faz necessário instar *dealers* (compreendidos na sua ampla acepção) para proceder à comunicação de operações suspeitas no caso de aceitação de recursos ilícitos que sejam passíveis de detecção (doutrina da cegueira deliberada – *willful blindness doctrine*).

---

[110] Vide endereço eletrônico do COAF. In, *https://www.coaf.fazenda.gov.br/conteudo/estatisticas/comunicacoes-recebidas-por-segmento/*, acessado em 26.02.2015.

Por sua vez, as instituições tomando ciência de que a arte tem sido adquirida para lavar, devem atentar para as transações correspondentes interbancárias.

III.7. RECEITA FEDERAL

Os agentes da Receita Federal devem possuir conhecimento específico para a compreensão mínima do mercado de arte para bem verificar o preço declarado. Devem, pois, ser submetidos a um procedimento de aperfeiçoamento educacional.

Há uma tendência de considerar as obras de arte *duty free*, sendo que o documento fiscal que as acompanha deve conter o nome do artista que as criou, se conhecido, e declarar se elas são originais, réplicas ou reproduções ou cópias, podendo ser exigido prova de que se trata das mesmas constantes da declaração de importação.

Ora, para a harmonização do sistema, criou-se, nos Estados Unidos, a *Harmonized System Under Custom Law*, que estabelece a uniformidade na descrição de bens que são movimentados no comércio mundial. Propõe-se um sistema de classificação designado para transportadores, importadores, exportadores, alfândega, registros com vistas a um nível elevado de uniformização de tarifas e de dados estatísticos.[111]

Com isto, descrições mais objetivas permitem uma mensuração e observação mais adequada pelos técnicos da Receita, menos chances de falha na descrição nos documentos de importação e exportação, a melhoria da troca de informações entre setores alfandegários e estatísticas mais confiáveis, permitindo rastrear toda a movimentação de bens, por meio das fronteiras nacionais.

A Instrução Normativa da Receita Federal do Brasil – RFB n.º 874, de 8 de setembro de 2008,[112] que dispõe sobre o despacho aduaneiro de admissão e exportação temporária de bens de caráter cultural, conceitua

---

[111] Nesse sentido, DUBOFF, Leonard; MURRAY, Michael; KING, Christy. Vide *The Deskbook of Art Law.* Booklets A (*Art: The Customs Definition*). New York: Oceana, Second Edition, Release 2010-2, Issued December 2010, p. A-38 e A-40-41.

[112] Publicada no Diário Oficial da União de 09.09.2008, republicada no mesmo Diário em 23.09.2008.

tais bens as obras de arte, literárias, históricas, fonográficas e audiovisuais, os instrumentos e equipamentos musicais, os cenários, as vestimentas e demais bens necessários à realização de exposição, mostra, espetáculo de dança, teatro ou ópera, concerto ou evento semelhante de caráter notoriamente cultural (artigo 1º, § único).

Estabelece que o despacho aduaneiro de admissão temporária de bens de caráter cultural será simplificado de Importação (DSI), a que se refere o art. 4º da Instrução Normativa SRF n.º 611, de 18 de janeiro de 2006, apresentada por pessoa física ou jurídica responsável pela entrada no País e o retorno dos bens ao exterior (art. 2º, *caput*). Na hipótese de bens trazidos por viajante não residente, a concessão do regime será formalizada na própria Declaração de Bagagem Acompanhada (DBA). O registro da DSI poderá ser realizado antes da chegada dos bens no País (§§ 1º e 2º).

O artigo 3º dispensa o preenchimento dos campos da DSI relativos aos valores dos tributos incidentes na importação e ao respectivo demonstrativo de cálculos, bem como ao peso bruto de cada um dos bens importados. O interessado deverá especificar a finalidade da admissão temporária como *bens de caráter cultural* detalhando, no campo informações complementares da DSI, nome, local e período de realização de cada evento no País (§ único).[113]

Poderão ser dispensadas de conferência física as obras de arte e históricas submetidas a despacho por: a) museu, teatro, biblioteca ou cinemateca; b) entidade promotora de evento apoiado pelo poder público; c) entidade promotora de evento notoriamente reconhecido; ou d) missão diplomática ou repartição consular de caráter permanente (art. 6º, *caput*).

---

[113] Tanto a DSI quanto DBA deverão ser instruídas com Termo de Responsabilidade (TR), quando cabível, conforme disposto em legislação específica (art.4º, caput). Na composição do valor do TR não será exigida a indicação das quantias relativas ao crédito tributário suspenso (§ 1º). No caso de viajante não residente, o parágrafo 2º estabelece que o TR será: I – exigido somente quando se tratar de bens de valor superior a R$ 3.000,00; II – assinado pelo responsável pelo evento no país. No caso de descumprimento das condições da aplicação do regime, o crédito tributário será apurado pela autoridade aduaneira, à vista dos elementos contidos na declaração e nos respectivos documentos de instrução, e consubstanciado no campo próprio do TR. (art. 5º, caput). Entretanto, na hipótese de inexistência de documentação comprobatória do valor dos bens, poderá ser utilizado, para efeitos da declaração e formalização do TR, aquele constante de apólice de seguro (§ único).

Neste caso, é exigida autorização, mas, esta somente será concedida, a pedido do interessado, pelo chefe da unidade da RFB de despacho aduaneiro à instituição que (§ 1º): I – esteja inscrita no Cadastro Nacional de Pessoa Jurídica (CNPJ) há mais de três anos; e II – cumpra os requisitos de regularidade fiscal perante a Fazenda Nacional, para o fornecimento de certidão conjunta, negativa ou positiva com efeitos de negativa, com informações da situação quanto aos tributos administrados pela Secretaria da Receita Federal do Brasil (RFB) e quanto à Dívida Ativa da União (DAU), administrada pela Procuradoria-Geral da Fazenda Nacional (PGFN). O despacho será instruído com imagens, projetos, plantas, ou outros recursos que permitam a perfeita identificação das obras constante do *caput* (§ 2º).[114]

A conferência física para admissão temporária de bens, quando não dispensada ou realizada no local do evento, poderá ser efetuada por amostragem na unidade de despacho (art. 9º). Aplica-se aos bens de que trata a Instrução Normativa, o disposto na legislação específica que dispõe sobre o regime aduaneiro especial de admissão temporária, relativamente (art. 10): I – aos requisitos para a concessão do regime; II – ao prazo de permanência no País; III – à execução do TR; IV – à extinção do regime; e V – ao direito de recurso.

---

[114] Os bens de caráter cultural não incluídos no artigo 6º do ato normativo poderão ter sua conferência física dispensada por meio de Ato Declaratório Executivo expedido pelo Superintendente Regional da RFB com jurisdição sobre o local de realização do evento, aplicando-se especialmente aos bens que, pela natureza, antiguidade, raridade ou fragilidade, exijam condições especiais de manuseio ou de conservação (art.7º, *caput*). Na hipótese de realização do evento em locais distintos, jurisdicionados por mais de uma Região Fiscal, o Ato Declaratório Executivo deve ser expedido pela Coordenação-Geral de Administração Aduaneira (Coana) (§ único). Os bens de caráter cultural poderão, no interesse do importador, ser submetidos à conferência física no local de realização do evento (art. 8º, *caput*). Para tanto, o interessado deverá formalizar o processo de admissão temporária junto à unidade com jurisdição sobre o local do evento ou, no caso de evento itinerante, no local do evento inicial (§ 1º). Os bens serão removidos até o local do evento sob o regime de trânsito aduaneiro autorizado mediante procedimento sumário, instruído com cópia do despacho que conceder o regime (§ 2º). Os elementos de segurança poderão ser apostos sobre os volumes ou unidades de carga, para que estes possam ser imediatamente armazenados em local adequado, no local do evento, aguardando a presença da fiscalização (§ 3º). A conclusão do trânsito aduaneiro dar-se-á com o desembaraço da DSI (§ 4º).

Na hipótese de permanência definitiva dos bens no País, deverá o beneficiário, na vigência do regime de admissão temporária, providenciar o despacho de importação definitiva, de acordo com legislação pertinente (art. 11, *caput*). Tratando-se de objetos de arte constantes das posições 9701, 9702, 9703 ou 9706 do Capítulo 97 da Nomenclatura Comum do Mercosul (NCM) e recebidos em doação por museu instituído ou mantido pelo poder público ou por outra entidade cultural reconhecida como de utilidade pública, será aplicada a isenção do imposto de importação, de acordo com a Lei n.º 8.961, de 23 de dezembro de 1994 (§ único).

Por sua vez, o despacho aduaneiro para exportação temporária dos bens de caráter cultural será processado com base na Declaração Simplificada de Exportação (DSE), a que se refere o art. 31 da *Instrução Normativa SRF n.º 611, de 2006*, apresentada por pessoa física ou jurídica responsável pela saída e retorno dos bens ao País (art. 12, *caput*). Na hipótese dos bens serem levados para o exterior, sob a forma de bagagem acompanhada, por viajante (§ 1º): I – o interessado poderá apresentar a DSE para registro, contendo a correspondente anotação no campo destinado a informações complementares, acompanhada do bilhete de passagem do viajante, da documentação dos órgãos anuentes, quando for o caso, antecipadamente ao embarque, em horário de funcionamento normal da unidade da RFB de saída do País; ou II – o viajante deverá relacionar os bens na Declaração de Saída Temporária de Bens (DST) e apresentá-la, antes do embarque, à fiscalização aduaneira, para o devido controle da saída dos bens do País. No caso do inciso I do § 1º, ao embarcar, o viajante deverá estar de posse de cópia da DSE, devidamente desembaraçada (§ 2º).[115]

---

[115] Fica dispensado o preenchimento dos campos da DSE relativos aos valores dos tributos incidentes na exportação e ao respectivo demonstrativo de cálculos, bem como ao peso bruto de cada um dos bens importados (art. 13, *caput*). O interessado deverá especificar a finalidade da exportação temporária, informando o nome, o local e período de realização de cada evento no exterior, no campo informações complementares da DSE (§ único). No caso de retorno de bens, o despacho aduaneiro para reexportação dos bens de caráter cultural será processado com base em DSE ou DRE-E, apresentada por pessoa física ou jurídica responsável pelo retorno dos bens ao exterior (art. 15). O beneficiário do regime aduaneiro especial de admissão temporária de que trata esta Instrução Normativa deverá informar, na DSE ou na DRE-E, o número e espécie da declaração correspondente ao despacho de admissão dos bens no País e, na hipótese de eventual despacho para consumo de parte dos bens, nos termos do art. 11, o número da declaração que serviu de base para o respectivo despacho de importação definitiva (§ 1º). Quando o retorno dos bens ao exterior ocorrer

de forma parcelada, o interessado deverá indicar, no campo informações complementares da DSE, que se trata de retorno parcial (§ 2º). No caso de bem que retorne ao exterior na condição de bagagem acompanhada, o viajante deverá apresentar à autoridade aduaneira do local de saída cópia da DSI ou DBA utilizada para a concessão do regime, para as anotações necessárias à formalização da saída e o encaminhamento à autoridade aduaneira do local de entrada para a baixa do respectivo TR, quando a saída se proceder em unidade distinta daquela que concedeu o regime (§ 3º). Os bens admitidos temporariamente com dispensa de conferência física, nos termos dos artigos 6º e 7º, ficam dispensados desta formalidade aduaneira por ocasião de sua reexportação, podendo, inclusive, ter o seu retorno ao exterior efetuado por meio de remessa expressa, hipótese em que o interessado deverá comprovar, documentalmente, a reexportação dos bens junto à unidade que concedeu o regime (§ 4º). Os bens admitidos nos termos do artigo 8º poderão ser submetidos à conferência física no local de realização do evento, devendo, neste caso, a DSE ser registrada na unidade com jurisdição sobre o local onde se encontrem os bens, que seguirão em trânsito aduaneiro de exportação para a unidade de saída (§ 5º). A conferência física para a reimportação ou reexportação dos bens exportados ou admitidos temporariamente, respectivamente, quando não dispensada ou realizada no local do evento, poderá ser efetuada por amostragem na unidade de despacho (§ 6º). O despacho aduaneiro de retorno ao País dos bens exportados temporariamente será processado com base em DSI ou em Declaração de Remessas Expressas de Importação (DRE-I) (art.16, caput). O interessado deverá informar, na DSI ou na DRE-I, o número e espécie da declaração que serviu de base para o despacho de exportação temporária (§ 1º). Os bens exportados temporariamente com dispensa de verificação aduaneira poderão ser dispensados da conferência física por ocasião de seu retorno, se efetuado dentro do prazo de vigência do regime (§ 2º). Os bens exportados, mediante verificação aduaneira no local do evento, nos termos do artigo 16, poderão ser submetidos à conferência física em local não alfandegado por ocasião de seu retorno, neste caso, a DSI deverá ser registrada junto à unidade com jurisdição sobre o local de destino dos bens (§ 3º). Para a remoção dos bens de caráter cultural que retornem ao País ou a serem reexportados, aplicam-se os dispositivos contidos no art. 8º desta Instrução Normativa (§ 4º). Fica dispensado o preenchimento dos campos destinados aos cálculos dos tributos incidentes na importação quando o retorno dos bens ao País ocorrer na vigência do regime de exportação temporária, bem como aquele relativo à indicação do peso bruto de cada um desses bens (§ 5º). Os impressos, folhetos, catálogos e outros materiais promocionais alusivos ao evento serão desembaraçados sem quaisquer formalidades (art. 20). Nos despachos aduaneiros de que trata esta Instrução Normativa não será exigida fatura comercial ou pro forma, devendo, em substituição, ser apresentada declaração contendo relação dos bens, datada e assinada, emitida pela pessoa ou entidade que detenha a sua posse ou propriedade (art.21). O regime de admissão ou de exportação temporária dos bens em questão somente será concedido pela autoridade aduaneira da unidade da RFB de registro da declaração e após a comprovação do atendimento de eventuais controles específicos dos órgãos anuentes (art.22). Fica aprovado o modelo de formulário Solicitação para Conferência Física de Bens de Caráter Cultural em Local não Alfandegado, conforme o *Anexo Único* a esta Instrução Normativa (art.23)). A solicitação será apresentada em três vias, que terão a seguinte destinação: I – a 1ª, à unidade local da RFB; II – a 2ª, ao interessado; e III – a 3ª, ao transportador. O disposto na Instrução Normativa pode ser aplicado a bens de caráter cultural procedentes ou destinados a países

Na verdade, não se pode deixar de reconhecer a importância do chamado Terceiro Setor, o privado, na promoção e na preservação da herança cultural e no encorajamento de seu desenvolvimento. Tanto é certo que leis são criadas para a implementação de regulamentação financeira (por exemplo, no Reino Unido, na França, na Itália, na Alemanha e na Espanha) estabelecendo medidas de estímulo e incentivos fiscais,[116] assim como Brasil e os Estados Unidos.

A lavagem em obras de arte dá-se, pois, com a falsa fixação de seus preços, quantidade, qualidade e o transporte *overseas* (do e para o exterior), uma tentativa de conferir legitimidade aos seus recursos ilícitos.

A adulteração ou a falsa fixação de preços para transpor valor agregado (adicional) no caso de importação e exportação, trabalhando com a especulação dos valores fixados, permite que o dinheiro seja transferido por meio do super ou subfaturamento, sem levantar qualquer suspeita das autoridades. Ora, coloca-se um obstáculo ou uma dificuldade para os agentes alfandegários ao tentarem decifrar o real valor dos bens. Doutra parte, existe também a facilidade de transportar quantidades maiores ou menores de forma bem disfarçada (por exemplo, em tubos), bem ainda o fato de a descrição não corresponder exatamente ao que se transporta (consiste na alteração propositada da quantidade e da qualidade), não chamando atenção dos agentes da fronteira.

Segundo Hannah Purkey, nos Estados Unidos, exportações não são tão severamente reguladas quanto importações e arte é *duty free*, quando movimentada internamente no País.[117]

---

do MERCOSUL, desde que não seja aplicado o procedimento previsto na *Instrução Normativa SRF n.º 29, de 6 de março de 1998* (art. 24). A alta tributação na importação tem permitido a aquisição de arte de forma clandestina, escondidas em páginas de livros ou disfarçadas em objetos banais e estimulado a exportação da produção local, o que permite a fuga de obras de arte.

[116] Esta tendência, segundo María Rosa Suárez-Inclán Ducassi, estaria de acordo com as diretrizes do *European Green Book,* que reconhece a necessidade de encorajar a responsabilidade social de empreendedores privados (in Financial Regulations and Tax Incentives with the Aim to Stimulate the Protection and Preservation of Cultural Heritage in Spain. *Art and Cultural Heritage. Law, Policy, and Practice,* p. 455).

[117] In *The Art of Money Laundering,* p. 126.

O fato é tomar o lucro do crime para combatê-lo ou desencorajá-lo (*take the profit out of crime*) prevenindo que valores ou bens culturais sejam passíveis de serem usados para fins não legítimos.

Desde 1986, o Escritório de Assuntos Internacionais (*Office of International Affairs*) do Departamento da Justiça nos Estados Unidos tem atuado na apreensão, no bloqueio e no confisco final de bens, inclusive no exterior. A atuação passou a ser revigorada com o ataque sofrido em 11 de setembro de 2001. Entretanto, a contundente postura tem cercado, prioritariamente, ações terroristas, razão pela qual assuntos que dizem respeito à herança cultural não têm merecido semelhante preocupação.

Importante frisar que frequentemente o dinheiro a ser lavado sai do País com o objetivo de circular no sistema de pagamentos internacional para frustrar qualquer auditoria no seu rastreamento. Não se apresenta incomum o uso de altas somas de dinheiro (espécie) para a realização da primeira fase da lavagem de dinheiro (*placement*, conversão ou ocultação).

Isto ocorre por meio de muitas maneiras, aí incluindo a negociação baseada em *cash* e envolvendo altas somas. Por isso, a arte, tanto quanto joias e ouro, aparece como um meio importante para a lavagem de dinheiro porquanto reúne ambas as condições ora ventiladas diante da facilidade inerente, como, por exemplo, pouco peso ou tamanho, inodoro e de difícil rastreamento.

O super ou subfaturamento de bens (quando não a sua própria falsificação) e de serviços têm sido um método já conhecido de fraude visando principalmente a evasão fiscal, baseia-se na alteração de preços para agregar valor adicional entre importadores e exportadores. No momento em que ocorre o superfaturamento, a diferença recebida pelo exportador deverá ser enviada em conta (desconhecida ou secreta) do importador, mas a detecção de tal prática pode ser realizada comparando o valor da exportação com aquele praticado usualmente pelo exportador no mercado (obviamente menor). Já na hipótese de subfaturamento, o exportador receberá a diferença mediante operações pouco rastreáveis (*hawala* ou doleiros), havendo pagamento a menor do tributo devido. A prática somente se faz possível quando exista acordo entre exportador e importador, e intermediários eventuais, ou seja, constitui caminho que requer o concurso de pessoas, a participação de mais de uma pessoa atuando em pontas diversas.

O dinheiro recebido pode, muitas vezes, ter um caminho curioso quando do processo de conversão para outra moeda. Ao invés da conversão para dólares, por exemplo, se dar pela troca legítima com as comunicações formais devidas da transação, pagamentos diretos são feitos por terceiros, não relacionados com a operação, pagamentos que são o fruto da prática delitiva. O dinheiro recebido ilicitamente é, então, entregue à casa de câmbio ou ao *currency brokers* (normalmente com um desconto da taxa legal de câmbio), sem que exista uma motivação econômica real que legitimaria a operação (não há comércio de bens, mas apenas a troca ou conversão de moedas). Pode ocorrer, por exemplo, que uma empresa (uma loja ou um depósito) situada num país emita uma nota fiscal para alguém que deseja a conversão da moeda e esteja em outro. Este documento demonstraria uma *compra* de um produto (perfume, móveis, livros, obras de arte) e a moeda a ser convertida deverá se destinar ao *vendedor*. O dinheiro é, então, entregue ao cambista localizado no país do *comprador* e este solicita a uma terceira parte que necessita da moeda no local do *vendedor* (por vezes outro cambista ou a uma empresa de *remittance*, quando ambos realizam operações ilegais) que pague este, havendo uma vantagem negocial (uma tarifa mais interessante). Para despistar as autoridades, o negociante (*comprador*) pode até receber uma pequena parte do produto no caso de alguma fiscalização ou investigação. Frise-se que há casos não tão infrequentes, de sequer existir uma negociação, ainda que de fachada, ou mesmo vantagem financeira cambial. A necessidade de envio de moeda clandestinamente é determinante para a realização da operação. Logo, não existe troca de mãos de bens, produtos ou serviços, apenas dinheiro e papelada.

Uma vez que as exportações, de uma maneira geral, não têm recebido mesmo rigor das autoridades alfandegárias na apuração do valor exportado, o superfaturamento tem sido prática mais usual que o subfaturamento.

Historicamente, a política norte-americana tem favorecido livremente a importação de arte e de bens culturais, excluindo bens embargados ou perigosos. Algumas leis restringem a sua importação. Importante mencionar, na esteira de Barbara Hoffman, que o *Congresso dos Estados Unidos aprovou poucas leis que digam respeito à regulamentação do domínio privado de tal propriedade [cultural] e sua movimentação interestadual e internacional. Os Estados Unidos são, talvez, os únicos em que não existam restrições para a exportação de obras de arte*[118], havendo, porém, limites crescentes no caso de obras arqueológicas e objetos culturais americanos.[119]

No caso da União Europeia, o princípio que a rege é basicamente do livre comércio de bens. Contudo, a fim de preservar este preceito e ao mesmo tempo proteger a herança cultural, duas medidas foram adotadas na região (um Regulamento e uma Diretiva), a saber: a) O Regulamento da Comunidade Econômica Europeia n.º 3911, de 09.12.1992, trata da exportação de bens culturais e prevê controles uniformes de exportação, exigindo licença da autoridade competente. Esta deverá ser apresentada junto com a declaração de exportação no escritório alfandegário onde as formalidades de exportação devem ser complementadas. Para a implementação do Regulamento, a *Commission Regulation* n.º 752, de 31.03.1993, estabeleceu os tipos de licenças de exportação que podem ser usados e as formalidades necessárias à exportação; b) A Diretiva n.º 93/7, de 15.03.1993, estabeleceu um mecanismo para o retorno dentro da Comunidade de bens culturais pertencentes à herança arqueológica, histórica e artística nacional, que foi deixado ilicitamente no território de algum Estado-Membro. Um dos objetivos da Diretiva foi o de criar condições para colaboração entre os Estados-Membros, particularmente na investigação de objetos que foram ilegalmente removidos.[120]

Pela complexidade da fixação de preços, gerando dificuldade para agentes alfandegários estabelecerem o tributo devido, que sequer possuem condições ou conhecimento para acessarem dados, a arte tem sido um veículo muito propício a fraudes.

Ideal seria a existência de um comércio internacional de obras de arte não regulado, de molde a propiciar a difusão inconteste de cultura.

---

[118] Cf. International Art Transactions and the Resolution of Art and Cultural Property Disputes: United States Perspective. *Art and Cultural Heritage. Law, Policy, and Practice*, p. 159.

[119] NAGPRA 25 U.S.C., §§ 3002 - 3007, 2000.

[120] Vide. HOFFMAN, Barbara. European Union Legislation Pertaining to Cultural Goods. *Art and Cultural Heritage. Law, Policy, and Practice*, p. 191.

Entretanto, isto apresentaria problemas e a magnitude destes pode ser medida pelo número de incidentes de saque, roubo, destruição etc.

Além disso, não se pode afastar a possibilidade de lavagem de dinheiro ao se atestar falsamente quantidades ou qualidade de bens exportados ou importados, quando não até inexistentes, de molde a permitir o fluxo absolutamente ilegal de dinheiro, sob aparência de motivada operação transnacional.

Deve ser consenso o fato de a arte servir perfeitamente para o objetivo de lavagem de dinheiro pelo fato de ser móvel, cara e não adequadamente regulada, sendo meio mais sofisticado que qualquer outro tradicional de prática desse tipo de crime, como o uso de instituições financeiras.

Assim, quando o lavador fixa preço abaixo do valor do mercado ou simplesmente omite parte da quantia a ser paga, o preço efetivamente pago certamente será em espécie e entregue por debaixo da mesa. Convertido, pois, o dinheiro sujo em bem que será posteriormente vendido a preço de mercado. Por sua vez, quando existe fixação de preço a maior, o lavador pode desejar um financiamento ilícito de sua aquisição e, para tanto, se servirá de maus avaliadores e de falsa documentação.

Em face de tudo disso, o desenvolvimento de uma política que estabeleça o papel de cada um, de cada ator do sistema, sejam museus, galerias, casas de leilões, bibliotecas ou agências governamentais, é de suma importância para o enfrentamento do problema atual e para a preservação, até mesmo, de nossa herança cultural.

Segundo Alissandra Cummins, referindo-se especificamente aos museus e às entidades congêneres, mas que deve nortear todos os participantes, gestores e controladores do mercado da arte, *o papel de nossas instituições culturais nesta área deveria ser reconhecida e coordenada com o papel de sua contraparte no que tange ao direito, à segurança e aos profissionais da alfândega. Iniciativas assegurando o reforço do diálogo e a coordena*ção entre os setores inclui treinamento especializado e programa de informação pública.[121]

---

[121] Cf. The Role of the Museum in Developing Heritage Policy. *Art and Cultural Heritage. Law, Policy, and Practice*, p. 50.

Deve-se, com isto, concluir, pela necessidade da fusão da compreensão. Atendendo, quiçá, o significado do termo globalização, tal como acontece, hoje, na culinária, no estilo de vida, no domínio musical. Ou seja, a adoção de medidas a partir da discussão universal, sempre no sentido de preservação cultural, somente possível se livres estão os espaços de expressão da humanidade do crime, seja ele comum ou econômico. A fusão será legítima se, e somente se, vier acompanhada de consenso quanto à necessidade de prover segurança e sustentabilidade ao mercado das artes.

Com o objetivo de preservar a herança cultural, na relação entre lei e ação de grupos de interesse, deve existir uma resposta a partir de uma análise da adequação de relevante normatização e do exame do papel de lealdade aos interesses nacionais que as sociedades possuem como defensoras da preservação cultural, de molde a deter o ímpeto supostamente ilegítimo decorrente de cada parte envolvida.

Capítulo IV

Casos retratados na Jurisprudência e na Imprensa

Visão romântica da arte não pode significar não atentar para o seu uso ilícito. Vários casos são relatados envolvendo a lavagem de dinheiro por essa via, com certa frequência e revelados à sociedade.

Ora, não deve mais surpreender essa possibilidade porquanto uma percepção inocente, na qual haveria recusa em enxergar ou o não interesse em bem aquilatar a origem dos recursos destinados à arte, além da existência real da sua utilização para práticas ilícitas, acaba por ameaçá-la, com comprometimento de nossas heranças culturais, e mesmo comprometer a capacidade do Estado em deter o avançar do crime organizado.

Abaixo, serão listadas algumas decisões e matérias jornalísticas que revelam que, de fato, a arte tem sido usada como mais um instrumento de lavagem de dinheiro ilícito.

A necessidade de repensar as práticas de vendas, aquisições e doações no mercado de artes, a *due diligence* e os problemas com autenticidade de bens culturais.

Em outras palavras, a importância de cuidadosamente administrar os negócios envolvendo produção artística.

IV.1. JURISPRUDÊNCIA

IV.1.1. UNITED STATES OF AMERICA, Appellee, v. Orlando BIRBRAGHER, also known as Orlando Villarreal Birbragher, also known as Orlando Villarreal, Appellant. N.º 08-4004. Submitted: Nov. 20, 2009. Filed: April 26, 2010. Rehearing Denied May 27, 2010. 603 F.3d 530, 2010 WL 1643597 (United States Court of Appeals, Eighth Circuit, St. Louis, Missouri).

Neste caso, o acusado (em Northern District of Iowa), Orlando Birbragher, não médico, foi condenado a 35 meses por conspiração para distribuição de substâncias controladas (remédios) e lavagem de dinheiro, seguindo-se dois anos de liberdade supervisionada. O réu alegou em recurso que a sentença excedeu a pena máxima prevista, sendo por isso nula. O Tribunal considerou que o *Controlled Substances Act* (CSA) não seria inconstitucionalmente vago e, por isso, não haveria como alegar-se qualquer violação ao devido processo legal.

A Orlando Birbragher atribuiu-se envolvimento com médicos e farmacêuticos na distribuição ilegal de remédios, via *internet*, reconhecendo na Justiça, porém a culpa. Houve o confisco de US$ 2.465.209,92, mas denegou-se o seu pedido para anular o recebimento da denúncia.

Entre janeiro de 2003 e maio de 2004, o réu e outros foram os principais donos e gestores da *Phamarcom International Corporation* (*Pharmacom*), uma empresa que usava a rede mundial de computadores (*www.buymeds.com*) para distribuir remédios controlados, permitindo a usuários ordenar tais drogas, mediante pagamento com cartões de crédito, sem que fosse verificada a identidade do consumidor ou exigido qualquer receita ou pedido médico. A *Pharmacom* contratou farmácias para o preenchimento de *receitas médicas*, que foram baixadas no endereço eletrônico da primeira que, então, enviava os pedidos para os consumidores. Assim, foram preenchidas mais de 246 mil *receitas* de substâncias controladas, totalizando mais de US $12,5 milhões, uma atividade considerada ilegal.

A lavagem de dinheiro envolveu o uso do produto do ilícito que serviu para pagar *websites* afiliados que direcionavam os pedidos para o *site* da *Pharmacom,* médicos ou supostos médicos que emitiram *receitas* para a empresa e farmácias pelo preenchimento de receitas em nome da empresa. Além disso, as transações incluíram a transferência de recursos para contas bancárias controladas pelo acusado e por sua empresa, bem ainda para outra pessoa (um investidor). Com tais valores foram adquiridos joias, imóveis, obras de arte, serviços como voos *charters,* além de permitir o aluguel de vários veículos e pagamentos de taxas por investimentos.

O acordo celebrado na primeira instância entre acusação e a defesa (*plea agreement*) foi considerado pelo Tribunal como um contrato entre o governo e o acusado, sendo que este teve que renunciar o direito à apelação conforme o acordo.[122]

Reconheceu que tanto o acordo quanto a renúncia ao direito de apelar eram do completo conhecimento e foi fruto de ato voluntário, de forma que foi denegado o recurso.

IV.1.2. UNITED STATES OF AMERICA, Plaintiff-Appellee, v. VIOLET M. MARSH, Defendant-Appellant. N.° 97-30188. United States Court of Appeals for the ninth circuit. 1998 U.S. App. LEXIS 25440.September 16, 1998, Argued and Submitted, Seattle, Washington October 7, 1998, Filed.

Neste, a acusada Violet M. March buscou a reforma da decisão do *Western District* do Estado de Washington, que a condenou por infração a 22 acusações de diversas atividades ilegais, incluindo fraudes falimentares, falso testemunho perante o juízo da falência e lavagem de dinheiro.

A Corte entendeu que não teria havido abuso na atividade discricionária de apreciação da prova, quer aceitando, quer denegando esta, estando de acordo com as diretrizes das sentenças americanas.[123]

---

[122] *A plea agreement is essentially a contract between the government and the defendant, and a defendant may waive his appellate rights pursuant to that agreement.*

[123] *U.S. Sentencing Guidelines Manual § 3B1.1(a) provides for an increase if the defendant organized or led five or more participants or if the defendant's participation was otherwise extensive. Under the provision's plain language, the court need only find that there were at least five participants in the criminal activity, and the court can count the defendant among the five.*

Interessante observar que também se discutiu a apreensão de bens que, segundo a acusada, não conteria a sua correta descrição. Segundo o Tribunal, o mandado consignou a necessidade de busca e apreensão de bens ocultados, particularmente uma obra de arte, que foi especificado por tipo, de molde que considerou suficientemente justificada a medida.

IV.1.3. UNITED STATES OF AMERICA, against KATHRYN AMIEL, JOANNE AMIEL, and SARINA AMIEL, Defendants. 92-CR-238 (TCP) United States District Court For The Eastern District Of New York 889 F. Supp. 615; June 15, 1995, U.S. Dist. LEXIS 12611.

Às várias acusadas foram imputadas trinta acusações de fraude por envio postal interestadual de obras de arte entre 1988 e 1991. Segundo a acusação, haveria um esquema de venda de cópias falsas de trabalhos (*prints*) de artistas contemporâneos bem conhecidos como se originais fossem. Antes da ação penal, o governo americano impetrou uma ação civil de extinção de domínio (*civil forfeiture action*), alegando, ainda, nesta demanda, a prática de lavagem de dinheiro. Houve, portanto, duplo confisco: penal e civil. As rés alegaram que teria havido desproporção entre a apreensão e a perda originária pela prática delitiva. Entretanto, a Justiça considerou que a duração do esquema fraudulento, combinado com o total de obras vendidas e sua vasta distribuição, tornou impossível dimensionar todo o dano. A Justiça entendeu que os procedimentos civis e criminais de confisco constituiriam, em verdade, numa única e coordenada persecução estatal. Assim, afastou-se a alegação para descaracterizar a acusação de dupla punição.

Foram assim condenadas a 78 (Kathryn Amiel), 46 (Joanna Amiel) e 33 (Sarina Amiel) meses de prisão, além de três anos de livramento condicional e multa.

Em 10 de maio de 1995, as acusadas ingressaram com ação de indenização contra os seus advogados que as representaram na ação civil de extinção de domínio, de molde a solicitar um valor equivalente ao confisco civil aplicado (US$ 16,5 milhões), alegando ter havido trabalho negligente. O Ministério Público Federal manifestou-se contrariamente, alegando que a aceitação pela Justiça do pedido de indenização equivaleria referendar verdadeira zombaria.

O caso demonstra que podem existir paralelas ações de confisco.

Em 30 de janeiro de 1992, as acusadas foram presas.

IV.1.4. UNITED STATES OF AMERICA v. MICHAEL S. CIARCIA. CRIM. N.º 3:04CR172(AWT). United States District Court For The District Of Hartford, Connecticut, June 28 2006 U.S. Dist. LEXIS 43833.

Em 26 de maio de 2004, a Justiça Americana (*Grand Jury*), em Hartford, acusou Michael Ciarcia e Luiz Santiano de conspiração para o cometimento de lavagem de dinheiro. Luiz Santiago admitiu a culpa e obteve 33 meses de pena privativa de liberdade que deveriam ser cumpridos após o cumprimento de 108 meses de prisão por tráfico de cocaína (500 gramas). Michael Ciarcia foi levado a julgamento, mas o recurso solicitando um novo julgamento e sua absolvição foram negados. Considerou-se que o veredicto pautou-se por suficiente prova.[124]

Consagrou-se o entendimento de que a Justiça somente pode reformar uma condenação se não existiu um exame racional de prova considerada essencial.[125]

O principal elemento probatório restringiu-se a cinco semanas, entre novembro e dezembro de 2001, quando houve pagamentos para Luiz Santiago por parte de Ciarcia que foram depositados na conta da mãe do primeiro. O celular de Luiz foi monitorado e da decisão constou o teor das ligações para demonstrar que ele teria realizado 1800 chamadas, centenas durante o período do tempo em que deveria estar trabalhando para Ciarcia Construction, enquanto se exercitava. Revelou-se uma proximidade típica de relacionamento entre amigos, do que qualquer subordinação de natureza trabalhista. Houve demonstração que Luiz Santiago

---

[124] *The jury is exclusively responsible for determining witness' credibility. The trial court must be careful to avoid usurping the role of the jury, and may not substitute its own determination of credibility or relative weight of the evidence for that of the jury.* Cf. também *United States v. Black, 2002 U.S. Dist. LEXIS 4948, 2002 WL 460063, at 1 (S.D.N.Y. March 26, 2002) (citing United States v. Autuori, 212 F.3d 105, 114 (2d Cir. 2000)).*

[125] *The court may overturn the conviction only if no rational trier of fact could have found the essential elements of the crime beyond a reasonable doubt.* Cita: *United States v. Walsh, 194 F.3d 37, 51 (2d Cir. 1999).*

sobrevivia como traficante de cocaína, sendo que quinhentos gramas foram apreendidos em sua residência. Também foi encontrado um recibo da Galeria Lassen, sendo alegado pelo acusado que se tratava da compra de um quadro, no ano de 2000, por US$ 4.800,00, enquanto a acusação demonstrou que a obra de arte foi adquirida por US$ 17.500,00.

IV.1.5. GALERIE FURSTENBERG, Plaintiff, v. PHILIP COFFARO, individually, and in his capacity as an officer, agent and/or director of C.V.M. ART COMPANY, LTD., GALLERY 25 LTD., HERITAGE GRAPHICS, INC. and/or d/b/a COMBINED GRAPHICS, THOMAS WALLACE, individually, and in his capacity as an officer, agent and/or director of GENEVA GRAPHICS LIMITED and/or INTERNATIONAL FINE ARTS LTD. and/or as an agent of C.V.M. ART COMPANY, LTD., CAROL CONVERTINE, individually, and in her capacity as an officer, agent and/or director of CONVERTINE FINE ART LTD., JULIEN AIME, ANDREW LEVINE, individually, and in his capacity as an officer, agent and/or director of A.D.L. FINE ARTS INC. and/or d/b/a COMBINED GRAPHICS, T.R. ROGERS, a/k/a Tom Reed, a/k/a Reed Rogers, individually, and in his capacity as an officer, agent and/or director of T.R. ROGERS INC. and/or ROGERS ON RODEO INC., MELTON MAGIDSON, individually, and in his capacity as an officer, agent and/or director of MAGIDSON & ASSOCIATES, INC., Defendants, No. 88 Civ. 355 (LLS), United States District Court For The Southern District Of New York, 697 F. Supp. 1282; October 5, 1988 U.S. Dist. LEXIS 11750; 9 U.S.P.Q.2D (BNA) 1201.

Uma reconhecida galeria de arte (*Galerie Furstenberg*) processou comerciantes de arte (*art dealers*) alegando infração e violação a legislação que rege as organizações criminosas e corrupção (*Racketeer Influenced and*

Corrupt Act – RICO),[126] além do próprio Código Penal americano. A Justiça afastou a alegação de infração à lei mencionada (RICO).

O autor, uma empresa francesa, alegou que possuía direito exclusivo de venda de obras de arte de Salvador Felipe Jacinto Dali e que, portanto, a comercialização contestada tinha por objeto versões falsificadas das obras do artista, quer reproduzindo-as, imprimindo fotografias de um trabalho autêntico e gravando num prato de cobre o nome de Dali, reproduzindo em seguida. Alegou-se que os acusados também emitiram fraudulentos certificados de autenticidade. Solicitou a reparação compensatória de danos, além do ressarcimento das despesas pré e pós-processuais, como honorários advocatícios.

Os acusados, por sua vez, defenderam-se alegando a não satisfação dos requisitos da lei de organização criminosa (RICO) e também que não teria demonstrado a fraude.

A Corte então decidiu afastar as contestações dos acusados, à exceção da alegada violação da Lei RICO.

IV.1.6. UNITED STATES OF AMERICA, Appellee, v. MAHIR REISS, also known as BARBITAS, also known as BARBAS, also known as UNCLE, also known as THE RABBI, Defendant-Appellant, ABRAHAM REISS, BERNARD GRUNFELD, JACK PINSKI, ROBERTO BUENDIA, FABIO ARANA, LISANDRO MONTES DE OCA, FRANCISCO GIL, ESTONIO RODRIGUEZ, JUAN SUAREZ, ALVARO DUQUE, AND ISRAEL KNOBLOCH, Defendants. Docket Nos. 98-1468 & 98-1441(L) UNITED STATES COURT OF APPEALS FOR THE SECOND CIRCUIT 186 F.3d 149; 1999 U.S. App. LEXIS 11132 March 17, 1999, Argued May 27, 1999, Decided, 186 F.3d 149, 1999 U.S. App. LEXIS 11132.

---

[126] A Corte considerou que: *The RICO enterprise is defined as 'a group of persons associated together for a common purpose of engaging in a course of conduct* and *is proved by evidence of an ongoing organization, formal or informal, and by evidence that the various associates function as a continuing unit., United States v. Turkette, 452 U.S. 576, 583, 69 L. Ed. 2d 246, 101 S. Ct. 2524 (1981).*

Mahir Reiss apelou da parte da sentença aplicada pela *United States District Court for the Eastern District of New York* que impôs a quantia de US$ 6,3 milhões de multa (a máxima permitida pelo Manual de Diretrizes de Sentenças Americanas (*U.S. Sentencing Guidelines Manual*)[127] por infração ao crime da lavagem de dinheiro (18 USC §§ 1956, *h*, 1957, *a* e *b*) depois de assumir a culpa. A decisão considerou a plena ciência do acusado de que lavaria recursos do tráfico de drogas. Também apelou quanto a negativa de ser submetido a novo julgamento (nulidade). Arguiu que houve erro de cálculo na imposição da multa.[128]

Mahir Reiss era considerado um sofisticado homem de negócios, mas que usou contas de bancos suíços para pulverizar vastas somas de dinheiro pelo mundo. Mais de 16 milhões de dólares foram depositados nas suas contas e mais de 19 milhões de dólares foram posteriormente sacados entre 1994 e 1997. Uma investigação do *Drug Enforcement Administration* – DEA e da Receita Federal (*Internal Revenue Service* – IRS) revelou que muitos desses fundos procediam de atividades criminosas.

Em 22 de dezembro de 1997, o réu admitiu a culpa e foi sentenciado a 27 meses de prisão, três anos de supervisão (livramento condicional) e confisco de bens (inclusive obras de arte) de cerca de US$ 1.000.000,00, além de uma pena máxima de multa (US$ 6,3 milhões).

O juiz calculou a pena baseando-se em três acusações de lavagem de dinheiro, que envolveria um total de US$ 3.150.000,00, dobrando a quantia por ser derivada de um crime.

---

[127] Assim, estatui (*§ 5E1.2(d)*): *In determining the appropriate fine. When imposing a fine, the court must therefore consider several factors such as: (1) the need for the combined sentence to reflect the seriousness of the offense, to promote respect for the law and to provide punishment; (2) any evidence presented as to the defendant's ability to pay the fine; (3) the burden the fine places on the defendant and his dependents relative to alternative punishments; (4) any restitution or reparation the defendant has made or is obligated to make; (5) any collateral consequences of conviction, including civil obligations arising from defendant's conduct; (6) whether the defendant has previously been fined for a similar offense; (7) expected costs of incarceration and probation; and (8) any other pertinent equitable considerations.*

[128] *The purpose of* Rule 32(c) *is to ensure that the pre-sentence report (PSR) is completely accurate in every material respect, thereby protecting a defendant from being sentenced on the basis of materially untrue statements or misinformation. A defendant is provided this opportunity, and the notice requirement of departures and adjustments is therefore satisfied, as long as a defendant is adequately warned by the PSR, by the prosecution's submissions, or by the court sua sponte.*

Verificou-se o uso de *wire transfers* para pagamentos e transferências bancárias, bem ainda o estabelecimento de negociações, pelo acusado, com um traficante colombiano conhecido por *Orlando*.

Considerou-se que caberia ao acusado, ao contrário do que ocorreu, demonstrar a falta de condições econômicas para honrar a pena aplicada.

O recurso foi improvido.

IV.1.7. UNITED STATES OF AMERICA, Appellee, v. Frederick SCHULTS, Defendant-appellant. United States District Court for the Southern District of New York, Rakoff, 333 F.3d.393 2003 (http://law.justia.com/cases/federal/appellate-courts/F3/333/393/603190/).

Frederick Schultz apelou de sua condenação da Justiça de Nova Iorque por roubo de obra de arte, seu transporte ilegal interestadual e pelo comércio ilícito internacional (18 USC §§ 371 e 2315 – *National Stolen Property Act*). O acusado era um *art dealer* de sucesso em Nova Iorque até que foi condenado por roubo de antiguidades egípcias.

Alegou a acusação que as peças pertenceriam ao Egito, encontradas que foram nesse País, em 1983, sendo que, em 1991, o réu encontrou-se com o inglês Jonathan Tokeley Parry e este mostrou a foto de uma cabeça do Faraó Amenhotep III, afirmando ter adquirido de um empreiteiro de obras. A peça foi contrabandeada para a Inglaterra, camuflada como *souvenir*, num plástico, e o acusado passou a atuar como agente para a venda da escultura. Para ocultar tais fatos, ambos inventaram uma coleção fictícia, *Thomas Alcock Collection,* e alegavam aos possíveis compradores que a peça era oriunda desta. O acusado tentou vendê-la para várias pessoas até que, em 1992, conseguiu um comprador por US$ 1,2 milhões. O comprador, Robin Symes, sabendo que o governo egípcio estava procurando a escultura, resolveu, em 1995, indagar o réu sobre detalhes da sua origem, não obtendo resposta. Posteriormente, o acusado e o parceiro inglês trouxeram mais peças egípcias aos Estados Unidos. Alguns *experts* de Nova Iorque constataram a falsidade de uma delas.

Em 1994, Tokeley Parry foi preso no Reino Unido. Um terceiro também, mas no Egito, ambos acusados de roubo de antiguidades. Apesar deste fato, o acusado continuou a se corresponder com seu parceiro inglês (Parry) e planejaram novas aquisições.

O *jury* considerou Frederick Schultz culpado, sendo ele condenado a 33 meses de pena privativa de liberdade.

A apelação foi acompanhada, como *amicus curiae,* por diversas associações americanas de negociadores de arte (*The National Association of Dealers in Ancient, Oriental & Primitive Art, Inc.; International Association of Professional Numismatists; The Art Dealers Association of America; The Antique Tribal Art Dealers Association; The Professional Numismatists Guild*).

Já a Sociedade Americana de Avaliadores (*The American Society of Appraisers*) e os Cidadãos para uma Política Equilibrada para a Importação da Propriedade Cultural (*Citizens for a Balanced Policy with Regard to the Importation of Cultural Property*) deram suporte ao acusado, alegando que a sua condenação ameaçaria a habilidade dos legítimos colecionadores americanos e vendedores de antiguidades em negociar no mercado de artes.

Por sua vez, entidades outras (*The Archaeological Institute of America; The American Anthropological Association; The Society for American Archaeology; The Society for Historical Archaeology; and the United States Committee for the International Council on Monuments and Sites*) referendaram a atuação do governo dos Estados Unidos em acusar o réu, invocando que a sua condenação ajudaria a proteger o patrimônio arqueológico e cultural pelo mundo.

Frederick Shultz arrolou uma testemunha, um *expert*, Khaled Abou El Fads, um professor de leis islâmicas e do Oriente Médio da Universidade da Califórnia (UCLA), que afirmou ser ambígua a lei quanto à intenção de preservar antiguidades dentro do Egito ou se estas realmente pertenceriam ao governo daquele País. Afirmou, entretanto, que jamais advogou no Egito, tampouco que teria licença a exercitá-lo neste.

A Corte entendeu que o testemunho do professor não poderia ir de encontro ao texto da lei (Lei n.° 117)[129] e considerou as palavras de dois

---

[129] A referida lei possui uma exceção: as antiguidades pertencentes ao proprietário ou ao possuidor quando a lei veio a ser publicada (*for antiquities whose ownership or possession was already*

oficiais egípcios referendando a legitimidade da propriedade do Egito. Para o Tribunal, a lei não é ambígua, mas clara para afirmar que antiguidades que foram objetos de conspiração pertenceriam ao governo daquele País. Entendeu que a obra não precisa ser roubada nos Estados Unidos para o enquadramento penal.

Assim, o recurso do acusado foi negado considerando que o *jury* não está obrigado a afirmar que ele sabia que agia de forma ilegal, mas que, para além de uma prova razoável (*beyond a reasonable doubt*), tinha conhecimento de que as obras eram roubadas, ou seja, possuía origem ilícita.

Aplicou a regra da *colocação proposital no estado de inconsciência* (*conscious avoidance doctrine*), confirmando, pois, a condenação.

IV.1.8. United States v. McClain, 545 F. 2d 998 (5th Circ.) [McClain I], rehearing denied, 551 F. 2d 52 (5th Cir. 1977 (per curiam); US v. McClain, 593 F. 2d 658 (5th Cir.) [McClain II], cert. denied, 444 919 (1979). (Two convictions, two appeals).

Este é considerado um caso paradigmático que permitiu a construção da jurisprudência da Lei sobre Propriedades Nacionais Roubadas de 1948 (*The National Stolen Property Act* – NSPA), constantes no Código Criminal americano (18 USC §§ 2314-2315).

Neste caso, os acusados foram condenados por conspirar para o transporte e o recebimento de obras pré-colombianas do México por meio de um comércio interestadual. A teoria alegada é a de que os objetos foram roubados antes que o México tivesse declarado a sua propriedade. A interpretação foi no sentido de que qualquer um que for encontrado com uma peça e negociá-la sem a permissão do governo será considerado ilegítimo possuidor ou proprietário e deve estar obrigado a enviá-la para o legítimo titular. A Justiça entendeu que a expressão *roubada* (*stolen*) constante da NSPA não significa que necessariamente a arte seja *res furtiva,* mas que deve ser interpretado de forma ampla. Assim, coube a punição em razão da violação da clara e legítima propriedade mexicana, nos termos da NSPA, apesar de não ter sido demonstrado que os bens foram física e ilicitamente tomados.

---

established at the time th[e] law came into effect).

Alegou-se que, se crime houvesse, seria apenas da prática de exportação ilegal (*illegal exportation*), que não estaria prevista na NSPA. A Justiça distinguiu exportação proibida de soberania sobre a propriedade, observando que restrições à exportação não implicam a propriedade de bens, enquanto que a declaração desta constitui um atributo da soberania do Estado e que onde exista tal declaração, a exportação ilegal de bens culturais será considerada equivalente a roubo nos termos da NSPA.

Entretanto, considerou não bastar qualquer declaração de propriedade como suficiente ao reconhecimento da propriedade legítima, que deve ser expressa *com suficiente clareza*. A Justiça entendeu que a condenação tinha por base o fato de os acusados terem conhecimento sobre a violação das leis americanas e mexicanas.

IV.1.9. Autos n.º 2007.61.81.0011245-7/SP, condenação em 2008 pela 6ª Vara Criminal Federal especializada em Crimes Financeiros e em Lavagem de Dinheiro, confirmada pelo Tribunal Regional Federal da 3ª Região (São Paulo e Mato Grosso do Sul), Apelação Criminal n.º 0001234-26.2007.04.03.6181/SP, j. em 06.03.2012, Rel. Des. Federal Johonsom di Salvo.

Em 07 de agosto de 2007, houve a prisão do megatraficante colombiano Juan Carlos Ramirez Abadia (*Operação Farrapos*), conhecido por Chupeta, líder do *Cartel Vale Del Norte* (prática da narcotraficância internacional de drogas), sendo ele, dentre outros, condenado, em 31.03.2008, a mais de trinta anos, cinco meses e quatorze dias de reclusão, acrescida do pagamento de 758 dias-multa como incurso em vários delitos como: lavagem de dinheiro[130] e crime de falsidade documental (documento público e uso de documento falso), além o de quadrilha ou bando e corrupção, praticados no Brasil com a ajuda de vários coacusados.

O Tribunal Regional Federal da 3ª Região, por unanimidade, em 06 de março de 2012, ao julgar a apelação criminal do acusado Juan Carlos Ramirez Abadia (n.º 0011245-26.2007.4.03.6181/SP) entendeu que *o juiz não é obrigado a aceitar ou tolerar negociações extralegais, o magistrado não*

---

[130] Chegou-se à conclusão de que o réu colombiano teria levado ao Brasil moeda lícita e ilícita (esta proveniente do tráfico internacional de drogas) e, com a utilização de terceiros, mantido patrimônio vultoso no País, à revelia das autoridades e dos canais competentes.

está vinculado ao que possam combinar os réus e o Ministério Público (item 6 da Ementa), e que *as declarações de corréu de um delito têm valor quando, confessando a parte que teve no fato incriminatório, menciona também os que nele cooperaram como autores, especificando o modo em que consistiu essa assistência ao delito* (item 18 da Ementa). Manteve o perdimento de bens entendendo que na lavagem de dinheiro, a *lex specialis* consagra o princípio da inversão do ônus da prova em face dos bens apreendidos na condição de objetos materiais do *branqueamento*; é o que expressamente consta do art. 4º da Lei 9.613/1998 que advém do art. 5º, n.º 7, da Convenção de Viena, e acha-se de acordo com a norma constitucional do devido processo legal até porque o art. 156 do CPP atribui ao réu o encargo de provar o quanto alega (item 22 da Ementa).

Houve a apreensão (18.07.2008) e perdimento de vários bens imóveis e móveis, inclusive de obras de arte avaliadas em mais de US$ 3.800.000 (três milhões e oitocentos mil dólares americanos), as quais estariam sendo reunidas pela organização/família do investigado para uma possível venda e captação de recursos financeiros e estariam no exterior (autos de Inquérito Policial n.º 2008.61.81.001248-0).

As localizadas no Brasil já tinham sido destinadas a museus em São Paulo, porém, as constantes no exterior, não foi possível dar-se destinação final porque, segundo os países para os quais foi solicitada a cooperação internacional (Colômbia e Estados Unidos), haveria necessidade da informação da localidade das obras, sem a qual seria inviável a satisfação do pedido brasileiro. Oficiou-se à INTERPOL.

Apesar de não existir na ocasião, de fato, elementos imediatos para a localização das obras de arte, a informação obtida revelava detalhes específicos de cada bem e apontaria para o fato de que uma prima do traficante seria responsável pelas obras, o tendo visitado em várias oportunidades no Brasil, no Presídio Federal desde o início de 2008.

IV.1.10. Ação Penal n.º 2003.71.00.054398-0 instaurada na 3ª Vara Federal Criminal de Porto Alegre (Estado do Rio Grande do Sul)

A fiscalização fiscal estadual de Guaíba, Estado do Rio Grande do Sul, interceptou um caminhão de propriedade de uma empresa especializada em transporte internacional de objetos de arte, com 210 peças, entre as quais dos séculos XVII, XVIII e XIX. Vários réus denunciados por contrabando ou descaminho.

O fato gerou uma denúncia por tentativa de contrabando porque o material se destinava a Santana do Livramento, fronteira com o Uruguai, para onde presumiu-se que seria levado a fim de ser exportado a Montevidéu.

Um dos denunciados aceitou as condições para a suspensão do processo. As obras de arte foram depositadas em mãos do denunciado. No Tribunal Regional Federal da 4ª Região (abrange os Estados do Paraná, Santa Catarina e Rio Grande do Sul) foi impetrado um *Habeas Corpus* (n.º 2006.04.00.004416-9/RS[131]), que foi negado.

IV.1.11. Ação Civil Pública na Vara Ambiental, Agrária e Residual de Porto Alegre, Rio Grande do Sul (n.º 2006.71.00.014365-6/ RS/0014365-43.2006.404.7100).

Referida ação civil pública ajuizada, em razão dos fatos descritos no item IV.1.10, pelo Ministério Público Federal contra Piero Maria Ortolani (dos réus denunciados na ação penal), o Instituto do Patrimônio Histórico e Artístico Nacional – IPHAN e União Federal, discutindo sobre a preservação do patrimônio histórico e cultural nacional por meio da obtenção de provimento judicial que garanta a apreensão e destinação

---

[131] *HABEAS CORPUS. TRANCAMENTO DA AÇÃO PENAL. IMPOSSIBILIDADE DE EXAME DO CONJUNTO FÁTICO-PROBATÓRIO. TENTATIVA DE CONTRABANDO. PEÇAS DE ARTE SACRA DOS SÉCULOS XVII, XVIII E XIX. APREENSÃO. RELEVÂNCIA DOS BENS CONSTITUCIONALMENTE PROTEGIDOS (ART. 216, INC. III, DA CONSTITUIÇÃO FEDERAL). 1. O remédio constitucional destinado à salvaguarda da liberdade de ir e vir do indivíduo, nos termos do artigo 5º, LXVIII, não se afigura a via adequada ao deslinde de questões que demandem ampla dilação probatória. 2. Os bens apreendidos podem ser considerados, no conjunto ou parcialmente, criações científicas e artísticas. Por isso mesmo estão protegidos pelo art. 216, inc. III da Constituição Federal, além de serem tutelados pela Lei 4.845/65, que proíbe a saída do Brasil de obras de arte produzidas até o final do período monárquico, ou mesmo estrangeiras que representem personalidades brasileiras, as quais podem ser, inclusive, sequestradas (art. 5º). 3. Impossibilidade de trancamento da ação penal em vista dos fortes os indícios de contrabando tentado, sem explicação e prova da forma de aquisição dos objetos, sendo a cidade de destino fronteiriça, tendo se apresentado desprovida de verossimilhança a tese defensiva quanto à utilização dos objetos para adorno do palco de exposição de equinos. 4. Ordem denegada* (TRF 4ª R, HC 2006.04.00.004416-9, Sétima Turma, Relator do Acórdão Salise Monteiro Sanchotene, publicado em 10.05.2006).

adequada de obras de arte e de antiguidades datadas dos séculos XVII, XVIII e XIX, que foram objeto de tentativa de envio irregular para o Uruguai pelo réu, embora fossem bens de saída proibida do território nacional (Leis 3.924/1961[132] e 4.845/1965[133]).

O feito teve apreciação da antecipação de tutela em 22.05.2006 (publicada no Diário Oficial da União – DOU em 23.05.2006) e foi prolatada sentença de procedência do pedido. Consta a apresentação de apelação e contrarrazões. O feito foi remetido aos Tribunal Regional Federal da 4ª Região para digitalização e retornou à 1ª Instância. Não consta ainda a remessa para o Tribunal para apreciar a apelação.[134]

Na petição inicial, o Ministério Público alegou que o réu Piero não comprovou a documentação nem o transporte regular das obras de arte e antiguidades de saída proibida do País, tendo se apresentado como o proprietário dos bens apreendidos e sendo a pessoa para a qual foram restituídas as obras por decisão proferida na ação penal em curso na 3ª Vara Federal de Porto Alegre (processo 2004.71.00.021304-2). Diz que o Instituto de Proteção ao Patrimônio Histórico e Artístico Nacional – IPHAN deveria ter adotado as medidas cabíveis de inventário e destinação adequada das obras apreendidas por ser o órgão com tais atribuições em relação à defesa do patrimônio histórico e cultural nacional. Além disso, que a União tem o dever de providenciar os meios e recursos necessários para que o IPHAN desenvolva suas atividades

---

[132] *Art 20. Nenhum objeto que apresente interesse arqueológico ou pré-histórico, numismático ou artístico poderá ser transferido para o exterior, sem licença expressa da Diretoria do Patrimônio Histórico e Artístico Nacional, constante de uma guia de liberação na qual serão devidamente especificados os objetos a serem transferidos; art. 21. A inobservância da prescrição do artigo anterior implicará na apreensão sumária do objeto a ser transferido, sem prejuízo das demais cominações legais a que estiver sujeito o responsável. Parágrafo único. O objeto apreendido, razão deste artigo, será entregue à Diretoria do Patrimônio Histórico e Artístico Nacional.*

[133] *Art. 2º. Fica igualmente proibida a saída para o estrangeiro de obras da mesma espécie oriundas de Portugal e incorporadas ao meio nacional durante os regimes colonial e imperial; art. 3º. Fica vedada outrossim, a saída de obras de pintura, escultura e artes gráficas que, embora produzidas no estrangeiro no decurso do período mencionado nos artigos antecedentes, representem personalidades brasileiras ou relacionadas com a história do Brasil, bem como paisagens e costumes do País; art. 5º. Tentada a exportação de quaisquer obras e projetos de que trata esta Lei, serão os mesmos sequestrados pela União ou pelo Estado em que se encontrarem, em proveito dos respectivos museus.*

[134] Informação do endereço eletrônico do Tribunal Regional Federal da 4ª Região (*www.trf4.jus.br*, último acesso em 05.06.2012).

de preservação e resguardo do patrimônio cultural nacional. Diz que nos autos da ação penal n.º 2003.71.00.054398-0, instaurada na 3ª Vara Criminal de Porto Alegre, constatou-se que em 27.08.2003 foi interceptado um caminhão de mudanças, contendo como carga 210 objetos de arte, dentre os quais antiguidades proibidas de deixarem o Brasil, sem documentação legal que comprovasse a origem e com características que não condiziam com o declarado no conhecimento de transporte rodoviário de cargas. Alegou o impetrante que, no curso das investigações, o IPHAN analisou as peças, concluindo que no acervo apreendido, 129 peças de arte sacra e peças datadas dos séculos XVII, XVIII e XIX, cuja saída do País é proibida pela Lei 4.845/1965, estava conforme listagem apresentada. Reconheceu que as mercadorias possuem significativo valor de mercado, conforme apurado pela Secretaria da Fazenda – Departamento da Receita Pública do Estado do Rio Grande do Sul, no total de R$ 674.561,00 (US$ 377.000,00), transportadas sem qualquer documentação legal que comprovasse sua origem, apresentando características que não condiziam com o declarado no conhecimento de transporte rodoviário de cargas que as acompanhava. Tais bens destinavam-se ao Uruguai, contrariando a legislação brasileira que proíbe que elas deixem o território nacional (Lei 4.845/1965), ficando clara na ação penal a tentativa de remessa dos bens ao exterior, seja pela forma como estavam acondicionados, seja pelas declarações do proprietário (de que os bens seriam parte da herança de um dos filhos do réu Piero Maria Ortolani, que reside no Uruguai), seja pelo endereço declarado corresponder a um imóvel alugado que se encontrava desocupado, seja pelo fato da empresa que transportava os bens ser especializada em transporte internacional de obras de arte. Considerou a probabilidade de que as obras acabem sendo remetidas ao Uruguai, caso não fossem destituídas do poder do réu Piero. Por isso, o Ministério Público Federal entendeu conveniente e necessário ajuizar a ação civil pública para que fossem adotadas as providências administrativas necessárias de forma a garantir a integridade e a reinserção dos bens ao patrimônio cultural brasileiro. Solicitou a antecipação de tutela para evitar dano ao patrimônio cultural nacional, visando: *(a) à determinação ao IPHAN para que, fazendo uso de seu poder de polícia administrativa, adote todas as medidas que se fizerem necessárias para fins de proteção e recuperação dos bens culturais constantes do Laudo de*

Vistoria realizado pelo Instituto em 11 de setembro de 2003 (art. 216, §§ 1º, da Constituição Federal, art. 5º da Lei 4.845/65, arts. 2º, 13, b e d, e 14 do Decreto 72.312/73, e arts. 14 e 15 da Portaria IPHAN n.º 262-92); (b) após a recuperação dos bens culturais, realização de inventário e destinação temporária a museu público enquanto se aguarda a conclusão do processo que ora se inicia (Lei 4.845/65 e Portaria IPHAN n.º 262/92); (c) à instauração de processo administrativo, pelo IPHAN, para apuração da situação envolvendo os bens objeto da presente ação civil pública, e identificação de sua origem (art. 216, § 4º, da Constituição Federal, art. 8º do Decreto 72.312/73, art. 15 da Portaria IPHAN n.º 262/92); (d) à determinação à União para providenciar todos os meios e recursos necessários para que o IPHAN dê cumprimento ao referido nas letras (a) e (b); (e) à imposição de multa diária no valor de R$ 1.000,00 (hum mil reais), pela transgressão à decisão judicial antecipatória da tutela, sem embargo da responsabilização cível e criminal aos que derem causa ao ato. Pediu a procedência da ação para: c) a destituição dos bens listados em anexo do poder do réu, em razão da tentativa de contrabando e, alternativamente: c-1) a restituição à sua origem (apurada pelo IPHAN em procedimento administrativo); c-2) em caso de não identificação da origem de tais bens, a adoção de medidas administrativas que garantam sua integridade e reinserção ao patrimônio cultural nacional, por meio de encaminhamento das peças, de forma definitiva, a museus nacionais (art. 5º da Lei 4.845/65); (d) a condenação da União para providenciar todos os meios e recursos necessários para que o IPHAN proceda à recuperação, inventariança e restituição dos bens ao patrimônio cultural brasileiro, visando sua adequada destinação em proveito de museus (Decreto 72.312/73 e Lei 4.845/65); (e) a imposição de multa diária no valor de R$ 1.000,00 (um mil reais) por descumprimento.

Na sentença, a Justiça considerou os fatos suficientemente comprovados e debatidos na ação penal, da qual vieram aos autos diversos elementos probatórios, produzidos à luz do contraditório, permitindo um convencimento provisório a respeito da questão fática envolvida. Um caminhão de mudanças (tipo *baú*) foi detido e apreendido no posto de fiscalização tributária estadual em Guaíba, em 2003, transportando no seu interior enorme quantidade de obras e peças históricas, o que inclusive foi divulgado pela imprensa na época. Feitas as investigações criminais pertinentes, a sentença menciona o laudo de vistoria pelo IPHAN e laudo de perícia técnica pelo IPHAN, dando conta do valor histórico de muitos dos objetos apreendidos. Também houve o relatório do inquérito policial, narrando as investigações feitas, tudo isso culminando com o oferecimento de denúncia contra aqueles que o MPF entendeu serem responsáveis pela prática de crime do art. 334 *caput*, do Código Penal.

Apesar da decisão do Juízo da 3ª Vara Criminal de Porto Alegre no sentido de restituir as coisas apreendidas ao réu Piero Maria Ortolani, isso não impediu a discussão da questão nas demais esferas envolvidas, seja no âmbito cível, administrativo e tributário. A própria decisão criminal fez essas ressalvas, limitando-se a conhecer das questões (pertinentes à restituição das coisas apreendidas) no âmbito de sua competência jurisdicional criminal. Com isto, decidiu-se: *Ante o exposto, DEFIRO EM PARTE O PEDIDO DE RESTITUIÇÃO, para determinar a entrega dos objetos apreendidos nos autos do Inquérito n.° 2003.71.00.054398-0 ao Requerente PIERO MARIA ORTOLANI, sob compromisso de fiel depositário, devendo eles permanecer no Brasil, até ulterior decisão deste Juízo, sem prejuízo da manutenção de eventual apreensão feita pelas autoridades fiscais federal e estadual.*

O Tribunal concluiu que a decisão do juízo criminal sobre a restituição provisória das coisas apreendidas no inquérito policial (e na subsequente ação penal) está limitada às implicações daquela apreensão para o processo penal, como a própria decisão reconhece e limita, não estando impedidos o IPHAN nem o juízo civil de conhecerem as questões relativas à infração administrativa no âmbito não criminal eventualmente praticada pelo réu Piero Maria Ortolani, discutida nessa ação civil pública ora interposta.

Doutra parte, reconheceu o valor histórico de muitos dos objetos apreendidos, comprovado pelo laudo de vistoria do IPHAN e também pelo laudo de perícia técnica do IPHAN, nos quais os bens foram detalhadamente descritos, concluindo esse último que *as peças existentes nesta coleção, datadas dos séculos XVII, XVIII, XIX, identificadas no quesito 1, não podem sair do País sem prévia autorização do IPHAN, conforme a Lei 4.845, de 19/11/1965.*

A proteção especial de que gozam objetos culturais não se restringe à vedação da retirada do País, mas também é reforçada pela determinação legal de sequestro, apreensão e destinação para museus brasileiros no caso de tentativa de retirada do País daqueles objetos. A conduta adotada pelo IPHAN, entretanto, foi considerada contrária a isso, preferindo aguardar passivamente a conclusão da ação penal para, somente então, adotar as providências que desde já lhe cabem, ao se manifestar que *a nosso ver é inadmissível que o IPHAN possa adotar quaisquer medidas enquanto a questão estiver sub judice, o que se dá no momento.*

Assim, deferiu-se parcialmente a antecipação de tutela para: *(I) determinar que o réu IPHAN adote as providências necessárias para realizar inventário de todas as peças e objetos descritos, devendo concluir o inventário no prazo máximo de 90 dias, comprovando isso nos autos; (II) determinar que o réu Piero Maria Ortolani fique como depositário judicial dos referidos bens, mediante termo de compromisso e depósito a ser assinado perante essa Vara Federal (no prazo de quinze dias após a citação na presente ação civil pública), comprometendo-se esse depositário a informar a esse Juízo (no prazo de quinze dias após a citação na presente ação civil pública) a localização exata dos bens em território nacional, também se comprometendo a não movimentar nem retirar desse local indicado os referidos bens sem prévia e expressa autorização desse Juízo, também se comprometendo a não retirar nem tentar retirar aqueles bens do território nacional, também se comprometendo a entregar ao órgão ou à autoridade competente os referidos bens se assim for determinado judicialmente nessa ação civil pública ou em outro procedimento administrativo ou judicial; (III) determinar que, caso o réu Piero Maria Ortolani não tenha interesse em ficar como depositário judicial dos referidos bens ou não atenda ao que foi determinado no item anterior (no prazo de quinze dias após sua citação), providencie então o réu IPHAN no que for necessário para recolhimento e destinação dos bens discutidos a museu público, onde permanecerão provisoriamente até a decisão definitiva da a*ção *civil p*ública, assegurando assim a eventual aplicação do que dispõe a Lei 4.845/1965 e a eficácia de eventual sentença de procedência na *ação civil pública*, devendo as medidas administrativas ser adotadas e comprovadas nos autos pelo réu IPHAN no prazo de 30 dias da intimação para fazê-lo. Além disso, deferiu-se a tutela para determinar à ré União Federal que providenciasse e disponibilizasse todos os meios e recursos necessários para que o réu IPHAN atenda ao que foi determinado na presente decisão judicial.

A sentença foi proferida em 22.11.2010, publicada em 24.11.2010, e no seu dispositivo constou: *Rejeito a preliminar da União e, no mérito, julgo procedente esta ação civil pública para: (a) declarar que o réu Piero Maria Ortolani infringiu o disposto na Lei 4.845/65; (b) condenar o réu Piero Maria Ortolani à penalidade prevista no art 5° da Lei 4.845/65, decretando o perdimento e a destitui-*

ção definitiva de todos os bens apreendidos e discutidos nesta ação civil pública, em favor do Museu Nacional de Belas Artes e do Iphan; (c) determinar que o réu Piero Maria Ortolani entregue em 30 dias (após a intimação desta sentença) todos os bens apreendidos e discutidos nesta ação civil pública ao Iphan, para serem identificados, destinados e encaminhados pelo IPHAN (após o trânsito em julgado desta sentença) ao Museu Nacional de Belas Artes; (d) condenar a União Federal a providenciar todos os meios e recursos necessários para que o IPHAN proceda ao recebimento, ao recolhimento, à recuperação, à inventariança e à restituição dos bens apreendidos e discutidos nesta ação ao patrimônio cultural brasileiro, visando a sua adequada destinação em proveito do Museu Nacional de Belas Artes; (e) condenar o Instituto do Patrimônio Histórico e Nacional (IPHAN) para que, fazendo uso de seu poder de polícia administrativa, adote todas as medidas necessárias para proteção e recuperação dos bens culturais apreendidos e discutidos nesta ação civil pública, inclusive recebendo-os ou recolhendo-os (em até 30 dias após a intimação desta sentença) e adotando as providências necessárias para receber, recolher e dar adequada destinação (após o trânsito em julgado desta sentença) de todos os bens apreendidos e discutidos nesta ação, cabendo-lhe comprovar nos autos em 60 dias (contados da intimação desta sentença) todas as providências que adotou para imediato cumprimento desta determinação (entrega e recebimento dos bens), e também comprovar as demais providências que adotou posteriormente ao trânsito em julgado (em até 60 dias após a intimação do trânsito em julgado); (f) condenar o Instituto do Patrimônio Histórico e Nacional (IPHAN) para que, após procedida a recuperação dos bens objeto desta ação, realize inventário e posterior destinação definitiva de todos esses bens ao Museu Nacional de Belas Artes; (g) ratificar e fixar multa diária pelo descumprimento da antecipação de tutela, enquanto vigente, e desta sentença, em R$ 1.000,00, na forma da fundamentação; (h) condenar os réus ao pagamento dos encargos processuais, nos termos da fundamentação.

IV.1.12. Ação Penal n.º 2004.61.81.008954-9 (envolvendo o ex-Banco Santos) instaurada na 6ª Vara Criminal Federal especializada em Crimes Financeiros e em Lavagem de Dinheiro, recurso para o Tribunal Regional Federal da 3ª Região (São Paulo e Mato Grosso do Sul).

O caso está ainda sob recurso, mas foi marcado pela apreensão de obras de arte, seu perdimento e a colaboração entre os governos do Brasil e dos Estados Unidos na repatriação de parte delas para o primeiro.

O acusado Edemar Cid Ferreira foi condenado, em dezembro de 2006, à pena de 21 (vinte e um) anos de reclusão, e ao pagamento de 73 (setenta e três) dias-multa (um total de 7980 salários mínimos, cerca de R$ 5.187.000,00 ou US$ 2.594.000,00), como incurso no crime de quadrilha ou bando, gestão fraudulenta de instituição financeira (Banco Santos), evasão de divisas e lavagem de dinheiro. Sua mulher e outros também foram condenados em primeira instância a penas elevadas.

Os bens foram confiscados (numerários, computadores, imóveis, vinhos e obras de arte), sendo que as obras de arte foram destinadas a entidades culturais (Museu de Arqueologia e Etnologia – MAE/USP, o Museu Paulista ou *Museu do Ipiranga*, Museu de Arte Contemporânea – MAC/USP, Instituto de Estudos Brasileiros – IEB/USP, Museu de Arte Sacra, Fundação Memorial da América Latina, Centro Cultural da Marinha em São Paulo e Secretaria da Cultura de Estado de São Paulo), para que integrasse permanentemente o acervo, mormente considerando o início do processo de tombamento pelo Conselho Municipal de Preservação do Patrimônio Histórico, Cultural e Ambiental da Cidade de São Paulo – CONPRESP.

As obras de arte consistiam em quadros, fotografias, arqueologia, etnografia, esculturas, literatura de cordel (*Brazilian regional literature*) e antiguidades de artistas renomados desde o século XIV a IX antes de Cristo (*Togatus* romano) até peças contemporâneas (Basquiat, Hirst, etc.), um total de mais de 12.000 peças.

Decidiu-se destinar a residência do acusado (Rua Gália, n.º 120, bairro do Morumbi), móveis e as obras de arte que nela se encontravam à Secretaria de Estado da Cultura por serem considerados bens culturais passíveis de proteção estatal.

As obras de arte que foram enviadas ao exterior foram também objeto de confisco, expedindo-se ofício à INTERPOL, o que possibilitou o repatriamento de parte delas a partir da atuação diligente de autoridades americanas.

O entendimento defendido na sentença prolatada pelo autor do presente estudo é o de que uma obra de arte, seja escultura, pintura, fotografia, etc., não deve pertencer a nenhuma pessoa, nem mesmo a um determinado local, já que se cuida de bem da humanidade. O tratamento devido a esta questão refoge a qualquer interesse de natureza econômica, devendo dar inteira aplicação à Convenção sobre a Proteção do Patrimônio Mundial, Cultural e Natural, aprovada pela Conferência Geral da Organização das Nações Unidas para a Educação, a Ciência e a Cultura – UNESCO, de 16.11.1972, que consigna que tanto as obras do homem quanto os lugares notáveis são considerados patrimônio cultural, protegido, portanto, pela Convenção, sendo dever dos Estados protegê-las, conservá-las e valorizá-las (artigo 1º), com vistas a transmitir às futuras gerações (artigo 4º) e dar uma função na vida da coletividade (artigo 5º). Fundamentou-se no artigo 23, incisos III e IV, da Constituição Federal, que prevê a responsabilidade dos Poderes da República pela proteção de bens de valor histórico, artístico e cultural, cabendo-lhes impedir qualquer descaracterização, bem ainda na legislação infraconstitucional (dentre outras, no Decreto-Lei n.º 25, de 30.11.1937, artigos 1º e 24).

Não se poderia dar tratamento idêntico a outros bens apreendidos, sequestrados ou arrestados pela Justiça quando o objeto de persecução penal for uma obra de arte.

Em uma decisão, visando à valorização da cultura e sua difusão às periferias das grandes cidades, em autos sigilosos de delação premiada, o juízo da 6ª Vara Federal Criminal paulista resolveu destinar 1/15 do valor entregue a título de pagamento voluntário à cultura, consignando que:

> Autos sob sigilo.
>
> Vistos em decisão.
>
> Em continuidade à decisão proferida nestes autos, nesta data, DECIDO:
>
> Este juízo tem destinado valores obtidos a título de indenização voluntária em delações premiadas diretamente a entidades beneficentes, devidamente cadastradas em juízo, com a obrigação de prestação de contas. Essa tem sido a regra que visa evitar o desvio de recursos e a obtenção de um resultado imediato, efetivo e útil do Direito Penal, desde é claro que os acusados estejam de fato, dispostos a revelar os fatos e suas circunstâncias em toda sua magnitude, cumprindo integralmente o normativo legal.
>
> Triste um país em que os poderes públicos não veem na CULTURA, fonte de conhecimento e informação relevante: ALIMENTO

INTELECTUAL não menos importante. O País possui artistas de envergadura e categoria, como, dentre outros, Vik Muniz, Gustavo Rosa, Takashi Fukushima, Romero Brito, Tarsila do Amaral, Aldhemir Martins, Cândido Portinari, Galileo Emmendabili, Alfredo Volpi, mais pela determinação em satisfazer talento nato, do que incentivo estatal.

Não é incomum, chegar-me ultimamente relatos de artistas que não possuem recursos necessários para fazer frente aos custos de uma obra de arte, apesar de sua importância, não devidamente reconhecida.

Não se pode tolher a atividade artística que objetive difundir sua obra por ausência de patrocínio, diante de um valioso trabalho, por vezes reconhecida apenas no exterior.

A preocupação social com a CULTURA, diante da carência evidente, faz desta decisão não um simples gesto de apoio institucional. Apoiar e acreditar no ser humano, explosão de expressão (plenitude), trata-se de reconhecimento indispensável aos benefícios que a CULTURA representa: evocando nas pessoas algum sentimento, notadamente de reflexão e prazer, por vezes de reconciliação e generosidade.

Nesta data histórica, não se poderia deixar de pontuar a Declaração ONU dos Direitos do Homem de 1948, que consagra, quanto ao tema, o seguinte:

'Artigo XXVI.

1. Todo ser humano tem direito à instrução. A instrução será gratuita, pelo menos nos graus elementares e fundamentais. A instrução elementar será obrigatória. A instrução técnico-profissional será acessível a todos, bem como a instrução superior, esta baseada no mérito.

2. A instrução será orientada no sentido do pleno desenvolvimento da personalidade humana e do fortalecimento do respeito pelos direitos humanos e pelas liberdades fundamentais. A instrução promoverá a compreensão, a tolerância e a amizade entre todas as nações e grupos raciais ou religiosos, e coadjuvará as atividades das Nações Unidas em prol da manutenção da paz.

(...)'

'Artigo XXVII.

1. Todo ser humano tem o direito de participar livremente da vida cultural da comunidade, de fruir das artes e de participar do progresso científico e de seus benefícios.

(...)'

Por outro lado, o Brasil, signatário da Convenção UNESCO sobre a Proteção do Patrimônio Mundial, Cultural e Nacional de 16.11.1972 (promulgado pelo Decreto n.º 80978, em 12.12.1977) possui a obrigação de "valorizar e transmitir as gerações futuras" o patrimônio cultural, aí incluindo "obras do homem" (artigos 1º e 4º). Deve dar, ainda nos termos da referida Convenção, "uma função na vida da coletividade" (artigo 5º).

Ora, parece aqui que este juízo, pelos valores que vem defendendo, não consegue tomar outra atitude a não ser em, EXCEPCIONALMENTE, fazer destinação diversa do que vem realizando, não podendo passar incólume data e momento tão significativos.

A exposição de uma obra ímpar, pela sua magnitude e beleza, permitiria às mais diversas pessoas apreciar o belo e ter, de forma absolutamente gratuita, momento, ainda que mínimo, de felicidade.

Seria total contrassenso, mormente pela função pedagógica e cultural de vital importância, deixar de reconhecer ainda que simbolicamente por esta decisão o manifesto interesse público, expresso inclusive nos diplomas normativos a respeito do tema. Justificada, pois, a decisão, apesar de ter ciência de não se constituir fato corriqueiro.

A Justiça Criminal deve existir para perpetuação de um Poder essencial: de bem julgar com cautela e prudência todas as questões a si colocadas. Não poderia se furtar à tomada de decisão, apesar de seu ineditismo. A preocupação não deve ser apenas, s.m.j., a de aplicar o Direito Penal em seu sentido puro. Cabe também fazer deste, se possível, o melhor à sociedade, sem se afastar, e isso é evidente, de suas funções originais.

O artigo 23, incisos III e IV, da Constituição Federal, revela a responsabilidade de todos os Poderes da República pela proteção de bens de valor artístico, a tal ponto de impedir a sua descaracterização, o que denota compreensão do legislador-constitucional do dever irrenunciável à proteção e valorização de obras de arte porquanto constituem valor social de extrema importância.

O Decreto-Lei n.º 25, de 30.11.1937, devidamente recepcionado pela Magna Carta, em seu artigo 1º, estatui o dever do Poder Público oportunizar o acesso e a difusão da CULTURA.

Por fim, caberá à Secretaria de Estado da Cultura, com o auxílio da Prefeitura do Município de São Paulo, distrito da culpa, dar a destinação que melhor atenda ao espírito desta decisão, que é, frise-se, uma tentativa de concretizar a ponderação de valores constitucionais essenciais. Apenas para exemplificar, como um dos objetivos fundamentais da República Federativa do Brasil, figura a de "garantir o desenvolvimento nacional" (artigo 3º, inciso II, C.F.), compreendendo o conheci-

mento das pessoas de todas as esferas do saber: consciência da própria existência. Vale dizer, conhecimento adquirido diretamente, sem interlocutores, provocando reação ou interpretação pura de cada qual (direito coletivo de acesso público, mas individual, ambos subjetivos, de livre apreciação e expressão).

Não se pode prestigiar este ou aquele artista ou compensar qualquer atitude benemerente. Trata-se de reafirmação de um valor tão caro à humanidade e à nossa sociedade, mas tão distante do cidadão comum.

Ante o exposto, atendendo à Declaração Universal dos Direitos do Homem, à Constituição Federal, à Convenção UNESCO citada e à norma regulamentar, que determinam à humanidade, desde o mais humilde, acesso relevante à CULTURA, determino o seguinte:

a) A destinação de R$100.000,00 (cem mil reais), ou seja, 1/15 do total recebido ou a ser recebido, ao Governo do Estado de São Paulo, que deverá contatar o Município de São Paulo, distrito da culpa, para utilização vinculada à CULTURA, notadamente ao seu verdadeiro fim: recuperar obras de arte ou realizar exposições culturais ou propiciar acesso direto da população carente a elas, ficando, A SEU CRITÉRIO, o destino, JAMAIS para atividades-meio. Caso se entenda necessário, poderá, TAMBÉM a seu critério, sugerir o destino da verba, ou parte dela, a uma ou mais entidades não governamentais com fins exclusivamente culturais, que tenham por objeto programas voltados para o desenvolvimento cultural de população de baixa renda, devendo elas utilizar a verba para o fim acima aduzido. Cabe à Secretaria comunicar ao juízo a decisão previamente;

b) Determino, entretanto, após a decisão do ente estadual, em colaboração com o municipal, no prazo de 60 (sessenta dias), seja realizada PRESTAÇÃO DE CONTAS a este juízo em 30 (trinta) dias dos recursos recebidos por parte da Secretaria Estadual da Cultura;

c) Deverá um dos acusados, titularizar conta corrente bancária específica, supri-la com os valores fixados, e apresentar documentação probatória em juízo em 24 horas;

d) Não poderão os acusados interferirem na decisão do governo estadual, cabendo-lhes integral obediência assim que lhes forem comunicados o destino, determinando as transferências bancárias necessárias.

Deve-se, pois:

Expedir-se ofício à Secretaria de Estado da Cultura e à Secretaria Municipal de CULTURA da Prefeitura do Município de São Paulo para ciência desta decisão.

Dar-se ciência ao Ministério Público Federal.

Intimar-se os acusados desta decisão, que integra a mesma tomada na presente data.

São Paulo, 10 de dezembro de 2008.

(sessenta anos da Declaração Universal)

FAUSTO MARTIN DE SANCTIS

Juiz Federal

A Segunda Seção do Superior Tribunal de Justiça nos conflitos de competência n.ºs 76740/SP (autos n.º 2006/0280806-2, suscitante Ministério Público do Estado de São Paulo) e 76861/SP (2006/0279583-9, suscitante 2ª Vara de Falências e Recuperações Judiciais de São Paulo), tendo por suscitado, em ambos, o juízo da 6ª Vara Federal Criminal, decidiu, em 13.05.2009, Ministro Relator Massami Uyeda, que deveria o juízo da 2ª Vara de Falências e Recuperações Judiciais de São Paulo cuidar do destino das obras de arte apreendidas, mas apenas após o trânsito em julgado da sentença penal condenatória da Justiça Federal, momento em que se aperfeiçoaria o direito de perda, quando então cumpriria ao juízo falimentar indicar quem são os terceiros de boa-fé.[135]

Na imputação constou que os acusados teriam incorrido no artigo 1º, incisos VI e VII, da Lei n.º 9.613/1998, c.c. o § 4º do mesmo dispositivo, e a Lei n.º 9.034/1995, porque teriam, pré-ajustados e com unidade de desígnios, dissimulado a origem e a propriedade de valores oriundos de crimes tipificados na Lei de Colarinho Branco (n.º 7.492, de 16 de junho de 1986), fazendo uso, dentre outros mecanismos, da conversão de parte dos valores em ativos lícitos.

Os dirigentes do *Banco Santos S.A.* não se descuraram de conferir a necessária aparência de legitimidade às ações criminosas adotadas, apesar de, em atendimento às regras do Banco Central, cuidarem de criar um departamento voltado para a prevenção e repressão à lavagem de dinheiro, que não foi capaz de detectar as operações suspeitas dos próprios dirigentes da instituição.

---

[135] No mesmo sentido foi a decisão nos embargos de declaração no conflito de competência n.º 76861/SP, em 07.12.2009, ao afirmar que a perda civil somente produz efeitos com o trânsito em julgado da decisão da Justiça Federal.

Verificou-se que os valores decorrentes da gestão financeira do *Banco Santos S.A.*, ora advindos de operações realizadas no Brasil, ora de operações efetivadas no exterior, com o posterior reingresso no País, foram utilizados em benefício dos dirigentes e diretores (que recebiam elevados bônus de empresas coligadas, *Alpha* e *Maremar*), quando não dos próprios clientes, e principalmente do acusado Edemar Cid Ferreira e de seus familiares, por vezes, valendo-se de pessoas estranhas ao seu ambiente familiar. Foram várias as finalidades empregadas à parte dos valores desviados: manutenção do fluxo financeiro do *Banco Santos S.A.* e de suas empresas não financeiras que compunham seu organograma, pagamento de bônus a diretores e funcionários e investimentos em imóveis e obras de arte. Enfim, as quantias obtidas por meio do cometimento dos crimes antecedentes reingressaram na economia formal sem que houvesse qualquer vinculação à sua origem espúria.

As empresas nacionais, cujos sócios são empresas *offshores,* foram abastecidas com grandes quantias ingressadas no País, em parte, por meio de contratos de câmbio registrados no Banco Central sob a rubrica de investimentos estrangeiros de seus sócios, conferindo-lhes validade que, entretanto, cede ante a constatação de que tais empresas foram creditadas no exterior com dinheiro decorrente de crimes praticados no Brasil.

Houve muita resistência na obtenção de informações vitais de paraísos fiscais e a questão foi resolvida com a colaboração preciosa de autoridades americanas que enviaram muitas informações bancárias de relevo e que possibilitaram acessar e verificar o nome dos responsáveis de *offshores* que titularizaram contas bancárias nos Estados Unidos.

As ações delituosas somente puderam, em tese, ser concretizadas graças à eficiente e cômoda situação patrimonial de seu controlador que, curiosamente, em seu nome, praticamente nada possuía (nem veículos, nem obras de arte, apenas dois terrenos e um apartamento na Pompeia, em São Paulo).

Não sem razão. A prova produzida demonstrou que o patrimônio de Edemar Cid Ferreira e de Márcia de Maria Costa Cid Ferreira, sua esposa, não foi estruturado em bases legais. Os bens amealhados pelo casal sempre estiveram envoltos em fatos relacionados ao desvio de valores do *Banco Santos S.A.*

Aliás, desde a constituição da sociedade conjugal, antecipando-se aos fatos, houve a decisão de procederem a uma blindagem patrimonial, verdadeira preparação dos delitos que estavam decididos a praticar.

Márcia revelou que seu marido optou pela formação do patrimônio em separado com vistas a protegê-la das variáveis porventura decorrentes de sua atividade empresarial, bem ainda porque, em caso de falecimento, os filhos do casal ficariam com os valores atinentes ao Banco. Ao ser indagada se o numerário despendido na construção da residência da Rua Gália, n.º 120, teria advindo das atividades de seu marido no *Banco Santos S.A.*, salientou: *Claro. Por conta do lucro que ele tinha no banco, né. Tudo. Era o que eu acho.*

Ela afirmou ter figurado na administração de várias empresas a pedido de seu marido que, assim o fez, visando a sua proteção. Esta estratégia, nas palavras da increpada, certamente era de seu interesse, buscando o cometimento de delito de lavagem de dinheiro. A cada nova aquisição do casal, Edemar concedia-lhe a propriedade, à exceção do Banco e da Corretora.

A dissimulação da origem e da propriedade dos valores utilizados aos fins citados, bem como a ilusão das autoridades brasileiras, foi possível constatar quando da constituição e alteração contratual sistematicamente reiterada, notadamente em paraísos fiscais.

Em sua estrutura organizacional o *Banco Santos S.A.* subdividia-se em diversos Comitês, cada um com ingerência em uma determinada área. Ao de Crédito, cabia a aprovação das propostas de operações de crédito, as denominadas POC's, apresentadas pelos *Officers* – os gerentes de contas, subordinados às plataformas comerciais. Além desse Comitê, havia um *Comitê Informal* integrado por Edemar Cid Ferreira, Mário Arcangelo Martinelli, Álvaro Zucheli Cabral, Ricardo Ferreira de Souza e Silva e Rodrigo Rodrigues de Cid Ferreira.

Consta que de forma pré-ajustada e com unidade de desígnios, dissimularam a origem e a propriedade de valores provenientes de crimes contra o Sistema Financeiro Nacional, praticados pela organização criminosa, com utilização, entre outros mecanismos, da conversão de parte dos valores em ativos lícitos.

Restou evidente que o controlador, com a intensa colaboração dos demais, adquiriu bens graças ao cometimento de delitos financeiros, praticados pela organização criminosa, que lhe propiciou a percepção de vultosa quantia em dinheiro, imóveis, no qual se destaca a casa – obra de arte, da Rua Gália, n.º 120,[136] além de milhares de outras obras de arte que caracterizaram a maior, senão uma das maiores coleções brasileiras, lamentavelmente fruto de atividade espúria.

Reconheceu-se que o crime previsto na Lei de Lavagem de Dinheiro (artigo 1º) somente admite modalidade dolosa, admitindo o dolo direto de primeiro grau, dolo direto de segundo grau (consequências necessárias) e o dolo eventual: basta que saiba ou supõe saber que a fonte dos bens é uma infração penal (art. 1º, *caput*, e seu § 2º, inciso I), não sendo necessário que conheça exatamente a descrição da modalidade típica, nem que tenha conhecimento de que se trate exatamente de um fato culpável e punível, requerendo ciência que se cuida de um injusto penal, bastando tratar-se de fato ilícito típico (bens originários ou supostamente originários – probabilidade/dolo eventual duma infração antecedente). Não requer conhecimento de quem cometeu a infração antecedente, as suas circunstâncias ou que exista um vínculo pessoal entre os autores. O conhecimento deve existir no momento que a ação típica é executada, não tendo relevância penal o chamado *dolo subsequens*, que é aquele que aparece após realizada a conduta, ressalvando-se que o delito é permanente nas modalidades de *ocultar* e *dissimular*.

Boa parte dos acusados praticou o delito, anuindo às condutas dos demais, quer porque dessa forma continuariam a gozar da plena confiança de seu empregador, quer pelo fato de assegurar os trabalhos de relevo por eles mantidos, quer para garantir seus ganhos habituais e ou complementares, e, quer, finalmente, para permitir o enriquecimento espúrio de Edemar Cid Ferreira.

---

[136] Custo de construção em torno de R$ 143.000.000,00 ou US$ 72,000.000.00 em agosto de 2004.

Com isto, no Procedimento Criminal Diverso n.º 2005.61.81.900396-6 instaurado mediante requerimento do Ministério Público Federal, foi proferida decisão, em 18.02.2005, ao fundamento de que a aquisição de bens por Edemar Cid Ferreira teria, supostamente, se dado com recursos de origem ilícita decorrentes de crimes contra o Sistema Financeiro Nacional e de lavagem de dinheiro. Determinou-se o sequestro do imóvel situado à Rua Gália, n.º 120, Jardim Everest, Morumbi, em São Paulo/SP, outrossim, o sequestro de todas as obras de arte e objetos de decoração existentes na sede do *Banco Santos S.A.* e no depósito (reserva técnica da *Cid Ferreira Collection Empreendimentos Artísticos Ltda.*).

A medida judicial atingiu, também, as obras de arte que não foram localizadas na residência ocupada pelo réu, tampouco nos museus e instituições de São Paulo, distrito da culpa (Museu de Arte Contemporânea – MAC/USP, Museu Paulista/USP, Instituto de Estudos Brasileiros – IEB/USP, Museu de Arqueologia e Etnologia – MAE/USP, Museu de Arte Sacra, Fundação Memorial da América Latina, Centro Cultural da Marinha de São Paulo e Secretaria de Estado da Cultura do Estado de São Paulo), que receberam diversas obras para guarda provisória, uma vez confrontadas com os arquivos da *Cid Ferreira Collection Empreendimentos Artísticos Ltda.* (banco de dados apreendido), bem como com o próprio interrogatório judicial do controlador.

Expediu-se, então, ofício ao Departamento de Recuperação de Ativos e Cooperação Jurídica Internacional – DRCI, vinculado ao Ministério da Justiça, para que adotasse providências necessárias ao sequestro das obras de arte não localizadas, bem como ao seu repatriamento, encaminhando-se nova relação (a partir das informações obtidas pelo oficial de justiça junto ao acusado), centralizando-se, de início, sua atuação nos EUA e na Suíça. A INTERPOL foi acionada e informou ter efetuado o cadastro das obras de arte no banco de dados mundial (*works of arts*), ficando disponível no seu *website* de domínio público, bem como foi objeto de publicação da *INTERPOL Stolen Works of Art*.

Por força de decisão proferida em 30.08.2005, as peças arqueológicas brasileiras passaram integrar o acervo permanente do Museu de Arqueologia e Etnologia da Universidade de São Paulo – MAE/USP, porquanto a aquisição pelo increpado feriu o ordenamento constitucional por constituírem bens insuscetíveis de guarda por particulares por serem, de direito, bens pertencentes à União, sendo vedada qualquer outra destinação. Isto porque a Constituição Federal brasileira, em seu artigo 20, inciso X, estatui que são bens da União *os sítios arqueológicos e pré-históricos* e em seu artigo 23, incisos III e IV, estabelece ser de responsabilidade dos Poderes Públicos (União, Estados, Distrito Federal e Municípios) a proteção de *documentos, obras e outros bens de valor histórico, artístico e cultural (...) e os sítios arqueológicos*, bem ainda *impedir a evasão, a destruição e a descaracterização de obras de arte e de outros bens de valor histórico, artístico e cultural.*

Para se concluir que as peças eram de propriedade da União, com base na perícia já realizada, elencou-se a legislação que regulava a matéria, bem como sedimentou-se a impossibilidade de sua aquisição por particular, considerando, ainda, que seu ingresso no Brasil se deu sob a égide da Constituição Federal de 1988.

A despeito da decisão do Superior Tribunal de Justiça, os bens cuja perda foi decretada na sentença não poderiam ser levados ao juízo da falência, uma vez que, após o trânsito em julgado da decisão, deveriam os bens servir à restituição em prol da União e não de ressarcimento dos credores da massa falida do *Banco Santos S.A.* O foro competente não seria o juízo da falência, mas sim, o criminal federal, eis que as medidas constritivas ocorreram por força de decisões prolatadas na seara criminal, muito antes da decretação da falência, que se deu em 20.09.2005.

Ora, o pedido de sequestro dos bens que fora formulado pelo Ministério Público Federal datou de 10.02.2005 e a decisão correspondente teve cumprimento em 01.03.2005, e se referia a quase totalidade dos bens sequestrados. Os credores da massa falida do *Banco Santos S.A.* não poderiam ser tidos como lesados ou terceiros de boa-fé, na dicção do aludido artigo 91, inciso II, do Código Penal, pois o sequestro recaiu sobre bens de empresas (*Atalanta Participações e Propriedades S.A., Hyles Participações e Empreendimentos Ltda., Cid Ferreira Collection Empreendimentos Artísticos Ltda.* e *Brasilconnects Cultura* que ainda sequer tinham a falência decretada, que veio a ser declarada posteriormente por força da decisão da Justiça Federal, em nada atingindo os interessados da falência.

Com a prolação da sentença confirmou-se que a aquisição foi fruto das infrações penais praticadas contra o Sistema Financeiro Nacional e de lavagem de dinheiro, sendo assegurada sua restituição em prol da União Federal. Tanto os móveis quanto os imóveis foram adquiridos em nome de terceiros, pelas empresas titularizadas pela esposa do controlador e outros acusados, para dissimular a origem dos valores neles investidos e que foram desviados por meio de atos ilícitos praticados na administração do *Banco Santos S.A.*

A satisfação dos credores somente poderia ocorrer com os bens licitamente adquiridos pelo *Banco Santos S.A.* Ora, tendo sido comprovada a inidoneidade da sua aquisição no juízo federal criminal, visando à restituição (e não o ressarcimento) da União, não se pode vislumbrar qualquer interesse da massa falida, até porque entendimento contrário violaria o sistema positivo penal a respeito, bem como convenções internacionais (Convenção de Palermo e Convenção de Viena) e a Recomendação n.º 3 do Grupo de Ação Financeira Internacional – GAFI (FATF), que revelaria a necessidade de perda de bens em caso de futura e eventual condenação, não para fins de indenização de credores, mas restituição do ofendido que, no caso, é o Estado.

Não se cuidaria de futuro ressarcimento de prejuízo da União, que não é credora da massa falida. Trata-se, *in casu*, de propriedade de bens pertencentes a este ente, que é reconhecida tendo em vista a condenação dos acusados. Logo, a natureza jurídica do pleito da União nada tem a ver com as questões atinentes à seara falimentar. Nesta, há concurso de credores desejosos de verem-se ressarcidos de prejuízos por práticas ilegais. Perante a Justiça Federal, o juízo de mérito verificou apenas a responsabilidade pelos crimes imputados, o que, *in casu*, por força da condenação, refletirá sobre o domínio dos bens adquiridos com o proveito dos delitos.

Nesse sentido, a própria Lei que regula a Recuperação Judicial, Extrajudicial e a Falência, Lei n.º 11.101, de 09.02.2005, artigos 85 a 93, determina a restituição de bens que não pertençam ao devedor ou ao falido, como justamente se reconheceu na hipótese vertente, por deixar claro que se trata de instituto jurídico diverso do concurso de credores.

A Lei de Falências antes em vigor, dessa forma também estatuía (Decreto-Lei n.º 7.661, de 21.06.1945, artigos 76 a 79).

Sob um outro enfoque, o juízo da falência deve atrair todas as ações referentes aos bens, interesses e negócios da massa falida, a teor do art. 76 da Lei n.º 11.101/2005, mas com as seguintes exceções: causas trabalhistas, fiscais e aquelas não reguladas nesta Lei em que o falido figurar como autor ou litisconsorte ativo. Referido dispositivo não teria aplicação à medida que se refere às ações judiciais que visem, de alguma forma, ressarcir o credor. Se, repise-se, a União não é credora da massa falida, a medida desta poderia atingi-la porquanto não guardaria qualquer relação com a falência.

Mesmo que o entendimento fosse de caracterizar a situação pela responsabilidade de natureza obrigacional (ressarcimento), ainda assim a questão não se resolveria em favor da massa falida. Relevante relembrar que o sequestro pela Justiça Federal ocorreu muito tempo antes até da decretação da falência da instituição financeira, o que, por si só, já afastaria a pretensão da massa falida, e de seu juízo. O mesmo vale dizer quanto à pretensão do juízo da ação de despejo movida pelo proprietário onde se encontra a reserva técnica da *Cid Ferreira Collection Empreendimentos Artísticos Ltda.*

Por outro lado, a quase totalidade dos desvios teve a concordância dos credores que anuíam a eles em troca do recebimento de altos e lucrativos valores, não se podendo, pois, alicerçar suas demandas na condição de terceiros de boa-fé ou de vítimas.

Assim, deveria prevalecer a medida federal sobre todos os bens adquiridos pelos acusados, conforme determina o artigo 125 do Código de Processo Penal brasileiro, ainda que tivessem sido transferidos a terceiros, *in casu*, para os acusados Márcia de Maria Costa Cid Ferreira, Edna Ferreira de Souza e Silva, Renello Parrini e Ruy Ramazini.

Doutro lado, a Convenção de Palermo das Nações Unidas sobre o Crime Organizado Transnacional, antes referida, permite a cooperação internacional para esse fim (art. 13, 1). Há previsão expressa de destinação do valor do produto dos bens ilícitos para um Fundo das Organizações das Nações Unidas visando o seu financiamento para que ela ajude os Estados-Partes a obter meios para aplicação da Convenção (arts. 3°, a, c/c 30, 2, a).

Portanto, mesmo em caso de alienação dos bens apreendidos, o valor apurado não se destinaria ao ressarcimento dos credores do falido.

O Conselho Municipal de Preservação do Patrimônio Histórico, Cultural e Ambiental da Cidade de São Paulo – CONPRESP, em reunião havida em 20.12.2005, por decisão unânime, resolveu abrir processo de tombamento do conjunto de obras e documentos de valor artístico, histórico e cultural, inclusive arqueológicos, que integram o acervo de propriedade, guarda ou posse do *Instituto Cultural Banco Santos* e/ou *Cid Ferreira Collection Empreendimentos Artísticos Ltda.* e/ou Edemar Cid Ferreira e possíveis familiares, localizados tanto no imóvel da Rua Gália, n.º 120, quanto os demais que compõem as coleções objeto de sequestro judicial. Nesta senda, há que se consignar que o artigo 22 da Lei n.º 10.032, de 27.12.1985, com a alteração da Lei n.º 10.236, de 16.12.1986, preceitua que bens tombados (situação que se equivale à dos autos mesmo tendo apenas se iniciado o processo de tombamento) somente poderiam sair do município para fins de intercâmbio cultural.

O Conselho de Defesa do Patrimônio Histórico, Artístico e Arquitetônico do Estado – CONDEPHAAT, do Estado de São Paulo, também determinou a seu tombamento.

IV.2. IMPRENSA

IV.2.1. Money Laundering Charges for Art Dealers. New York Times, published June 02, 2001, www.westlaw.com, last visit June 23rd 2012; or What´s Hot Now. Laundering Drug Money With Art. In: http://forber.com/2003/04/08/cx_0408hot_print.html, last visit March 23, 2012.

Dois *art dealers* de Nova Iorque, Shirley D. Sack e Arnold K. Katzen, foram acusados e condenados de lavarem US$ 4,1 milhões do tráfico de drogas depois da apreensão por agentes encobertos (ou ocultos) em Boston. Eles foram presos no hotel Ritz Carlton quando tentavam vender pinturas, as quais diziam serem originais de Modigliani e Degas, para um agente que se fez passar por um comerciante de drogas. Também um terceiro *art dealer* foi acusado de colaboração. A Justiça entendeu que Shirley D. Sack era uma atacadista de arte e joias e a responsável pela empresa de responsabilidade limitada que levava seu nome. O corréu foi considerado como o principal associado da *American European Art*, e as informações foram obtidas de informante, que depois passou a atuar na operação. A acusação ainda revelou que houve uma tentativa de venda de um quadro de Raphael e a aceitação de pagamento com dinheiro da venda de drogas.

Shirley D. Sack revelou que os valores recebidos seriam transferidos para uma conta numa *offshore,* confirmando que o comprador teria uma perda líquida. Ao ser revelado pelo agente encoberto que pagaria entre dez e quinze por cento para lavar dinheiro, Arnold K. Katzen afirmou, então, que as obras poderiam facilmente ser alienadas com um desconto de dez por cento (para compensar a perda) e que o dinheiro seria transferido devagar, já possuindo cliente na Europa pronto para adquirir o Modigliani *em quaisquer circunstâncias.*

Um dos acusados admitiu a culpa.

IV.2.2. YAMSUAN, Cathy. Money Laundering through artworks. Philippine Daily Inquirer. 9/27/10, 2010 WLNR 19286199, Loaded Date 09/28/2010, September 27, 2010, www.westlaw. com, last visit June 26th 2012.

Segundo a reportagem que usa como fonte o *The Financial Times Limited,* tendo conhecimento dos limites para o transporte de dinheiro em espécie, os operadores de jogo (*jueteng*) resolveram adquirir obras de arte de artistas filipinos conhecidos de colecionadores internacionais. Tais pinturas foram escolhidas porque podem facilmente ser removidas de suas molduras, enroladas em tubos e serem carregadas, às dezenas, de uma só vez em uma das mãos. A única exigência é a existência de um certificado de que elas estão sujeitas a leilões, o que viabiliza a passagem pela alfândega.

Uma vez leiloadas, segundo a matéria, a Christie´s apenas indagou aos vendedores onde os valores da venda deviam ser depositados para depois ser enviados de volta para as Filipinas. Para o advogado e colecionador Fernando Topacio, citado no artigo, quem questionaria o dinheiro depositado em decorrência de uma casa de leilão internacional?

Para ele, a prática explicaria o fenômeno crescente dos preços de obras de arte de um jovem artista filipino.

IV.2.3. Knoedler Gallery Seeks Dismissal of Fraud Suit. New York Times, Patrícia Cohen. May 16, 2012, www.westlaw.com, 2012 WLNR 10297512, loaded date 05/16/2012, last visit in 20.06.2012.

Ann Freedman, ex-presidente da Knoedler & Company, tenta na Justiça americana desobrigar-se do pagamento de 17 milhões de dólares para um cliente que alega que a Knoedler Gallery, um *dealer* bem conhecido há anos, vendeu uma falsa pintura de Jackson Pollock. Ann afirma tratar-se de obra autêntica e tenta demonstrar tal fato com declarações de dois peritos, desejando afastar a perícia forense que concluiu pela falsidade porquanto teria sido pintada após o falecimento de Pollock. Aduz a ré que compradores *sofisticados* devem fazer suas próprias pesquisas acerca da autenticidade das obras que adquirem.

IV.2.4. Megaupload's Kim Dotcom denied bail in New Zealand. Agence France Presse English Wire, Erica Berenstain. January 25, 2012, www.lexis.com, last visit April 11, 2012.

Kim Dotcom, o milionário da *internet,* e seis outros foram acusados de lavagem de dinheiro de 175 milhões de dólares na Nova Zelândia, mediante falsa documentação. Em sua residência foram apreendidos carros de luxo e obras de arte, obtidas mediante rede maciça e vasta de pirataria. Houve pedido de sua extradição aos Estados Unidos. Sua liberdade foi negada pelo Juiz neozelandês de Auckland, David McNaughton, porque *teria recebido 42 milhões de dólares do império construído na internet, tem passaportes e contas bancárias com diferentes nomes.* Segundo o magistrado, *sua vasta riqueza* não fornece garantia que ele não tenha escondido fundos com os quais poderia utilizá-los para escapar do *País.*

IV.2.5. Venerable Art Dealer Is Enmeshed in Lawsuits. *New York Times,* Doreen Carvajal e Carol Vogel, 2011 (WLNR 7675570, 2011 WLNR 7675570, loaded date: 04/20/2011, April 20, 2011, *www.westlaw.com*, last visit April 11, 2012; Lost Art and a mystery vault Billionaire French dealer claims his institute has no record of treasures. Dooren Carvajal e Carol Vogel. *International Herald Tribune,* 2011, WLNR 14463006, loaded date: 07/21/2011, July 22, 2011, *www.westlaw.com*, last visit April 11, 2012.

Guy Wildenstein, presidente do venerado *Guy Wildenstein and Company*, que operava em Nova Iorque, Tóquio e Paris, foi chamado a Paris para responder a investigações sobre fraudes porque a polícia francesa esteve três vezes na empresa e tomou uma coleção de arte considerada desaparecida e roubada por nazistas de famílias judaicas. Foram apreendidas trinta obras de arte abalando a dinastia de *art dealers* judeus franceses cujos nomes eram respeitados no mundo internacional da arte.

Segundo a matéria, Windensteins eram mais que *dealers*. Eles eram tidos por conselheiros confiáveis e confidentes por gerações, oferecendo serviços discretos e o uso de suas estruturas para estocar pinturas valiosas quando os clientes morriam. O acusado teria alegado que uma determinada pintura (Morisot) *poderia ser o resultado de um erro ou de uma avaliação equivocada por parte das operações de meu pai.*

Chamou a atenção da Justiça o fato de que ele não possuía qualquer inventário de sua reserva técnica, situada num subterrâneo, tida por ser um esconderijo (*vault*).

Ele responde a várias ações na Justiça.

IV.2.6. Art auctions 'marred by fakes, cheats' As prices soar for Chinese artworks, the auction system is linked to fake certificates, artificial prices and a myriad of other irregularities. Priscilla Jiao. South China Morning Post, (2011 WLNR 12240563). June 20, 2011. In www.westlaw.com, last visit April 14, 2012.

Segundo a matéria, o mercado de leilões de obras de arte está marcado por certificados de autenticidade falsos, colaboração entre compradores, vendedores e leiloeiros com o objetivo de aumentar artificialmente os preços, além de ser usado para a lavagem de dinheiro.

Consta que oficiais tenham sido corrompidos para supervalorizar uma obra de arte e um número expressivo obteve preços elevados em leilões em Hong Kong.

Revela que a *Poly International Auction*, uma casa considerada *top*, obteve ganhos de 6,1 bilhões de yuan. Os tributos pagos, entretanto, por ela e pelas outras casas de leilões, como Guardian, Hanhai e Council, seriam bem menores que o resultado anual dos valores recebidos. Conclui que, ou estaria havendo evasão fiscal ou o anúncio de seus ganhos anuais estaria sendo artificialmente inflado.

IV.2.7. Orion Group chairman sentenced to prison over slush funds, Yon – Yonhap News Agency of Korea, October 21, 2011, loaded date 10/22/2011, www.lexis.com, last visit on April 14, 2012.

O presidente do Grupo Orion, de mídia, foi condenado a três anos de prisão por apropriação e fraude dos fundos corporativos. Tam Cheolgon desfalcou 26,4 milhões de dólares do referido Grupo, adquirindo obras de arte valiosas para decorar sua própria casa. O Juiz Han Chang-hun da Justiça de Seul (*Seoul Central District Court*) disse ser comum a lavagem de dinheiro por meio do comércio de arte por proprietário de grandes conglomerados. *Ele foi considerado culpado porque tratou as empresas afiliadas do Grupo como se pessoais fossem, falhando em administrar de forma a cumprir a lei e manter a devida transparência.*

IV.2.8. Money-Laundering: Third Directive set to be unveiled by Commission. European Report. 2004 WLNR 7240827, June 23rd 2004, www.westlaw.com, last visit June 23rd, 2012.

Pela matéria, constata-se preocupação em forçar os países a seguirem a Diretiva de 2001/97/EC no sentido de identificar e reportar transações suspeitas às autoridades e, segundo a Diretiva 91/308/EEC, estender o seu escopo para além de atividades financeiras, cobrindo dos advogados, contadores, auditores (internos ou externos), conselheiros tributários, corretores, notários, negociantes de pedras preciosas, metais, obras de arte e cassinos.

IV.2.9. Making a dent in the trafficking of stolen art. Smithsonian, 9/1/95, 1995 WLNR 5552723, Loaded Date 12/26/2008, September 1995, v. 26, Issue n.º 6, last visit July 5th 2012.

A matéria cita a atuação de Constance Lawenthal, diretora executiva do *International Foundantion for Art Research* – IFAR, reconhecida por sua atividade de policiamento e pesquisa de obras de arte, na luta contra a onda de roubos destas.

Revela que o submundo da moderna atividade criminosa vê como a melhor coisa fazer dinheiro com arte porquanto não se pode explicar, por exemplo, a diferença de preços entre Manet e Monet. Criminosos do leste europeu estão esvaziando igrejas de suas estátuas sacras e tesouros arqueológicos.

A IFAR mantém banco de dados de obras desaparecidas e trabalha em conjunto com a *Art Loss Register* – IRL.

Existe sempre a possibilidade de uma peça roubada passar pelas mãos de dúzias de compradores, aumentando o preço e a corrente de venda do pequeno mercado (mercado das pulgas ou *flea market*).

Segundo o artigo, o grande roubo da década de 90 sequer foi resolvido: a invasão do *Isabella Stewart Gardner Museum* em Boston por um casal de assaltantes vestidos como se fossem policiais. Eles amarraram os guardas e esvaziaram as paredes de seus Vermeer, Rembrandt´s e outros onze tesouros.

A matéria conclui afirmando que cabem aos compradores não somente dar vazão à paixão pela arte, mas também realizar regulares aquisições. Ou seja, não se deixarem levar por um sentimento que os cegue.

IV.2.10. What´s Hot Now. Laundering Drug Money With Art. In: http://forber.com/2003/04/08/cx_0408hot_print.html, last visit March 23, 2012.

Quatro pessoas, incluindo um príncipe saudita, foram denunciadas por tráfico de drogas em Miami, sendo que uma delas também por lavagem de dinheiro. Duas obras de arte foram apreendidas (Francisco de Goya e Tsuguharu Foujita). A um dos acusados foi imputada a realização de operações financeiras de forma a esconder a origem dos valores envolvidos: o tráfico de drogas.

A negociação envolveu dois quilos de cocaína que saíram de Caracas, Venezuela, para Paris num jato particular de Nayef Al-Shaalan. A apreensão de 190 quilos de cocaína na fronteira com a Espanha levou as autoridades até o esconderijo na França.

Consta que, tanto o príncipe (não ligado diretamente ao trono) quanto dois envolvidos conheciam bem o mercado das artes. Como resultado da lavagem, as duas pinturas foram enviadas para Miami em troca do recebimento da droga.

Na matéria consta que o *U.S. Drug Enforcement Administration* – DEA considerou que telas são hoje *um caminho no qual traficantes de drogas lavam dinheiro. É um investimento para o produto de transações com drogas.*

Capítulo V

Pagamentos por Vias Ilegais ou Mascaradas e uso inadequado de ONGs, Trusts, Associações ou Fundações

Muitas iniciativas têm sido tomadas para o combate ao crime organizado. Por exemplo, no México, a luta contra o tráfico de drogas tem tido um foco central, com estratégias baseadas no envolvimento de agentes civis e militares, havendo recordes de valores capturados, drogas apreendidas e extradições. No dia 10 de setembro de 2007, na Municipalidade de Zarzal, no nordeste do departamento de Valle, o exército colombiano capturou Diego Montoya, conhecido por Don Diego, um dos *top ten* mais procurados pelas agências americanas Drug Enforcement Administration (DEA), Central Intelligence Agency (CIA) e Federal Bureau of Investigation (FBI). Segundo Juan Carlos Garzón, sua prisão, provavelmente, foi o mais notável acontecimento na ofensiva contra o tráfico de drogas durante aquele ano em que mais de 57 mil pessoas foram presas, sendo mais de cem extraditadas para os Estados Unidos.[137]

Eric Olson revela que existem muitas semelhanças entre as máfias italianas e as organizações criminosas mexicanas. Para ele, *o crime organizado mexicano é mais focado no mercado, menos estável e mesmo durável. Além disso, organizações criminosas mexicanas são mais predispostas a atacar o Estado. Ademais, a violência empregada é mais ameaçadora e possui diferentes objetivos, incluindo intimidação dos rivais e aterrorizar o público. Finalmente, elas procuram dominar a impressão pública sobre o crime organizado com o propósito midiático, por meio da violência e intimidação ou para o controle dos fatos que são publicados.*[138]

O que era considerado extremo no passado, tornou-se usual, revelando força e vivacidade das organizações criminosas mexicanas. O periódico *Express*, uma publicação do *The Washington Post*, publicou notícia da guerra entre os dois principais cartéis de droga no México (*Sinaloa* e *Zetas*), que chegaram a expor quatorze corpos sem cabeça em frente à Prefeitura da cidade fronteiriça de Nuevo Laredo, além de enforcarem nove pessoas, incluindo quatro mulheres, numa ponte na mesma cidade. Eles também deixaram dezoito corpos mutilados numa van, próxima ao lago Chapala e usaram um caminhão de lixo para carregar mais 49 corpos (sem cabeça, pés e mãos) perto de Monterey, a principal cidade industrial do México. O periódico revelou a batalha, considerada mais espetacular (em frente das câmeras de TV em maio de 2012), realizada como meio de intimidação e de propaganda, na qual grande quantidade de corpos sem cabeça de inocentes foram arremessados ou jogados em público com o objetivo de aterrorizar civis e assustar autoridades, como o Presidente Felipe Calderon.[139]

No que tange às máfias italianas, importante mencionar a observação de Francesco Messineo no sentido de que elas são ajudadas pelos colarinhos brancos. Segundo ele, estes *não se limitam a ajudar a máfia, mas cometem também crimes em seu setor específico. Pode-se afirmar isso para todos os crimes em matéria de licitações, mesmo que não haja uma contaminação mafiosa,*

---

[137] In *Mafia & Co. The Criminal Networks in Mexico, Brazil, and Colombia*, p. 09.

[138] Vide *Considering New Strategies for Confronting Organized Crime in Mexico*, p. 09.

[139] Cf. Two Top Cartels at War in Mexico. *Express*. Washington, DC: publicação do *The Washington Post*, p. 6, em 25.05.2012.

embora geralmente exista, ou no caso de delitos de corrupção, concussão e de todos os outros crimes conhecidos contra a administração pública.[140]

No Brasil, houve também iniciativas importantes no combate ao crime organizado transnacional. Em 2007, efetivou-se a prisão do megatraficante colombiano Juan Carlos Ramirez Abadia, conhecido por Chupeta, em São Paulo, sendo, dentre outros, condenado a mais de trinta anos de prisão,[141] e, posteriormente, extraditado para os Estados Unidos. Também ações de relevo foram adotadas contra o Primeiro Comando da Capital (PCC), organização criminosa poderosa envolvida com a prática de crimes diversos, como roubo, extorsões e o tráfico, em São Paulo. No Rio de Janeiro, a polícia tem intensificado suas ações nas favelas.

Apesar dessas iniciativas, o crime organizado continua ativo, adaptando-se à repressão estatal, quer mudando de área geográfica (Rio de Janeiro), quer pulverizando suas ações nos chamados *baby carterls* ou micro-organizações, mantendo seu domínio por meio de grupos fortemente armados que lhes asseguram o controle de extensas regiões com grande capacidade para responder às eventuais ações das forças do Estado.

Em junho de 2012, carros da polícia foram atingidos por tiros na zona leste de São Paulo, numa semana em que uma série de ataques a policiais fora de serviço culminou com a morte de cinco agentes, uma suposta reação da facção criminosa PCC contra operação da tropa de elite da polícia que matou seis pessoas no fim de maio.[142]

Na verdade, o crime organizado tem desafiado a estabilidade e o controle governamental e não apenas nas periferias distantes ou em áreas rurais. Exemplo disso, foi o que ocorreu em maio de 2006, quando mais de oitenta pessoas foram mortas, trinta ônibus incendiados e um número importante de imóveis privados foi atacado pelo fato de o go-

---

[140] In Máfia e Crime de Colarinho Branco: uma nova abordagem de análise. *Novas tendências da criminalidade transnacional mafiosa*, p.301.

[141] Autos n.º 2007.61.81.0011245-7/SP, condenação em 2008 confirmada pelo Tribunal Regional Federal da 3ª Região (São Paulo e Mato Grosso do Sul), Apelação Criminal n.º 0001234-26.2007.04.03.6181/SP, j. em 06.03.2012, Rel. Des. Federal Johnsom di Salvo).

[142] Cf. Andre Camarante. Carro da Polícia Civil é atingido por tiros na zona leste de SP (site UOL, *www.1.folha.uol.com.br/cotidiano/1109151-carro-da-policia-civil-e-atingido-por-tiros-na-zona-leste-de-sp.shtml*, publicado em 22.06.2012, acesso em 02.03.2015).

verno ter anunciado a transferência dos líderes do PCC para prisões de segurança máxima.

Isto acontece porque um dos mais efetivos instrumentos de seu combate consiste efetivamente no corte de seu financiamento, ou seja, confiscar o produto da venda da droga, além de cercear ou limitar ou controlar o fluxo do dinheiro cruzando as fronteiras.

Com efeito, o dinheiro que é vertido entre os Estados mediante o transporte de grandes quantias em espécie ou transferências eletrônicas para contas bancárias, bem ainda a possibilidade de transporte, sem qualquer controle de cartões pré-pagos ou instrumentos de concentração de valores (*travel money* ou *stored value instruments* ou *prepaid access cards* ou via *casas de câmbio – Black Market Cambio Exchange Houses*), constituídas invariavelmente por pessoas bem conectadas, apesar de serem violadas normas que visam o combate à lavagem de dinheiro, necessita ser interrompido.

Por outro lado, a lavagem de dinheiro pode ocorrer mediante mecanismo de pagamentos fraudados. Assim, se, por hipótese, o lavador fixar preço abaixo do valor do mercado ou simplesmente omitir parte da quantia a ser paga, o preço efetivamente vertido, certamente, o será em espécie ou por meio não rastreável e entregue ao vendedor *por debaixo da mesa*. De seu turno, quando existe fixação de preço a maior, o criminoso pode desejar um financiamento ilícito desta aquisição e, para tanto, se servirá de maus avaliadores e de falsa documentação.

Se é de conhecimento das autoridades a existência e ou possibilidade de tais fatos, estando todos cientes de que o crime está bem financiado, não se pode permitir qualquer porta aberta para a prática ilesa do delito porque, certamente, será cada vez mais possível a prática crescente de outros, inclusive do financiamento ao terrorismo.

Um grande trabalho de inteligência faz-se necessário, tanto ou mais do que simplesmente controlar as fronteiras. Forças de inteligência devem se unir, já que a existência pulverizada pode fazer que, isoladamente, cada qual não se sinta responsável pelo problema.

Urge, pois, focar o problema, prover *expertise* porquanto em muitos países existe um ambiente social fatiado ou fraturado e as ações com bastante frequência são pontuais, dispersas e ou pouco coordenadas e coesas.

Não se apresenta incomum os governantes anunciarem, antes das eleições, a vontade de estabelecer estratégias para reaverem o dinheiro do crime, mas muito pouco é efetivamente realizado, quando não objeto de cortes orçamentários, em prejuízo da segurança pública. Afinal, a percepção tem sido a de que lavagem de dinheiro é um delito sem vítima e que, por isso, não chama a atenção da sociedade civil, dos políticos e dos jornalistas.

V.1. TRANSFERÊNCIAS ELETRÔNICAS (WIRE TRANSFERS) OU CASAS DE CÂMBIO (BLACK MARKET EXCHANGES)

No momento em que pessoas ou empresas desejam enviar ou receber de outro país dinheiro, proveniente do desenvolvimento de atividade ilegal, fugindo ao controle das instituições governamentais, tem ganhado relevo a utilização de transferências conhecidas como dólar-cabo ou euro-cabo, que são operacionalizadas por agentes que atuam à margem da lei, conhecidos como *doleiros.*

Terry Goddard, nesse diapasão, revela que, no Estado do Arizona (EUA), em dado instante, *procurou-se por anomalias financeiras; desproporções que não correspondiam à realidade econômica.* Verificou-se imediatamente *grande quantidade de importação mediante transferências eletrônicas. Mais de cem dólares estavam entrando para cada dólar transferido eletronicamente. Wire transfers para o Arizona vindo de outros estados, em quantias superiores a quinhentos dólares, totalizavam mais que quinhentos milhões de dólares por ano. Uma vez que não haveria razão econômica aparente para esse desequilíbrio, os investigadores passaram a observar mais de perto tais transações.*[143]

Para evitar, por exemplo, a estruturação ou fragmentação de operações, por empresas e indivíduos, com o objetivo de não ultrapassar o regulamentar limite diário de 10.000 (dólares/EUA ou reais/Brasil), que justifica a comunicação da operação às autoridades competentes mediante a criação de falsas identidades, o Estado do Arizona estabeleceu o *Geographic Targeting Orders* (GTOs), mediante o qual identificação adicio-

---

[143]   Cf. *How to Fix a Broken Border: FOLLOW THE MONEY,* p. 03.

nal é requerida, tais como as impressões digitais e as assinaturas de todas as pessoas que receberam *wire transfers* acima de 500 dólares. Com base nestas informações, 25 mandados judiciais foram expedidos de 2001 a 2006 permitindo apreender *wire transfers* supostamente realizadas para o pagamento do tráfico de drogas ou de pessoas.[144]

O Grupo de Ação Financeira Internacional – GAFI (FATF) recomenda aos países que o integram que, nas transferências eletrônicas (*wire transfers*), sejam obtidas informações detalhadas das partes envolvidas a respeito da informação originária, bem ainda de seu beneficiário, com a possibilidade de monitoramento, havendo a faculdade de proibir transações de determinadas pessoas segundo as Resoluções do Conselho de Segurança das Nações Unidas n.os 1269/1999 e 1373/2001, relativamente à prevenção e à supressão do terrorismo e seu financiamento (Recomendação n.º 16).

A legislação cambial brasileira deixa claro algumas questões que são usualmente desconhecidas em outros países, inclusive, nos Estados Unidos.

Por exemplo, a Lei n.º 4.131, de 19 de outubro de 1962,[145] define a exigência de contrato de câmbio, sendo o seu § 7º incluído pela Lei n.º 11.371/2006:

> *Art.23 As operações cambiais no mercado de taxa livre serão efetuadas através de estabelecimentos autorizados a operar em câmbio, com a intervenção de corretor oficial quando previsto em lei ou regulamento, respondendo ambos pela identidade do cliente, assim como pela correta classificação das informações por este prestadas, segundo normas fixadas pela Superintendência da Moeda e do Crédito.*
>
> *(...)*
>
> *§ 2º – Constitui infração imputável ao estabelecimento bancário, ao corretor e ao cliente, punível com multa de 50 (cinquenta) a 300% (trezentos por cento) do valor da operação para cada um dos infratores, a declaração de falsa identidade no formulário que, em número de vias e segundo o modelo determinado pelo Banco Central do Brasil, será exigido em cada operação, assinado pelo cliente e visado pelo estabelecimento bancário e pelo corretor que nela intervierem. (Redação dada pela Lei n.º 9.069, de 1995)*

---

[144] *Ibidem*, p. 04.
[145] In *www.planalto.gov.br/ccivil_03_leis)L4131.htm*, último acesso em 16.07.2012.

(...)

§ 7º – A utilização do formulário a que se refere o § 2º deste artigo não é obrigatória nas operações de compra e venda de moeda estrangeira de até US$ 3.000,00 (três mil dólares dos Estados Unidos da América), ou do seu equivalente em outras moedas. (Incluído pela Lei n.º 11.371, de 2006)[146]

As empresas remessadoras (*remittance companies*), em razão das regras de câmbio no Brasil, devem realizar suas operações exclusivamente por meio de instituições financeiras licenciadas para tal fim pelo Banco Central do Brasil, ainda que se tratem de instituições bancárias internacionais. Neste caso, devem possuir convênios com bancos credenciados para operar câmbio no Brasil, sob pena de violação de vários normativos, em especial, a Lei n.º 9.069, de 29 de junho 1995 (Lei do Plano Real),[147] que definiu o real como moeda de curso legal no País. Trata-se da moeda do país para a liquidação das transações internas.

O seu artigo 65 estatui:

Art. 65 O ingresso no País e a saída do País, de moeda nacional e estrangeira serão processados exclusivamente através de transferência bancária, cabendo ao estabelecimento bancário a perfeita identificação do cliente ou do beneficiário.

§ 1º – Excetua-se do disposto no caput deste artigo o porte, em espécie, dos valores:

I – quando em moeda nacional, até R$ 10.000,00 (dez mil reais);

II – quando em moeda estrangeira, o equivalente a R$ 10.000,00 (dez mil reais);

III – quando comprovada a sua entrada no País ou a sua saída do País na forma prevista na regulamentação pertinente.

§ 2º – O Conselho Monetário Nacional, segundo diretrizes do Presidente da República, regulamentará o disposto neste artigo, dispondo, inclusive, sobre os limites e as condições de ingresso no País e a saída do País de moeda nacional.

---

[146] O fato de o Banco Central conceder tratamento simplificado para operações com valores de até US$ 3.000, desobrigando a realização de contrato de câmbio, não afasta a obrigação de que os débitos e os créditos em conta do cliente ou por meio de instrumento financeiro que permita rastreamento dos recursos.

[147] Cf. *www.planalto.gov.br/ccivil_03/leis/L9069.htm*, último acesso em 13.03.2015.

§ 3° – *A não observância do contido neste artigo, além das sanções previstas na legislação específica, e após o devido processo legal, acarretará a perda do valor excedente dos limites referidos no § 1° deste artigo, em favor do Tesouro Nacional.*

O Decreto-Lei n.° 857, de 11 de setembro de 1969,[148] definiu a obrigatoriedade de uso da moeda nacional nas operações internas, sendo nulas as operações estipuladas em moeda estrangeira ou que restrinjam ou recusem, nos seus efeitos, o curso legal da moeda nacional, listando, porém, algumas exceções à vedação.

A propósito, dispõe:

> *Art. 1° – São nulos de pleno direito os contratos, títulos e quaisquer documentos, bem como as obrigações que exequíveis no Brasil, estipulem pagamento em ouro, em moeda estrangeira, ou, por alguma forma, restrinjam ou recusem, nos seus efeitos, o curso legal do cruzeiro.*
>
> *Art. 2° – Não se aplicam às disposições do artigo anterior:*
>
> *I – aos contratos e títulos referentes à importação e exportação de mercadorias;*
>
> *II – aos contratos de financiamento ou de prestação de garantias relativas às operações de exportação de bens de produção nacional, vendidos a crédito no exterior;*
>
> *III – aos contratos de compra e venda de câmbio em geral;*
>
> *IV – aos empréstimos e quaisquer outras obrigações cujo credor ou devedor seja pessoa residente e domiciliada no exterior, excetuados os contratos de locação de imóveis situados em território nacional;*
>
> *V – aos contratos que tenham por objeto a cessão, transferência, delegação, assunção ou modificação das obrigações referidas no item anterior, ainda que ambas as partes contratantes sejam pessoas residentes ou domiciliados no País.*
>
> *Parágrafo Único – Os contratos de locação de bens móveis que estipulem pagamento em moeda estrangeira ficam sujeitos para sua validade a registro prévio no Banco Central do Brasil.*

De seu turno, o Decreto n.° 23.258, de 19 de outubro de 1933,[149] determina que a compra e venda de moeda estrangeira seja feita exclusiva-

---

[148] In *www.planalto.gov.br/ccivil_03/Decreto-Lei/Del0857.htm*, último acesso em 13.03.2015.
[149] In *www.planalto.gov.br/ccivil_03/decreto-1930-1949/D23258.htm*, último acesso em 13.03.2015.

mente em instituição autorizada a operar em câmbio pelo Banco Central do Brasil, e prescreve que:

> *Art. 1° – São consideradas operações de câmbio ilegítimas as realizadas entre bancos, pessoas naturais ou jurídicas, domiciliadas ou estabelecidas no País, com quaisquer entidades no exterior, quando tais operações não transitem pelos bancos habilitados a operar em câmbio, mediante prévia autorização da fiscalização bancária a cargo do Banco do Brasil.*

Ora, esse conjunto de normas (Lei n.º 4.131/1962, artigo 23; Lei n.º 9.069/1995, artigo 65, *caput*, e o Decreto n.º 23.258/1933, artigo 1º) estabelece a obrigatoriedade de contratação cambial (ou de modelos simplificados nas operações de até US$ 3.000,00), cumprindo, assim, o curso forçado da moeda (real), além da obrigatória identificação dos clientes, sendo ilegítimas as operações cambiais quando não transitem pelos bancos credenciados pelo Banco Central.[150]

Pelas normas da Unidade de Inteligência brasileira (COAF), o item Transferência de Numerários contempla a atividade de *remittance* e cobre apenas os correios, vales-postais nacionais e para o exterior, já que a do exterior, que envolva câmbio, submete-se à supervisão do Banco Central.

Existe um mercado *oficial*, nos Estados Unidos, que frequentemente tem feito uso de operadores do mercado paralelo (doleiros), permitindo a transferência de valores pertencentes a estrangeiros residentes neste país, porém desavisados. Buscando o seu abastecimento, a moeda brasileira (reais), normalmente em espécie (produto de atividades ilegais no Brasil), é depositada pela casa de câmbio em contas de beneficiários da transferência, realizada a partir do exterior, enquanto os dólares ou euros recebidos dos remetentes (presas fáceis) são desviados para saldar e movimentar dinheiro como parte desta *troca* de fundos. É a tal operação-cabo.

---

[150] O Regulamento do Mercado de Câmbio e Capitais Internacionais – RMCCI (*www.bcb.gov. br/?RMCCI*, último acesso em 18.07.2012) consolida a regulamentação de câmbio do Brasil. A Resolução n.º 3.568, de 29.05.2008, constitui o principal regulamento (*http://www. bcb.gov.br/pre/normativos/busca/normativo.asp?tipo=Res&ano=2008&numero=3568*, acesso em 13.03.2015).

Por outro lado, não se pode deixar de mencionar que aumentando o número de imigrantes em uma determinada localidade, proporcionalmente há o aumento de envio de dinheiro, no paralelo, quando se constata um crescimento da imigração clandestina,[151] favorecendo a criminalidade econômica.

O que chama a atenção é também a participação de algumas empresas de faturização (mais conhecidas como *factoring*) que alimentam no país destinatário da moeda as contas dos destinatários de dinheiro remetido, contribuindo para a compensação de valores na consagração de uma ilícita e paralela atividade financeira não autorizada. Desfocando o seu objeto, que é a de financiamento comercial de curto prazo no qual são adquiridos direitos creditórios provenientes de bens e serviços realizados a prazo, o *factor* ou faturizador apenas deve manter registro de vendas e realizar tarefas administrativas relacionadas a funções de contas a receber, recolhimento destas e proteção contra a insolvência do devedor.

Pela Convenção Diplomática de *Factoring Internacional* de Otawa, de 1988,[152] um contrato de *factoring* constitui contrato entre duas partes, cliente (fornecedor) e *factor*, e a empresa de *factoring* deve realizar ao menos duas das seguintes funções: financiamento para o fornecedor, incluindo empréstimos e adiantamento de pagamentos, manutenção do registro de vendas, recolhimento de recebíveis, proteção contra o não pagamento de devedores. Portanto, nada existe quanto ao auxílio a empresas de *remittances* ou a doleiros para permitir a compensação financeira de seus saldos.

É a tal da utilização similar do mercado negro de pesos (*Black Market Peso Exchange*), que tanto serviu e serve ao tráfico internacional de drogas, para a realidade do Brasil, com o estabelecimento do mercado negro de reais.

Pela Resolução n.º 13 do Conselho de Controle de Atividades Financeiras – COAF, as empresas de *factoring* estão obrigadas a prestar contas a ele, apesar de não serem qualificadas no País como instituições finan-

---

[151] Quanto ao aumento do fluxo de novos imigrantes que remetem para seus países de origem, bem como do seu perfil, vide *Briefing explores the factors that have influenced increases in remitting*. Publicação do Inter-American Dialogue, 20.03.2012, p. 01.

[152] Cf. *http://unidroit.org/english/conventions/1988/factoring/main.htm*, último acesso em 13.03.2015.

ceiras pelo Banco Central, daí porque não se submetem a licenças ou a registros. A norma do COAF visa, porém, possibilitar a identificação de seus proprietários e diretores, a realização de *due diligence* sobre os clientes e a existência de controles internos.

A Carta Circular do Banco Central n.º 3.542, de 12 de março de 2012, estabelece no artigo 1º, XI, o dever de comunicar à Unidade de Inteligência Financeira brasileira no caso, por exemplo, do cliente não justificar a origem dos fundos ou quando incompatíveis com sua capacidade econômica e financeira ("f"); quando da realização de *disponibilidades no exterior*, verificar-se a incompatibilidade econômica ou inexistência de fundamentação de mesma natureza ("g"); no caso de pagamentos ao exterior após créditos em reais efetuados nas contas de depósitos dos titulares das operações de câmbio por pessoas que não demonstrem a existência de vínculo comercial ou econômico ("j"). Nos Estados Unidos, o *Financial Crimes Enforcement Network* – FinCEN obriga que as remessadoras façam a *due diligence* (31 CFR Part. 103) sobre seus agentes estrangeiros ou contrapartes.

Por isso se afiguram irregulares depósitos em conta de beneficiários de remessas sem que haja a identificação do depositante; a transferência em dinheiro para a conta do beneficiário a partir de empresa não autorizada pelo Banco Central a operar no mercado de câmbio e a transferência de dinheiro para a conta do beneficiário a partir da conta de pessoas físicas, pois somente instituições financeiras são elegíveis para receber autorização do Banco Central para operar no mercado de câmbio.

Uma eventual operação somente pode ser considerada regular havendo, ao lado da investigação sobre a origem do dinheiro, a comprovação do depósito por meio de instituição financeira credenciada no Banco Central (uma carta do banco responsável pela liquidação da operação).

Importante afirmar que a *due diligence* não tem sido apropriada quando a empresa remessadora possui sede nos Estados Unidos (ou seja, os dólares são deles provenientes).

Já se observaram pagamentos de drogas com a utilização de *remittances* localizadas nos Estados Unidos, uma triangulação envolvendo Colômbia, Estados Unidos e Europa. Euros foram trazidos por *mulas* (ou *smurfs*) a casas de câmbio colombianas, que enviaram aos Estados

Unidos e, lá, foram empacotados e remetidos para a Europa, sendo que a empresa destinatária, os trocou por dólares e os remeteu a América. Tais operações normalmente envolvem imigrantes. Quanto mais eles chegam em determinado país, mais crescem o número de transferências de pessoa para pessoa anualmente.

V.2. CARTÕES PRÉ-PAGOS OU INSTRUMENTOS DE DEPÓSITO DE VALORES OU MOEDAS DIGITAIS (TRAVEL MONEY OU STORED VALUE INSTRUMENTS OU PREPAID ACCESS CARDS OU BITCOINS)

Os cartões de crédito que permitem um acesso a uma conta por meio magnético e uma senha (*password*) são bem conhecidos. Entretanto, existe uma modalidade de pré-pagos, que podem ser transferidos e recarregados e serem objetos de uso por lavadores de dinheiro. O baixo nível de identificação que tem sido exigido pelas instituições financeiras estimula a prática delitiva. Eles não armazenam valores em si, mas permitem acesso a uma conta.

Difícil proceder a distinção entre os tradicionais cartões de débito e a rede de cartões pré-pagos. Por isso, tais instrumentos de depósito de valores serem claramente classificados para esclarecimento das agências governamentais e propiciarem a identificação de cartões suspeitos.

Tais instrumentos normalmente não estão listados dentre os instrumentos monetários ou de outra forma sujeitos à declaração nas fronteiras, apesar de eles muitas vezes ultrapassarem o limite estabelecido para a comunicação de operação suspeita. Aparentemente as autoridades não se deram conta da necessidade de seu monitoramento. Tais *inocentes* cartões ou instrumentos podem conter milhões e sequer são objetos de preocupação das autoridades.

Os cartões são bem semelhantes aos cartões de crédito tradicionais, mas possuem acesso não a crédito existente em uma instituição financeira, mas a uma quantia em dinheiro *armazenado* no cartão, num *chip* ou simplesmente numa conta acessível por meio dele (por vezes, portanto, nem mesmo *chip* possuem). Cada vez mais, principalmente nos Estados Unidos,[153] pagamentos são realizados por tal forma. Existem vários tipos. O menos sofisticado contem uma quantia fixa e são ativados por um comerciante. Os valores do cartão são esgotados assim que compras são realizadas até o seu total esvaziamento. Tais cartões não são recarregáveis. Normalmente conhecidos como *gift cards*, estão disponíveis em caixas de supermercados americanos. Tais instrumentos possibilitam remessas de valores, milhões, se carregados em centenas.

Outros podem ser recarregáveis por meio de computador ou de caixas eletrônicos. Nestes casos, representariam pequenas contas bancárias e o saldo não é aparente sem um adequado equipamento de *software*. Pode-se armazenar grandes somas e podem ser passados facilmente de mãos em mãos, tornando-se absolutamente anônimos.

Tais cartões frequentemente não estão sujeitos a limites diários de saque, a não ser quanto ao total dos valores carregados.

Tanto nos Estados Unidos, quanto no Brasil, nenhum viajante pode levar consigo 10.000 ou mais (dólares ou reais) em dinheiro ou equivalentes em dinheiro (chamados de instrumentos monetários, como *travelers* cheques, cartas de crédito, letras de câmbio ao portador, cheque ao portador e outros documentos conversíveis em moeda) sem declarar às autoridades alfandegárias. Importante aqui mencionar que tais instrumentos de depósito de valores (*stored value instruments*) não são classificáveis, em ambos os países, como instrumentos monetários para esse fim.

Esta verdadeira brecha legal propicia ao crime organizado uma oportunidade importante para fugir dos controles contra a lavagem de dinheiro, principalmente entre as fronteiras ou simplesmente por meio da utilização dos correios.

O Grupo de Ação Financeira Internacional – GAFI (FATF) estabelece o dever de transparência dos beneficiários das pessoas jurídicas, devendo ser obtida pelos países informação adequada e em tempo real (Recomendação n.º 24), inclusive de *trusts*, *settlors* e *trustees* ou beneficiá-

---

[153] De um volume de apenas US$ 6,2 milhões há dez anos, o uso de cartões pré-pagos explodiu para mais de US$ 800 billões em 2008, com projeções crescentes para US$ 1,3 trilhões em 2009 etc. (segundo Terry Goddard, *in How to fix a Broken Border: FOLLOW THE MONEY*, p. 09).

rios (Recomendação n.º 25). Com relação às Unidades de Informação Financeira (FIU's), consigna que devem ter acesso, direto ou indireto e em tempo útil, às informações financeiras, administrativas e provenientes das autoridades de aplicação da lei (*Law Inforcement Authorities*), para desempenhar cabalmente as suas funções, incluindo a análise das declarações de operações suspeitas (Recomendação n.ºs 26, 27, 29 e 31).

No que tange ao transporte físico de moedas, recomenda a sua restrição ou seu fim (Recomendação n.º 32), nada esclarecendo sobre os cartões e as formas de pagamento aqui excogitados.

Bitcoins, por sua vez, consistem numa moeda digital emitida e transmitida pela rede *Bitcoin* (*Bitcoin Network*), isto é, uma rede entre amigos, que permite pagamentos entre as partes. Tais transações são conectadas à rede e, portanto, comunicam-se com outros equipamentos, captando ou transferindo sinais de transmissão de diferentes regiões, registradas em um cadastro público (chamadas de *block chain*), depois de serem validadas pelo sistema.

A rede *Bitcoin* teve início em 03 de janeiro de 2009 com a emissão dos primeiros *bitcoins*, criada por Satoshi Nakamoto. Proprietários transferem *bitcoins* enviando-os para outro endereço *bitcoin* por meio do uso de um programa ou de um *website* criado para tal fim. A transferência se dá por meio de assinatura digital para vincular com a chave pública de criptografia do próximo proprietário. *Bitcoin* registra todos os dados necessários para fazer valer a transação num banco de dados público, chamado de *block chain*.

Um cliente *bitcoin* usa uma carteira de endereços dos usuários e pode criar tantos endereços *bitcoins* quanto desejar. Assim, se usuário "A" desejar transferir *bitcoins* para o usuário "B", criará mensagem de transação indicando que parte de seu saldo será enviado a "B", sendo que "A" a validará por meio de chave privada do endereço. Por causa de seu método assimétrico de criptografia, somente donos de uma chave privada são capazes de criar uma assinatura válida para o envio dos *bitcoins* de sua carteira.

Por meio de serviços de troca de moedas digitais (*bitcoins exchange services*) é possível comprar ou vender cartões de depósito de valores para presentes (*gift cards*), trocando-os por *bitcoins*.[154]

Na verdade, trata-se da criação de bancos virtuais de emissão de dinheiro eletrônico, nos quais os usuários podem checar suas moedas então emitidas.

Essa moeda, na esteira de Alaric Snell-Pym, contempla duas dificuldades. As moedas podem ser rastreadas por meio de sua única série (bem mais convenientes que as séries de números constantes de cédulas de dinheiro) e é difícil descobrir alguém que utilize mesma moeda duas vezes, uma vez que, constituindo apenas por números, pode-se fazer tantas cópias quanto desejadas. Vários sistemas desenvolveram técnicas de criptografia para evitar tais duplicidades, complicando o processo de transferência de fundos de maneira a dificultar a certificação de segurança.[155]

Problema surge quando se percebe ser possível utilizar vários endereços, um dos quais usados apenas para a transferência uma única vez. Um conhecido pode criar novos endereços e transferir os valores para diversos outros endereços por meio de várias identidades ou pseudônimos, a menos que se faça um controle sobre os registros na *internet,* analisando a transação de forma globalizada. Verificando as conexões na rede mundial de computadores, pode-se verificar os gastos com as transações e saber para quais endereços elas se destinaram.

Bitcoins podem ser tão anônimas quanto moedas em espécie, devendo existir uma forma ou meio de quebra do anonimato e de rastrear o fluxo monetário. Deve-se, pois, existir uma forma de rastreamento eletrônico, mais fácil até do que dinheiro em espécie que, simplesmente, passam de mão em mão. *Bitcoins* constitui um meio transparente de transações diante do sistema então concebida, mas que, ainda que haja a utilização de nomes falsos ou apelidos, não se apresenta tão impossível a apuração da identidade de seus usuários. Assim, se um traficante estiver usando um determinado endereço *bitcoin,* pode-se baixar os dados da pessoa que

---

[154] Vide, por exemplo, o endereço eletrônico *http://www.bitcoinexchange.cc/aboutcompany.html,* acessado em 25.05.2012.

[155] In Bitcoin Security. Publicado na internet, *http://www.snell-pym.org.uk/archives/2011/05/12/bitcoin-security/,* último acesso em 08.03.2012.

negocia com este endereço e verificar todo o universo das pessoas com quem o traficante contacta, podendo-se, possivelmente, obter informação de toda sua clientela. Não seria, pois, esse meio tão anônimo quanto poderia, à primeira vista, parecer.

Entretanto, não se pode deixar de conceber, como bem menciona Jon Manotis,[156] uma pessoa estruturando uma arquitetura *bitcoin* baseada no anonimato e construindo muitas vias para esconder suas transações.

O fato de permitir um rastreamento eletrônico não significa, pois, que seu uso não possa ter um objetivo ilícito e um resultado exitoso. Quanto mais serviços diversos são oferecidos pela rede de computadores, mais complexas tornam-se as conexões, viabilizando formas de compensações de valores em sistemas aparentemente não relacionados.

V.3. USO DE ORGANIZAÇÕES NÃO GOVERNAMENTAIS (ONGS), TRUSTS, ASSOCIAÇÕES E FUNDAÇÕES PARA FINS ILÍCITOS

Assim como importantes têm sido as atividades beneficentes de tais entidades, escândalos têm manchado a imagem de algumas delas e aberto a porta para o aumento de processos judiciais contra os seus diretores, crescendo o grau de ceticismo proporcionalmente às notícias reveladas pela imprensa.

Uma vez que se trata de atividades filantrópicas, geralmente são motivadas por altruísmo e compaixão, as ações de caridade têm se revelado imunes a processos na Justiça. Sua responsabilidade pode ocorrer baseada em questões internas de administração ou mesmo externas (desde processos trabalhistas, passando por fraudes e, até, lavagem de dinheiro em razão de insolvência, negligência e más práticas). Assim, o seu corpo diretivo pode ser responsabilizado diretamente por falha contábil e desvio de recursos.

---

[156] In The Monetary Future At The Intersection of Free Banking, Cryptography, and Digital Currency. Thoughts on Bitcoin Laundering. Publicado em 13 de maio de 2011, *http:// themonetaryfuture.globspot.com/2011/05/thoughts-on-bitcoin-laundering.html* (última visita em 08 de março de 2012).

Normalmente Organizações Não Governamentais – ONGs, *trusts,* associações e fundações são tão diversas quanto a população de um país. Cada vez mais, as pessoas estão envolvidas em algum aspecto para a atividade social e de caridade. As doações para tais entidades sociais têm sido vultosas.

Recentes fatos acabaram maculando a imagem de algumas entidades e abriram a porta para o conhecimento de algumas condutas de seus gestores, um grau de ceticismo que acaba provocando uma reação proporcional quanto ao volume de doações e de trabalhos voluntários.

Considerando que as atividades filantrópicas são normalmente motivadas por sentimentos de generosidade e solidariedade, as entidades beneficiadas frequentemente imaginam-se imunes para processos perante a Justiça. Responsabilização pode emergir baseada na atividade interna mal realizada ou, também, de alguma outra, concretizada para fora da organização, o que torna substancial o papel dos seus gestores.

Pelo fato de atuarem numa dimensão de doação pessoal e institucional, as instituições de caridade, muitas vezes, sejam templos, igrejas, mesquitas, ONGs, educacionais etc., acreditam que não possuem o dever de revelar seus fundos (fontes), bem ainda de serem examinadas pelas grandes transações financeiras que realizam.

O Congresso norte-americano tem permitido, desde 1917, a dedução das doações para entidades beneficentes, religiosas ou educacionais ou similares, ainda que sob a natureza de organizações sem fins lucrativos (ONGs). Nesse sentido e, citando um Relatório de 1938 do Comitê da Câmara para Oportunidades (*House Committee on Ways and Means*), Erin Thompson explicitou que a perda tributária causada pelas deduções caritativas é compensada pelo alívio do ônus financeiro que teria, e pelos benefícios da promoção do bem estar geral.[157]

Segundo Andrew Cuomo, organizações filantrópicas *contribuem substancialmente para nossa sociedade. Elas educam nossas crianças, cuidam em caso de*

---

[157] In *The Relationship between Tax Deductions and the Market for Unprovenanced Antiquities.HeinOnline (www.heinonline.com),* Citation: 33 Colum. J.L. & Arts 241 2009-2010, acesso em 18.04.2012, p. 241.

doenças, preservam nossa literatura, arte e música para nós e para as futuras gerações, hospedam sem teto, protegem o meio ambiente e muito mais.[158]

Entretanto, a conveniência de se conceder deduções de impacto fiscal tem sido frequentemente avaliada em termos de efetividade, objetivo e possibilidade de abuso em potencial, o que tem propiciado, segundo o referido autor, modificações na lei (*Statute and Regulations Governing Charitable Deductions*).

Assim, uma transferência com fins filantrópicos deve satisfazer, nos Estados Unidos, um conjunto complexo de regras para permitir a dedução fiscal. Tais regramentos estão agrupados, conforme o autor citado,[159] em três principais requisitos: a transferência deve ser destinada a um qualificado destinatário,[160] deve esclarecer o propósito da doação, ou seja, não configurar, por exemplo, uma troca de bens ou serviços[161] e consistir em um pagamento ou em um bem admitido ou regular.[162]

O terceiro requisito nos faz retomar novamente à questão dos pagamentos.

No estado de Nova Iorque, por exemplo, para o funcionamento de uma Fundação ou ONGs[163] necessita-se de uma licença para a obtenção de isenção fiscal, cabendo reportar à Receita estadual, sob pena de cassação, informações de relevo por meio do Formulário n.º 990, que deverá ser datado e devidamente assinado, sob pena de incidir em crime de falso, devendo ser listada a pessoa, e seu respectivo telefone, detentora dos livros e registros da organização.

No referido formulário, deve constar relação detalhada de suas atividades e de sua gestão, das receitas e das despesas, além de bens líquidos, valendo citar: o nome da instituição e sua missão; número de membros; se dispõe de mais de 25% de seus bens líquidos; número de votantes

---

[158] Cf. Internal Controls and Financial Accountability for Not-for-Profit Boards. Charities Bureau. In *http://www.oag.state.ny/bureaus/charities/about.html*, último acesso em 10.03.2015, p. 01.

[159] *Idem*, p. 242.

[160] Cf. I.R.C. § 170 (c) (2006).

[161] Vide Mcleman v. United States (24 Cl. Ct. 109, 91-2 USTC 50, 447, 1991).

[162] In I.R.C. § 170 (e) (3) (2006).

[163] Desde que assim reconhecidas nos termos do Código Tributário dos Estados Unidos [*US Tax Code*, também chamado de *Internal Revenue Code*, Section 501 (c); 527; 4947 (a) (1)].

listados de dentro e de fora da entidade; número de empregados; número de voluntários; receitas de negócios não a ela relacionados e o tributo pago; contribuição e doações; recursos investidos; benefícios pagos para e pelos membros; total de bens e obrigações; descrição básica dos programas assistenciais; se houve a concessão de empréstimos ou benefícios para ou pelos funcionários, diretores, *trustee* ou outra qualquer pessoa; o nome, o total de horas trabalhadas, posição de todos os funcionários e ex-funcionários (inclusive diretores, *trustees* e funcionários-chave); valores por estes percebidos, despesas vertidas (inclusive, viagens ou de lazer) etc.

No caso de possuir receita bruta de até 100.000 dólares não necessita de auditoria externa. De 100.000 a 250.000 dólares, a informação deverá ser compilada por um auditor externo (revisão da documentação por este profissional), que não verifica, entretanto, a veracidade das informações obtidas, ou seja, não lhe cabe checar as transações de doadores (fazer a *due diligence*). Mas, possuindo faturamento bruto anual de mais de 250.000 dólares, à ONG é exigido parecer de auditoria externa e esta terá que realizar a *due diligence*.[164]

O Foundation Center, um centro de referência norte-americano para fundações, estabeleceu cerca de 29 critérios publicados, enquanto o Brasil possui em torno de apenas seis não publicados, verdadeiro *telhado de vidro*.[165]

A direção e os funcionários de Organizações Não Governamentais devem ser responsáveis pela sua gestão e pela preservação dos bens e dos serviços que beneficiariam a todos nós.

Uma primeira responsabilidade é a de assegurar uma contabilidade adequada para os programas sociais que colaboram e para as finanças provenientes de seus financiadores (públicos ou não). Isto significa dizer que devem cumprir rigorosamente a lei e padrões éticos, estarem engajados na missão da ONG que representam, proteger o direito de seus membros e, indiretamente, dos assistidos, e preparar relatórios anuais

---

[164] Cf. *www.charitiesnys.com* ou *www.charitiesnys.com/pdfs/statute_booklet.pdf*, acesso em 02.03.2015.

[165] Segundo informação obtida em 16.05.2012 (11h00) de Patrícia Lobaccaro, Presidente e *CEO* da Fundação Brazil Foundation, localizada em 345 Seventh Avenue, conjunto 1401, Nova Iorque.

para a Receita Federal de seu país e para as autoridades competentes de sua regulação, que devem estar disponíveis a todos os interessados.

Assim, devem estar munidos de informações técnicas que possibilitem o monitoramento e o registro de bens ou valores recebidos, gastos ou em custódia.

O endereço eletrônico da Associação Nacional das Instituições Oficiais de Caridade (*National Association of State Charity Officials* – NASCO)[166] fornece importantes informações sobre o registro e a informações devidas pelas ONGs. Os membros da NASCO são empregados de agências governamentais americanas que regulam as organizações não governamentais e seus fundos.

Marion R. Fremont-Smith, professora de Políticas Públicas da John Kennedy School, realizou para a Universidade de Harvard importante comparativo sobre as exigências contábeis de tais organizações, revelando, por exemplo, que a maioria dos estados norte-americanos exige o número mínimo de três diretores (como NY, CA, AK, MO, NJ etc.).[167]

A Recomendação n.º 08 do Grupo de Ação Financeira Internacional – GAFI (FATF), dentro desse espírito de bem delimitar os direitos e as responsabilidades de diretores e funcionários de Organizações Não Governamentais (*Non-Profit Organizations*), insta os países a estabelecerem política adequada no sentido de se obter informação em tempo real de suas atividades, tamanho e outras características importantes, como transparência, integridade e publicidade da administração e melhores práticas, com a supervisão e monitoramento.

Não se pode apenas vislumbrar, aqui, uma preocupação com o financiamento do terrorismo uma vez que podem constituir via da prática de diversos crimes, inclusive relacionados ao terror.

No Paquistão, por exemplo, o Banco Central determinou uma fiscalização mais severa tanto nas ONGs quanto nas entidades beneficentes, ordenando uma completa revisão nas contas antes do final do ano

---

[166] Vide *www.nasconet.com*, acessado em 10.03.2015.

[167] In *The Search for Greater Accountability of Nonprofit Organizations. Summary Charts: State Nonprofit Corporation Act Requirements and Audit Requirements for Charitable Organizations* (documento obtido em 16.05.2012 (11h00) de Patrícia Lobaccaro, Presidente e *CEO* da Fundação Brazil Foundation, localizada em 345 Seventh Avenue, conjunto 1401, Nova Iorque).

(2012), sob pena de responsabilização das instituições financeiras. O objetivo foi o de estabelecer uma política e um regramento para *compliance* (reforço da *due* diligence) a fim de protegê-las do risco de lavagem de dinheiro e do financiamento ao terrorismo. Todas as instituições financeiras daquele país estão sendo obrigadas a abrir contas no nome da ONG, de acordo com os documentos a elas submetidos. No caso de uma organização solicitar publicamente doações ou pedidos similares com informação do número da conta bancária, deverão as instituições financeiras imediatamente observar esta conta e reportar, de pronto, caso se verifique que o nome do titular da conta publicada não corresponde ao número publicado.[168]

Na Índia, de seu turno, criaram-se duas células de inteligência governamental para detectar fontes de recursos que financiam atividades terroristas. Para os analistas, os atos de terror na Índia são financiados por Estados vizinhos, por ONGs e instituições sem fins de lucro, sendo que até o momento não haveria como checar como os fundos vindos do exterior, que se destinariam à saúde e educação, seriam efetivamente usados.[169] Lá, em 2010, existiam cerca de dois milhões de ONGs, mas apenas 71 tinham solicitado alguma restituição pelo pagamento de tributos. Em 2009, existiam 38.600 registradas no governo de forma a permitir doações do exterior, havendo suspeitas de serem rotas de lavagem de dinheiro para o retorno de valor ilícito recebido de políticos indianos ou de financiamento ao terrorismo, muitos dos quais qualificados de *investimentos* a partir da Ilha Mauritius.[170]

O fato é que as ONGs, associações e fundações, sem os devidos controles, são reconhecidas, hoje, como vias para a lavagem de dinheiro do crime organizado, tanto que o Grupo de Ação Financeira Internacional – GAFI (FATF) constatou que valores transferidos de ONGs estrangeiras têm sido fonte para o financiamento ao terrorismo, a par da

---

[168] Cf. Terror outfit-turned 'charity' JuD set o come under Pak Central Bank scanner. In *Asian News Internacional,* March 13, 2012 (*www.lexis.com,* último acesso em 10.03.2015).

[169] In Prafulla Marpakwar. State forms cells to detect source of terror funds. *Times of India., www.westlaw.com,* último acesso em 10.03.2015.

[170] Nesse sentido, John Samuel Raja, in Ten means to put an end to black money issue. Economic Times (India). Copyright 2011 Bennett, Coleman & Co., Ltd., Source: *The Financial Times Limited.* November 18, 2011).

falsidade de moeda, do tráfico de drogas e de extorsões ou corrupção, instando, por exemplo, a Índia a constituir um banco de dados unificado sobre elas.[171]

Lavagem com dinheiro ilícito é usualmente realizada por meio da estruturação financeira sobreposta em camadas (*layered structure*) de forma a dar aparência de legalidade. Uma maneira seria o estabelecimento de companhias fiduciárias (*trust companies*), nas quais a empresa administra negócios para os seus clientes, sendo beneficiário uma ou mais *holdings,* uma sequência de empresas, em vários paraísos fiscais, que permite a separação entre a ou as referidas *holdings* e seu último beneficiário. Por outro lado, a descoberta do verdadeiro beneficiário exigiria uma cooperação importante das autoridades localizadas em tais paraísos fiscais. Seria necessário estabelecer uma forma de obrigar a *trust* a fornecer o nome do ou dos beneficiários, quando instada pelas autoridades.

Difícil até de estabelecer quem seria o titular da *trust* porquanto não existe obrigação de seu nome ser revelado, de molde que ser beneficiário legal dela constitui um imenso negócio global, talvez daí se explique que a recuperação de bens ilícitos seja bastante tímida.

Na Índia, tenta-se tornar públicos os nomes das organizações (ONGs ou *trusts* com caráter religioso) que pleiteiam isenção fiscal. Uma das mais ricas *trusts* está situada no país citado e coletam, em espécie, altas somas de dinheiro. Até o presente momento, lá existem leis diversas de vários Estados tentando monitorar as atividades dessas entidades, sendo necessária uma legislação federal, segundo Parul Soni (da Ernst & Young Pvt Ltd.), que permita transparência contábil e fortalecimento da comunicação de operações suspeitas no setor.[172]

Trusts, mesmo que templos, igrejas ou mesquitas, organizações não governamentais, instituições educacionais, ainda que registradas como

---

[171] Cf. último Relatório do GAFI (FATF), in *www.gafi-fatf.org*, em 22.06.2012; Government plans 'umbrella law' to tighten scrutiny and regulation of religious trusts and NGOs. Loaded Date: 09/27/2011. *Economic Times* (India). Copyright 2011 BENNETT, COLEMAN & CO. LTD. May 3, 2011. Section: Policy (www.westlaw.com, acesso em 22.06.2012).

[172] Cf. Government plans 'umbrella law' to tighten scrutiny and regulation of religious trusts and NGOs. Loaded Date: 09/27/2011. *Economic Times* (India). Copyright 2011 BENNETT, COLEMAN & CO. LTD. May 3, 2011. Section: Policy (*www.westlaw.com*, acesso em 22.06.2012).

ONGs, devem agora revelar a origem de seus fundos, bem ainda serem observadas de perto pelas transações financeiras que realizarem, diante de obrigação imposta por uma emenda à lei de prevenção à lavagem de dinheiro na Índia (*Prevention of Money Laundering Act* – PMLA), de 2002.

Bhusham Bahal, um advogado indiano, revela que lavagem de dinheiro ilícito tem sido largamente possível por meio de ONGs por grandes empresários e *top* políticos, de forma que a emenda constitui um instrumento efetivo à disposição das autoridades.[173]

O Paquistão também adotou medidas severas para o combate à lavagem de dinheiro e ao financiamento do terrorismo por meio de ONGs, estabelecendo a obrigação de uma abrangente política de conhecimento de seu cliente. Há obrigação de obtenção de fotocópia da documentação com foto da identificação original do cliente (identidade ou passaporte), cópia do instrumento de mandato, se por procuração. No caso de pessoa jurídica, deverá apresentar documentos de sua constituição e estatuto social, lista de seus diretores, com a mesma documentação exigida para as pessoas físicas, além de documentos provenientes de auditorias, valendo tais requerimentos para clubes, associações ou sociedades civis.[174]

O grande trunfo, no caso indiano, é a obrigação de revelação da origem dos recursos, de tal forma que são obrigados a estabelecerem políticas de *know-your-customer* no caso de qualquer doação que as ONGs recebam, da mesma maneira que as instituições financeiras já realizam. Além disso, devem fornecer detalhadas informações dos investimentos e dos valores recebidos em doação, não mais se permitindo doações anônimas.[175]

No Canadá, de seu turno, as Organizações Não Governamentais são tão diversas quanto sua população. Muitos canadenses estão envolvi-

---

[173] Vide Palak Shah. Trusts, NGOs under ambit of money-laundering law. *Business Standard,* 2009 WLNR 23270783, loaded date 11.18.2009. November 19, 2009, *www.westlaw.com*, último acesso em 23 de junho de 2012.

[174] Cf. Money Laundering, terror financing: SECP imposes more conditions. *Business Recorder.* Recorder Report. WLNR 17872644. Loaded Date: 09/12/2009. In *www.westlaw.com*, last visited June 23rd, 2012.

[175] Também Palak Shah (Trusts, NGOs under ambit of money-laundering law. *Business Standard,* 2009 WLNR 23270783, loaded date 11.18.2009. November 19, 2009, *www.westlaw.com*, último acesso em 23 de junho de 2012).

dos em alguma atividade caritativa, havendo estimativa de cerca de 36% da população. Daí porque existe real impacto econômico do respectivo setor porquanto dois milhões de pessoas estão nele empregadas, dois bilhões de horas contribuídas voluntariamente e mais de 160.000 ONGs existem naquele país, sendo que 85% da população contribui financeiramente para entidades sociais canadenses.[176]

Um abrangente trabalho de *Customer Due Diligence* (conheça o seu cliente) deve, pois, ser realizado, não bastando, simplesmente, o nome ou o título que o doador possua (identificação, com documentos com foto). Por exemplo, deve conhecer os objetivos do doador e sua real posição financeira (preferencialmente uma interação presencial (*face to face*), sua assinatura ou dos que eventualmente agirem em seu nome, bem ainda a fonte dos recursos, sempre alicerçado numa relevante documentação. Se se tratar de uma empresa-doadora, importante é a obtenção de seus Estatutos (para verificar a lista de seus diretores), do Registro Civil e Imobiliário competente. Doutra parte, há de se conhecer os reais diretores da ONG, mediante também documentação com foto, seus poderes etc., ou seja, documentação que respalde adequadamente a informação fornecida.

---

[176] Nesse sentido, Rob Bickerton (in Good Cause. *Canadian Underwriter*. 2009 WLNR 26429376. Loaded Date: 01.25.2010. In *www.westlaw.com*, last visited on June 23rd 2012).

Capítulo VI

VI.1. COOPERAÇÃO JURÍDICA INTERNACIONAL E REPATRIAÇÃO DE BENS

Em dezembro de 2008, uma notícia chocou o mundo: o proeminente banqueiro Bernie Madoff não forneceria serviços de investimentos regulares e legítimos, mas um esquema fraudulento (correntes ou *Ponzi scheme*). No curso de vários anos Madoff enganou milhares de investidores em investimentos que perfariam mais de 65 bilhões de dólares. Em março de 2009, ele acabou confessando onze acusações, incluindo fraudes financeiras, lavagem de dinheiro e perjúrio (*perjury*), e em 29 de junho desse mesmo ano, foi sentenciado a mais de 150 anos de prisão.

Madoff não somente foi sujeito a uma pena privativa de liberdade. Procuradores buscaram tomar todo o produto obtido pelo esquema, num total de 170 bilhões de dólares. Eles estão tentando recuperar o montante alegando que os seus bens, bem ainda os de sua esposa, foram adquiridos com dinheiro do crime, razão pela qual deveriam ser revertidos para o governo por meio de confisco. Desejam despojá-los de quatro casas, que valeriam cerca de 22 milhões de dólares, além de um piano Steinway, que montaria 39 mil dólares, e talheres em prata, de cerca de 65 mil dólares.[177]

O Departamento de Justiça dos Estados Unidos obteve, em 2011, cerca de 1,737 bilhões de dólares, sendo 191,1 milhões a mais que em 2010 (1,545 bilhões), cujo objetivo é deter o crime interrompendo, prejudicando e desmantelando as organizações criminosas por meio do confisco de bens.[178]

Desprover criminosos econômicos, como *white collar criminals*, traficantes de drogas, de armas e pertencentes a organizações criminosas, de seus ganhos e de seus instrumentos ilícitos cumpre importantes objetivos legais, além de permitir a recuperação ou indenização da vítima, que, no caso da lavagem de dinheiro e do financiamento ao terrorismo, é o Estado, a sociedade.

A obtenção de tais recursos para o Estado significa também o reforço da segurança pública de uma maneira geral, permitindo investimentos federais nas polícias (federal e estaduais), bem ainda em educação para a prevenção de graves delitos.

Todo dinheiro ou toda a propriedade transferida ao Estado certamente implicará na adoção de programas especiais de repressão e prevenção do crime, no desenvolvimento de esforços comuns entre Estados e o governo federal e seus órgãos competentes, concretizando um adequado tratamento da criminalidade. A idealização de um espaço seguro de liberdade, segurança e justiça. Trata-se de um considerável esforço, uma vez que implica necessariamente no trabalho conjunto da Polícia, do Ministério Público e da Justiça em se ajustarem à necessidade de obtenção de bens ilicitamente adquiridos, cooperação, despojamento e foco nas apreensões, no confisco e na repatriação, se o caso. Envolve decisões em prol da busca e da perda do produto do crime e acaba per-

---

[177] In Diana B. Henriques, Madoff, Apologizing is Given 150 Years, *New York Times,* June, 30, 2009, A1., e Michael J. De la Merced, Prosecutors Try to Claim Madoffs's Properties, *New York Times,* March 17, 2009, B6.

[178] THE UNITED STATES DEPARTMENT OF JUSTICE, Asset Forfeiture Program, Annual Financial Statements, FY 2011 Report n.º 12-12, *http://www.justice.gov/jmd/afp/01programaudit/index.htm*, última visita em 25.05.2012, p. 10 e 12.

mitindo o aperfeiçoamento das atividades dos agentes públicos, o seu treinamento, além de possibilitar a adoção de outras medidas contra o delito.

Apesar da grande quantidade de bens que normalmente são apreendidos e confiscados, o assunto não tem merecido a atenção dos estudiosos, ao contrário de questões como a duração do tempo de cumprimento de prisões, o crescimento do número de detenções e a qualidade dos estabelecimentos penitenciários e das prisões.[179]

Ao se confiscar bens, a mensagem que é enviada ao crime organizado é a de que a prática deste não compensa financeiramente e não mais atende aos interesses de seus protagonistas. Passa-se a ideia de que certas atividades são mesmo proibidas e por isso paga-se um preço ao insistir em realizá-las.

Melhor se puder expor ao público o bem confiscado, notadamente o cultural, com identificação de que foi confiscado pela Justiça.

A intenção de atender o interesse de artistas com a difusão da cultura deve também ocupar o juízo processante. Com efeito, o juízo criminal depara-se eventualmente com obras artísticas concebidas para exposição pública em parques ou praças, fato que chega ao conhecimento por meio de estudos históricos ou mesmo por familiares do artista, escultor ou pintor.

Nesta hipótese, a despeito do imenso trabalho de convencimento e engajamento de diversos órgãos públicos, nacionais e internacionais, é dever do magistrado tentar a conciliação do interesse decorrente da gratuita divulgação que decorre da simples exposição, mas não se pode esquecer do dever à conservação.

A 6ª Vara Federal Criminal de São Paulo, especializada, tentou atender o propósito acima citado quando resolveu instar os órgãos públicos a proceder à conservação do bem, além de disponibilizar espaço público para sua destinação, ainda que provisório.

Entendeu-se que a exposição, ainda que por um período de tempo, já faria da ação judicial algo que valesse a pena em termos culturais,

---

[179] Cf. Catherine McCaw (in Asset Forfeiture as a Form of Punishment: A Case for Integrating Asset Forfeiture into Criminal Sentencing, *www.heinonline.org*, p.183).

permitindo que obras de valor artístico e histórico pudessem ser vistas por pessoas diversas, inclusive por aquelas que utilizam o transporte público coletivo.

Foi nesse espírito, que o juízo citado (6ª Vara Federal Criminal/SP) fez constantes tratativas durante cerca de vinte meses junto à filha do artista Galileo Ugo Emendabili, Fiametta Emendabili Barros de Carvalhosa, e aos governos estaduais e municipais para viabilizar o interesse público conciliado com o interesse particular do artista, valendo consignar decisões e reuniões que viabilizaram a sua concretização em julho de 2008, a saber:

As esculturas 'Deusas da Engenharia: Musa da Engenharia e Musa da Escultura' encontram-se sob guarda da Secretaria de Estado da Cultura, no Museu da Casa Brasileira, nos termos da decisão judicial que viabilizou o conhecimento público das obras de arte apreendidas.

Por força da decisão proferida em 03.10.2006 (fls. 3887/3889), que determinou a remoção das esculturas do Museu da Casa Brasileira para sua exposição definitiva em praça pública, foi sugerida pelos governos estadual e municipal a instalação na praça Luís Carlos Paraná, razão pela qual foi decidido pela transferência no prazo de 30 (trinta) dias, sendo prorrogado em 22.11.2006 por mais 60 (sessenta).

Entretanto, a filha do escultor, (...) revelou o desejo de obter patrocínio para implantação das esculturas no local indicado pelo executivo municipal, mas de acordo com o projeto por ela própria sugerido.

Acontece que passados um ano e cinco meses da decisão de remoção, não há notícia da efetiva obtenção do patrocínio. Ao contrário, agora a Secretaria de Estado da Cultura informou a existência de um "impasse".

Entretanto, ela, perante este Juízo em 07.03.2008, manifesta-se favoravelmente com a imediata transferência, nos moldes em que propostos pela Municipalidade, consignando, porém, que o projeto de instalação deveria seguir, se possível, o por ela proposto, ou seja, definido por seu engenheiro (...), diante do estilo art-déco (fls. 5092/5121).

Não se justifica a subtração de acesso público gratuito às belas esculturas do renomado escultor Galileo Emendabili por mais tempo, em razão de discussão sobre a base perante a qual se instalarão as obras de arte.

Cabe salientar que as obras de arte do escultor Galileo Emmendabili encontravam-se, sem qualquer oposição, depositadas em galpão de empresa privada, abandonadas e sujeitas à deterioração.

Assim, oficie-se à Secretaria de Estado da Cultura, ao Departamento do Patrimônio Histórico e à Subprefeitura da Sé para que seja realizada, com os recursos existentes, a transferência imediata das referidas esculturas ao local já indicado, o que possibilitará acesso público geral e gratuito, devendo o transporte ser realizado de forma a não danificar as obras, atendendo, pois, o dever de guarda das peças. Deverá, se o caso, ser providenciado o restauro das esculturas em curto espaço de tempo.

Sem prejuízo desta medida, poderá a filha do artista continuar na busca de patrocínio para que finalmente seja atendido o seu pleito, ou seja, a concretização de seu projeto, do qual está de acordo o ente público, bem como supervisionar os trabalhos de transferência.

(...)

Dê-se ciência ao Ministério Público Federal.

São Paulo, 10 de março de 2008.

FAUSTO MARTIN DE SANCTIS

JUIZ FEDERAL

Transcrevo a ata de reunião que permitiu a exposição pública:

ATA DE REUNIÃO

Aos treze dias do mês de março do ano de dois mil e oito (13.03.2008), às 11h30, na Sala de Audiências da Vara acima referida, presente o MM. Juiz Federal, DR. FAUSTO MARTIN DE SANCTIS, presentes o Secretário Adjunto da Secretaria de Estado da Cultura, Sr. RONALDO BIANCHI, o Diretor do Departamento do Patrimônio Histórico, Sr. WALTER PIRES, o representante da Secretaria das Subprefeituras, Sr. JOSÉ PAULO MORTARI, a arquiteta do Departamento do Patrimônio Histórico, Sra. RAFAELA BERNARDES, a Procuradora do Estado – Chefe da Consultoria Jurídica da Secretaria da Cultura, Dra. JUSSARA DELFINO, e FIAMMETA EMMENDABILI BARROS DE CARVALHOSA, quanto às esculturas 'Deusas da Engenharia: Musa da Engenharia e Musa da Escultura', acordou-se, DE COMUM ACORDO, o seguinte: a) Restauração e transporte – será de responsabilidade do Governo do Estado de São Paulo (Secretaria de Estado da Cultura), que procederá dentro de 90 (noventa) dias; b) Base à semelhança do projeto apresentado pela filha do escultor GALILEO EMENDABILI e iluminação – será de responsabilidade da Prefeitura Municipal de São Paulo, no prazo de 90 (noventa) dias. Nada mais, saindo todos os presentes cientes.

Após a instalação das obras em praça pública, foi determinado que o oficial de justiça estivesse presente para registro fotográfico e noticiou o juízo quanto à ausência de informação sob a guarda provisória, fazendo com que o órgão acusatório requeresse e o juízo determinasse colocação de placas específicas em ambos os lados da base, com os seguintes dizeres: *Esculturas apreendidas por determinação da Justiça Federal de São Paulo, 6ª Vara Federal Criminal, nos autos n.º (...).*

Não se pode deixar de focar o interesse público, apesar das dificuldades e burocracia que cerca o serviço público.

Vale aqui ilustrar o resultado da medida:

O confisco difere da pena pecuniária porque nesta está implícita a percepção de que o pagamento ocorre diante da violação legal. Já, no caso de perda, o seu montante varia conforme o quanto que os criminosos aproveitaram com a prática delitiva. Quanto maior o produto do crime, maior o confisco. Acusados em boa situação financeira devem ser objeto de confisco em quantia não trivial para eles, ou seja, compromete-se proporcionalmente mais bens obtidos mediante práticas não permitidas.

Tanto a pena pecuniária quanto o confisco constituem medidas independentes entre si e muitas vezes objeto de confusão de juristas. Como devem ser calculados diferentemente, não podem ser somados para efeito de fixação da resposta penal, uma vez que levaria a um resultado menor.

O sistema como um todo obtém melhores resultados quando existe o confisco como uma das soluções integradas ao restante dos efeitos da condenação.

Assim, resta claro que a mensagem que permanece, ao se proceder a essa medida, é a de que a atividade ilícita afigura-se efetivamente proibida.

Para além dos casos criminais, existe a hipótese do confisco administrativo ou civil. A Recomendação n.º 04 do Grupo de Ação Financeira Internacional (GAFI/FATF) deixa claro a não exigência de condenação criminal prévia para a perda de bens.

Tal prática tem ocorrido com frequência nos Estados Unidos (ações *in rem*, isto é, contra a própria coisa) quando a propriedade ou a posse estiver relacionada com a atividade ilícita.[180] Na linguagem de tais demandas a propriedade ou a posse acaba sendo considerada *culpável*, sendo que o interessado nela deve intervir para evitar a sua perda ao Estado. Neste caso, este terá que demonstrar mediante uma prova razoável ou preponderante que o bem está sujeito à perda, porque, tanto ele, quanto o seu detentor, estão de alguma forma ligados ao crime.[181]

A demonstração da ligação entre bem e crime apresenta-se bastante complicada no caso de bens fungíveis como dinheiro em espécie. As-

---

[180] Cf. United States v. Bajakajian, 524 U.S. 321, 330-31 (1998) e United States v. One-Sixth Share, 326 F.Wd 36,40 (1st Circ. 2003).

[181] 18 USC, § 983 (c) (1) (3).

sim, suponha-se que o Estado pretende demonstrar que 100.000 dólares seja produto de droga e o traficante possua tais 100.000 numa conta, derivado do crime. Se ele gasta 50.000 e possui esta mesma quantia em outra conta, mas agora percebida de forma legítima, diante da legislação americana, *qualquer bem idêntico encontrado no mesmo lugar ou conta deve estar sujeito ao confisco.*[182]

Neste diapasão, temos também as Convenções das Nações Unidas contra o Crime Organizado (art.12, a) e a Corrupção (artigo 46), as quais trabalham com a ideia de que o confisco é devido mesmo havendo a morte ou a extinção de punibilidade do acusado.

Para Catherine McCaw, confiscos civis e penais não se excluem. Se, eventualmente, o Estado mover as ações, cada qual com seus fundamentos, e perder em uma delas, não significa que não possa continuar tentando obter o confisco na demanda remanescente.[183]

Ora, o simbolismo da tomada de bens pessoais é bastante marcante. A população percebe, de imediato, que o resultado é tão ou mais dolorido quando se tem, além da prisão, a perda do produto do equivalente ao ganho do delito.

Portanto, o confisco tornou-se uma estratégia prioritária na luta contra o crime organizado. Como, entretanto, as atividades criminais tornaram-se transnacionais e os investimentos dos delinquentes aumentaram incrivelmente fora das fronteiras nacionais, uma vasta rede de aproveitamento do fruto das atividades ilegais acabou sendo estabelecida a partir das brechas ou dificuldades legais de seu combate.

Muitas vezes, o crime trabalha com a interpretação consagrada pelo Direito. Daí porque se justifica o reforço da perda de bens ainda que estes tenham sido eventualmente transferidos para uma terceira parte que deveria, porém, ter percebido que se tratava de objeto de atividade

---

[182] *Except as provided in subsection (b), any identical property found in the same place or account as the property involved in the offense that is the basis for the forfeiture shall be subject to forfeiture under this section,* 18 USC § 984 (a) (2). *No action pursuant to this section to forfeit property not traceable directly to the offense that is the basis for the forfeiture may be commenced more than 1 year from the date of the offense,* 18 USC § 984 (b).

[183] Catherine McCaw (in Asset Forfeiture as a Form of Punishment: A Case for Integrating Asset Forfeiture into Criminal Sentencing, *www.heinonline.org*, p.195, acesso em 18.04.2012.

ilegal ou que tenha sido transferido a fim de evitar justamente o confisco (criação de um terceiro de boa-fé).[184]

Não se deve tolher da atividade policial e do Ministério Público a possibilidade de temporariamente congelar ou solicitar o congelamento de bens que corram o risco de desaparecer, caso nada seja realizado, estando tal medida, por certo, sempre sujeita à apreciação pelas Cortes de Justiça. Também não se pode tolher a atividade destas quando os bens se encontrarem no exterior.

Ora, os Estados devem, portanto, permitir o congelamento, a apreensão, o confisco e o repatriamento, a fim de facilitar o combate ao crime organizado, que constitui uma atividade mundial, de molde a fazer com que deliquentes mudem suas práticas.

A Recomendação n.º 30 do Grupo de Ação Financeira Internacional (GAFI) estabelece a possibilidade de congelamento e apreensão ainda que o cometimento do delito antecedente tenha se dado em outra jurisdição (país), bem ainda a implementação de grupos especializados multidisciplinares, revelando a importância da cooperação internacional para envidar os esforços necessários para auxiliar os Estados na sua missão de combate ao crime.

Cabe aqui observar registros de vínculo entre arte e práticas terroristas, uma tentativa de conspurcar a imagem de quem se deseja atingir (*terror of image*), tanto que a professora Diane Apostolos-Cappadona, no seu curso sobre *Arte e Terrorismo*, examina o relacionamento entre realidades sociais, políticas e culturais identificadas na expressão (guarda-chuva) *terrorismo* e o mundo da arte. Considera a variedade de exemplos históricos e contemporâneos do significado do termo *terrorismo* como, por exemplo, a decapitação dos reis na fachada da Catedral de Notre Dame de Paris, os saques aos museus iraquianos, a destruição de ícones, seguindo-se à sua restauração de símbolos religiosos na Rússia.[185]

O que se observa, na questão do regime de combate internacional à lavagem de dinheiro, na esteira de Fletcher Baldwin Júnior, é a existência

---

[184] Nesse sentido, vide: Confiscation and Asset Recovery: Better Tools to Fight Crime. States New Service, Bruxelas, March 12, 2012. (*www.lexis.com*, acesso em 26.05.2012).

[185] Informações obtidas da própria professora em 19.04.2012, em reunião na Universidade de Georgetown em 19.04.2012, às 16h00 ou vide *www.georgetown.edu*, acessado em 08.05.2012.

de três dimensões: políticas coerentes entre os níveis nacional e internacional, um aparato legal e institucional eficiente e um relacionamento estreito entre os setores público e privado.[186]

Para uma efetiva e coerente política de combate universal à lavagem faz-se imperiosa a participação e o comprometimento de todos os Estados na cooperação internacional.

Muitos anos se passaram para o estabelecimento de ações internacionais objetivando repatriamento de heranças culturais. Se, por exemplo, em 1816, uma obra estivesse fora de seu país de origem, ainda que esta fosse conhecida, muito pouco se podia fazer. Permaneceria, portanto, nas mãos de proprietários privados. Nenhuma obrigação local de demonstração de boa-fé e nem leis internacionais voltadas para a preservação da herança cultural existiam à época. Sequer havia *provenance,* uma cautela no caso de obras-de-arte serem saqueadas. Não se pode deixar de mencionar, ainda, a dificuldade de disseminar informação numa era pré-eletrônica, o que tornava fácil adquirir uma peça furtada ou roubada e vendê-la posteriormente.[187]

Hoje, porém, diante da proteção normativa existente nos planos nacionais e internacionais, além da conscientização dos Estados, um proprietário privado ou uma nação têm como pleitear a obra. Dificilmente se permitiria seu empréstimo ou sua venda sem a aprovação oficial.

Existem, atualmente, requisitos locais que obrigam a prova da diligência devida (*due diligence*) ou da boa-fé, a fim de evitar a culpabilidade, podendo, na ausência desta, um comprador de obra de arte ser responsabilizado por contribuir ainda mais para o distanciamento desta da vítima (*conscious avoidance doctrine* ou dolo eventual).

Due diligence significa que tanto o comprador quanto o *merchant* devem demonstrar que procederam às buscas nas listas (oficiais e não) de obras roubadas e checaram com as autoridades para se assegurarem que elas não possuam origem conhecida ilícita. O comprador deve, pois,

---

[186] Vide Fletcher Baldwin, *Art Theft Perfection the Art of Money Laundering.* (Jan. 2009 for the 7th Annual Hawaii International Conference on Arts & Humanities). Texto não publicado, enviado em 20.04.2012 pelo professor emérito da Universidade da Flórida Levin College of Law para a Biblioteca do Congresso norte-americano a pedido do autor, p. 47-8.

[187] Cf. Noah Charney (The Mystic Lamb. *The True Story of The World's Most Coveted Masterpiece.* New York: PublicAffairs, lst ed., 2010, p. 110-111).

comprovar que a obra de arte foi comprada na genuína crença de que não existia nada de suspeito ou obscuro.

Em outras palavras, cabe ao terceiro o ônus de demonstrar a posse legítima quando o Estado alega que o bem foi transferido para ele, a fim de se evitar o confisco ou na crença de que ele agira propositalmente sem a cautela dele exigida. Dessa forma é que tem se pautada a repatriação.

Assim, confisco e repatriação constituem dois estágios de um procedimento legal no qual bens de criminosos são obtidos em favor de vítimas, de comunidades ou de Estados. O cerne deste procedimento constitui a decisão de que um determinado bem particular é fruto de delito e, pois, passível de confisco.

A primeira etapa para o repatriamento constitui o procedimento de rastreamento e identificação dos bens e normalmente envolve o trabalho coordenado de promotores e agências governamentais (Receita, Polícia e colaboradores privados), além de implicarem numa substancial *expertise* ou habilidade para o tratamento das transações financeiras eventualmente envolvidas. Envolve, normalmente, a comunicação entre autoridades. Por exemplo, nos Estados Unidos o *National Asset Recovery Office* – ARO de um Estado certamente fornecerá e demandará informações de outro ARO do local dos bens. Mas, se estes estiverem em jurisdições internacionais, procedimentos judiciais serão necessários para bloqueá-los ou congelá-los para depois serem confiscados definitivamente. Neste caso, haverá a colaboração com as autoridades estrangeiras para que os bens retornem a seu país de origem.

VI.2. COOPERAÇÃO JURÍDICA INTERNACIONAL

A cooperação jurídica internacional tem sido considerada essencial ao esclarecimento das ações de grupos organizados, bem como para o bloqueio de bens e para a repatriação de ativos que, invariavelmente, valem-se de empresas ou instituições com sede em paraísos fiscais ou no exterior.

Pode-se dar mediante a aplicação do preceito da *reciprocidade*, segundo o qual os Estados poderão cooperar com outros, sem prévio tratado ou acordo internacional, por via de compromissos mutuamente assumidos para um determinado caso concreto.

Está prevista na Convenção da O.N.U. contra o Tráfico Ilícito de Entorpecentes e Substâncias Psicotrópicas (Viena, 1988, artigos 6° e 7°), na Lei n.° 11.343, de 23.08.2006 (Lei brasileira sobre drogas, artigo 65), no Acordo de Extradição entre os Estados-Partes do MERCOSUL,[188] na Convenção da ONU contra o Crime Organizado Transnacional (Palermo, 2000, artigos 16 a 19), na Convenção da ONU contra a Corrupção (Mérida, 2003, artigos 44 e 46), na Convenção do Conselho da Europa acerca da Lavagem, Rastreamento e Confisco dos Produtos do Crime (Estrasburgo, 1990, artigos 7° a 35) e na Convenção do Conselho da Europa relativa à Lavagem, Apreensão, Perda e Confisco das Vantagens do Crime e ao Financiamento ao Terrorismo (Varsóvia, 2005, artigos 15 a 45), bem como e especificamente na Lei de Lavagem de Dinheiro brasileira (artigo 8° da Lei n.° 9.613, de 03.03.1998, alterada pela Lei n.° 12.683, de 09.07.2012) e no Regulamento-Modelo da Comissão Interamericana contra o Abuso de Drogas – CICAD/OEA (artigo 20).

Por sua vez, as Recomendações do Grupo de Ação Financeira Internacional – GAFI (FATF) enfatizam claramente a necessidade do reforço da cooperação internacional, mediante a troca de informações de caráter geral, relativas a transações suspeitas e, finalmente, o entendimento de que os diversos critérios relativos ao elemento intencional da infração não devem afetar a capacidade ou a vontade dos países de cooperarem em matéria judiciária: estabelecimento da possibilidade de congelamento e apreensão ainda que o cometimento do delito antecedente tenha se dado em outra jurisdição (país), bem ainda com a implementação de grupos especializados multidisciplinares, leia-se forças-tarefa (Recomendação n.° 30); cooperação jurídica internacional, nos termos das Convenções ONU de Viena (tráfico internacional/1988), de Palermo (crime organizado transnacional/2000) e Mérida (corrupção/2003), com retiradas de obstáculos (Recomendação n.° 36) e assistência mútua direta

---

[188] Cuida especificamente da cooperação jurídica internacional e foi concluído no Rio de Janeiro, em 10.12.1998, promulgado no Brasil por meio do Decreto Legislativo n.° 605, de 11.09.2003, entrando em vigor internacional em 01.01.2004, em decorrência do Tratado de Assunção, que constituiu o Mercado Comum do Sul – MERCOSUL (assinado em 26.03.1991).

para uma solução rápida, construtiva e efetiva (Recomendação n.º 37); congelamento e confisco mesmo que não exista condenação prévia (Recomendação n.º 38); extradição; espontânea atitude que vise ao combate de crimes antecedentes, de lavagem de dinheiro e do financiamento ao terrorismo (Recomendação n.º 40).

Insta destacar que a cooperação internacional perfaz-se não só por meio da cooperação jurídica, mas também por intermédio da denominada cooperação administrativa, a qual prescinde do pronunciamento judicial. Neste último caso, as comunicações se dão por intermédio de canais de inteligência, sendo efetivadas a partir da troca de informações levadas a efeito por meio das denominadas Unidades de Inteligência Financeira (UIF's) e pela cooperação direta entre os Ministérios Públicos e autoridades policiais de diversos países.

Como bem elucidado por Patrícia Núñez Weber:[189]

> *A cooperação administrativa internacional, em sentido próprio ou estrito, é aquela não vinculada a uma demanda ou feito criminal, mas destinada ao aprimoramento tecnológico, à troca de informações, à criação e manutenção de banco de dados, à criação de estratégias de atuação entre os órgãos envolvidos. O termo também é empregado, no entanto, para designar a cooperação entre autoridades administrativas, que independa de pronunciamento judicial.*

Em que pese a possibilidade de troca de informações de forma direta, por meio dos aludidos canais de inteligência, a maior parte das informações deve se dar por intermédio da cooperação jurídica, sob o crivo do Poder Judiciário, notadamente nos casos em que se requer medidas como sequestro e quebra dos sigilos bancário e fiscal, ou seja, quando o pronunciamento judicial se faça necessário.

Os institutos basilares da cooperação judiciária em matéria penal no Brasil podem ser sintetizados da seguinte forma: extradição, transferência de apenados, homologação de sentença penal estrangeira, carta rogatória e auxílio direto, valendo aqui ressaltar que estas duas últimas

---

[189] *Apud* Carla Veríssimo De Carli (Org.). *Lavagem de dinheiro:* prevenção e controle penal. Porto Alegre: Verbo Jurídico, 2011, p. 589.

modalidades estão intrinsecamente relacionadas à investigação e à instrução de feitos criminais, razão pela qual tecerei maiores considerações.

De um modo geral, a cooperação jurídica internacional pode ser classificada como ativa ou passiva, a depender da posição de cada um dos Estados. Será ativa, se o Estado requerente formular o pedido para o cumprimento da medida, e, passiva, quando um Estado requerido receber de outro país o pedido de cooperação.

Diz-se, ainda, direta ou indireta. Neste último caso, está relacionada intrinsecamente ao juízo de delibação, o que ocorre com as cartas rogatórias passivas no Brasil. Quanto à forma direta,[190] perfaz-se quando *o juiz de primeiro grau tem pleno juízo de conhecimento. Trata-se da assistência direta.*

A carta rogatória é o instrumento processual por meio do qual a autoridade judiciária de um país solicita à de outro o cumprimento de ordem emanada pelo Poder Judiciário do Estado requerente.

O artigo 105, inciso I, *i*, da Constituição Federal brasileira, de 05.10.1988, dispõe que, para que a carta rogatória passiva seja executada no Brasil, o Superior Tribunal de Justiça deve proceder a um juízo de delibação, a fim de lhe conceder o *exequatur*. Após essa autorização, caberá aos juízes federais a competência para processar e julgar a execução da rogatória, a teor do que menciona o artigo 109, inciso X, da Carta Magna.

O *exequatur* em nada mais consiste do que na autorização prolatada pelo Superior Tribunal de Justiça para que se permita dentro do nosso país a execução das diligências ou atos processuais requeridos pela autoridade jurídica estrangeira.

Nos termos da Resolução n.º 09, de 04.05.2005, do Superior Tribunal de Justiça, notadamente nos artigos 8º a 10, o juízo de delibação dar-se-á mediante a participação dos interessados, nos seguintes termos:

---

[190] Cf. Virgínia Charpinel Junges Cestri e José Antonio Dias Toffoli (in *Mecanismos de Cooperação Jurídica Internacional no Brasil*. Manual de Cooperação Jurídica Internacional e Recuperação de Ativos – Matéria Civil. Departamento de Recuperação de Ativos e Cooperação Jurídica Internacional, Secretaria Nacional de Justiça, Ministério da Justiça. 2. ed. Brasília: 2009. p. 24).

Art. 8º A parte interessada será citada para, no prazo de 15 (quinze) dias, contestar o pedido de homologação de sentença estrangeira ou intimada para impugnar a carta rogatória.

Parágrafo único. A medida solicitada por carta rogatória poderá ser realizada sem ouvir a parte interessada quando sua intimação prévia puder resultar na ineficácia da cooperação internacional.

Art. 9º Na homologação de sentença estrangeira e na carta rogatória, a defesa somente poderá versar sobre autenticidade dos documentos, inteligência da decisão e observância dos requisitos desta Resolução.

§ 1º – Havendo contestação à homologação de sentença estrangeira, o processo será distribuído para julgamento pela Corte Especial, cabendo ao Relator os demais atos relativos ao andamento e à instrução do processo.

§ 2º – Havendo impugnação às cartas rogatórias decisórias, o processo poderá, por determinação do Presidente, ser distribuído para julgamento pela Corte Especial.

§ 3º – Revel ou incapaz o requerido, dar-se-lhe-á curador especial que será pessoalmente notificado.

Art. 10 O Ministério Público terá vista dos autos nas cartas rogatórias e homologações de sentenças estrangeiras, pelo prazo de dez dias, podendo impugná-las.

Também cumpre registrar que as cartas rogatórias passivas são recebidas no Brasil pela via diplomática, notadamente pelo Ministério das Relações Exteriores, sendo certo que as cartas rogatórias ativas no Brasil prescindem do *exequatur*.

A burocracia envolvida no processamento das rogatórias estimulou o aumento de outra modalidade de cooperação internacional: o auxílio direto. Por este, evita-se a expedição e o trâmite demorado das cartas rogatórias, uma vez que permite a transmissão direta, tendo surgido, pois, como uma alternativa praticamente a mais eficaz ao combate dos delitos de cunho transnacional.

Por esta forma de cooperação, outras autoridades, que não as judiciárias, também podem fazer uso das solicitações internacionais, tendo o seu trâmite muito mais simplificado que o das tradicionais cartas rogatórias, prescindindo-se, inclusive, do juízo de delibação no Brasil.

Impõe-se novamente mencionar os ensinamentos de Patrícia Núñez Weber, que testifica que:[191]

> *Auxílio direto é a cooperação prestada pela autoridade nacional apta a atender a demanda externa, no uso de suas atribuições legais, como se um procedimento nacional fosse, embora oriundo de solicitação do Estado estrangeiro encaminhada por intermédio da Autoridade Central brasileira.*
>
> *(...)*
>
> *O entendimento predominante na atualidade é de que o auxílio direto pressupõe a existência de tratado ou acordo com o Estado solicitante ou a formalização de promessa de reciprocidade. Tal restrição decorre, inclusive, ao nosso sentir, do caráter relativamente recente do instituto no cenário mundial quando comparado com as cartas rogatórias.*

No auxílio direto, recebido o pedido pela Autoridade Central e sendo o caso de encaminhamento à autoridade judiciária, poderá o juiz conhecer o mérito dos fatos trazidos pelo país estrangeiro, como se um procedimento nacional fosse, aplicando-se, inclusive, as regras processuais vigentes, o que não ocorre na hipótese das rogatórias.

As solicitações de auxílio direto, de um modo geral, estão respaldadas em tratados ou acordos internacionais. No caso da inexistência destes, a assistência poderá ser levada a efeito mediante a aplicação do preceito da *reciprocidade,* segundo o qual os Estados poderão cooperar com outros sem prévio tratado ou acordo internacional, via compromissos mutuamente assumidos para um determinado caso concreto.

Nesse sentido, José Antônio Dias Toffoli e Virgínia Charpinel Junger Cestari,[192] elucidando que:

> *Os pedidos de auxílio direto são, em regra, alicerçados em tratados ou acordos bilaterais (os chamados Mutual Legal Assistance Treaties ou MLATs).*

---

[191] *Apud* Carla Veríssimo De Carli. *Lavagem de dinheiro:* prevenção e controle penal. Porto Alegre: Verbo Jurídico, 2011, p. 593 e 602.

[192] In *Mecanismos de Cooperação Jurídica Internacional no Brasil.* Manual de Cooperação Jurídica Internacional e Recuperação de Ativos – Matéria Civil. Departamento de Recuperação de Ativos e Cooperação Jurídica Internacional, Secretaria Nacional de Justiça, Ministério da Justiça. 2. ed. Brasília: 2009. p. 27.

Inexistindo ajuste expresso entre os dois Estados, a assistência poderá ser realizada baseando-se na garantia de reciprocidade do requerente. É possível cooperar nos mais diversos temas, como tributário, trabalhista e previdenciário. No entanto, os tratados mais frequentes no cenário internacional versam sobre matéria penal e civil.

Questão que demanda análise circunstanciada é saber quais os atos que exigem a concessão de *exequatur* (na cooperação passiva) e os atos que dependem da expedição de carta rogatória (na cooperação ativa) para o seu cumprimento válido.

O Superior Tribunal de Justiça, por meio da Resolução n.º 9, de 04.05.2005, especificamente em seu artigo 7º, parágrafo único, elucidou acerca da atuação daquela Corte nos casos de cooperação jurídica internacional, tendo sido possível entrever, que a modalidade *auxílio direto*, quando implicar na apreciação do Judiciário, deverão ser levados ao conhecimento do juízo de primeiro grau.

A propósito:

Artigo 7º. As cartas rogatórias podem ter por objeto atos decisórios ou não decisórios.

Parágrafo único. Os pedidos de cooperação jurídica internacional que tiverem por objeto atos que não ensejem juízo de delibação pelo Superior Tribunal de Justiça, ainda que denominados como carta rogatória, serão encaminhados ou devolvidos ao Ministério da Justiça para as providências necessárias ao cumprimento por auxílio direto.

É possível observar, do aludido dispositivo, ser dispensável, em tais casos, a concessão de *exequatur*, cabendo à Autoridade Central tomar as providências cabíveis à execução do auxílio direto.

A 1ª Turma do Supremo Tribunal Federal, nos autos do *Habeas Corpus* n.º 85.588/RJ, de Relatoria do Ministro Marco Aurélio, pronunciou-se acerca da necessidade de concessão de *exequatur* pelo Superior Tribunal de Justiça para a prática de atos decorrentes de pronunciamento de autoridade judicial estrangeira, nos seguintes termos:

CRIME – COOPERAÇÃO INTERNACIONAL – COMBATE – DILIGÊNCIAS – TERRITÓRIO NACIONAL – MEIO.

A prática de atos decorrentes de pronunciamento de autoridade judicial estrangeira, em território nacional, objetivando o combate ao crime, pressupõe carta rogatória a ser submetida, sob o ângulo da execução, ao crivo do Superior Tribunal de Justiça, não cabendo potencializar a cooperação internacional a ponto de colocar em segundo plano formalidade essencial à valia dos atos serem realizados.

(STF – HC n.º 85.588/RJ, Relator: Ministro Marco Aurélio. Primeira Turma. DJ de 15.12.2006, p. 95).

Posteriormente, a Corte Especial do Superior Tribunal de Justiça teve a oportunidade de se pronunciar a respeito do tema, na Reclamação n.º 2.645/SP, de relatoria do então Ministro Teori Albino Zavascki, tendo evidenciado que somente deverão seguir o procedimento da carta rogatória os pedidos formulados pela autoridade estrangeira de cunho jurisdicional, devendo as demais solicitações obedecer às fontes normativas internacionais.

Na oportunidade, na condição de autoridade reclamada, alegou-se ter sido usurpada a competência do Superior Tribunal de Justiça para a concessão do *exequatur* a cartas rogatórias, ante ao fato de o juízo ter autorizado, a pedido do Ministério Público Federal, a remessa de *hard disk* apreendido no computador em poder de acusado para a Procuradoria Geral da Federação Russa, em atendimento a pedido formulado pelo Vice-Procurador Geral russo.[193]

---

[193] *O Ministério Público Federal, ao oferecer a denúncia, postulou a formação de apenso com os documentos (em russo e em inglês) encaminhados ao Procurador Geral da República pela Procuradoria Geral da República da Federação da Rússia, bem como das respectivas traduções públicas (fls. 163/165). Na cota introdutória ao despacho de recebimento daquela peça (fls. 167/168), este Juízo determinou a formação de apensos com os aludidos documentos, que receberam a seguinte denominação: 'Apensos XII e XIII'. Restou deferido no item 'c' da decisão exarada às fls. 169/214 o pedido também formulado pelo Parquet Federal para encaminhamento de cópia dos hard disks à Procuradoria Geral da Federação da Rússia, nos termos em que requerido por aquela Autoridade. Referidos aparelhos estavam na Diretoria de Inteligência da Polícia Federal em Brasília para realização de perícia e foram apreendidos em maio de 2006, em poder de Boris Abramovich Berezovisk, por força de decisão que determinou a realização de busca e apreensão, bem como a expedição de mandado de condução coercitiva do então investigado até a sede da Procuradoria da República, nesta capital, para que prestasse depoimento sobre os fatos em apuração no Brasil relacionados, em tese, ao crime de quadrilha (art. 288, C.P.), dada a suposta associação do investigado e de outras pessoas, com o propósito estável e permanente de cometer crime de 'lavagem' de valores, valendo-se da parceria celebrada entre a MSI e o Sport*

Club Corinthians Paulista. Por ocasião da apreensão, considerou-se, também, o fato de ter o investigado ingressado no Brasil utilizando-se do nome Platon Ilyich Yelenin, bem ainda por estar incluído na 'Difusão Vermelha' expedida pela Interpol para localização e Prisão Preventiva com fins extradicionais, não obstante até aquele momento o referido mandado não tivesse trâmite no Brasil com vistas à sua homologação pelo Colendo Supremo Tribunal Federal (fls. 932/934, 1052, 1057/1060, 1061, 1063/1064, 1065/1072, 1082/1084, 1092, 1094 e 1098 dos autos n.º 2006.61.81.005118-0/Apenso VII, distribuídos por dependência à Ação Penal). Por meio do ofício n.º 1040/2007-rba, datado de 28.09.2007, foram as aludidas cópias encaminhadas ao Excelentíssimo Senhor Embaixador da Rússia no Brasil, Sua Exa. Wladimir Turdenev, a fim de serem remetidos à Procuradoria Geral da Rússia (cf. fl. 75 do Apenso formado nos termos da Portaria n.º 18/2005 deste Juízo). A Federação Russa, assim como o Brasil, é signatária da Convenção ONU contra a Corrupção, conhecida como Convenção de Mérida, cidade mexicana onde ocorreu sua assinatura, tendo sido firmada, por 150 países, dos quais 95 já a internacionalizaram, destacando-se ainda dentre eles, Argentina, Austrália, Espanha, Estados Unidos da América, China, França e Reino Unido. O procedimento adotado por este Juízo ao atender ao pleito formulado pelo órgão ministerial observou o rito estabelecido pela aludida Convenção, notadamente no capítulo relativo à cooperação internacional, em seus artigos 43, 46, dentre outros, bem como pela Convenção ONU de Palermo, de 2000, quanto ao Crime Organizado Transnacional, em especial, nos artigos 18, 27 e 28. E assim o fez, sem desatender o ordenamento jurídico interno, porquanto se atentou também para a forma preconizada pelo parágrafo único do art. 7º da Resolução n.º 09, de 04.05.2005, da Presidência dessa Colenda Corte, a saber: 'Art. 7º As cartas rogatórias podem ter por objeto atos decisórios ou não decisórios. Parágrafo único. Os pedidos de cooperação jurídica internacional que tiverem por objeto atos que não ensejem juízo de delibação pelo Superior Tribunal de Justiça, ainda que denominados como carta rogatória, serão encaminhados ou devolvidos ao Ministério da Justiça para as providências necessárias ao cumprimento por auxílio direto' (grifos nossos). A assistência direta, s.m.j., decorre tanto da aplicação do rito das Convenções de Mérida e Palermo quanto da natureza da medida pleiteada pelo Ministério Público Federal, sem contar o preceito da reciprocidade do qual se baseiam, na ausência de normativo, as relações internacionais. Por isso não se aventou ser o caso de concessão de exequatur na forma estabelecida no artigo 105, inciso I, alínea 'i', da C.F. Aliás, a Convenção de Palermo preceitua o dever de assistência judiciária recíproca entre as Partes quando o Estado Requerente tiver motivos razoáveis para suspeitar que a infração tenha caráter transnacional, com previsão do dever de ser prestada toda cooperação jurídica (artigo 18, itens 1 e 2), bem ainda a recomendação de se utilizar técnicas especiais de investigação, como a vigilância eletrônica (artigo 20, item 1). Prevê, ainda, o intercâmbio de informações visando fornecer aos Estados-Partes o conhecimento das tendências da criminalidade organizada no seu território, as circunstâncias em que opera e os grupos profissionais e tecnologias envolvidos, podendo, para tanto, haver compartilhamento entre si (artigo 28, itens 1 e 2), bem ainda, e em especial, o concurso para a detecção e vigilância das movimentações do produto do crime, de métodos de transferência, dissimulação ou disfarce destes produtos e de 'luta contra a lavagem de dinheiro e outras infrações financeiras' (artigo 29, item 1, 'd'). O referido diploma internacional, já devidamente integrado como norma juridicamente eficaz no país, lastreia a investigação, e mais do que isso, concita os Estados-Partes a reprimir de forma contundente organizações criminosas transnacionais. As Convenções ONU contra o Crime Organizado Transnacional e contra a Corrupção, pode-se mesmo dizer, afiguram-se tentativa de todos os Estados soberanos de aniquilar grupos que deitam raízes em uma certa modalidade delitiva que sistematicamente lança mão da obstrução à Justiça, além da prática de delitos que atentam à Administração Pública, havendo frequente poder de intimidação. Trata-se, pois, de marcos jurídicos globais. Não se tem notícia de realização de perícia nos hard disks, mas é importante realçar que a prova documental em exame já constava dos autos que tramitam perante este Juízo, pois foi produzida em razão de diligência de busca e apreensão determina-

De acordo com o entendimento exposto no julgado, a norma constitucional inserta no artigo 105, inciso I, *"i"*, não atribuiu exclusividade ao Superior Tribunal de Justiça para intermediar todas as cooperações jurídicas internacionais. Deve ser considerada a sua atuação nas relações entre os órgãos judiciários, não obstando, pois, as demais formas de cooperação estatuídas em tratados internacionais.

Assim, pedido de cooperação jurídica formulado por autoridade estrangeira (no caso, a Procuradoria Geral da Federação Russa, atinente ao compartilhamento de provas, ainda em fase de investigação, dirigida à

---

da pela Justiça Federal brasileira em maio de 2006 nos autos sob n.º 2006.61.81.005118-0/Apenso VII, como salientado anteriormente, e NÃO DECORREU de pedido formulado por autoridade estrangeira, não sendo hipótese de juízo de delibação. Trata-se apenas de compartilhamento de prova legítima aqui produzida. Na Reclamação apresentada perante essa Colenda Corte, o Reclamante sustenta também que os documentos estrangeiros oficiais ressentiriam-se de tradução para o vernáculo e de encaminhamento pela via diplomática ou autenticação consular para que produzissem efeitos no país em qualquer instância, juízo ou tribunal, bem ainda postula a aplicação dos artigos 780 e ss. do C.P.P., e assim o fez também por ocasião da impetração do Habeas Corpus n.º 2007.03.00.091069-0. Tal argumentação não caberia, s.m.j., no bojo da Reclamação que versaria apenas sobre competência usurpada. De qualquer forma no writ acima citado, que tem seu trâmite perante a Segunda Turma do Eg. T.R.F. da 3ª Região, foi indeferida a liminar pela Eminente Relatora do Habeas Corpus, Sua Exa. a Des. Fed. Cecília Mello. A documentação excogitada, em língua estrangeira, está acompanhada de tradução juramentada, dando pleno atendimento ao artigo 236 do C.P.P. Assim, nada de irregular pode ser atribuído à juntada de tais documentos ou afronta à disposição legal, já que se cuida de cópia fiel devidamente encaminhada por órgão do Estado Russo. Entende este Juízo não terem também aplicação as disposições constantes dos artigos 780 e ss. do C.P.P., como aduz o Reclamante, por não se tratar in casu, de instrução de cartas rogatórias. Nada pode desmerecer as razões produzidas nos documentos que integram os autos, já que foi dado pleno atendimento às disposições do Código de Processo Penal, disposições que regem a matéria. É importante aqui realçar que o Reclamante nas razões de sua impetração no referido writ reconheceu que o '... Código de Processo Penal não tenha disposição específica a respeito das condições de admissibilidade de documentos estrangeiros destinados a fazer prova no processo penal...' somente o exigindo expressamente em cartas rogatórias (fls. 952/953). A admissibilidade dos documentos estrangeiros é regular, mormente considerando ter sido obtida de autoridade estrangeira a quem não se pode imputar prática de ato ilegal ante a ausência de qualquer substrato mínimo que apontasse nesse sentido. Certo é que as recomendações internacionais hoje buscam a simplificação dos procedimentos e a cooperação internacional, desde que não exista, como é o caso, qualquer elemento para duvidar-se da autenticidade, e desde que não haja infringência ao ordenamento jurídico interno. Não fosse por tudo isso, poder-se-ia ainda argumentar que o Reclamante é cidadão russo e vive no Reino Unido há longa data, circunstância que autoriza concluir que tanto ele, quanto sua defesa constituída, detêm aptidão para o conhecimento do material probatório. Aliás, o citado artigo 236 da legislação processual nem mesmo obriga a tradução quando ela se apresentar desnecessária. Embora não tenha este Juízo vislumbrado qualquer irregularidade em documentação encaminhada pela Autoridade Russa, anotou-se em ocasião anterior que se desejasse a Defesa poderia providenciar nova tradução dos documentos a fim de dirimir suas dúvidas. E assim o fez, já que solicitou a versão para o português dos documentos encartados às fls. 08, 11 e 12 do apenso n.º 12, tendo o pedido sido atendido pelo despacho exarado em 14.11.2007 (fls. 1392 e 1400/1414).

sua congênere brasileira, a Procuradoria Geral da República) não dependeria de expedição de carta rogatória por autoridade judiciária da Rússia, prescindindo-se, pois, do *exequatur* do Superior Tribunal de Justiça.

Para melhor compreensão, ressalto trecho do voto do eminente Relator Teori Albino Zavascki:

> *O sistema da cooperação jurídica internacional não exclui, evidentemente, as medidas de cooperação entre os órgãos judiciários, pelo regime das cartas precatórias, no âmbito de processos já submetidos à esfera jurisdicional. Mas, além delas, conforme já enfatizado, a cooperação mútua engloba outras muitas providências que até podem, se for o caso, dar ensejo a futuras ações penais, mas enquanto circunscritas ao âmbito da prevenção e da investigação, não exigem prévia aprovação ou a intermediação judicial para serem executadas. Exigência dessa natureza não existe no plano do Direito interno, nem há razão para existir no plano do Direito Internacional.*
>
> *Realmente, no Direito brasileiro, como na maioria dos países, a atividade de prevenção e investigação de delitos, que não têm natureza jurisdicional, não está afeta ao Poder Judiciário, mas sim às autoridades policiais ou do Ministério Público, vinculadas ao Poder Executivo.*
>
> *Aliás, a natureza da atividade jurisdicional – submetida, como regra, a procedimentos formais, públicos e em regime de contraditório –, não é adequada e nem compatível com atividades tipicamente policiais, como essas a que nos referimos agora, de prevenção e investigação criminal. Em nosso sistema, apenas algumas medidas dessa natureza dependem de prévia aprovação judicial, como é o caso das que demandam ingresso em domicílio individual, ou quebra de sigilo das comunicações telefônicas, telegráficas ou de dados (CF, art. 5º, XI e XII).*
>
> *Excetuadas hipóteses dessa natureza, não há razão alguma, mesmo em se tratando de investigações ou de medidas de prevenção levadas a efeito em regime de cooperação internacional, "jurisdicionalizar" tais atividades, submetendo-as à intermediação ou à prévia delibação dos órgãos do respectivo Poder Judiciário. Por levar em conta tais circunstâncias, o sistema de cooperação jurídica internacional de que o Brasil faz parte retrata e respeita o sistema de competências e de atribuições adotados no plano do Direito interno, preservando estrita e integralmente as competências constitucionais do Poder Judiciário, inclusive no que se refere ao controle jurisdicional da legitimidade dos atos praticados pelos órgãos e autoridades envolvidos.*
>
> *(Rcl. 2.645/SP, Rel. Ministro TEORI ALBINO ZAVASCKI, CORTE ESPECIAL, julgado em 18/11.2009, DJe 16.12.2009).*

Por outro lado, o assunto atinente à legitimidade ativa para expedir carta rogatória ao Brasil, foi há pouco trazido à baila pela 1ª Turma do Supremo Tribunal Federal, nos embargos de declaração do *Habeas Corpus* n.º 87.759/DF, de Relatoria do Ministro Marco Aurélio, em que os embargos declaratórios restaram acolhidos para assentar que o Ministério Público italiano teria legitimidade para a sua expedição:

> *EMBARGOS DECLARATÓRIOS – OMISSÃO. Uma vez constatada omissão no julgamento verificado, presente tratado de cooperação em matéria penal firmado pelo Brasil e pela República Italiana – integrado à ordem jurídica nacional –, impõe-se o provimento dos embargos de declaração, muito embora sem o alcance da eficácia modificativa, reconhecendo-se que o Ministério Público italiano possui legitimidade para expedir carta rogatória.*
> *(HC 87759 ED, Relator(a): Min. MARCO AURÉLIO, Primeira Turma, julgado em 13/12/2011, ACÓRDÃO ELETRÔNICO DJe-053 DIVULG 13-03-2012 PUBLIC 14-03-2012).*

Inicialmente, quando da concessão da ordem no *Habeas Corpus*, restou consignado que a rogatória não teria sido expedida por autoridade judiciária, o que violaria o disposto no artigo 202, inciso I, do Código de Processo Civil, o qual dispõe acerca da *indicação dos juízos de origem*, e que, portanto, inexistiria no cenário nacional a cooperação mediante carta rogatória provocada por Ministério Público estrangeiro.[194] De acordo

---

[194]   No entanto, ao apreciar os Embargos Declaratórios, o eminente Relator registrou que: *Ficou consignado, no introito do voto, o defeito no que não teria sido expedida por autoridade judiciária propriamente dita, sendo evocado o disposto no artigo 202, inciso I, do Código de Processo Civil.Procede a articulação de não se haver levado em conta o fato de o artigo 784 do Código de Processo Penal aludir a cartas rogatórias emanadas não de autoridades judiciárias, mas de autoridades estrangeiras competentes. Mais do que isso, consoante o item 1 do artigo 1 do Tratado sobre Cooperação Judiciária em Matéria Penal firmado pelo Brasil e pela República Italiana – promulgado mediante o Decreto n.º 862, de 9 de julho de 1993 –, "cada uma das partes, a pedido, prestará à outra parte, na forma prevista no presente Tratado, ampla cooperação em favor dos procedimentos penais conduzidos pelas autoridades judiciárias da parte requerente. A alusão a autoridades judiciárias da parte requerente, sugere, de início, tratar-se de órgãos investidos do ofício judicante, assim como no sistema brasileiro. Ocorre que, na Itália, o Ministério Público integra o sistema judiciário – artigos 107, 108 e 112, todos inseridos no título denominado "A Magistratura" (Parte II, Título IV, da Constituição italiana). A magistratura está organizada em carreira institucional única, dentro do mesmo Poder, exercendo atribuições judicantes ou atribuições tradicionalmente inseridas na área reservada ao Ministério Público. Em síntese, verifica-se a mesclagem de atuação, ficando todos submetidos ao Conselho Superior da Magistratura. Segundo ressaltado pela melhor doutrina, o Ministério Público na Itá-*

com o precedente do Pretório Excelso ao apreciar os Embargos Declaratórios, levou-se em conta o artigo 784 do Código de Processo Penal, o qual dispõe acerca de *autoridades estrangeiras competentes*, na medida em que permite um sentido mais amplo ao de *autoridade judiciária* para fins de expedição de rogatória ao Brasil, tendo abarcado órgãos investidos do ofício judicante.

A Portaria interministerial n.° 501, de 21 de março de 2012,[195] publicada no D.O.U. de 23.03.2012, logrou dispor acerca da tramitação das

---

lia é órgão de administração da Justiça, incluindo-se providências passíveis de serem tomadas por ele visando a investigação criminal. Confiram em "O Ministério Público na Investigação Penal Preliminar", de Marcos Kac. Daí o Superior Tribunal de Justiça, na Carta Rogatória n.° 998/IT, redator do acórdão o ministro Humberto Gomes de Barros, haver concluído: "A Procuradoria da República junto ao Tribunal de Parma tem legitimidade para solicitar cooperação brasileira em investigações.

[195] *Art. 1° – Esta Portaria define a tramitação de cartas rogatórias e pedidos de auxílio direto, ativos e passivos, em matéria penal e civil, na ausência de acordo de cooperação jurídica internacional bilateral ou multilateral, aplicando-se neste caso apenas subsidiariamente. Art. 2° – Para fins da presente Portaria, considera-se: I. pedido de auxílio direto passivo, o pedido de cooperação jurídica internacional que não enseja juízo de delibação pelo Superior Tribunal de Justiça, nos termos do art. 7°, parágrafo único da Resolução STJ n.°. 9, de 04 de maio de 2005; e II. carta rogatória passiva, o pedido de cooperação jurídica internacional que enseja juízo de delibação pelo Superior Tribunal de Justiça. Parágrafo Único. A definição de pedido de auxílio direto ativo e de carta rogatória ativa observará a legislação interna do Estado requerido. Art. 3° – Nos casos em que o pedido de cooperação jurídica internacional passivo não enseje a concessão de exequatur pelo Superior Tribunal de Justiça, e puder ser atendido pela via administrativa, não necessitando da intervenção do Poder Judiciário, caberá ao Ministério da Justiça diligenciar seu cumprimento junto às autoridades administrativas competentes. Art. 4° – O Ministério das Relações Exteriores encaminhará ao Ministério da Justiça os pedidos de cooperação jurídica internacional passivos, em matéria penal e civil, tramitados pela via diplomática. Art. 5° – Na ausência de acordo de cooperação jurídica internacional bilateral ou multilateral, o Ministério da Justiça encaminhará ao Ministério das Relações Exteriores os pedidos de cooperação jurídica internacional ativos, em matéria penal e civil, para tramitarem pela via diplomática. Art. 6° – Cabe ao Ministério da Justiça: I. instruir, opinar e coordenar a execução dos pedidos de cooperação jurídica internacional, em matéria penal e civil, encaminhando-os à autoridade judicial ou administrativa competente; II. exarar e publicar entendimentos sobre cooperação jurídica internacional no âmbito de suas competências. Art. 7° – As cartas rogatórias deverão incluir: I. indicação dos juízos rogante e rogado; II. endereço do juízo rogante; III. descrição detalhada da medida solicitada; IV. finalidade a ser alcançada com a medida solicitada; V. nome e endereço completos da pessoa a ser citada, notificada, intimada ou inquirida na jurisdição do juízo rogado, e, se possível, sua qualificação, especificando o nome da genitora, data de nascimento, lugar de nascimento e o número do passaporte; VI. encerramento, com a assinatura do juiz; e VII. qualquer outra informação que possa a ser de utilidade ao juízo rogado para os efeitos de facilitar o cumprimento da carta rogatória. § 1° – No caso da medida solicitada consistir em interrogatório da parte ou inquirição de testemunha, recomenda-se, sob pena de impossibilidade de cumprimento da medida, que as cartas rogatórias incluam ainda: a) texto dos quesitos a serem formulados pelo juízo rogado; b) designação de audiência, a contar da remessa da carta rogatória ao Ministério da Justiça, com antecedência mínima de: (i) 90 (noventa) dias, quando se tratar de matéria penal; e (ii) 180 (cento e oitenta) dias, quando se tratar de matéria cível. § 2° – No caso*

cartas rogatórias e pedidos de auxílio direto, tendo os Ministérios da Justiça e das Relações Exteriores modernizado as regras de tramitação de pedidos de cooperação internacional, tudo como forma de tornar o procedimento mais célere. Tal Portaria estabeleceu que quando o pedido puder ser atendido administrativamente, ou seja, sem a intervenção do Judiciário, será prescindível a atuação do Superior Tribunal de

---

de cooperação civil, as cartas rogatórias deverão ainda incluir, quando cabível, o nome e endereço completos do responsável, no destino, pelo pagamento das despesas processuais decorrentes do cumprimento da carta rogatória no país destinatário, salvo as extraídas das ações: I. que tramitam sob os auspícios da justiça gratuita; II. de prestação de alimentos no exterior, para os países vinculados à Convenção de Nova Iorque, promulgada no Brasil pelo Decreto n.º. 56.826, de 2 de setembro de 1965, nos termos do artigo 26 da Lei n.º. 5.478 de 25 de julho de 1968; III. da competência da justiça da infância e da juventude, nos termos da Lei n.º. 8.069, de 13 de junho de 1990. Art. 8º – As cartas rogatórias deverão vir acompanhadas dos seguintes documentos: I. petição inicial, denúncia ou queixa, a depender da natureza da matéria; II. documentos instrutórios; III. despacho judicial ordenando a sua expedição; IV. original da tradução oficial ou juramentada da carta rogatória e dos documentos que os acompanham; V. duas cópias dos originais da carta rogatória, da tradução e dos documentos que os acompanham; e VI. outros documentos ou peças processuais considerados indispensáveis pelo juízo rogante, conforme a natureza da ação. Parágrafo único. No caso do objeto da carta rogatória consistir em exame pericial sobre documento, recomenda-se que o original seja remetido para o juízo rogado, permanecendo cópia nos autos do juízo rogante, sob pena de impossibilidade de cumprimento da medida. Art. 9º – Os pedidos de auxílio direto deverão incluir: I. indicação de previsão em acordo de cooperação jurídica internacional bilateral ou multilateral ou compromisso de reciprocidade; II. indicação da autoridade requerente; III. indicação das Autoridades Centrais dos Estados requerente e requerido; IV. sumário contendo número(s) e síntese(s) do(s) procedimento(s) ou processo(s) no Estado requerente que servem de base ao pedido de cooperação; V. qualificação completa e precisa das pessoas às quais o pedido se refere (nome, sobrenome, nacionalidade, lugar de nascimento, endereço, data de nascimento, e, sempre que possível, nome da genitora, profissão e número do passaporte); VI. narrativa clara, objetiva, concisa e completa, no próprio texto do pedido de cooperação jurídica internacional, dos fatos que lhe deram origem, incluindo indicação: a) do lugar e da data; b) do nexo de causalidade entre o procedimento em curso, os envolvidos e as medidas solicitadas no pedido de auxílio; e c) da documentação anexada ao pedido. VII. referência e transcrição integral dos dispositivos legais aplicáveis, destacando-se, em matéria criminal, os tipos penais; VIII. descrição detalhada do auxílio solicitado, indicando: a) nos casos de rastreio ou bloqueio de contas bancárias, o número da conta, o nome do banco, a localização da agência bancária e a delimitação do período desejado, bem como, expressamente, a forma de encaminhamento dos documentos a serem obtidos (meio físico ou eletrônico); b) nos casos de notificação, citação ou intimação, a qualificação completa da pessoa a ser notificada, citada ou intimada, e seu respectivo endereço; c) nos casos de interrogatório e inquirição, o rol de quesitos a serem formulados. IX. descrição do objetivo do pedido de cooperação jurídica internacional; X. qualquer outra informação que possa ser útil à autoridade requerida, para os efeitos de facilitar o cumprimento do pedido de cooperação jurídica internacional; XI. outras informações solicitadas pelo Estado requerido; e XII. assinatura da autoridade requerente, local e data. Art. 10º – Esta Portaria revoga a Portaria Interministerial MRE/MJ n.º 26, de 14 de agosto de 1990, e a Portaria Interministerial MRE/MJ de 16 de setembro de 2003, publicada no Diário Oficial da União de 19 de setembro de 2003. Art. 11 – Esta Portaria entra em vigor na data de sua publicação.

Justiça, devendo o Ministério da Justiça providenciar o cumprimento junto às autoridades administrativas competentes, a teor do que dispõe o seu artigo 3º.

O instituto da Autoridade Central surgiu para agilizar e facilitar a cooperação entre os países. Como o próprio nome faz supor, o papel primordial da Autoridade Central é funcionar como órgão centralizador, foco da cooperação, tanto das solicitações quanto das diligências, que provenham do estrangeiro ou emanem do Brasil. Por intermédio das autoridades centrais tramitam as cartas rogatórias e os pedidos de assistência jurídica direta, quaisquer que sejam seus objetos.

No Brasil e na maioria dos países, a Autoridade Central tem se localizado dentro do Poder Executivo,[196] haja vista que este se afigura a face externa do Estado, representando-o nas relações internacionais. A instituição de Autoridade Central é fórmula consagrada nas Convenções de Haia e nas Convenções Internacionais de Direito Internacional Público, surgindo da necessidade de se ter um órgão em cada país para disciplinar os procedimentos administrativos da cooperação jurídica internacional.

A sua criação foi um imperativo a partir do incremento do volume e complexidade dos mecanismos de cooperação internacional e sua razão de ser relaciona-se com a uniformidade de atuação, a padronização dos procedimentos e a especialização, necessários para o trato com a matéria, evitando duplicidade e desperdício dos pedidos.

A instituição de uma única Autoridade Central apresenta inúmeras vantagens: especialização, celeridade, eficiência, publicidade e economia processual. Argumenta-se que a localização da Autoridade Central no Poder Executivo também garante neutralidade, transparência e respeito ao devido processo legal, já que os órgãos do Executivo estão sujeitos

---

[196] Pela Meta n.º 02 do Relatório da Estratégia Nacional de Combate à Lavagem de Dinheiro – ENCLA (atual Estratégia Nacional de Combate à Corrupção e à Lavagem de Dinheiro) 2004, tanto os pedidos de Cooperação Jurídica Internacional ativa, provenientes do Judiciário, do Ministério Público e das autoridades policiais, federais e estaduais, quanto às autorizações para cooperações operacionais diretas (que implicam em compromisso de reciprocidade internacional), ficam centralizadas no Departamento de Recuperação de Ativos e Cooperação Jurídica Internacional (DRCI) do Ministério da Justiça (art. 13, IV, do Decreto n.º 4.991, de 18 de fevereiro de 2004).

ao poder de fiscalização do Ministério Público e seus atos podem ser revistos pelo Poder Judiciário.[197]

Importante mencionar que a figura da Autoridade Central não constitui, todavia, condição *sine qua non* para a viabilidade da cooperação internacional, podendo esta se efetivar diretamente entre às autoridades competentes porquanto a sua instituição visa a aproximação destas últimas e não criar mais obstáculos para a rápida efetivação dos interesses mútuos nacionais. Ora, não se pode exigir a via da Autoridade Central a menos que ela busque a eficiência, simplificação e rapidez das informações e ações requeridas.

VI.3. BLOQUEIO, CONFISCO E REPATRIAÇÃO DE BENS

O auxílio judiciário tem permitido tanto o bloqueio de bens quanto a repatriação destes, devendo, entretanto, ser realizado, por vezes, um *affidavit*, isto é, uma declaração juramentada e consistente que permita a medida de bloqueio de valores ou contas bancárias.[198]

Referido bloqueio demanda intenso trabalho de convencimento, não bastando a simples juntada de decisão judicial, mas, por vezes, a entrega de elementos convincentes que ligariam uma eventual conta bancária ou valores à eventual prática delitiva; melhor se esta também for objeto

---

[197] O grande desafio neste ponto é difundir ainda mais os benefícios de se adotar uma única Autoridade Central para todas as questões de Cooperação Jurídica Internacional e ampliar os espaços deste instituto. Deve-se, com o auxílio da política do Ministério da Justiça do Brasil, por meio do Plano Nacional de Capacitação e Treinamento para o Combate à Lavagem de Dinheiro – PNLD divulgar a ideia de que, mesmo não havendo acordo, é possível que as solicitações de cooperação, tanto ativa como passiva, tramitem pela Autoridade Central.

[198] No Brasil, há um Projeto de Lei (n.º 1982, de 16 de setembro de 2003), de autoria do Deputado federal Eduardo Valverde, que visa regulamentar a *assistência judiciária internacional em matéria penal*, independente da expedição de carta rogatória, prevendo o bloqueio administrativo temporário de recursos de origem ilícita em atividade de lavagem de dinheiro, bem como o *Conselho de assistência judiciária internacional,* que possui a atribuição de formulação de diretrizes, intercâmbio permanente de informações entre os órgãos públicos nele representados (Justiça Federal, Ministério Público Federal, Ministério das Relações Exteriores, Advocacia-Geral da União, Secretaria da Receita Federal do Brasil, Banco Central, Conselho de Controle de Atividades Financeiras/COAF, Departamento de Polícia Federal e Controladoria-Geral da União) e orientação das autoridades brasileiras que necessitem obter cooperação internacional.

de crime no exterior ou constituir ou ser uma decorrência do crime de corrupção (ativa ou passiva).

Cabe aqui mencionar o impacto que houve na lei americana sobre confisco de bens no caso provocado a pedido do Brasil sobre o congelamento e sua manutenção de valores nos Estados Unidos de um acusado brasileiro. Discutiu-se se, com fundamento no 28 *UCS Enforcement of foreign judgments*, § 2467 (d) (3),[199] bens estrangeiros poderiam ser congelados apenas depois que a Justiça no exterior decidisse definitivamente pelo confisco, ou mesmo antes de qualquer final decisão quanto ao confisco. O Tribunal americano do Distrito de Columbia (*United States Court of Appeals for the District of Columbia Circuit*, Nova Iorque), ao rever duas decisões da Justiça de março e abril de 2009, decidiu pela manutenção destas, confirmando a necessidade, para a manutenção de medidas restritivas nos Estados Unidos, de uma decisão definitiva do Brasil sobre o confisco, segundo sua interpretação à sessão citada (§ 2467, "d", "3").[200] Depois desta decisão, o Departamento de Justiça americano solicitou e obteve do Congresso a resolução do problema já que o entendimento implicaria, se mantido, no comprometimento de outras cooperações internacionais com outros países (nos Estados Unidos chamado de *Dantas Law*).

No que tange à *partilha de bens* confiscados, esta é prevista nas Convenções ONU de Viena sobre o tráfico de entorpecentes (artigo 5º, item 5, alínea "b") e de Palermo, Crime organizado transnacional (artigo 30, item 2, alínea "c"), e pode estimular a cooperação entre as autoridades competentes de países diversos.

Pelo *princípio da especialidade*, aplicável nas relações entre Estados e, consequentemente, nas cooperações jurídicas internacionais, as infor-

---

[199] *(d) Entry and Enforcement of Judgment. – (1) In general. – The district court shall enter such orders as may be necessary to enforce the judgment on behalf of the foreign nation unless the court finds that – (A) the judgment was rendered under a system that provides tribunals or procedures incompatible with the requirements of due process of law; (B) the foreign court lacked personal jurisdiction over the defendant; (C) the foreign court lacked jurisdiction over the subject matter; (D) the foreign nation did not take steps, in accordance with the principles of due process, to give notice of the proceedings to a person with an interest in the property of the proceedings in sufficient time to enable him or her to defend; or (E) the judgment was obtained by fraud.*

[200] *In United States of America, Appellant v. Opportunity Fund and Tiger Eye Investments, Ltd., Appelles (n.º 1:08-mc-0087-JDB, decided July 16, 2010). Site: http://www.cadc.uscourts.gov/internet/opinions.nsf/1B-9DC0B1D05DB6D5852578070070EC9C/$file/09-5065-1255619.pdf, last visit June 14th, 2012.*

mações e documentos obtidos por meio da assistência jurídica não podem ser usados aos crimes para os quais a cooperação internacional está excluída, visto ser a jurisdição um atributo do Estado, citando o exemplo da Suíça quanto à evasão de divisas.[201]

A exigência de *dupla incriminação*, isto é, da configuração de delito em ambas as jurisdições envolvidas no pedido de assistência jurídica em matéria penal, é, em princípio, requisito comum em casos de cooperação, devendo ser esclarecido não ser necessária a coincidência exata de tipos penais, mas semelhanças entre eles. Com efeito, a Convenção da ONU de Mérida contra a corrupção deixa evidente que *em questões de cooperação internacional, quando a dupla incriminação seja um requisito, esta se considerará cumprida se a conduta constitutiva do delito relativo ao qual se solicita assistência é um delito de acordo com a legislação de ambos Estados Participantes, independentemente se as leis do Estado Participante requerido incluem o delito na mesma categoria ou o denominam com a mesma terminologia que o Estado Participante requerente* (artigo 43).

Entretanto, não se pode interpretar de forma absoluta o preceito. O Grupo de Ação Financeira Internacional – GAFI (FATF) propugna a cooperação jurídica internacional, nos termos das Convenções ONU de Viena (Tráfico internacional/1988), de Palermo (Crime organizado transnacional/2000) e Mérida (Corrupção/2003), com retiradas de obstáculos (Recomendação n.º 36), além da assistência mútua direta para uma solução rápida, construtiva e efetiva (Recomendação n.º 37).

Ora, nem mesmo o referido Grupo confere ao preceito importância vital quando se trate de lavagem de dinheiro. O desrespeito ao princípio da *dupla incriminação*, que não é novo no Direito Internacional Público, pode ter efeitos devastadores em futuros pedidos de cooperação, em casos específicos, impedindo completamente novos bloqueios ou obtenção de provas, entre outras dificuldades diplomáticas, como revela a nota técnica.

---

[201] Pela Meta n.º 40 da ENCLA 2005, o Departamento de Recuperação de Ativos e Cooperação Jurídica Internacional (DRCI) do Ministério da Justiça obrigou-se a *difundir informações sobre a necessidade de se observar os limites para a utilização de documentos obtidos por meio de cooperação jurídica internacional,* e reafirmou, pois, no plano internacional, o *princípio da especialidade.*

O artigo 8º da Lei brasileira de lavagem de dinheiro (Lei n.º 9.613/1998, com as alterações da Lei n.º 12.683/2012) disciplina acerca de bens existentes no estrangeiro:

> *Art. 8.º O juiz determinará, na hipótese de existência de tratado ou convenção internacional e por solicitação de autoridade estrangeira competente, medidas assecuratórias sobre bens, direitos ou valores oriundos de crimes descritos no art. 1º, praticados no estrangeiro.*
>
> *§ 1.º – Aplica-se o disposto neste artigo, independentemente de tratado ou convenção internacional, quando o governo do país da autoridade solicitante prometer reciprocidade ao Brasil.*
>
> *§ 2.º – Na falta de tratado ou convenção, os bens, direitos ou valores privados sujeitos a medidas assecuratórias por solicitação de autoridade estrangeira competente ou os recursos provenientes da sua alienação serão repartidos entre o Estado requerente e o Brasil, na proporção de metade, ressalvado o direito do lesado ou de terceiro de boa-fé.*

No que se refere especificamente à partilha de bens, conforme se observou acima, a Convenção ONU de Mérida (Corrupção), não a previu porquanto houve o entendimento de que a restituição de bens ao Estado ofendido deve ser integral diante dos bens jurídicos afetados (artigos 51 a 59).

Vê-se, por derradeiro, que no aspecto da apreensão ou do bloqueio de bens não há óbice de sua ocorrência em nível internacional uma vez que vigora preceito universal da *reciprocidade*, sendo ainda possível a partilha de bens apreendidos ou bloqueados, com o consequente ato de repatriação, havendo o trânsito em julgado da sentença condenatória que eventualmente decrete a perda em favor da União.

Revela-se de extrema dificuldade a repatriação de bens baseada apenas em sentença pendente de recurso, ainda que se invoque a *reciprocidade*.

Usualmente as autoridades dos estados requeridos desejam ser informadas acerca das:

a) Evidências de que todos os proprietários, agentes, curadores ou outros envolvidos com os artigos mencionados tinham conhecimento da emissão da ordem de apreensão e de seu conteúdo com a lista de obras;

b) Evidências que demonstrem que o mandado de apreensão foi assinado antes da venda legal ou transferência dos artigos ao exterior;

c) Provas da associação direta entre a obra de arte e a fraude detectada no Brasil que demonstraria que a sua aquisição é, de fato, fruto de atividade criminosa;

d) Indisponibilidade dos bens (obras de arte), exatamente por ser, tal procedimento, de conhecimento do público e, desse modo, possibilitar inferir que interessados, curadores e marchands detinham conhecimento dos fatos ilícitos envolvendo um grande acervo;

d) Listagem dos acontecimentos jurídicos (ordens de apreensão, perdimentos, sentenças transitadas em julgado) relacionados com os acusados e suas respectivas datas.

Na primeira reunião intitulada *Diálogo Judicial (Round Table)* entre juízes federais do Brasil e Estados Unidos, contando também com a participação de juízes da Colômbia e do México,[202] em Washington, DC, entre 27 e 31 de outubro de 2011, chegou-se às conclusões iniciais de que quanto maior a prova, mais fácil a apreensão/sequestro e que, no caso de tráfico de drogas, consegue-se concentrar mais facilmente esforços para a obtenção do pedido porque menos árdua a compreensão dos diplomas legislativos. O propósito do encontro inédito foi o de estabelecer um modelo de decisões judiciais para viabilizar, o mais rapidamente possível, a cooperação jurídica internacional.

Propôs-se um glossário com as expressões de relevo em matéria de cooperação internacional, apresentando o Brasil o seguinte:

TERMOS E EXPRESSÕES DE RELEVO

I. Bens:

Bloqueio ou Congelamento (freezing) – não necessita de sentença final, bastando uma decisão judicial;

Apreensão (seizure) – de tudo que interessar à prova. Basta uma decisão judicial;

---

[202] Dois juízes por país, além das participações de procuradores federais americanos, sendo organizado pelo Departamento de Justiça dos Estados Unidos.

Sequestro ou Arresto (seizure) – imóveis, bens, direitos ou valores – do produto do crime. Basta uma decisão judicial.

Confisco ou Perdimento – existe a sentença final ou sentença transitada em julgado. Busca o ressarcimento do Estado e ou da vítima/ terceiro interessado.

Instrumentos do crime – só podem ser confiscados se sua fabricação, uso, porte constituir fato ilegal (ex. arma de uso não permitido), salvo no caso de drogas, que é sempre confiscado.

Produto do crime – o benefício econômico que obteve com a prática criminosa.

II. Processuais:

Investigação – trabalho a ser realizado pela Polícia;

Procedimento judicial – termo genérico do trabalho inicial realizado na Justiça a pedido da Polícia ou do Ministério Público. Pode constituir em: pedidos de busca e apreensão de bens; pedidos de sequestro ou de arresto; pedido de interceptação telefônica ou ambiental (monitoramento eletrônico); pedido de quebra do sigilo bancário etc.;

Relatório policial – documento que condensa as conclusões da Polícia acerca de um fato criminoso. Aqui não há acusado, só investigado;

Denúncia – peça inicial que instaura a ação penal pública (movida pelo Ministério Público) e pode se inicial com o Relatório da Polícia ou com um conjunto de peças de informações (documentos obtidos ou resultados de procedimentos judiciais). É a acusação formal perante a Justiça;

Partes – 1. réu ou acusado (representado por um advogado particular ou do Estado/ defensor público); 2. Ministério Público ou acusação.

Processo judicial ou ação penal – conjunto de documentos que se inicia com a denúncia e termina com a sentença, condenatória ou absolutória;

Sentença transitada em julgado – decisão judicial de mérito que não caiba mais recurso.

Citação – comunicação a um acusado ou réu de que a denúncia (acusação do Ministério Público) foi inicialmente aceita pela Justiça;

Intimação – comunicação que se dá ao acusado ou réu ou vítima ou testemunha de um ato processual a ser praticado ou que já foi realizado;

Decisão judicial – um pronunciamento do juiz acerca de uma questão *(por exemplo, quebra de sigilo bancário, interceptação telefônica, designação de audiência de instrução e julgamento, Pedido de Restituição de bens etc.) Cabe recurso.*

Sentença – decisão final e conclusiva sobre o mérito da acusação. Pode ser condenatória ou absolutória. Eventualmente extintiva da punibilidade por morte, prescrição etc.

Sentença transitada em julgado – a que não cabe mais recurso; é a decisão de mérito final;

Apelação – recurso contra a sentença. Outros recursos ou impugnações constitucionais estão previstos contra as decisões judiciais em geral (agravos, recursos em sentido estrito, habeas corpus, mandados de segurança etc.);

III. *Penais*

Enriquecimento ilícito – não é crime, mas pode constituir um delito fiscal;

Lavagem de dinheiro – exige um delito prévio;

Institucional

Justiça Federal – cuida de casos em que há interesse da União (do Estado Federal brasileiro) ou de suas entidades. Cuida do tráfico internacional de entorpecentes, da lavagem de dinheiro internacional, sonegação de tributos federais, contra o Sistema Financeiro Nacional, à Previdência Social, crimes cibernéticos etc..

Composição:

1ª instância (juízes federais);

2ª instância (Tribunais Regionais Federais – há 05 no Brasil);

Superior Tribunal de Justiça (STJ) – unifica o entendimento das leis;

Supremo Tribunal Federal (STF) – instância recursal e constitucional.

Justiça Estadual – cuida de tudo o que não cuidar a Justiça Federal (dos crimes comuns).

Composição:

1ª instância (juízes estaduais);

2ª instância (Tribunais de Justiça estaduais);

STJ;

STF;

Há ainda a Justiça Militar, a Justiça Eleitoral e a Justiça do Trabalho.

IV. *Cooperação internacional*

Auxílio Direto – exige pronunciamento judicial no país requerido;

Rogatória – não há revisão judicial, mas apenas se atende à ordem pública e à soberania, já que se traduz numa execução de uma decisão judicial prévia tomada no exterior.

Com relação ao conteúdo de decisões judiciais, restou proposto, pelo Brasil, o seguinte:

DECISÕES PADRÕES (CONTEÚDO)

I. Pedido de assistência judicial (auxílio direto)

1. Relativamente a bens, direitos ou valores:

– identificação;

– localização ou solicitação para localização ou comunicação em rede doméstica de informação para fins de futura repatriação;

– nexo de causalidade (bem e atividade criminosa ou suspeita de ser criminosa) ou informação relevante (enriquecimento ilícito).

Existência de uma DECISÃO JUDICIAL (antes do trânsito em julgado), mas para a REPATRIAÇÃO, SENTENÇA FINAL (transitada em julgado, ou seja, não cabe mais recurso), salvo no caso de crime de corrupção e assemelhados (Convenção ONU, Mérida, art. 57) ou de interesse especial, como obras de arte.

2. Sigilo bancário:

– identificação do titular da conta;

– nome, endereço e sucursal do banco;

– descrição dos documentos requeridos (cartões de registro de assinatura, transfe-rências, extratos);

– datas ou período de tempo (limite temporal);

– nexo de causalidade (valor e atividade criminosa ou suspeita de ser criminosa) ou informação relevante (enriquecimento ilícito).

DECISÃO JUDICIAL (pode haver recurso).

3. Citação e intimação (réus, vítimas, testemunhas, terceiros interessados):

– quesitos.

DECISÃO JUDICIAL.

Base legal de sua fundamentação (para facilitar a compreensão e verificar a dupla incriminação):

narrativa clara, objetiva, completa.

III. Transcrição literal dos dispositivos para verificar existência de delito semelhante no Estado requerido.

O documento que resumiria a importância do diálogo judicial consigna:

JUSTIFICATIVAS DO DIÁLOGO JUDICIAL VISANDO DECISÕES JUDICIAIS-MODELOS

CONSIDERANDO a necessidade de facilitar a cooperação internacional;

CONSIDERANDO que o combate ao crime organizado não pode restar inviabilizado por ausência de compreensão sobre os diversos sistemas legais internacionais;

CONSIDERANDO que a explanação dos sistemas legais domésticos tem convergido para o asfixiamento patrimonial de organizações criminosas com pequenas variações conceituais;

CONSIDERANDO ser importante a padronização de decisões judiciais para facilitar a colaboração entre todos os países envolvidos no combate ao crime organizado;

CONSIDERANDO, finalmente, a necessidade de os Estados se unirem para o apreensão/sequestro/arresto, confisco e repatriação de bens, direitos e valores,

ESTABELECEMOS ENUNCIADOS QUE VIABILIZAM A MELHOR COMPREENSÃO SOBRE UMA ADEQUADA COOPERAÇÃO INTERNACIONAL COM A NECESSÁRIA PADRONIZAÇÃO DAS DECISÕES JUDICIAIS:

1. *A luta contra o crime independe do local onde ele foi praticado e o confisco é fundamental;*

2. *A cooperação por rogatória não é recomendável porque é morosa, burocrática e a análise no país requerido se limita à verificação da ordem pública e ofensa à soberania;*

3. *A cooperação por auxílio direto é a resposta a ser seguida pelos Estados porque é mais ágil, baseia-se na confiança mútua e confere ao Estado requerido uma análise adequada dos pedidos;*

4. *O modelo a ser seguido é simplificado, padrão MLAT, e deve estar objetivamente claro;*

5. *As autoridades centrais não obstaculizam o contato direto entre magistrados ou autoridades competentes, devendo-se criar canais de comunicação para evitar burocracias desnecessárias (artigo 18.13 da Convenção ONU contra o Crime Organizado/Palermo não veda tal entendimento);*

6. *Deve-se respeitar o sistema legal regular dos países envolvidos (Estados requerentes e requeridos), não obstando a Cooperação se o pedido tiver origem ou destino a Polícia, o Ministério Público ou a autoridade judicial;*

7. *Se há recusa à extradição, por ser um seu cidadão, deverá a pessoa supostamente envolvida ser submetida sem demora às autoridades de seu país (art. 16.10/Palermo). Mas, se aceita, recomenda-se condicioná-la com o cumprimento da pena no Estado requerido (art. 16.11/Palermo) ou, então, exigir o seu cumprimento ou de parte dela no Estado requerente (art.16.12/Palermo);*

8. *Possibilidade de condução conjunta ou entrega de processos penais (art. 21/Palermo) para destinação final de bens e passos conjuntos (delações premiadas com efeitos em ambos países) e atingir a melhor administração de Justiça;*

9. *A cooperação internacional não pode ser obstada quando não se souber a localização de um bem. O Estado requerido deve tomar as medidas disponíveis para a localização, apreensão, sequestro ou arresto para futuro confisco/repatriação;*

10. *O Estado requerido deverá exigir, para a devolução ao interessado, prova da licitude do bem, direito ou valor, quando houver pedido do Estado requerente de apreensão, sequestro ou arresto visando o confisco/repatriação,*

mas que acabou tornado sem efeito por decisões judiciais anuladas que não decidiram o mérito relativo à sua origem lícita;

11. *A invocação de ausência de dupla incriminação não pode justificar a não citação ou a não intimação de réus, vítimas, testemunhas ou terceiros interessados em face de processo penal instaurado no Estado requerente;*

12. *A informação obtida para um processo penal pode ser usada em outro se o Estado requerido autorizar, ainda que retroativamente;*

13. *Os bens, direitos ou valores serão restituídos para indenização das vítimas ou entrega para Fundo das Nações Unidas para assistência técnica entre os países ou, ainda, para o ressarcimento do Estado. Poderá ser acordada uma repartição que visará apenas à dedução de gastos, salvo quanto ao crime de corrupção ou assemelhado, bem ainda com relação aos bens culturais, os quais deverão merecer destino que priorize o acesso público;*

14. *O ressarcimento dos Estados não pode ser atingido pela prescrição, a qual não inviabiliza a cooperação internacional;*

15. *Configura negativa à cooperação internacional a invocação da necessidade de um juízo decisório para simples citação, intimação ou cópias, devendo os Estados simplificarem o seu sistema legal para admissão do auxílio direto;*

16. *Testemunhas de defesa devem ser ouvidas no país processante ou, então, nas Embaixadas ou nos Consulados por teleconferência, não cabendo a cooperação internacional, salvo no caso da prova ser encampada pela acusação;*

17. *Para a cooperação internacional não se faz necessário anexar a prova, mas apresentar os argumentos pelos quais a decisão concluiu pela realização da medida no exterior;*

18. *Não se exige MLAT específico para cada bem, direito ou valor, se o Estado requerente, junto ao pedido, apresentar lista de bens e a sua fundamentação.*

Abaixo, obras apreendidas nos Estados Unidos a pedido da Justiça Federal, na ação penal n.º 2004.61.81.008954-9 (envolvendo o ex-Banco Santos) instaurada na 6ª Vara Federal Criminal em São Paulo, especializada em crimes financeiros e em lavagem de dinheiro, dentre as quais, da direita para a esquerda, obra de Jean-Michel Basquiat (*Hannibal*), Joaquin

Torres Garcia (*Figures dans une Structure*), Roy Lichtenstein (*Modern Painting With Yellow Interweave*) e Helen Frankenthaler (*Sea Strip*):

Togatus romano (séc. XIV-IX a.C.):

Obras repatriadas ao Brasil e cerimônia de entrega à Justiça Federal Criminal brasileira em abril de 2009:

1. Roy Lichtenstein (*Modern Painting With Yellow Interweave*).

2. Joaquin Torres Garcia (*Figures dans une Structure*).

Assinatura e cerimônia (abril de 2009) de recebimento das obras de arte para repatriamento ao Brasil.

Em 17.09.2010, a Justiça Federal comunicou o juízo da massa falida acerca da importância da preservação do acesso público das obras de arte repatriadas:

> Noticia o Juízo de Direito da 2ª Vara de Falências e Recuperações Judiciais – 2º Ofício de Falências e Recuperações Judiciais da Comarca de São Paulo, por meio do ofício n.º 65/2010-DIR, recebido neste Juízo em 16.09.2010, terem sido adotadas todas as providências necessárias (estrutura logística para o transporte das obras, dentre elas, vistoria, embalagem, seguro, transporte e alocação no Museu de Arte Contemporânea da USP – MAC-USP) para a repatriação das obras Modern Painting With Yellow Interweave, de Roy Lichtenstein, e Figures Dans Une Structure, de Joaquín Torres-Garcia.
>
> Estas obras foram localizadas nos Estados Unidos da América em face de pedido de cooperação jurídica em matéria penal com aquele País formulado por este Juízo, em 25.05.2006, nos autos n.º 2005.61.81.900396-6, diante do sequestro das obras não localizadas pertencentes ao réu Edemar Cid Ferreira que constavam dos registros do banco de dados em CD-ROM da Cid Collection (de

*titularidade daquele acusado), tendo sido devidamente elencadas na "RELA-
ÇÃO DE OBRAS DESAPARECIDAS", efetuada pela Serventia deste
Juízo.*

*Houve, ainda, naquela oportunidade, determinação de sua repatriação, em caso
de localização no exterior, comunicando-se, para tanto, a INTERPOL, para
integral cumprimento.*[203]

*Em alguns momentos, em particular neste, não cabe às autoridades apenas a tu-
tela do capital, ao contrário, espera-se o reforço de valores, notadamente culturais,
que dizem com a identidade universal.*

*Somente se pode falar em ressarcimento, na espécie, quanto a todos, aí incluídos
eventuais interessados privados, e isto se efetiva mediante ações positivas que
permitam acesso público do patrimônio mundial à coletividade (e não a alguns
poucos) e a sua difusão para futuras gerações. Olhar que não pode ser restrito
ou parcial.*

*Se todos ganham, ganham, inclusive, os credores da massa falida. Portanto, não
há perdas quando a coletividade é a grande beneficiada.*

*Espera-se, também do Juízo da massa falida, a continuidade do tratamento até
então dispensado ao acervo pela Justiça Federal criminal no sentido de conferir
eficácia à Convenção para a Proteção do Patrimônio Mundial, Cultural e Natural da Conferência Geral da UNESCO para a Educação, a Ciência e a
Cultura (em Paris, 1972, aprovada, no Brasil, pelo Decreto Legislativo n.º 74,
de 30.06.1977),*[204] *sendo, portanto, dever de todos a preservação de bens culturais
da humanidade.*

*Com este único espírito, após o trânsito em julgado da sentença penal condenató-
ria prolatada por esta Justiça Federal (em consonância com as determinações de
15.06.2009 e de 07.12.2009 no Conflito de Competência n.º 76.740/SP do
Colendo Superior Tribunal de Justiça), aguarda a sociedade brasileira a tomada
de futuras decisões pelo juízo falimentar, independentemente de eventual interesse*

---

[203] Fls.3587, 3588, 3590 dos autos n.º 2005.61.81.900396-6.

[204] *'Notadamente, em seus artigos 4º e 5º, abaixo descritos:*
Artigo 4º Cada Estado-Parte da presente Convenção reconhece que lhe compete identificar,
proteger, conservar, valorizar e transmitir às gerações futuras o patrimônio cultural e natural
situados em seu território. O Estado-Parte envidará esforços nesse sentido tanto com recursos próprios como, se necessário, mediante assistência e cooperação internacionais a qual
poderá recorrer, especialmente nos planos financeiro, artístico, científico e técnico.
Artigo 5º A fim de assegurar proteção e conservação eficazes e valorizar de forma ativa
o patrimônio cultural e natural (...) cada Estado-Parte da presente convenção se empe-
nhará em: d) tomar as medidas jurídicas, científicas, técnicas, administrativas e financeiras cabíveis para identificar, proteger, conservar, valorizar e reabilitar o patrimônio...'

manifestado pelo Estado na aquisição do rico acervo, já que, a todos nós, como ressaltado acima, cabem a concretização da história e o compromisso para o bem comum.

Ressalto que na decisão do Eg. S.T.J. resta evidente a exclusão de obras arqueológicas e etnográficas, cuja disposição definitiva possui o Museu de Arqueologia e Etnologia da Universidade de São Paulo – MAE/USP, desde a data de 30.08.2005 (decisão às fls. 373/376 dos autos de n.º 2005.61.81.900396-6, não objeto de recurso), diante da vedação constitucional e legal de sua comercialização, como, aliás, sempre foi observado, até porque qualquer ato que desatenda preceito fundamental, também consagrado em legislação especial, sujeita-se ao imediato sequestro.

Parabenizo a iniciativa do juízo falimentar de já iniciar uma visão peculiar das obras de arte, adotando medidas de cautela que objetivem a repatriação segura ao Brasil e a destinação provisória dos bens ao Museu de Arte Contemporânea – MAC/USP (já que a definitiva está condicionada ao trânsito em julgado da sentença penal deste Juízo), o que sinaliza e começa a se desenhar, também por àquele Juízo, o reconhecimento da importância do tema e das questões envolvidas, que não se resumem a mera satisfação econômica, dando-se, desta forma, concretude à Convenção UNESCO acima referida, tanto pelo Brasil como pelos países signatários da Convenção.

Acredita-se, pois, no tratamento magnânimo que o tema requer, na certeza de que serão atendidos todos os compromissos assumidos pelo País perante a comunidade internacional, aliás, satisfazendo preceitos caros dos quais não cabem mais às autoridades constituídas transigir.

A Justiça Federal brasileira na solenidade a ser realizada na próxima semana em Nova Iorque receberá as aludidas obras e as repassará à massa falida do Banco Santos S.A, ressaltando a necessidade de se observar o trânsito em julgado da sentença penal condenatória para sua destinação definitiva, objeto de recurso da massa falida quanto à destinação dessas obras para a União, e à decisão do E.S.T.J. que reconheceu apenas a este juízo criminal a competência para decidir as providências necessárias para todas as situações que envolvam a repatriação dos bens, seja nas hipóteses mais simples, seja nas ocasiões em que o procedimento de recuperação de ativos demande negociações com o Estado-Parte requerido.

Dessa forma, oficie-se ao juízo falimentar para ciência desta decisão e para informar acerca da concordância da Justiça Federal criminal quanto às medidas tomadas, até então, no específico caso, com relação às obras acima apontadas, cujas tratativas de repatriação e sua efetivação direta deram-se pela Justiça Federal, com o concurso do Departamento de Recuperação de Ativos e Cooperação Jurídica Internacional do Ministério da Justiça – DRCI/MJ e do Ministério

Público Federal, aguardando que providências futuras sejam oportunamente comunicadas.

Ciência ao Ministério Público Federal e ao Museu de Arqueologia e Etnografia da Universidade de São Paulo – MAE/USP.

São Paulo, 17 de setembro de 2010.

FAUSTO MARTIN DE SANCTIS

JUIZ FEDERAL.

Capítulo VII

Respostas às Indagações Iniciais e Conclusões

VII.1. RESPOSTAS ÀS INDAGAÇÕES INICIAIS

Quando do princípio deste trabalho, houve uma determinação de responder a algumas indagações que seriam válidas para o esclarecimento do mercado das artes, notadamente quanto à sua proteção, de forma a tutelar estas últimas, qualificadas como bens da humanidade merecedores de disciplinamento institucional.

01. Existe algum certificado ou documento de registro de obras de arte para que possam ser leiloadas?

Sim. Ao se deixar uma peça numa casa de leilão, um exemplar de um documento de consignação é emitido, sendo certo que nele são registrados o nome, o endereço, o número de telefone do artista consignante, a descrição do item ou dos itens, preço estabelecido pelo artista, a data negociada, a percentagem acordada entre ele e o consignatário e as suas assinaturas. Nada consta, entretanto, sobre formas de pagamento.

02. Há algumas restrições para o transporte para fora do País de obras primas?

Não. Pelo contrário, por serem consideradas *duty free*, o documento fiscal que as acompanha deve conter o nome do artista que as criou, se conhecido, e declarar se elas são originais, réplicas ou reproduções ou cópias, podendo ser exigida prova de que se trata das mesmas constantes da declaração de importação. Ora, para a harmonização do sistema, criou-se, nos Estados Unidos, a *Harmonized System Under Custom Law*, que estabelece a uniformidade na descrição de bens que são movimentados no comércio mundial. Propõe-se um sistema de classificação designado para transportadores, importadores, exportadores, alfândega e registros com vistas a um nível elevado de uniformização de tarifas e de dados estatísticos. Com isto, descrições mais objetivas facultam uma mensuração e observação mais adequadas pelos técnicos da Receita, menos chances de falha na descrição dos documentos de importação e exportação, a melhoria da troca de informações entre setores alfandegários e estatísticas mais confiáveis, permitindo rastrear toda a movimentação de bens por meio das fronteiras nacionais. A Instrução Normativa da Receita Federal do Brasil n.º 874, de 8 de setembro de 2008,[205] que dispõe sobre o despacho aduaneiro de admissão e exportação temporária de bens de caráter cultural, conceitua tais bens as obras de arte, literárias, históricas, fonográficas e audiovisuais, os instrumentos e equipamentos musicais, os cenários, as vestimentas e demais bens necessários à realização de exposição, mostra, espetáculo de dança, teatro ou ópera, concerto ou evento semelhante de caráter notoriamente cultural (artigo 1º, § único). Estabelece que o despacho aduaneiro de admissão temporária de bens de caráter cultural será simplificado de importação (DSI), a que se refere o art. 4º da Instrução Normativa SRF n.º 611, de 18 de janeiro de 2006, apresentada por pessoa física ou jurídica responsável pela entrada no País e o retorno dos bens ao exterior (art. 2º, *caput*). Na hipótese de bens trazidos por viajante não residente, a concessão do regime será formalizada na própria Declaração de Bagagem Acompanhada (DBA). O registro da DSI poderá ser realizado antes da chegada dos bens ao

---

[205] Publicada no Diário Oficial da União de 09.09.2008, republicada no mesmo Diário em 23.09.2008.

País (§§ 1º e 2º). O artigo 3º dispensa o preenchimento dos campos da DSI relativos aos valores dos tributos incidentes na importação e ao respectivo demonstrativo de cálculos, bem como ao peso bruto de cada um dos bens importados. O interessado deverá especificar a finalidade da admissão temporária como bens de caráter cultural detalhando, no campo informações complementares da DSI, nome, local e período de realização de cada evento no País (§ único). Poderão ser dispensadas de conferência física as obras de arte e históricas submetidas a despacho por: a) museu, teatro, biblioteca ou cinemateca; b) entidade promotora de evento apoiado pelo poder público; c) entidade promotora de evento notoriamente reconhecida; ou d) missão diplomática ou repartição consular de caráter permanente (art. 6º, *caput*). Neste caso, é exigida autorização, mas esta somente será concedida, a pedido do interessado, pelo chefe da unidade da RFB de despacho aduaneiro à instituição que (§ 1º): I – esteja inscrita no Cadastro Nacional de Pessoa Jurídica (CNPJ) há mais de três anos; e II – cumpra os requisitos de regularidade fiscal perante a Fazenda Nacional, para o fornecimento de certidão conjunta, negativa ou positiva com efeitos de negativa, com informações da situação quanto aos tributos administrados pela Secretaria da Receita Federal do Brasil (RFB) e quanto à Dívida Ativa da União (DAU), administrada pela Procuradoria-Geral da Fazenda Nacional (PGFN). O despacho será instruído com imagens, projetos, plantas ou outros recursos que permitam a perfeita identificação das obras constante do *caput* (§ 2º). A conferência física para admissão temporária de bens, quando não dispensada ou realizada no local do evento, poderá ser efetuada por amostragem na unidade de despacho (art. 9º). Na hipótese de permanência definitiva dos bens no País, deverá o beneficiário, na vigência do regime de admissão temporária, providenciar o despacho de importação definitiva, de acordo com legislação pertinente (art. 11, *caput*). Tratando-se de objetos de arte constantes das posições 9701, 9702, 9703 ou 9706 do Capítulo 97 da Nomenclatura Comum do Mercosul (NCM) e recebidos em doação por museu instituído ou mantido pelo poder público ou por outra entidade cultural reconhecida como de utilidade pública, será aplicada a isenção do imposto de importação, de acordo com a Lei n.º 8.961, de 23 de dezembro de 1994 (§ único). Por sua vez, o despacho aduaneiro para exportação temporária dos bens de caráter cultural será processado com base na Declaração Simplificada de Exportação (DSE), a que se refere o art. 31 da *Instrução Normativa SRF n.º 611, de 2006*, apresentada por pessoa física ou jurídica responsável pela saída e retorno dos bens ao País (art. 12, *caput*). Na hipótese dos bens serem levados para o exterior, sob a forma de bagagem acompanhada, por viajante (§ 1º): I – o interessado poderá apresentar a DSE para registro, contendo a correspondente anotação no campo destinado a informações complementares, acompanhada do bilhete de passagem do viajante, da documentação dos órgãos anuentes, quando for o caso, antecipadamente ao embarque, em horário de funcionamento normal da unidade da RFB de saída do País; ou II – o viajante deverá relacionar os bens na Declaração de Saída Temporária de Bens (DST) e apresentá-la, antes do embarque, à fiscalização aduaneira, para o devido controle da saída dos bens do País. No caso do inciso I do § 1º, ao embarcar, o viajante deverá estar de posse de cópia da DSE, devidamente desembaraçada § 2º).

03. Casas de leilões internacionais (CLIs) ou galerias somente indagam aos vendedores onde os valores devem ser depositados? Mesmo se a resposta for num paraíso fiscal?

Sim, ficando ao seu exclusivo critério a comunicação de operação suspeita no caso de entender que o pagamento não se dê por meio de fundos bons, ou seja, em *good cleared funds,* podendo ser exigido, sob pena de cancelamento (caso em que fica autorizada a venda a terceiros), a demonstração de não se tratar de lavagem de dinheiro ou de recursos decorrentes do financiamento ao terrorismo (cláusula 4, *c,* do Contrato Padrão de Venda da Christie's). Entretanto, fica claro que a Christie's somente permite pagamento por pessoa listada na fatura; portanto, não de terceiros.

04. Existe alguma indagação sobre a origem do dinheiro (do comprador) entregue ou depositado?

Não necessariamente, já que ausente qualquer obrigação legal de *customer due diligence.*

05. Devemos compradores depositar na conta da CLI ou da galeria ou diretamente na conta do vendedor?

Não, não existe obrigação de pagamento por meio de conta de CLI ou de galeria.

06. A obra de arte em si mesma, como é possível verificar sua autenticidade. As CLIs e as galerias possuem peritos?

Uma vez sendo os itens colocados à venda, leiloeiros e seus funcionários examinam cuidadosamente e avaliam as peças. Peritos podem ser consultados para examinar a identidade ou a autenticidade de uma obra desconhecida. Se existe qualquer dissenso com a casa de leilão, esta possui o dever de revelar seu desacordo interno para o consignante, apesar deste normalmente enxergar uma casa de leilão como um mercado técnico e especializado, confiando em suas recomendações e quanto a um preço adequado.[206] Por isso devem fornecer opiniões confiáveis tanto quanto ao valor como às recomendações que fizerem para um bem a si consignado. A Sotheby`s e a Christie`s, assim como outras casas de leilões internacionais, por uma questão de pressão pública, de autorregulamentação, de conscientização ou do resultado da evolução jurídica, contratou a *Art Loss Register* – ALR – um dos mais abrangentes e conhecidos banco de dados a respeito sobre objetos culturais desaparecidos ou roubados – para assistência na verificação de *provenances* contribuindo para evitar que obras saqueadas ou roubadas circulem pelo mercado. Assim, se nos arquivos da ALR ou mesmo INTERPOL a obra for listada, não aparecerá em seus catálogos.

07. Como são fixados os preços de uma obra de arte?

Os bens levados a leilão são objetos de oferecimento público e buscam atingir o melhor preço possível, envolvendo até competição entre os indivíduos, sendo desenvolvidos, para tanto, diferentes métodos para inspirar tal competição. Pelo sistema inglês (progressivo), uma

---

[206] Nesse sentido, DUBOFF, Leonard; MURRAY, Michael Murray; KING, Christy. *The Deskbook of Art Law.* Booklet M (*Auctions*). New York: Oceana, Second Edition, Release 2010-2, Issued December 2010, p. M-69.

oferta é realizada a partir de valor menos elevado e o leiloeiro chama por uma próxima oferta, encorajando outras. Por meio do sistema alemão (decrescente), que deriva dos métodos tradicionais usados para a venda de flores na Holanda, o leiloeiro inicia com um preço elevado, abaixando em intervalos graduais até que um ofertante aceite a oferta. Já, pelo método japonês (simultâneo), os leilões são fechados, ao contrário dos outros sistemas, e os convites são realizados de *dealers* para *dealers*. Pela legislação japonesa, é obrigatória a realização de uma lista de potenciais compradores e de seus itens para as autoridades locais, dez dias antes do leilão, a fim de deter o impulso na compra de bens. Os itens oferecidos em bloco não são considerados como sendo provenientes de serviços de companhias privadas, como Sotheby´s e Christie´s, mas da Associação de Comerciantes de Arte de Tóquio (*Tokyo Art Dealers Association*). Assim, os vínculos entre os *dealers* são comuns nos leilões fechados. Todas as ofertas são realizadas simultaneamente, sendo tarefa do leiloeiro determinar quem ofereceu o preço mais elevado durante o pequeno período permitido para a oferta.[207] Importante afirmar que o sistema japonês aparentemente evita a fraude (a menos que exista um conluio entre os *dealers*).

08. Como verificar a origem dos recursos, principalmente se provenientes de uma terceira parte?

A Christie´s, por exemplo, somente exige pagamento por pessoa constante da fatura, que, entretanto, pode ser uma terceira parte a serviço de alguém que deseja se ocultar.

09. Possuem, as CLIs, os museus, as galerias, as bibliotecas ou as agências governamentais, banco de dados de obras desaparecidas, vendidas (obras primas), com identificação dos clientes e dos beneficiários de contas bancárias?

Não, mas são frequentes consultas e interação entre entidades culturais e CLIs com agências governamentais e, ao realizarem a *provenance* ou lhes serem oferecidas uma peça, tomam o cuidado de acessarem

---

[207] Nesse diapasão, DUBOFF, Leonard; MURRAY, Michael; KING, Christy. *The Deskbook of Art Law.* Booklet M (*Auctions*). New York: Oceana, Second Edition, Release 2010-2, Issued December 2010, p. M-13.

os bancos de dados tradicionais como INTERPOL, *Art Loss Register* – ALR, etc. Existem, por outro lado, algumas entidades que realizam sua própria identificação. Nos bancos de dados de acesso público não constam clientes (*confidencialidade*), muito menos contas bancárias de beneficiários.

10. Uma CLI ou uma galeria deve realizar uma comunicação de operação suspeita a uma unidade de inteligência financeira, como (FinCEN, nos EUA, ou COAF, no Brasil)?

A Resolução do Conselho de Controle de Atividades Financeiras – COAF n.º 008, de 15 de setembro de 1999, com o objetivo de prevenir e combater a lavagem de dinheiro mediante objetos de arte e antiguidades estabeleceu a obrigação de reportar obrigações suspeitas por parte das pessoas físicas ou jurídicas que comercializam, importem ou exportem, intermedeiem a compra e venda, em caráter permanente ou eventual, de forma principal ou acessória, cumulativamente ou não. Tal obrigação se estende a museus, galerias de arte e bibliotecas diante de sua natureza e da redação da Lei da Lavagem de Dinheiro, não se circunscrevendo, portanto, apenas àquelas pessoas físicas ou jurídicas que comercializem de forma permanente (como galerias). Por incrível, tal não tem sido o entendimento, apesar da clara redação legal. Os dados estatísticos revelam baixíssimo número de comunicações de operações suspeitas, sendo nove, em 2013 e dez, em 2014 (até 01.07.2014). Desde sua criação (1999), o COAF recebeu um total de apenas 54 comunicações, o que demonstra que a legislação brasileira não tem sido levada a sério.[208] O fato é que a ausência de condições de fiscalização por parte da Unidade de Inteligência Financeira brasileira e a crença de que a lavagem por meio da arte é de risco relativamente menor (mercado muito especializado, ostensivo, que chama a atenção, de pouca liquidez e de ágio grande) que aquela realizada via outros setores, acabam tornando letra morta a exigência legal, um faz de conta institucionalizado, não merecendo a questão tratamento adequado e esperado das autoridades competentes. Nos Estados Unidos não há semelhante exigência. Existe, portanto, regramento claro

---

[208] Vide endereço eletrônico do COAF, in *https://www.coaf.fazenda.gov.br/conteudo/estatisticas/comunicacoes-recebidas-por-segmento/*, acessado em 22.09.2014.

no Brasil, mas pouco eficaz, e nenhum nos Estados Unidos. Assim, os casos apenas são descobertos na hipótese de transporte ilícito ou de movimentação bancária suspeita, caso em que e somente nesta situação haveria razão para comunicar operação suspeita.

11. Existe algum movimento (uma coordenada ação) para evitar a venda de obras desaparecidas ou roubadas?

Pode-se dizer que de uns anos para cá há aumento da conscientização da necessidade de melhor regrar esse mercado a fim de coibir a lavagem de dinheiro espúrio, principalmente porque traficantes de drogas têm investido no setor e somente são descobertos por outras vias.

12. Existe alguma troca de informações entre agências governamentais e o mercado das artes?

Não é possível afirmar de forma genérica, mas há claramente troca de informações entre, por exemplo, Christie´s e Smithsonian e agências governamentais como FBI e o Departamento de Justiça norte-americano. No Brasil não há tal interação.

13. Além da INTERPOL, existe um *site* de consulta pelo público de obras desaparecidas ou roubadas?

Existem bancos de dados importantes registrando obras roubadas (furtadas) ou desaparecidas. Eles constam em museus, agências internacionais (INTERPOL),[209] governamentais (*Federal Bureau of Investigation* – FBI),[210] não governamentais (*The Art Loss Register* – ALR),[211] de Foros Internacionais (UNESCO[212] e Conselho Internacional de Museus – International Council of Museums – ICOM[213]) e também da Polícia Internacional (INTERPOL).[214]14. Existe um banco de dados privado

---

[209]   Vide: *http://www.interpol.int/* (página principal, acesso em 13.02.2015).

[210]   Cf.: *http://www.fbi.gov/about-us/investigate/vc_majorthefts/arttheft* (acesso em 13.02.2015).

[211]   Banco Privado de Dados e de serviços, oferecendo-se para registro, procura e recuperação de obras de arte (in *http://www.artloss.com/en*, acessado em 13.02.2015).

[212]   Cf. *http://www.unesco.org/en/list* (acesso em 13.02.2015).

[213]   Vide endereço eletrônico: *http://icom.museum/programmes/fighting-illicit-traffic*, em 20.06.2012.

[214]   Cf. Endereço eletrônico: *http://www.interpol.int/en/content/search?searchText=works of art*, acesso em 13.02.2015.

que consigna os delinquentes e os receptadores ou mesmo tutores que eventualmente deram lições equivocadas acerca do manejo adequado de obras de arte?

Não foi possível constatar a existência de tais banco de dados.

15. Existe mais atenção por parte das pessoas para obras de arte de retratos (podem ser facilmente reconhecidas no caso de roubo) e pinturas de embarcações (se há uma bandeira, pessoas podem mais facilmente reconhecê-las)?

A própria indagação deixa claro que nestas hipóteses o reconhecimento é mais facilitado.

16. Qual a percentagem da recuperação de obras usurpadas ou roubadas?

Não existem tais dados.

17. Qual é a quantia dos objetos roubados?

O *Art and Cultural Property Crime* (FBI), que inclui roubo, fraude, saque e tráfico nacional ou internacional, estima uma perda de seis bilhões de dólares anualmente, sendo que o F.B.I. possui um departamento especializado (*Art Crime Team*), composto de quatorze agentes especiais, além de um índice computadorizado de arte roubada pelo mundo.[215]

18. O sistema de informática das CLIs, das galerias, das bibliotecas e dos museus é concebido para prover vaga investigação ou informação?

Existe uma clara necessidade de prover informações seletivas, ocultando o nome e os dados dos compradores e dos vendedores, sendo certo que os dados se circunscrevem aos objetos de arte em si mesmos, eventualmente sobre sua *provenance*.

---

[215] Vide: *http://www.fbi.gov/about-us/investigate/vc_majorthefts/arttheft*, acesso em 10.03.2015.

19. Se não, as CLIs, as bibliotecas, as galerias e os museus ajudam as agências governamentais de controle, a Polícia e o Ministério Público?

Pode-se dizer que, numa investigação, a *provenance* ora produzida certamente ajudaria, de forma que, quando esta é de fato bem realizada, existe uma informação que pode ser considerada relevante.

20. As CLIs, as galerias, as bibliotecas, os museus e as agências de controle possuem peritos capazes de identificar uma peça com certeza razoável?

Aparentemente sim, notadamente as casas de leilões internacionais, galerias e museus de expressão. Pessoas reconhecidamente com notório saber.

21. As CLIs, as galerias, as bibliotecas, os museus e as agências governamentais recebem informações anônimas ou de informantes sobre obras de arte desaparecidas ou roubadas?

Consta que estão abertas a obterem todo tipo de informação. O FBI, por exemplo, chega até a acessar o *Google* via *internet*.

22. Uma vez que a obra de arte pode passar pelas mãos de vários compradores, como uma pessoa honesta, que deseja adquiri-la, pode perceber que está adquirindo obra com origem legítima?

Se existe algum conselho que deveria ser dado a um interessado comprador amador do mundo comercial que envolve o mercado das obras de arte, é o de que ele deve ficar absolutamente em estado de alerta e exercer, ao extremo, a cautela, neste que é um mundo particular e único.

23. Deve o comprador expor a peça? Se, em revistas, deve evitar a menção de seu proprietário, notificar a Polícia ou Ministério Público, a empresa de seguros, *art dealers*, e fazer folhetos e enviar *emails* com a fotografia do item roubado e oferecer um prêmio no caso de pistas concretas?

A própria indagação já permite a obtenção da resposta.

24. São os bancos de dados acompanhados de fato por CLIs, galerias, bibliotecas, museus ou agências de controle governamentais, como Polícia e Ministério Público?

Sim, na medida da necessidade eventual.

25. As CLIs, galerias, bibliotecas, museus ou agências de controle observam os catálogos de suas congêneres com a devida atenção?

Não foi possível obter tal específica informação, mas sabe-se que são consultados por questão de mercado ou em havendo necessidade.

26. Os catálogos são analisados quando da próxima venda de uma obra valiosa?

Aparentemente não há investigação prévia a não ser da própria CLI anteriormente à venda.

27. Qual o papel das empresas de seguro?

As empresas de seguro são normalmente contratadas no caso de obras de alto valor econômico, sendo estas tratadas diferentemente do que normalmente são cuidados bens pessoais comuns. Para o efeito da cobertura, na apólice deverá constar a identificação de cada peça, juntamente com o seu respectivo valor, sendo que, de praxe, o segurado assume inteira responsabilidade pelos valores declarados na proposta de seguro e que servem de base para a emissão da apólice e para o cálculo do prêmio devido. Deve constar do contrato que não estão garantidos bens que não possuam comprovação irrefutável de posse e ou existência anterior ao início da vigência do seguro, bem ainda os que são objeto de contrabando, furto, roubo, falsificação, comércio ilegal e lavagem de dinheiro. Tais empresas necessitam de uma adequada avaliação porque em caso de um acidente os valores pagos corresponderão à avaliação previamente acertada. Elas exigem uma descrição detalhada também pelo fato de, no caso de extravio ou perda, poder melhor recuperá-las. O simples fato de um especialista avaliar a obra não significa sua autenticidade, apesar de, muitas vezes, possuir condições técnicas para autenticá-la. A autenticação exige uma especial habilidade (*expertise*) em determinados domínios. Alguém que se diz conhecedor de tudo, e não de *fina arte*, de *armas e armaduras* ou de *selos*, dificilmente será um bom avaliador ou autenticador. No contrato de seguro, deve constar que a apólice não cobre reclamações decorrentes de vício, atos praticados por autoridade pública, como busca, apreensão e confisco, e riscos provenientes de furto, roubo, contrabando, transporte ou comércio ilegal e lavagem de dinheiro. Dessa forma, é mais uma maneira de vigilância contra o crime.

28. Poucos anos de prescrição (cinco no caso de roubo) para a persecução penal é suficiente? Está tal prazo submetido à interrupção ou à suspensão?

Nos Estados Unidos, por exemplo, cada Estado estipula o tempo de prescrição no caso de ações civis: o normativo de Nova Iorque para ações visando à recuperação de propriedade pessoal é de *três anos contados a partir da recusa ao alegado proprietário pelo possuidor em devolvê-la*.[216] Já Louisiana, que considera a recuperação uma ação pessoal, estipula o prazo em dez anos. New Jersey e Hawai, seis, Arizona, dois, Kentucky, um.[217] Já, na hipótese de crime, o prazo é de cinco anos, contados do fato para o início da investigação. No Brasil, a contagem da prescrição mesmo que a partir da ação já instaurada pode beneficiar o crime.

29. As autoridades colocam tais questões de lado para se debruçarem no que consideram mais relevantes (crimes de sequestro, homicídios etc.)?

No Brasil sim. O tema é tratado com pouco interesse dado o universo criminoso perverso existente. Nem o próprio mercado respeita a obrigação de reportar obrigação suspeita até porque a fiscalização é falha. Nos Estados Unidos, aparentemente, há bastante interesse na investigação, mas esta tem sido realizada a partir da constatação de alguma ilicitude fiscal ou aduaneira ou por meio de pagamentos suspeitos via instituições bancárias.

---

[216] Cf. Barbara Hoffman. International Art Transactions and the Resolution of Art and Cultural Property Disputes. *Art and Cultural Heritage. Law, Policy, and Practice*, p.171.

[217] Nesse diapasão, DUBOFF, Leonard; MURRAY, Michael; KING, Christy. *The Deskbook of Art Law*. Booklet C (*Theft*). New York: Oceana, Second Edition, Release 2010-2, Issued December 2010, p. C49.

30. São os ladrões de obras de arte conhecedores de arte? Ou alguns são apenas especialistas em assaltos?

Aparentemente não, ao contrário dos casos em que são contratados para a realização da prática delitiva.

31. Podem ser eles um *insider* (vigilantes ou zeladores) e substituírem uma obra genuína por uma cópia?

Noah Charney, no caso da obra *O Carneiro Místico* de Jan Van Eyck, revela que em um dos muitos casos de roubo a que fora vítima a obra, no final do século XIX, o crime foi cometido graças a um *insider*.[218] Teoricamente é possível.

32. CLIs, galerias, bibliotecas, museus e agências de controle dão notícias sobre descobertas (recuperações) de obras de arte?

Os casos são particularmente retratados pela imprensa.

33. As descobertas são pelo menos similares em números quanto às subtrações?

Lamentavelmente, segundo uma estimativa, apenas cinco por cento das obras roubadas no mundo são recuperadas,[219] apesar dos esforços do *Federal Bureau of Investigation* – FBI, da INTERPOL e dos países em cooperação internacional e da colaboração dos museus, do *Art Loss Register* e de outras entidades culturais, como Christie's e Sotheby's.

34. Devem a Receita Federal e as Cortes de Justiça punir CLIs, galerias, bibliotecas ou museus com tributos pesados e multas, prisão e com a responsabilidade penal das pessoas jurídicas eventualmente envolvidas?

---

[218] Cf. *The Mystic Lamb. The True Story of The World's Most Coveted Masterpiece*. New York: Public Affairs, lst ed., 2010, p.103.

[219] Nesse diapasão, DUBOFF, Leonard; MURRAY, Michael; KING, Christy. *The Deskbook of Art Law*. Booklets C (*Theft*) and M (*Auctions*). New York: Oceana, Second Edition, Release 2010-2, Issued December 2010, p. C14.

Para a prevenção e para a repressão do crime é importante que tais consequências sejam adotadas pelas instituições até para criar a consciência de que o delito não compensa.

35. As CLIS, as galerias, as bibliotecas e os museus oferecem serviços sigilosos de depósito de obras conforme a solicitação dos clientes?

Existe, no caso de algumas CLIs e galerias, serviço de depósito após venda, com garantia plena de confidencialidade.[220]

36. Se a resposta for positiva, isso acaba gerando problemas quando se deseja rastrear obras desaparecidas, notadamente quando o colecionador morre anos depois?

O problema somente existirá se houver recusa para o fornecimento de informações às autoridades constituídas.

37. É o mercado de obras de arte baseado num submundo onde pessoas mentem constantemente, por exemplo, foi *uma aquisição de família desde a sua concepção*?

Devem tais instituições se acautelar. Por exemplo, O Metropolitan Museum de Nova Iorque foi objeto de crítica pública diante de sua política de aquisições, um exemplo dos problemas que são gerados pelo sigilo destas. Em 1972, Detrich Von Bothmer, curador das artes romanas e gregas do museu citado, viu um vaso, um cálice, em Zurique, que foi apresentado e representado por Roberto Hecht Júnior, um americano vivendo na Itália que tinha se envolvido antes, porém, em várias transações questionáveis. Detrich Von Bothmer adquiriu-o e expôs a peça em novembro daquele mesmo ano. Uma investigação posterior apurou, contudo, que na negociação houve a participação de um cambista libanês, que inicialmente se apresentou como um colecionador suíço, depois como um colecionador armênio e, finalmente, como um *art dealer*. Este alegou ter recebido o vaso de seu pai, possuindo-o por cinquenta anos.

---

[220] Cf., por exemplo, Christie's Catalog. *New York, Old Master Paintings. Wednesday 6 June 2012.* London: Christie, Manson & Woods Ltd., 2012, p.116; também Sotheby's Fine Art Storage Facility (*http://www.sothebys.com/en/inside/services/sothebys-fine-art-storage-facility/overview.html*, acesso em 10.03.2015).

Posteriormente, uma investigação da polícia italiana descobriu que, em verdade, a peça foi escavada, de forma ilegal, de uma tumba etrusca em 1971.[221]

38. Como tem sido os certificados falsos de autenticidade? Há colaboração entre compradores, vendedores, leiloeiros para aumentar artificialmente os preços e propiciar trocas ilegais?

Não foi possível verificar isso na prática já que os questionamentos e as fontes de pesquisa não foram categóricos a respeito.

39. São os leilões ou as obras de arte usadas para lavar dinheiro (por exemplo, contratar alguém para comprar obra que realizou de forma inflacionada)?

Sim. Existem muitos casos já detectados e objetos até de condenações criminais.

40. É possível corromper pessoal para colocar uma obra de arte no mercado?

Em tese, sim.

41. Já se verificou o envolvimento de empregados com uma conduta não ética antes do leilão, realizando um negócio com um vendedor?

Existe uma clara possibilidade, tanto é certo que há um código de ética e uma política por parte das principais casas de leilões internacionais de bem selecionar seus empregados.

42. O que pode ser dito sobre o "mercado das pulgas" de obras de arte?

A sua relevância pode ser inferida quando se percebe que muitas obras de arte acabam se destinando a esse mercado por criminosos comuns, que sequer são conhecedores de arte. Na maioria das vezes, são objetos de furto ou roubo dentre vários bens furtados ou roubados, um

---

[221] Cf. DUBOFF, Leonard Duboff; MURRAY, Michael; KING, Christy. *The Deskbook of Art Law.* New York: Oceana, Second Edition, Booklet B (*International Movement of Art*), Release 2010-1, Issued November 2010, B-94.

verdadeiro erro acidental, e acabam sendo adquiridas por colecionadores a preço simbólico.

43. Para evitar a fraude fiscal, seria suficiente comparar o tributo pago com os resultados anuais ou a diferença eventual pode ser atribuída a atrasos nos pagamentos das prestações devidas?

Não necessariamente, como a própria pergunta deixa transparecer.

44. Existem diretrizes para os leilões, planos para campanhas de inspeções individuais pelas próprias CLIs ou políticas públicas de educação do mercado?

Existe um movimento para melhor conscientização, mas não política pública específica.

45. É possível alguma casa de leilão internacional recusar uma eventual investigação baseada no tributo pago e nos resultados anuais obtidos, simplesmente porque a credibilidade da realização de seu negócio não pode tolerar exame?

Teoricamente sim.

46. Tem sido suficiente a *provenance* (documento que atesta a sua propriedade e a sua origem) para garantir a autenticidade da obra? E se o artista ou a família deste certificar a autenticidade da obra em poder de um terceiro, não poderá existir conflito de informações de autenticidade?

A *provenance* constitui um parâmetro. Não deve ser tida como garantia absoluta de autenticidade. Também podem existir conflitos quando artistas e ou seus familiares certificarem como verdadeiras cópias de uma determinada produção original.

47. São as CLIs autorreguladas ou possuem uma regulamentação específica?

São autorreguladas, tanto quanto são museus e galerias de arte nos Estados Unidos.

48. A confidencialidade entre compradores e vendedores é entendida de que forma quando houver necessidade para o devido controle das autoridades públicas?

A confidencialidade, nos Estados Unidos, não vale perante as autoridades governamentais. O mesmo deve ocorrer no Brasil.

49. É possível adquirir obras de arte de uma CLI por meio de cartões pré-pagos ou de depósito de valores?

Diante dos valores altos, difícil a aquisição mediante tais cartões. Entretanto, não existe norma proibindo.

50. E pagamentos por meio de empresas de remessas ou casas de câmbio?

Sim. Há possibilidade porquanto não há qualquer proibição. Trata-se de vias que devem ser melhor fiscalizadas já que, do contrário, constituem meios fáceis de remessas de dinheiro espúrio.

VII.2. CONCLUSÕES

Denis Williams[222] uma vez afirmou que *a destruição e a remoção de nossa herança cultural não cessa*rão *até que cada um veja isto como uma afronta pessoal.* Não bastaria, para um efetivo combate à lavagem de dinheiro, a adoção de medidas isoladas, sem uma preocupação global sobre o problema. Observe-se que até mesmo entidades autorreguladas como, por exemplo, a Sotheby`s e a Christie`s, assim como outras Casas de Leilões Internacionais, têm percebido a gravidade do problema contratando a *Art Loss Register* – ALR para assistência na verificação de *provenances* com o escopo de evitar que obras saqueadas ou roubadas circulem pelo mercado. No caso dos arquivos da ALR ou mesmo da INTERPOL se uma determinada obra for listada, não será objeto de venda.

---

[222] *Apud* Alissandra Cummins, in The role of the Museum in Developing Heritage Policy. *Art and Cultural Heritage. Law, Policy, and Practice*, p. 47.

A importância de uma obra de arte não pode ser mensurada apenas por uma questão estética. Na verdade, ela transcende às próprias instituições e reflete, no seu âmago, como as pessoas conduzem suas vidas.

Por isso, como uma primeira conclusão, discussões sobre a necessidade de reforma da legislação pertinente não devem dissentir quanto ao sentido e a direção a serem tomados. Tendências em abraçar forma extremada de liberdade regulamentatória não significam necessariamente o resguardo adequado de proteção a bens vitais, muito menos reflexo garantista, cujo expoente maior da teoria garantista, Luigi Ferrajoli, sequer foi capaz de conceber.[223] Para o consagrado doutrinador, *o garantismo – entendido no sentido do Estado Constitucional de Direito, isto é, aquele conjunto de vínculos e de regras racionais, impostos a todos os poderes na tutela dos direitos de todos, representa o único remédio para os poderes selvagens,* distinguindo as garantias em duas, primárias e secundárias. *As garantias primárias são os limites e vínculos normativos – ou seja, as proibições e obrigações, formais e substanciais – impostos, na tutela dos direitos, ao exercício de qualquer poder. As garantias secundárias são as diversas formas de reparação – a anulabilidade dos atos inválidos e a responsabilidade pelos atos ilícitos – subsequentes às violações das garantias primárias.*[224]

Os Poderes constituídos exercem funções essenciais, notadamente o Poder Judiciário que, ao interpretar a Constituição, não se torna mero executor de norma emanada da vontade do legislador ordinário, mas exerce papel de guardião dos direitos fundamentais.

O Direito Penal, como todo e qualquer Direito, ao buscar a solução das situações em conflito, com a ponderação necessária dos valores que estão em jogo, faz com que nem todos restem satisfeitos com o resulta-

---

[223] O garantismo, possuindo bases em preceitos constitucionais e reforçando princípios da *nulla poena sine juditio e do nulla poena sine processu*, além de outros, não chegou a ponto de inviabilizar a busca da verdade real com excesso de recursos ou cerceando do Poder Judiciário o exercício da jurisdição do caso concreto, nem a análise pontual com o tratamento adequado ao fato a ele dirigido. É a tal verificação da necessidade, da responsabilidade subjetiva, da prova adequada, do contraditório e da ampla defesa. Doutra parte, não se deseja a busca da verdade a qualquer preço, tolhendo conquistas históricas que resultaram na consagração de direitos universais, consistentes em princípios individuais no início, passando a coletivos e, depois, transindividuais. O direito do todo.

[224] Cf. FERRAJOLI, Luigi. *El garantismo y la filosofía del derecho*. Bogotá: Universidade Externado de Colombia, p.132.

do de uma demanda, quase que invariavelmente indesejada por uma das partes. Sua missão é, pois, delicada e deságua apenas numa redefinição da lide, na requalificação desta com a adoção, por vezes, de consequências das mais danosas aos bens personalíssimos.

A regulamentação do Direito Econômico, inclusive no aspecto criminal, e aqui sobreleva a ideia do combate à lavagem de dinheiro de uma maneira geral (inclusive no fértil, eficiente e pouco regrado mundo das artes), justifica-se pela simples ideia de que as leis de mercado sozinhas ou a autorregulamentação não atendem às aspirações evidentes se, em seu contexto, a prática dos negócios envereda, muitas vezes, num campo, no mínimo, eticamente cinzento e perigoso.

Impõe-se suprir lacunas que o Direito criminal comum (de proteção patrimonial – furto/roubo, da fé pública – falsidade/direito autoral e da saúde pública/tráfico de drogas), em grande medida, não tem sido suficiente para o combate eficaz dado o aumento de infrações penais econômicas decorrente do incremento exponencial das atividades ilícitas internacionais.

Se a criminalidade econômica tem resultado, por vezes, numa reação social pouco incisiva, uma vez que era percebida como algo realizado por pessoas de algum prestígio social ou profissional, vimos que muitos casos julgados na Justiça, e retratados pela imprensa, revelam, concretamente, ideia oposta na medida em que a lavagem de dinheiro (notadamente em obras de arte) tem sido uma realidade decorrente de crimes graves comuns, como, por exemplo, o tráfico de drogas.

A ausência de violência direta talvez explicasse certa neutralidade moral. Entretanto, creio que a sociedade, aos poucos, está se conscientizando acerca dos efeitos deletérios da criminalidade econômica porquanto acaba também fomentando a criminalidade comum de molde a movimentar-se na direção da necessidade de detenção dos criminosos econômicos, cada vez mais perigosos e audaciosos. Por isso, no cálculo do custo-benefício em relação aos resultados que decorrem de sua conduta e às possíveis implicações (penas) impostas decorrentes do sistema legal, não deve ser tratada com benevolência ou sem o rigor necessário.

Uma mais do que necessária ressocialização de forma a repensar seus modos de agir, daí porque impõe-se um asfixiamento do crime, a partir do aperfeiçoamento legal com a adoção de medidas que tentam aniquilar brechas legais e institucionais com as quais o crime se perpetua, além de se repensar eventual aplicabilidade ou a restrição das penas pecuniárias ou restritivas de direito.

A análise é delicada, facilmente pendendo para a banalização dos direitos humanos, com sério risco de sua visão como inutilidade a ponto tal que qualquer conclusão no sentido da ponderação do conflito resulta na desqualificação do posicionamento. O Direito Penal do inimigo, defendido por Günther Jakobs, ou Direito Penal do inimigo como terceira velocidade, tendo por defensor Silva Sánchez,[225] existiria para proteger a norma e a confiança das pessoas na lei penal, de tal forma que a finalidade da pena passa a se constituir na reafirmação da vigência da norma.

Configura conceito normativo e funcional de culpabilidade (reprovabilidade) sem fundamentos ontológicos, baseando-se na prevenção geral positiva.[226] Um risco para as bases do sistema punitivo diante da consagração de um ordenamento jurídico-penal prospectivo (adiantamento da punibilidade, fato do futuro e não fato cometido), da adoção de penas elevadas (desproporcionalidade) e da relativização das garantias processuais. Um Direito Penal desvinculado do sujeito apenas para atender expectativas de prevenção geral: instrumentalização violadora e arriscada da dignidade humana.[227]

Não se trata de defender esta teoria efetivamente, tampouco de inviabilizar o Direito Penal com a impossibilidade prática de sua efetivação. Pior, se se perpetuar a impressão geral de que este ramo do Direito desserve ao criminoso pobre e serve ao rico delinquente. Frustrante, injusto, inconsequente e perigoso à democracia e à crença nesta.

---

[225] Cf. JAKOBS, Günther; MELIÁ, Manuel Cancio. *Direito penal do inimigo. Noções e críticas*. Trad. André Luís Callegari e Nereu José Giacomolli. Porto Alegre: Livraria do Advogado, 2005. p. 66-69.

[226] *A autonomia (do sujeito comportar-se conforme o Direito) se atribui como capacidade no caso em que resulte funcional, e só pode faltar quando exista a possibilidade de assimilar o conflito de outra maneira* (ROXIN, Claus. *Derecho Penal – Parte general – Fundamentos. La estructura de la teoria del delito*. Madri: Civitas, 2006. t. 1, p. 806).

[227] Haveria a violação da dignidade humana e o sujeito passaria a ser utilizado pelo Estado de acordo com suas conveniências preventivas (ROXIN, Claus. *Reflexões sobre a construção sistemática do Direito Penal. RBCCrim* 82/35).

Por isso, está a se defender uma ordenação clara e sistemática de regras existentes sobre a lavagem de dinheiro, notadamente viabilizada sobre a arte, de molde a esgotar toda e qualquer hipótese de prática delitiva. Aí sim, faz sentido todo o esforço que está sendo empreendido para um combate eficaz que não se restringe ao estabelecimento normativo de medidas ao setor, mas também de aperfeiçoamento de modalidades de pagamentos e também de melhor clareza das atividades das Organizações Não Governamentais – ONGs.

O estudo do problema não se esgota na análise dos modelos de conduta considerados criminosos, mas na necessidade de se adequar o sistema de prevenção à realidade social, uma vez que a simples conscientização por boa parte de seus atores não tem sido o bastante para a contenção dos desafiadores da lei.

Veja-se que os casos de lavagem de dinheiro por meio de obras de arte foram detectados por setores não ligados a ela, quer porque ingressou-se de alguma forma no regrado sistema bancário que acionou o seu sistema de alerta, quer porque simplesmente descobriu-se a prática do crime antecedente (roubo ou tráfico de drogas, por exemplo), culminando com prisão, condenação e confisco de bens.

Sabe-se que o combate ao crime não se realiza unicamente com a sua tipificação porquanto compreende cinco etapas que podem ser assim elencadas: (1) prevenção; (2) repressão; (3) processo e julgamento; (4) recuperação; e (5) reinserção. Participa dessas etapas a educação, realizada por escolas, família, igrejas, organizações não governamentais – ONGs e etc. (primeira etapa), pela Polícia (segunda), pela Justiça (terceira), por esta e outros setores governamentais (quarta e quinta etapas). Neste ponto, o ato jurisdicional ganha realce. Se o conflito instaurado não obtiver a melhor solução, e esta apenas configura resultado de uma perfeita visão global do problema, pode passar a compreendê-lo como algo teatralizado, pouco útil.

Concretização de seu mister, a busca da verdade, e isso implica, uma reação sistêmica compatível. É o mínimo existencial, sendo a verdade um valor intrínseco à função judicial, aquela que não se submete apenas às partes, sujeitas que são, às mazelas próprias dos seres humanos: preguiça, egoísmo, descaso e desdém.

A par do reclamo por uma decisão judicial adequada, destaca-se a prevenção realizada por setores sociais para evitar que se chegue aos tribunais fatos graves ou que cheguem a estes tardiamente por negligência de concepção de um sistema preventivo que se afigura pouco eficaz.

Assim, bom repensar o papel de museus, galerias, casas de leilões, empresas de seguro e Organizações Não Governamentais – ONGs etc., que devem se adequar a uma realidade já conhecida, como também a forma como determinados pagamentos suspeitos são realizados, cujo risco pouco se tem dimensionado.

Sobreleva, outrossim, a atuação dos Estados, Polícia, Ministério Público, juízes e agências governamentais, bem como dos Estados na cooperação internacional e na repatriação de bens. Realço, aqui, que as Cortes americanas, por seu turno, têm sido simpáticas aos pedidos de governos estrangeiros para o retorno de antiguidades roubadas a despeito dos obstáculos, da polêmica e das tensões que normalmente constam dos litígios dessa natureza.

Como revela José Paulo Baltazar Júnior[228], *a omissão do legislador tem praticamente a mesma qualidade de uma intervenção indevida.* Assim, há necessidade de uma proteção de bens jurídico-fundamentais mediante ações positivas do Estado com a consagração de meios para a sua eficácia. Vale dizer: adotar padrões estatais muito bem definidos com vistas aos deveres de proteção existentes (*proibição de insuficiência*).

Tal construção normativa não é deste autor que ora aqui reflete. Deriva do Tribunal Constitucional Federal da Alemanha, em uma determinada decisão sobre aborto (*BVerfGE*, 39, 1 ff. – *Schwangerschaftsabbruch*)[229], de 25.02.1975. A tese é tida, eventualmente, como reflexo da *proibição do excesso*. Ora, a teoria (*proibição de insuficiência*) implica a restrição dos direitos fundamentais do possível autor da agressão, isto é, uma proteção mediante intervenção do Estado. Ao legislador caberá o esforço para não ficar aquém do mínimo de proteção. Enquanto na proibição de excesso verifica-se um ato legislativo concreto (o seu conteúdo), a adequação das medidas (o mínimo exigível). Na *proibição de insuficiência* discute-se

---

[228] BALTAZAR JR., José Paulo. *Crime organizado e proibição de insuficiência*. Porto Alegre: Livraria do Advogado, 2010. p. 53-54.

[229] Idem, p. 55.

a imprescindibilidade da lei (momento anterior) para a proteção dos direitos fundamentais (diz com a omissão indevida do legislador). Ambos constituem direitos de defesa e são garantias estatais da liberdade em diferentes níveis, em complementação.

Portanto, o sentido e a direção a serem tomados hão de atingir níveis satisfatórios de eficácia somente possível com absoluto rigor técnico, uma vez que a atecnia, o casuísmo ou o distanciamento dos princípios informadores da Justiça criminal dificultarão a sua aplicação ao caso concreto.

Num Estado contemporâneo, tornar-se-á, de fato, inevitável que, aqui ou acolá, surja nova compreensão legal, mas esta há de vir acompanhada da harmonização, da universalização, da impessoalidade, da moralidade de um texto – codificado como queiram – mas que não se afaste da realidade social e dos preceitos estabelecidos.

Assim, a luta contra o tráfico de drogas, de armas, a corrupção, o terrorismo e a lavagem de dinheiro requer uma ação coordenada que não se restrinja às regiões afetadas pela prática ilícita. Uma tarefa que busca a proteção sistêmica dos Estados e também a proteção da integridade financeira internacional.

A Resolução n.º 1373, adotada em 28.09.2001 pelo Conselho de Segurança das Nações Unidas, deixa claro que a estabilidade mundial afigura-se ameaçada por sofisticadas e criminosas organizações, inclusive terroristas, bem ainda por tradicionais e modernas tipologias de lavagem de dinheiro.

Segundo Fletcher Baldwin Júnior, *potencialmente, o efeito mais danoso de lavar dinheiro por tão habilidosas organizações não se dá apenas minando as instituições mundiais – financeiras ou não financeiras – mas também pela perda do acesso público da herança cultural.*[230]

Uma preocupação que deve nortear não apenas os participantes imediatos do mundo das artes, mas, principalmente, as autoridades públicas, sejam policiais, agentes de controle governamentais, procuradores ou promotores, e mesmo juízes, exigindo de todos, aí incluindo os Estados,

---

[230] Cf. *Art Theft Perfecting The Art of Money Laundering*, p.15.

uma ampla e profunda atuação conjunta. Em outras palavras, cooperação em nível nacional e internacional.

Na seara universitária e institucional o tema é pouco versado ou timidamente retratado, tanto pelos professores quanto pelos alunos ou profissionais da área, que acabam por jogar suas forças em questões supostamente mais relevantes, embora exista já a ideia de a Justiça Penal voltar-se com maior empenho para liquidar com a prática de delitos graves, ou seja, para a prevenção e combate ao crime organizado.

A propriedade técnica e a consistência deste trabalho tentaram fazer deste uma obra de atualidade ímpar. Não foi fácil retratar um tema tão complexo e cercado de confidencialidades, mas que dada a sua natureza – cuidar-se de bens culturais, que são universais –, não se puderam desvincular dos preceitos caros à nossa sociedade.

Ao contrário do que se possa pensar, os Estados não estão se extinguindo, antes se fortalecendo, tornando-se cooperativos, inclusive no campo do combate ao ilícito penal. Creio que não há abandono da efetividade dos direitos humanos, mas nova compreensão da criminalidade moderna provocada pela globalização.

O equilíbrio no tratamento do setor, como em todas as ações humanas, legitima uma série de decisões públicas adotadas que estão sendo propostas com prudência e responsabilidade. Em outras palavras, com espírito público. Este deve se constituir no objetivo primeiro, cedendo, pois, políticas voltadas aos interesses ideológicos ou econômicos que nada mais significam interesses individuais potencializados e mascarados nos primeiros.

Deve-se lembrar o seguinte fato histórico: os Estados Unidos, na Segunda Guerra Mundial, criaram uma divisão de proteção da arte. Em março de 1941, estabeleceram o Comitê de Conservação dos Recursos Culturais (*Committee on Conservation of Cultural Resources*), designado para a proteção e conservação de coleções artísticas americanas da ameaça da invasão japonesa, depois de dezembro de 1941 em Pearl Harbor, Hawai. Enquanto isso, em maio de 1944, foi organizado por Winston Churchill, e supervisionado por Hugh Pattison Macmillan, o Comitê inglês para a Preservação e Restituição de Obras de Arte, Arquivos e Outros Materiais em Mãos Inimigas (*British Committee on the Preservation and Restitutions of Works of Art, Archives, and Other Material in Enemy Hands*), também conhecido por *Macmillan Committee*, com o objetivo de salvar e planejar a restituição, no pós-guerra, de obras de arte roubadas ou saqueadas. Por sua vez, em 23 de junho de 1943, o então presidente americano Franklin Delano Roosevelt criou a Comissão Americana para a Proteção e o Salvamento de Monumentos Históricos e Artísticos nas áreas de guerra (*American Commission for the Protection and Salvage of Artistic and Historic Monuments in War Areas*), presidida e conduzida pelo Ministro da Suprema Corte Owen J. Roberts (conhecida por *Roberts Commission*). Esta Comissão conseguiu mapear toda a Itália, suas ilhas e costa (com 168 mapas). Um total de 700 mapas foi produzido cobrindo toda a Europa, incluindo mapas detalhados de grandes cidades, além de um número significante de cidades asiáticas.

Daí se percebe a necessidade transcendental de proteção de nossos bens culturais, independentemente da origem e do país a que pertençam, mas por uma necessidade de preservação da produção intelectual, histórica, artística e universal. Tamanho o medo existente na época que, informantes ligados a Adolf Hitler, revelaram uma ordem secreta deste para que *todos os edifícios históricos e obras de arte que se encontravam na Alemanha, de origem germânica ou estrangeira, legal ou ilegalmente adquiridas, deviam ser destruídas ao invés de cair em mãos do inimigos alemães.*[231]

A conservação, segundo Noah Charney, foi considerada mais importante durante a guerra que qualquer quantidade de vidas humanas. E complementa: *Uma vez sendo a arte retirada de sua nação, esta perde um pedaço de sua civilização; uma vez sendo toda arte destruída, o mundo civilizado torna-se menos civilizado.*[232]

Muitas pessoas fugiram para os Estados Unidos e deixaram para trás suas obras de arte, que estão ainda sendo objeto de pedido de restituição nas Cortes americanas já que acabaram em museus do país como, por exemplo, o *Museum Of Modern Art* – MoMa (Nova Iorque).[233]

---

[231] Vide CHARNEY, Noah. *Stealing The Mystic Lamb. The True Story of The World's Most Coveted Masterpiece.* New York: PublicAffairs, lst ed., 2010, p. 214-215 e 221-223.

[232] *Ibidem*, p. 283.

[233] Cf. David Mckay Wilson (in Who Owns Art? Raymond Dowd, Law'91, and the Fate of Artworks Looted by the Nazis. *Fordham University Alumini Magazine,* Spring, 2012, p. 23-25).

Tais fatos representam bem a realidade de nossa história recente, que acabou sendo complementada com a informação de investimentos por parte de criminosos comuns em arte para a lavagem de dinheiro e, quiçá, o financiamento ao terrorismo.

Na apresentação desta obra, quis manifestar a minha preocupação, constante e diária, de refletir os tempos atuais, que desafiam as autoridades e as concitam à tomada de ações não em busca de uma felicidade abstrata, pautada no menoscabo ou desgraça alheia. O bem-estar constitui patrimônio a ser seguido por todos, cada qual com suas pequenas ações (jamais de forma isolada), notadamente àqueles que trazem consigo parcela do poder de um povo com sede de justiça.

A proposta do trabalho destinou-se a constituir não somente uma introdução ao palpitante tema, mas tecer considerações outras que possam subsidiar o estudo mais atento do setor das artes, mas que serve, em muita medida, para a prevenção da lavagem de dinheiro de uma maneira geral.

Visou-se, pois, encarar, dentro do possível, todo o universo que cerca o seu mundo, com vistas ao aprimoramento do sistema de prevenção e repressão punitiva.

Os governos devem reforçar as medidas antilavagem de dinheiro e rapidamente identificar e fechar as brechas que permitem o fluxo monetário entre os cartéis do crime organizado. Em face disso, o desenvolvimento de uma política que estabeleça o papel de cada um, de cada ator do sistema, sejam museus, galerias, casas de leilões, bibliotecas, *art dealers,* agências governamentais e, principalmente dos Poderes (Executivo, Legislativo e Judiciário), é de suma importância para o enfrentamento do problema atual e para a preservação, até mesmo, de nossa herança cultural.

Segundo Alissandra Cummins, referindo-se especificamente aos museus e às entidades congêneres, mas que deve nortear todos os participantes, gestores e controladores do mercado da arte, *o papel de nossas instituições culturais nesta área deveria ser reconhecido e coordenado com o papel de sua contraparte no que tange ao direito, à segurança e aos profissionais da alfândega. Iniciativas assegurando o reforço do diálogo e a coordena*ção entre os setores inclui treinamento especializado e programa de informação pública.[234]

---

[234] Cf. The Role of the Museum in Developing Heritage Policy. *Art and Cultural Heritage. Law, Policy, and Practice*, p. 50.

Traçou-se, portanto, um horizonte quanto ao tema com o objetivo de se realizar uma análise crítica, prática e real, trazendo, inclusive, a visão do setor extrapenal (terceiro setor), visando restituir à sociedade o que lhe é mais caro: sua dignidade e heranças culturais.

Capítulo VIII

Propostas ao Aperfeiçoamento da Prevenção e Repressão à Lavagem de Dinheiro e do Financiamento ao Terrorismo

Vimos que muitas ações, internacionais e nacionais, estão sendo desenvolvidas sempre visando à prevenção e o combate efetivo do crime de lavagem de dinheiro e do financiamento ao terrorismo.

Os tratados internacionais, complementados com recomendações de organismos multilaterais alienígenas, além de permanentes reuniões de discussão, sempre buscaram o aprimoramento do sistema mundial de repressão a esses graves delitos e, hoje, objetiva-se uma eficácia também no setor em estudo, o mundo artístico.

A questão é objeto de preocupação constante, até porque se discute muito a necessidade do aprimoramento do setor, mas, na prática, não se constatou qualquer efetividade na prevenção do delito porquanto, se devidamente regulado (Brasil), pouca a fiscalização e, no caso de autorregulamentação (EUA), fica a critério exclusivo de cada interessado a tarefa de combater o delito. Os casos trazidos aos tribunais demonstram que apenas quando há uso do sistema financeiro é possível detectar qualquer movimentação suspeita, não havendo registro significativo de comunicação por parte de museus, galerias, casas de leilões internacionais etc., limitando-se estes, por vezes, ao cancelamento da aquisição ou venda.

Por outro lado, com o estudo realizado no setor, chegou-se à questão da modalidade de pagamentos eleita, algo importante em qualquer ambiente negocial e que pode gerar facilidades aos lavadores. Daí porque foi necessário um estudo a partir dessa via.

Chama atenção, hoje, o fato de grandes traficantes, dentre outros criminosos, usarem o setor da arte como forma de investimento do lucro de seus negócios ou como moeda de troca no mercado ilegal de drogas. Logo, a arte tem sido objeto de práticas que possibilitam o seu uso para fins ilícitos.

Tal preocupação tem sido manifestada em alguns debates, mas ainda de forma tímida ou pouco relevante, de molde ser mais do que necessário o engajamento de todos os órgãos estatais para prover de eficácia a prevenção e a punição da lavagem de dinheiro com a recuperação de valores ilegais e dos bens culturais.

Não se tem notícia de avanços importantes nessa área, daí porque talvez se explique o fato de a criminalidade organizada valer-se, em tese, de extraordinária polimorfia de técnicas para dar aparência legal àquilo que provém do crime em obras de arte.

Logo, impõe-se imediata releitura dos mecanismos de prevenção e repressão da lavagem de dinheiro, considerada *suis generis* tendo em vista as suas variadas formas de expressão, notadamente em área bastante importante, porquanto significa a reafirmação de traços sociais e culturais.

Serão sugeridas propostas que deverão merecer reflexão, não significando trabalho definitivo, mas tão-somente o início de um novo debate criminal acerca de nossas expressões culturais. Tais propostas, espera-se, hão de servir ao mundo das artes, mas, também, ao melhor tratamento da prevenção e repressão no combate da lavagem de dinheiro e do financiamento ao terrorismo.

VIII.I. PLANO INTERNACIONAL

VIII.I.1. Grupo de Ação Financeira Internacional – GAFI (FATF)

Explicação: Não se verificou, com relação à arte, uma preocupação particular por parte do GAFI apesar da quantidade importante de casos já detectados.

01. Incluir na recomendação de comunicar operações suspeitas por parte de empresas ou profissões não financeiras (*Non-Financial Businesses and Professions* – DNFBPs) ao lado de cassinos, imobiliárias, negociantes de metais ou pedras preciosas, advogados, notários e contabilistas, galerias de arte, casas de leilões internacionais, museus (Recomendação n.º 22, combinada com as de n.ºs 18 a 21).

VIII.I.2. Paraísos fiscais, Offshores e Trusts

Explicação: as *offshores* possuiriam o mérito de possibilitar o trânsito livre de capital, que somente é tributado em negociações feitas nos locais em que se situam, havendo isenção no caso de transferências a outras *offshores* ou a não residentes, isenção do imposto de renda de pessoa jurídica, bem como de retenção de imposto de renda na fonte relativo ao pagamento de não residentes. A esse respeito, discorre Arnaldo Sampaio de Moraes Godoy, notadamente acerca de Barbados, Panamá, Bahamas e Vanuatu.[235] Além disso, existem tratados para evitar a bitributação, permitindo-se aos Estados medidas unilaterais internas (como, por exemplo, métodos de isenção de crédito fiscal, de alíquota proporcional reduzida e de dedução de impostos pagos no exterior da base de cálculo do imposto interno a ser pago), razões pelas quais são chamados de *paraísos fiscais*. O autor citado ainda aduz que há modelo organizado pela Organização de Cooperação e Desenvolvimento Econômico (OCDE), denominado *Model Tax Convention on Income and on Capital* (composto por 31 artigos, divididos em 7 capítulos), que visa remover obstáculos re-

---

[235] In *Direito Tributário comparado e tratados internacionais fiscais*. Porto Alegre: Sergio Antonio Fabris, 2005, p. 83-84.

ferentes à dupla tributação, prevendo-se, por exemplo, que dividendos pagos por empresa com sede em um Estado contratante e destinados a quem resida em outro Estado contratante serão tributados nesse último, e, quanto aos salários, cabe tributação pelo Estado onde são prestados os serviços.[236] Se, de um lado, afirma-se que facilitam a circulação de bens, serviços e capitais, de outro, constituem instrumento eficaz e legitimado de evasão fiscal. Possibilitam-se usos lícitos, de discutível utilidade, mas também ilícitos. Com efeito, tem sido bastante vantajosa a sua utilização para as condutas que visam lavar valores obtidos de forma ilícita diante do controle estatal insuficiente ou ausente, bem ainda porque permite a criação de pistas falsas, além de transferências internacionais via cabo. As *offshores* possibilitam a ocultação de seus verdadeiros controladores, já que a titularidade é, de acordo com a legislação dos países nos quais estão situadas, comprovada por títulos ao portador e na sua constituição simplesmente são nomeados procuradores – no mais das vezes procuradores de centenas de sociedades de mesmo estilo –, o que significa que se cria um véu eficaz para ocultar os verdadeiros proprietários. Seus títulos não podem ser negociados no mercado interno, nem resgatados sem grande custo e sem indagações quanto à possível cumplicidade em crime de lavagem de quem os resgata. Argumenta-se que sua existência afigura-se vantajosa uma vez que sua propriedade não gera pagamento de tributos, com exceção da hipótese de investimentos no país. No caso de se necessitar de recursos obtidos por meio de *offshores*, contratos de mútuo são firmados permitindo o ingresso de valores não sujeitos à tributação. O dever de transparência dos beneficiários das pessoas jurídicas obriga obtenção de informação adequada e em tempo real (Recomendação GAFI n.° 24), inclusive de *trusts, settlors* e *trustees* ou beneficiários (Recomendação n.° 25), não se podendo, pois, admitir contas anônimas. Por isso, deve ser identificado o cliente e o beneficiário efetivo (deveres de vigilância da clientela, conhecidos por *Customer Due Diligence* – CDD), bem como o dever de recolhimento de informação suficiente sobre a instituição a quem é prestado o serviço, cabendo ao *trustee*, o administrador dos recursos, realizar comunicação suspeita de lavagem. Observe-se que o GAFI (FATF) deixa claro que não se pode invocar o sigilo bancá-

---

[236] Cf. Id. Ibid., p.166-170.

rio ou profissional como forma de obstrução das suas Recomendações (Recomendação n.º 9).

02. Cobrar dos paraísos fiscais o cumprimento das disposições que determinam o fornecimento de informações às autoridades processantes internacionais, ou seja, fazer valer compromissos ético-jurídicos sobre os econômicos, inclusive com a obtenção de informação acerca de seu proprietário, do real beneficiário (*beneficial or ultimate beneficial ownership*)e ou de seus controladores. Em verdade, deveriam ser objeto de uma atenção especial e sua simples existência reconsiderada para verificar-se se não estão mais a serviço de ações criminosas. As razões que impedem sua supressão estão muito relacionadas com o duplo discurso de numerosos Estados, os quais utilizam os paraísos fiscais para realizar transações não transparentes vinculadas a *razões de Estado* ou para a gestão de bens das próprias elites políticas.

VIII.I.3. Cooperação Jurídica Internacional e Repatriamento de Bens (aperfeiçoamento da cooperação internacional, inclusive para viabilizar o repatriamento de bens, com vistas à efetividade da Justiça, que deve ser considerada universal, mediante as seguintes medidas e posicionamento dos países, considerando que a luta contra o crime independe do local onde ele foi praticado e o confisco é fundamental).

Explicação: Nos termos do que considerou o Grupo de Ação Financeira Internacional – GAFI (FATF), há necessidade de estabelecimento da possibilidade de congelamento e apreensão ainda que o cometimento do delito antecedente tenha se dado em outra jurisdição (país), bem ainda a implementação de grupos especializados multidisciplinares, leia-se forças-tarefa (Recomendação n.º 30). Ainda incita a cooperação jurídica internacional, nos termos das Convenções ONU de Viena (Tráfico internacional/1988), de Palermo (Crime organizado transnacional/2000) e Mérida (Corrupção/2003), com retiradas de obstáculos (Recomendação n.º 36) e assistência mútua direta para uma solução rápida, construtiva e efetiva (Recomendação n.º 37), inclusive de congelamento e confisco mesmo que não exista condenação prévia (Recomendação n.º 38). O crime organizado não pode restar inviabilizado simplesmente por ausência de compreensão sobre os diversos sistemas legais internacionais. Cabe aqui mencionar o impacto que houve na lei americana sobre confisco de bens, o caso provocado a pedido do Brasil sobre o congelamento e manutenção de valores nos Estados Unidos pertencentes a um acusado brasileiro. Discutiu-se se, com fundamento no 28 UCS *Enforcement of Foreign Judgments*, § 2467 (d) (3),[237] bens estrangeiros poderiam ser congelados apenas depois que a Justiça no exterior decidisse definitivamente pelo confisco ou mesmo antes de qualquer final decisão quanto ao confisco. O Tribunal americano do Distrito de Columbia (*United States Court of Appeals for the District of Columbia Circuit*, Nova Iorque), ao rever duas decisões da Justiça, de março e abril de 2009, decidiu pela manutenção destas, confirmando a necessidade, para a manutenção de medidas restritivas nos Estados Unidos, de uma decisão definitiva no Brasil sobre o confisco, segundo sua interpretação à secção citada (§ 2467, "d", "3").[238] Depois desta decisão, o Departamento de Justiça americano solicitou e obteve do Congresso a resolução do problema (alterado o artigo), já que o entendimento implicaria – acaso mantido – no comprometimento também de outras cooperações internacionais com outros países (nos Estados Unidos é conhecido como *Dantas Law*).

03. Evitar o uso de carta rogatória por não ser recomendável, porque morosa e burocrática, e a análise, no país requerido, limita-se à verificação da ordem pública e ofensa à soberania;

---

[237] *(d) Entry and Enforcement of Judgment. – (1) In general. – The district court shall enter such orders as may be necessary to enforce the judgment on behalf of the foreign nation unless the court finds that – (A) the judgment was rendered under a system that provides tribunals or procedures incompatible with the requirements of due process of law; (B) the foreign court lacked personal jurisdiction over the defendant; (C) the foreign court lacked jurisdiction over the subject matter; (D) the foreign nation did not take steps, in accordance with the principles of due process, to give notice of the proceedings to a person with an interest in the property of the proceedings in sufficient time to enable him or her to defend; or (E) the judgment was obtained by fraud.*

[238] *In United States of America, Appelant v. Opportunity Fund and Tiger Eye Investiments, Ltd., Appelles (n.º 1:08-mc-0087-JDB, decided July 16, 2010). Site: http://www.cadc.uscourts.gov/internet/opinions.nsf/1B-9DC0B1D05DB6D5852578070070EC9C/$file/09-5065-1255619.pdf, última visita em 10.03.2015.*

04. Priorizar a cooperação por auxílio direto por constituir a resposta a ser seguida pelos Estados por ser mais ágil, basear-se na confiança mútua e conferir ao Estado requerido uma análise adequada dos pedidos;

05. Atender, se possível, modelo simplificado, padrão MLAT, que deve estar objetivamente claro, não se exigindo MLAT específico para cada bem, direito ou valor se o Estado requerente, junto ao pedido, apresentar lista de bens e a sua fundamentação;

06. Considerar que as autoridades centrais facilitam, porém não obstaculizam o contato direto entre magistrados ou autoridades competentes, devendo-se criar canais de comunicação para evitar burocracias desnecessárias (artigo 18.13 da Convenção ONU contra o crime organizado/Palermo não veda tal entendimento);

07. Deve-se respeitar o sistema legal regular dos países envolvidos (Estados requerentes e requeridos), não obstando a cooperação se o pedido tiver origem ou destino a Polícia, o Ministério Público ou a autoridade judicial;

08. Se há recusa à extradição, por ser um seu cidadão, deverá a pessoa supostamente envolvida ser submetida sem demora às autoridades de seu país (art. 16.10/Palermo). Mas, se aceita, recomenda-se condicioná-la com o cumprimento da pena no Estado requerido (art. 16.11/Palermo) ou, então, exigir o seu cumprimento ou de parte dela no Estado requerente (art. 16.12/Palermo);

09. Possibilitar a condução conjunta ou entrega de processos penais (art. 21/Palermo) para destinação final de bens e passos conjuntos (delações premiadas com efeitos em ambos os países) e atingir a melhor administração de Justiça;

10. A cooperação internacional não pode ser obstada quando não se souber a localização de um bem. O Estado requerido deve tomar as medidas disponíveis para a localização, apreensão, sequestro ou arresto para futuro confisco/repatriação;

11. O Estado requerido deverá exigir prova da licitude do bem, direito ou valor, quando houver pedido do Estado-requerente de apreensão, sequestro ou arresto visando o confisco/repatriação, mas que acabou tornado sem efeito por decisões judiciais anuladas que não decidiram o mérito relativo à sua origem lícita;

12. A invocação de ausência de dupla incriminação não pode justificar a não citação ou a não intimação de réus, vítimas, testemunhas ou terceiros interessados em face de processo penal instaurado no Estado requerente;

13. A informação obtida para um processo penal poderá ser usada em outro se o Estado requerido autorizar, ainda que retroativamente;

14. Os bens, direitos ou valores serão restituídos para indenização das vítimas ou entrega para Fundo das Nações Unidas para assistência técnica entre os países ou, ainda, para o ressarcimento do Estado. Poderá ser acordada uma repartição que visará apenas à dedução de gastos, salvo quanto ao crime de corrupção ou assemelhado, bem ainda com relação aos bens culturais, os quais deverão merecer destino que priorize o acesso público;

15. O ressarcimento dos Estados não poderá ser atingido pela prescrição, a qual não inviabiliza a cooperação internacional;

16. Configura negativa à cooperação internacional a invocação da necessidade de um juízo decisório para simples citação, intimação ou cópias, devendo os Estados simplificarem o seu sistema legal para admissão do auxílio direto;

17. Testemunhas de defesa deverão ser ouvidas no país processante ou, então, nas Embaixadas ou nos Consulados por teleconferência, não cabendo a cooperação internacional, salvo no caso da prova ser encampada pela acusação;

18. Para a cooperação internacional não se faz necessário anexar a prova, mas apresentar os argumentos pelos quais a decisão concluiu pela realização da medida no exterior.

VIII.II. PLANO NACIONAL

VIII.II.1. Medidas institucionais (Poderes Executivo e ou Legislativo).

Explicação: o risco da globalização pode ser minimizado se, com ela, o direito pressuposto vier legitimado em bases sociais e filosóficas, e não apenas econômicas. Não se pode tratar o tema sob o viés puramente econômico, mas trabalhar para asfixiar as organizações criminosas, tolhendo-lhes o que lhes proporcionam mobilidade e dinamicidade permitindo o continuísmo e a riqueza ilícita sem precedentes. A degradação subjetiva coletiva decorrente do mundo atual, que tem na economia o valor mais relevante, jamais pode nos constituir em um número, sem que faça um pensamento crítico tão indispensável. A postura dos indivíduos e dos movimentos sociais legítimos deve ser a de se pautar por uma ética que obriga à obediência às regras básicas de convivência, cujo enfrentamento por vias paralelas representa verdadeira ruptura dos direitos postos e pressupostos. Dever de vigilância relativo à clientela existe para atividades financeiras, bem ainda não financeiras, para pessoas físicas e jurídicas (*Customer Due Diligence – CDD*), proibindo-se contas anônimas ou titularizadas com nomes fictícios e obrigação de identificação de seu beneficiário final – *beneficial owner,* além da manutenção de registro por, pelo menos, cinco anos (Recomendações GAFI n.ºs. 10 e 11). Há, por vezes, determinação de comunicação de operações suspeitas para as pessoas jurídicas não financeiras prestadoras de serviços de transferências nacionais ou internacionais de numerário, devendo constar o valor dos recursos transferidos, forma de pagamento, data da transação, finalidade da remessa, nome, CPF ou CNPJ, se for o caso, do remetente e do destinatário dos recursos e a localidade de origem e de destino destes.[239] Tais determinações dão a falsa impressão de que a lavagem de dinheiro eventualmente praticada nesse setor seja passível de ser detectada. Também faz-se necessária a responsabilização dos *dealers* e seu regramento, passíveis que são de conhecimento ou de provável conhecimento de prática criminosa (doutrina da cegueira deliberada – *willful blindness doctrine*).

VIII.II.2. Apreensão, Congelamento e Confisco

19. Permitir o congelamento e a apreensão de forma bastante breve, no campo administrativo, para evitar o desaparecimento ou a prática de atos terroristas;

20. Permitir o confisco de bens no caso de sua transferência para uma terceira parte que poderia ter percebido que se tratava de bens ilegais ou que foram transferidos apenas para evitar o seu confisco;

21. Permitir o confisco de bens de origem ilícita quando uma condenação não for possível em razão de morte, prescrição, reconhecimento de imunidade. Adoção, pois, de ação civil de extinção de domínio;

22. Permitir investigações financeiras mesmo após condenações transitadas em julgado para efetivar ordem prévia de confisco de todos os bens decorrentes do ilícito;

23. Uma vez instaurada a ação penal, não se pode proceder à contagem da prescrição da pretensão punitiva porquanto não há que se invocar inércia do Estado, tampouco de desinteresse na persecução criminal.

VIII.II.3. Órgão Regulador

24. Definição de órgão regulador,[240] se se entender inviável por parte das Unidades de Inteligência Financeiras – FIUs, para o estabelecimento

---

[239] Vide, por exemplo, Resolução da Unidade de Inteligência Financeira brasileira, Conselho de Controle de Atividades Financeiras – COAF n.º 10, de 19 de novembro de 2001.

[240] Como nos Estados Unidos não existe um órgão federal centralizador incumbido da política cultural, diferentemente do Brasil onde há o Ministério da Cultura, poder-se-ia pensar em

de adequada fiscalização para que obtenha, de fato, acesso, direto ou indireto e em tempo útil, às informações financeiras, administrativas e relevantes, provenientes das autoridades de aplicação da lei, para o cabal desempenho das suas funções, incluindo a análise das declarações de operações suspeitas (dando-se, pois, cumprimento integral às Recomendações GAFI n.ºs 26, 27, 29 e 31). Deve estar plenamente capacitado (humana e materialmente) para o controle e fiscalização, tendo por foco evitar o aumento artificial da avaliação da arte, tanto quanto se faz com relação a imóveis, vendas ou aquisições fraudadas, documentos forjados, financiamentos de objetos inexistentes, empréstimos em nome de terceiros ou *trustees*, envolvimento de *offshores* para mascarar a verdadeira identidade do comprador ou do vendedor;

25. Caberá ao órgão regulador exigir registros seguros com avaliações específicas e profundas de clientes (identificação, com foto, e comprovante de residência), suas obras, e instituições congêneres, com sua constante revisão e, se possível, física, porquanto muitas entidades restam frequentemente inertes porque acreditam que a atividade de *compliance* de suas congêneres tem sido executada;

26. Comparar os registros efetuados com o banco de dados das seguradoras e verificar se estas exigiram a documentação completa para a concessão do benefício, no caso de envolvimento eventual de terceiro, evitando que garantias sejam aceitas sem a avaliação adequada. Muitas vezes as empresas de seguro são *offshores* e foram constituídas apenas para realizarem a garantia. Ainda, se existente, mas se em nome de terceira parte localizada em paraíso fiscal, este pode, futuramente, alegar que não estava de acordo com o contrato.

VIII.II.4. Comerciantes de Arte ou Art Dealers

Explicação: pessoas, vinculadas ou não ao meio artístico, têm realizado intermediação relevante, contribuindo para a complexa e impenetrável estruturação financeira.

---

alguma centralização do setor (um Conselho integrado por pessoas indicadas pelo Congresso americano, pelo *Smithsonian Institution*, pelo Secretário do Interior, pelo Secretário do Tesouro, pelo presidente da Corte Suprema, etc.) porquanto não há qualquer direcionamento quanto às políticas de combate e prevenção à lavagem de dinheiro e ao financiamento do terrorismo.

27. Para a atuação como comerciantes de arte, deve-se registrar ou se licenciar de forma a evitar a não transparência de suas atividades;

28. Disciplinar, regulamentar e fiscalizar a atuação dos comerciantes de obras de arte (*art dealers*), com imposição de licença ou autorização especial (pessoal e intransferível), na medida em que podem defender interesses que se resumem, por vezes, na exploração econômica da arte, sem qualquer compromisso com os bens culturais;

29. Impor limites jurídicos para figurar como *art dealers*: condicionar a atuação mediante registro em órgão regulador, no Banco Central e na Receita Federal de seu país; limitação percentual de seus ganhos; proibir os que tiverem apontamentos em certidões de cartórios e distribuidores cíveis, estaduais, municipais e federais, inclusive execuções; obrigar a apresentação de currículo detalhado; proibir a negociação com uma casa de leilão, galeria de arte, museu ou biblioteca quando a obra pertencer ao empregado, proprietário ou representante deste ou destas.

VIII.II.5. Empréstimos, Participações, Benefícios, Pagamentos (em espécie, cartões, remittances, eletrônicos ou mediante instrumentos de depósito de valores pré-pagos – stored value cards e internet).

30. Exigir das casas de leilões internacionais, dos museus, das galerias de arte e das bibliotecas, assim como se deve cobrar das instituições financeiras, registros adequados de empréstimos, de participação nos lucros ou de outros benefícios para evitar perdas substanciais (participações adquiridas para acomodação de instituições coligadas frequentemente não recebem idêntico tratamento que as fora da *holding*). Deve ser observado, por exemplo, a ausência de algum acordo formal de participação ou empréstimo, ou seja, a sua não documentação ou a excessiva e frequente concessão de benefícios a parceiros;

31. Pagamentos em espécie devem ser proibidos porquanto são praticamente impossíveis de serem rastreados e normalmente são decorrência de algum crime fiscal ou ilicitude. Portanto, deve-se tornar ilegal a compra em espécie de veículos, embarcações (aviões ou barcos) e imóveis, ações, loterias, apostas acima de US$ 10.000,00 ou obras de arte e bens de luxo. Com isto, tenta-se atacar o fluxo ilícito de moeda e seu ingresso no sistema financeiro regular, evitando regimes negligentes de medidas de combate à lavagem de dinheiro e ao financiamento do terrorismo;

32. Pagamentos por terceiros também devem ser proibidos, evitando o seu uso com o objetivo de mascarar a real propriedade do bem e dos recursos, com possibilidade de fraude fiscal;

33. Pagamentos com cartões de crédito também devem estar sujeitos a controles mais rígidos, uma vez que controles insuficientes têm sido realizados pelas instituições emissoras, muitas vezes, sem relacionamento prévio, além de não revelarem limites de créditos, mudanças de endereço, nome, data e validade. Ausência do *know your client* (*Do due diligence*);

34. Proibir pagamentos mediante transferências eletrônicas (*wire transfer*) que não permitam o rastreamento de dinheiro, uma vez que existe uma separação entre a empresa de *remittance* ou não financeira e a instituição financeira recebedora dos recursos do investidor, quando estes são provenientes de pessoas físicas ou jurídicas não relacionadas com a negociação (depósitos em espécie, por empresas de *factoring* ou sediadas em paraíso fiscal). Frequentemente, usam-se doleiros ou o *hawala system* ou, então, *wire transfers* de e para bancos secretos ou existentes em paraísos fiscais em grande quantidade ou por pessoas que não possuem qualquer ligação com a instituição destinatária dos recursos (ou não são dela correntistas, ou nada têm a ver com o correntista destinatário dos recursos ou cujo total representa a soma de pequenos depósitos). Haveria uma completa ausência de medidas de segurança a se admitir essa prática. Impõe realçar a obrigação de, nas transferências eletrônicas (*wire transfers*), serem cobradas informações detalhadas da informação originária, bem ainda de seu beneficiário, com a possibilidade de monitoramento, havendo a faculdade de proibir transações de determinadas pessoas, segundo as Resoluções do Conselho de Segurança das Nações Unidas n.ºs 1269/1999 e 1373/2001, relativamente à prevenção e à supressão do terrorismo e seu financiamento (Recomendação GAFI n.º 16). Ainda: obrigação de comunicação compulsória de operações suspeitas por parte de empresas ou profissões não financeiras (*Non-Financial Businesses and Professions – DNFBPs*), como cassinos, imobiliárias, negociantes de metais ou pedras preciosas, arte (inclusão sugerida) e bens de luxo (inclusão sugerida), bem ainda advogados, notários e contabilistas, devendo ser estabelecidos controles internos, preservação dos comunicantes contra responsabilidade civil ou criminal (Recomendações GAFI n.º 22, combinada com as de n.º 18 a 21); dever de transparência dos beneficiários das pessoas jurídicas, devendo ser obtida pelos países informação adequada e em tempo real (Recomendação GAFI n.º 24), inclusive de *trusts, settlors* e *trustees* ou beneficiários (Recomendação n.º 25);

35. Classificar os instrumentos de depósitos de valores (sejam cartões de débito ou rede de cartões pré-pagos) de forma clara, de molde a ser possível o esclarecimento das agências governamentais para identificar cartões suspeitos, uma vez ser difícil proceder à distinção entre os tradicionais cartões de débito e a rede de cartões pré-pagos. Devem a eles ser exigida a identificação dos clientes, possibilitando a comparação entre identidades de seus consumidores e de criminosos procurados. Por isso, cabe a imposição de programa de *compliance*, que inclua a identificação do cliente, a armazenagem dos registros e a comunicação, se o caso, de operações suspeitas. instrumentos de depósito de valores pré-pagos (*stored value cards*), um produto de crescimento explosivo, transformou-se num instrumento ideal de lavagem de dinheiro para que, anonimamente, o dinheiro ilícito seja movimentado, sem documentação, identificação, suspeição e apreensão. É muito mal (ou imprecisamente) regulado, o que permite a seus titulares a garantia do anonimato, até mesmo quando adquiridos ou mesmo recarregados. Seus limites diários são aqueles constantes no total valor existente. Possuem vantagem sobre as transferências físicas porque são facilmente carregáveis ou podem ser objeto de envio pelos correios, o que pode permitir a substituição do transporte de moeda pelas fronteiras. A ação regulatória sozinha não será suficiente se eles são emitidos por instituições não financeiras. Portanto, devem ser esclarecidas as obrigações de seus emissores, bem ainda serem incluídos como instrumentos monetários e, assim, sujeitos à declaração alfandegária. Assim, se eles, ou eles combinados com dinheiro em espécie ou outros instrumentos monetários, perfizerem o limite de 10.000 (na moeda local), devem estar sujeitos à declaração;

36. Adequar a fiscalização das empresas de *remittance,* com conhecimento real da situação que permite a existência de remessas clandestinas ou sem o cumprimento da obrigação de comunicar operações suspeitas (à margem do conhecimento das autoridades competentes) com exigência, por exemplo, da declaração do banco credenciado para efetivar a conversão bancária junto ao Banco Central quando o país (por exemplo, o Brasil) exigir a presença dele para a liquidação da operação cambial. A obrigação de, nas transferências eletrônicas (*wire transfers*), serem cobradas informações detalhadas da informação originária, bem ainda de seu beneficiário, com a possibilidade de monitoramento, havendo a faculdade de proibir transações de determinadas pessoas segundo as Resoluções do Conselho de Segurança das Nações Unidas n.ºs 1269/1999 e 1373/2001, relativamente à prevenção e à supressão do terrorismo e seu financiamento é Recomendação do GAFI (FATF), n.º 16. Da mesma forma, a obrigação de comunicação compulsória de operações suspeitas por parte de empresas ou profissões não financeiras (*Non-Financial Businesses and Professions – DNFBPs*), como cassinos, imobiliárias, negociantes de metais ou pedras preciosas, bem ainda por advogados, notários e contabilistas, devendo ser estabelecidos controles internos, preservação dos comunicantes contra responsabilidade civil ou criminal (Recomendações n.ºs 22, combinada com as de n.ºs 18 a 21);

37. Criar forma de rastreamento eletrônico dos pagamentos via *internet,* talvez tarefa mais fácil até do que dinheiro, em espécie, que, simplesmente, passa de mão em mão. Com isto, pode-se detectar, por exemplo, pagamentos mediante *bitcoins,* apesar de ser considerado um meio transparente de transações pelo fato do sistema permitir a identidade de seus usuários ainda que exista utilização de nomes falsos ou apelidos. Assim, se um traficante estiver usando um determinado endereço *bitcoin*, pode-se baixar os dados da pessoa que negocia com este endereço e verificar todo o universo das pessoas com quem, por exemplo, um traficante contacta, podendo-se, possivelmente, obter informação de toda sua clientela. Apesar de não ser, esse meio, tão anônimo quanto possa parecer à primeira vista, não se pode descartar a hipótese de uma pessoa arquitetar no sistema *bitcoin* vias baseadas no anonimato para esconder suas transações. Quanto mais serviços diversos são oferecidos pela rede de computadores, mais complexas tornam-se as conexões, viabilizando formas de compensações de valores em sistemas aparentemente não relacionados, notadamente quando se percebe possível a utilização de vários endereços, um dos quais usados apenas para a transferência uma única vez;

38. Criar cadastro nacional de compradores de obras de arte, que deve ser alimentado por museus, bibliotecas, galerias de arte e casas de leilões internacionais. Com isto, evita-se o estabelecimento de verdadeira zona franca para a prática delitiva e viabiliza a identificação falsa ou a utilização de *laranjas*;

39. Repassar os dados do cadastro nacional de compradores de obras de arte para a Polícia Internacional – INTERPOL para realização de cadastro mundial, viabilizando o acesso às agências governamentais de controle e investigação.

VIII.II.6. Offshores or Trusts

Explicação: a obtenção de informações tem sido extremamente dificultada porquanto não se tem comunicação disponibilizada às autoridades competentes, muito menos no tempo adequado, quando se vale de cooperações jurídicas internacionais. Por outro lado, investidores podem ser autores de crimes antecedentes, desejando lavar o produto do crime.[241]

---

[241] No Brasil, a Instrução Normativa da Receita Federal do Brasil, n.º 748/RFB, de 28.06.2007, não obriga as *offshores* ou *trusts*, ao contrário das pessoas jurídicas domiciliadas no país, à total identificação de sócios e administradores (Quadro de Sócios e Administradores – QSA), bastando a apresentação, para a obtenção da inscrição no Cadastro Nacional de Pessoas Jurídicas – C.N.P.J., de uma cópia do ato constitutivo. Isso pode significar que se satisfaça

40. Imperiosa a obtenção da qualificação dos reais investidores, ainda que pertencentes a empresas com sede no exterior, mas com atividades de representação no país, não bastando a simples indicação de procuradores ou acionistas. Deve-se exigir completa identificação também dos sócios e administradores que se encontram ocultos em *offshores ou trusts* domiciliadas nos paraísos fiscais, devendo-se tornar obrigatória a apresentação do Quadro de Sócios e Administradores para a inscrição, suspensão ou baixa de pessoa jurídica domiciliada no exterior nos registros nacionais (no Brasil, no Cadastro Nacional de Pessoas Jurídicas – C.N.P.J.).

VIII.II.7. Organizações Não Governamentais – ONGs, Associações e Fundações

Explicação: haveria necessidade de existência de cadastro completo por atividade e tipos de todas as ONGs em atividade, cabendo a elas a obrigação de guardar a documentação relativa às transações realizadas no país e/ou no exterior. Dessa forma, atender-se-á o normativo GAFI (FATF) no sentido da necessidade de estabelecimento de política adequada às Organizações Não Governamentais (*Non-Profit Organizations*) no sentido de se obter informação em tempo real de suas atividades, tamanho e outras características importantes, como transparência, integridade e publicidade da administração e melhores práticas, com a supervisão e monitoramento (Recomendação n.º 8). Existem fatos retratados que demonstram o seu uso, inclusive, para o financiamento ao terrorismo. Há ações governamentais para coibir tal prática, notadamente no Paquistão.[242] Na Índia existem, também, casos veiculados de envolvimento de ONGs em terrorismo e seu financiamento.[243]

---

com a mera declaração emitida por uma entidade pública de paraíso fiscal (com nome da empresa, data de sua abertura, natureza jurídica, objeto social e endereço).

[242] Cf. Terror outfit-turned 'charity' JuD set o come under Pak Central Bank scanner. In *Asian News Internacional*, March 13, 2012 (*www.lexis.com*, último acesso em 19.06.2012); e Naveed Butt. Insurance/takaful companies: SECP enforces compliance with AML Act. The Financial Times Limited. NPO 3/25/12 Bus. Recorder (Pak.) (Pg. Unavail. Online) 2012 WLNR 6308356. Loaded Date: 03/24/2012. BUSINESS RECORDER. Source: March 25, 2012.

[243] Vide Prafulla Marpakwar. State forms cells to detect source of terror funds. *Times of India* (Online Edition). Copyright 2011 BENNETT, COLEMAN& CO.LTD. December 24, 2011. Section: Times City (*www.westlaw.com*, último acesso em 19.06.2012).

41. Deve-se exigir para o seu funcionamento licença para a obtenção de isenção fiscal, cabendo reportar à Receita, sob pena de cassação, informações de relevo, em documento oficial datado e devidamente assinado, sob pena de incidir em crime de falso, devendo ser listada a pessoa com o seu respectivo telefone que detiver os livros e registros da organização ou da fundação;

42. Nos livros e registros da entidade deve constar relação detalhada de suas atividades e de sua gestão, das receitas e das despesas, além de bens líquidos, valendo citar: o nome da instituição e sua missão; número de membros; se dispõe de mais de 25% de seus bens líquidos; número de votantes listados de dentro e de fora da entidade; número de empregados; número de voluntários; receitas de negócios não a ela relacionados e o tributo pago; contribuição e doações; recursos investidos; benefícios pagos para e pelos membros; total de bens e obrigações; descrição básica dos programas assistenciais; se houve a concessão de empréstimos ou benefícios para ou pelos funcionários, diretores, *trustee* ou outra qualquer pessoa; o nome, o total de horas trabalhadas, posição de todos os funcionários e ex-funcionários (inclusive diretores, *trustees* e funcionários-chave; valores por estes percebidos, despesas vertidas (inclusive viagens ou de lazer), nome dos doadores e sua qualificação;

43. Exigência de auditoria externa a partir de uma determinada receita bruta (acima de $100.000,00, na moeda local, por exemplo), como bem disciplina o Estado de Nova Iorque,[244]

44. Constar nos seus estatutos a distribuição obrigatória de relatórios financeiros e resultados de eventual auditoria externa para todos do corpo diretivo e empregados encarregados (presidente, gestor e o departamento financeiro), possibilitando a revisão destes;

---

[244] Cf. *www.charitiesnys.com* ou *www.chaririesnys.com/pdfs/statute_booklet.pdf*, acesso em 10.03.2015.

Lavagem de Dinheiro por meio de Obras de Arte – Uma Perspectiva Judicial Criminal

45. Disponibilização de acesso universal sobre as ONGs, Associações ou Fundações (endereços eletrônicos), contendo importantes informações sobre registro e informações devidas;

46. Sendo templo, igreja, mesquita, instituições educacionais ou *trusts*, ainda que registradas como ONGs, associações ou fundações, a origem dos fundos deve estar suficientemente demonstrada;

47. Proibição de recebimento de doações em espécie ou então a partir de determinado valor ($3.000,00, na moeda local), caso em que deverá haver uso apenas de instrumentos bancários;

48. Revisão de todas as contas de tais entidades a fim de reforçar a *due diligence* e verificar se cumprem os objetivos para os quais foram constituídas, permitindo apenas a abertura de contas em nome delas e conforme a documentação entregue;

49. Havendo anúncios de que determinada conta estará sujeita a recebimento de doações ou a propósito similar, caberá às instituições bancárias um acompanhamento para verificação do destino das remessas realizadas a partir de tal conta, com imediata comunicação de operação suspeita à Unidade de Inteligência Financeira se a conta publicada não corresponder àquela titularizada pela ONG ou Fundação;

50. Verificar se as doações e contribuições recebidas para fins específicos estão sendo adequadamente registradas e fielmente contabilizadas;

51. Prever procedimento claro para a aprovação da direção, de molde a garantir-se a diversidade de membros;

52. Assegurar o dever de lealdade de atuação de seus membros para evitar qualquer conflito de interesses entre a entidade e os seus objetivos e seus membros;

53. Para observar o lucro auferido por casas de leilões e galerias de arte devem ser considerados o custo dos bens vendidos, o seu inventário de obras (em estoque e as em consignação), a sua contabilidade e suas vendas em conformidade entre o negócio realizado por elas e o artista, exigindo-se destaque contábil dos seus rendimentos auferidos com as vendas em consignação. Evita-se, com isto, que alguns artistas paguem suas despesas pessoais em espécie, dessa forma recebendo das casas de leilões ou galerias pelas obras vendidas e que se encontravam em consignação;

54. Assegurar independente e isenta avaliação financeira.

VIII.II.8. Crime de Lavagem – Tipificação

Explicação: sabe-se que o sistema de comunicação obrigatória de atividades suspeitas constitui o ponto central do efetivo combate à lavagem de dinheiro. Vários esquemas são descobertos em face dele. Também muitos são ocultados quando não existe a colaboração de todos que possuem o dever legal de comunicar. Certamente a falha em um dos instrumentos de controle, tido por essencial no combate à lavagem, que é a comunicação obrigatória, pode propiciar número estatístico irreal. Por outro lado, a incriminação da divulgação indevida de comunicação de operação financeira busca, como é óbvio, a proteção da intimidade e imagem das pessoas, de um lado, e a efetividade das investigações iniciais, de outro, sob pena de inviabilizar ações futuras de bloqueio de valores e demais medidas cautelares sigilosas;

55. Incriminação da não comunicação de operação financeira, de seu retardamento, da prestação incompleta ou falsa ou revelação de comunicação obrigatória, bem como da estruturação de transações ou operações para inibir comunicação obrigatória;

56. Estabelecer obrigação legal para a comunicação de operações suspeitas por parte das pessoas físicas ou jurídicas que comercializem, importem ou exportem, intermedeiem a compra e venda, em caráter permanente ou eventual, de forma principal e acessória, cumulativamente ou não, para prevenir e combater a lavagem de dinheiro mediante objetos de arte, devendo a regra ser clara o bastante para incluir museus, galerias de arte, bibliotecas e casas de leilões internacionais.

VIII.II.9. Administração da Justiça e Juízes

Explicação: diante do elevado número e da complexidade de feitos, com prejuízos enormes à jurisdição penal, cuja resposta pode não se dar no tempo devido e também por exigir conhecimentos específicos.

57. Especializar Varas em lavagem de dinheiro, havendo critério para a indicação, nomeação ou substituição de juiz, bem ainda especialização de turmas criminais nos Tribunais;

Explicação: a ressocialização do criminoso econômico deve-se centrar, pois, na necessidade de fazer com que repense seus modos de agir. Se existe racionalidade na ação delitiva quanto ao cálculo dos custos e vantagens que cada conduta proporciona ao delinquente, uma pessoa somente cometerá um fato típico se, e somente se, a sanção esperada for inferior às vantagens privadas almejadas com a realização do ato;[245]

58. Deve-se evitar a aplicabilidade ou restringir as penas pecuniárias, bem ainda as restritivas de direito (inclusive, em delações premiadas), quando evidente o efeito intimidatório baixo, atendendo-se, pois, às exigências de proporcionalidade (gravidade do fato e culpabilidade) e a necessidade de prevenção geral, que demandam uma resposta mais adequada para o grave delito econômico.

VIII.II.10. Agências Governamentais de Controle e Investigação (law enforcement agencies). Unidades de Inteligência Financeira (Financial Intelligence Units – FIUs) e Eventual Órgão Regulador do Setor das Artes

Explicação: o Grupo de Ação Financeira Internacional – GAFI (FATF) recomenda aos países identificarem, avaliarem e compreenderem os riscos a que estão sujeitos para o cometimento da lavagem de dinheiro e do financiamento ao terrorismo, devendo ser coordenadas

---

[245] Nesse sentido, vide Jesús-María Silva Sánchez (in *Eficiência e direito penal*. Coleção Estudos de Direito Penal. São Paulo: Manole, 2004, n.º 11, p.11) e Anabela Miranda Rodrigues (in Contributo para a fundamentação de um discurso punitivo em matéria fiscal. *Direito Penal Económico e Europeu: textos doutrinários*. Coimbra: Coimbra ed., 1999, p. 484-485).

ações que os mitiguem (*Risk-Based Approach* – *RBA*, Recomendação n.º 1). Além disso, faculta a cooperação e a coordenação nacionais das políticas de prevenção e repressão, com ações adequadas, Unidades de Inteligência Financeira (Recomendação n.º 2). Estabelece o dever de vigilância relativo à clientela, pessoas físicas e jurídicas, *Customer Due Diligence* – *CDD*, proibição de contas anônimas ou titularizadas com nomes fictícios e obrigação de identificação de seu beneficiário final – *beneficial owner* (Recomendação n.º 10), com manutenção de registro por, pelo menos, cinco anos (Recomendação n.º 11), como, também, a definição das Pessoas Politicamente Expostas (*Politically Exposed Persons* – *PEPs*), isto é, aquelas que normalmente tenham maior facilidade em *lavar* valores, como políticos e seus parentes (com funções proeminentes). Obrigou um maior controle sobre elas, sendo sua definição alargada (revisão 2012) para contemplar pessoas nacionais e estrangeiras, até mesmo de organizações internacionais (Recomendação n.º 12). Estabelece a obrigação de comunicação compulsória de operações suspeitas por parte de empresas ou profissões não financeiras (*Non-Financial Businesses and Professions* – *DNFBPs*), como cassinos, imobiliárias, negociantes de metais ou pedras preciosas, bem ainda advogados, notários e contabilistas. Há obrigatoriedade de serem estabelecidos controles internos, preservação dos comunicantes contra responsabilidade civil ou criminal (Recomendação n.º 22, combinada com as de n.ºs 18 a 21), bem ainda, o dever de transparência dos beneficiários das pessoas jurídicas, devendo ser obtida pelos países informação adequada e em tempo real (Recomendação n.º 24), inclusive de *trusts*, *settlors* e *trustees* ou beneficiários (Recomendação n.º 25), devendo as Unidades de Informação Financeira (FIU's) ter acesso, direto ou indireto e em tempo útil, às informações financeiras, administrativas e provenientes das autoridades de aplicação da lei (*Law Inforcement Authorities*), para desempenhar cabalmente as suas funções, incluindo a análise das declarações de operações suspeitas (Recomendações n.ºs 26, 27, 29 e 31). Recomenda regramento adequado dos cassinos, com efetiva supervisão e regulamentação à prevenção da lavagem de dinheiro (Recomendação n.º 28). Equivocou-se, *s.m.j.*, por não editar recomendação semelhante àquela feita aos cassinos relativamente ao setor das artes, o que não impede às FIUs de assim procederem, como, aliás, estabeleceu a unidade brasileira, mas com pouca comunicação e praticamente nenhuma fiscalização (Resolução do Conselho de Controle de Atividades Financeiras – COAF n.º 008, de 15 de setembro de 1999). Não se pode deixar de mencionar que viola o direito do consumidor a quebra de confiança decorrente de um inadequado procedimento, além de comprometer a justa competição no mercado. A boa-fé objetiva ou a lealdade contratual deve constituir regra de conduta de cuja violação decorre sanção administrativa com o objetivo de prevenir negócios fraudulentos ou práticas contrárias à concorrência. Não se pode admitir condutas que contrariem o mandamento de agir com lealdade e correção;[246]

59. Estabelecer regulamentação, independentemente de eventual obrigação decorrente da lei (desde que fundamentada nos propósitos para os quais houve a criação legal), quanto à obrigação de reportar operações suspeitas por parte das pessoas físicas ou jurídicas que comercializem, importem ou exportem, intermedeiem a compra e venda, em caráter permanente ou eventual, de forma principal e acessória, cumulativamente ou não, para prevenir e combater a lavagem de dinheiro mediante objetos de arte, devendo a regra ser clara o bastante para incluir museus, galerias de arte, bibliotecas e casas de leilões internacionais. A fiscalização deverá, na ausência de órgão regulador, ser pelas FIUs efetivamente implementada, não se podendo dar vazão à crença de que a lavagem por meio da arte é de risco relativamente menor, se comparado com outros setores;

60. Obrigar e fiscalizar a comunicação suspeita por parte dos cartórios de registros de imóveis e ou pelo setor que regula a atividade dos corretores de imóveis, notadamente quando há pagamentos em espécie, ou sua tentativa, ou ainda mediante contas existentes no exterior. Existem notícias frequentes de políticos adquirindo bens imóveis no Brasil pagando, total ou parcialmente, em espécie, o que tem provocado um aquecimento do mercado imobiliário nunca antes visto;

---

[246] Em sentido semelhante, Humberto Theodoro Júnior. *Direitos do Consumidor: a busca de um ponto de equilíbrio entre as garantias do Código de Defesa do Consumidor e os princípios gerais do Direito Civil e do Direito Processual Civil*. Rio de Janeiro: Forense, 2009, p. 25.

61. Sancionar as práticas comerciais que ofendam a boa-fé objetiva ou a lealdade contratual atendendo ao estabelecido pelas leis de proteção aos direitos do consumidor, cuja fiscalização cabe no Brasil, ao Sistema Nacional de Defesa do Consumidor, formado pelos Procons, Defensoria Pública e Ministério Público e nos EUA, em nível federal, pela Federal Trade Commission e o Departamento de Justiça norte-americano.

VIII.II.11. Receita Federal e ou Ministério Público

Explicação: a conveniência de se conceder deduções de impacto fiscal deve levar em conta um conjunto complexo de regras para sua concessão e também necessita de um aperfeiçoamento profissional por parte de seus agentes. Por se tratar de produto não homogêneo, a arte exige uma especialização e assim também devem ser os setores de controle e fiscalização do setor.

62. A dedução fiscal somente pode ser permitida se a doação não constituir uma troca de bens ou serviços e tiver um destinatário previamente registrado e qualificado para tal. Assim, há de ser exigida uma licença para a isenção fiscal;

63. Ainda que obtida a licença, impõe-se exigir da entidade beneficiada, sob pena de cassação, informações de relevo por meio de formulário próprio, que deverá ser datado e devidamente assinado, sob pena de incidir em crime de falso, devendo ser listada a pessoa, e seu respectivo telefone, detentora dos livros e registros da organização. Neste deve constar relação detalhada de suas atividades e de sua gestão, das receitas e das despesas, além de bens líquidos, valendo citar: o nome da instituição e sua missão; número de membros; se dispõe de mais de 25% de seus bens líquidos; número de votantes listados de dentro e de fora da entidade; número de empregados; número de voluntários; receitas de negócios não a ela relacionados e o tributo pago; contribuição e doações; recursos investidos; benefícios pagos para e pelos membros; total de bens e obrigações; descrição básica dos programas assistenciais; se houve a concessão de empréstimos ou benefícios para ou pelos funcionários, diretores, *trustees* ou outra qualquer pessoa; o nome, o total de horas trabalhadas, posição de todos os funcionários e ex-funcionários (inclusive diretores, *trustees* e funcionários-chave; valores por estes percebidos, despesas vertidas (inclusive viagens ou de lazer), nome dos doadores e sua qualificação, parecer da auditoria (externa se doações alcançarem a cifra de $100.000,00, na moeda local) etc;

64. Verificar se as doações e contribuições recebidas para fins específicos estão sendo adequadamente registradas e fielmente contabilizadas;

65. Assegurar que relatórios financeiros sejam distribuídos para todos do corpo diretivo e empregados encarregados (presidente, gestor e departamento financeiro) para a revisão destes;

66. Obrigar à compreensão dos controles internos da organização ou fundação, seus objetivos, verificando se existe atualização documental da política de sua atividade, mediante revisão de sua estrutura, de seus procedimentos e de seus programas;

67. Verificar exatamente o papel de cada gestor (presidente, administrador, diretor) e o cumprimento do dever de obediência aos seus estatutos;

68. Verificar se existe claro procedimento previsto para a aprovação da direção, de molde a garantir-se a diversidade de membros, e observar se está sendo rigorosamente cumprido;

69. Atentar para qualquer conflito de interesses entre a entidade e os seus objetivos e seus membros, de forma a garantir-se o dever de lealdade de atuação no interesse coletivo;

70. Verificar empréstimos não usuais, e ou para fora do território onde normalmente atuam, documentações propositalmente vagas, financiamento para ações sociais pouco convincentes ou úteis, demonstradas por faturas que nada comprovem (palestras, consultas, serviços etc.);

71. Para observar o lucro auferido por casas de leilões e galerias de arte, devem ser considerados o custo dos bens vendidos, o seu inventário de obras (estoque e as em consignação), a sua contabilidade e suas vendas em conformidade entre o negócio realizado por elas e o artista, exigindo-se destaque contábil dos seus rendimentos auferidos com as vendas em consignação. Evita-se, com isto, que alguns artistas paguem suas despesas pessoais em espécie, dessa forma recebendo das casas de leilões ou galerias pelas obras vendidas e que se encontravam em consignação;

72. Os agentes do Estado devem possuir conhecimento específico para a compreensão mínima do mercado de arte para bem verificar o preço declarado, devendo, pois, serem submetidos a um procedimento permanente de aperfeiçoamento educacional.

VIII.II.12. Empresas de Seguro

Explicação: as empresas de seguro são invariavelmente contratadas no caso de obras de alto valor econômico, sendo estas tratadas diferentemente do que normalmente são cuidados bens pessoais comuns.

73. Para o efeito da cobertura, na apólice deverá constar: a identificação de cada peça, juntamente com o seu respectivo valor (portanto, adequada avaliação, sendo que o segurado deve assumir inteira responsabilidade pelos valores declarados na proposta de seguro e que servem de base para a emissão da apólice e para o cálculo do prêmio devido), o fato de que não serão garantidos bens que não possuam comprovação irrefutável de posse legítima e ou existência anterior ao início da vigência do seguro, bem ainda aqueles com vício, objetos de ações de autoridade pública (busca, apreensão e confisco) e com riscos provenientes de contrabando, furto, roubo, falsificação, comércio ou transporte ilegais e lavagem de dinheiro;

74. Deve haver periódica atualização do valor avaliado (*honest clause*) a fim de ajustá-lo à proporção devida entre a última avaliação e o valor de mercado.

VIII.II.13. Casas de Leilões Internacionais, Galerias de Arte, Museus e Bibliotecas

Explicação: uma notícia da Procuradoria Federal da Califórnia revelou, por exemplo, a prisão, em 2011, de Matthew Taylor, um *art dealer,* por sete acusações relacionadas ao roubo de arte e fraudes contra um colecionador de Los Angeles, mediante a venda de mais de cem obras falsas de Claude Monet, Vincent van Gogh, Jackson Pollock e Mark Rothko, num total de US$ 2.000.000,00, adquirindo obras de artistas não conhecidos e substituindo suas assinaturas por aquelas de artistas famosos. Teria ainda simulado que as obras fariam parte do *Museum of Modern Art* – MoMA e do *Guggenheim Museum,* ambos em Nova Iorque. A investigação teve a colaboração do FBI (*FBI's Art Crime Team*), do departamento de polícia de Los Angeles (*Los Angeles Police Department's Art Theft Detail*) e da Receita Federal americana (*Internal Revenue Service Criminal Investigation*) e o réu, em 12 de março de 2012, não admitiu a culpa perante a Corte Federal de Los Angeles.[247] Outro caso revelaria a lavagem de dinheiro do ex-Primeiro Ministro ucraniano Pavlo Lazarenko, preso, em junho de 2012, no Sul da Califórnia, tendo as Nações Unidas calculado que ele teria roubado do governo da Ucrânia cerca de 200 milhões de dólares. Em um caminho existente embaixo de sua suposta mansão na Califórnia foi localizada uma litografia de Pablo Picasso tida por desaparecida.[248] Tais exemplos, ainda que não tenham sido definitivamente julgados, ao contrário de vários já citados neste trabalho, instam os principais gestores e atores do mercado das artes a uma profunda preocupação quanto ao comércio ilegal de objetos culturais, sua falsidade, e os danos irreparáveis que frequentemente causam a eles e também à herança cultural nacional, tribal, indígena ou outras comunidades, enfim, às pessoas e, em particular, à pilhagem de sítios arqueológicos e à história

---

[247] Cf. Florida Man Arrested on Charges of Selling Stolen Art and Selling Forged Paintings for Millions of Dollars. U.S. Attorney's Office Information from Central District of California. Published on September 15th, 2011, http://*www.justice.gov/usao/cac/Pressroom/pr2011/134. html*, last visit on June 13th, 2012.

[248] In Accusations of money laundering, vandalism and the theft of a Picasso lithograph in Nothern California at a mansion allegedly belonging to the former Ukrainien Prime Minister. Published on June 9th, in the site of Association for Research into Crimes against Art – ARCA (*http://art-crime.blogspot.com/*, last visit on June 13th, 2012).

e à informação científica. Devem, pois, atentar às transações bancárias ou não bancárias decorrentes da sua atividade no setor. Tais entidades tornaram-se centros de difusão cultural e gancho para atividades diversas e multidisciplinares, visando o atendimento, o prazer e o ganho de conhecimento das pessoas. Este papel só vem reforçar os seus principais objetivos e comprometimentos enquanto instituições de caráter eminentemente sociais.

75. Revisão de códigos de conduta, com adequada supervisão, para fazer com que as práticas adotadas evitem o conflito de interesses ou, então, para verificar se as condutas proibidas estão sendo detectadas com a aplicação das devidas sanções. Deve ser analisado se toda informação sensível é adequadamente reportada para a direção das instituições;

76. Recrutar diretores e ou corpo diretivo para casas de leilões internacionais, bibliotecas, museus e galerias de arte que sejam graduados em História da Arte ou Antropologia porquanto devem ser considerados santuários para a apreciação, para a educação e o respeito à arte. Por vezes, tais pessoas possuem uma qualificação que nada as liga à cultura, como comércio, e muitas exibições ou exposições constituem um amontoado de informações como se tratassem de automóveis, produtos diversos, etc. Deve haver uma força robusta de voluntários docentes, se possível para assessoramento. Necessária a promoção do valor do conhecimento científico para os *dealers* e para os colecionadores, bem ainda da importância potencial da negociação e da colheita de obras de arte em geral, notadamente antiguidades e arqueológicas, a fim de resultar na preservação de seu respeito público;[249]

77. Adoção de dever de vigilância relativo à clientela, pessoas físicas e jurídicas, *Customer Due Diligence – CDD*, não se admitindo participantes anônimos, com obrigação de sua identificação, com manutenção de registro por, pelo menos cinco anos, inclusive, se forem tidas como

---

[249] Em sentido semelhante, R.S.M. Mackenzie (in *Going, Going, Gone: Regulationg the Market in Illicit Antiquities,* p. 252).

Pessoas Politicamente Expostas (*Politically Exposed Persons* – PEPs), isto é, aquelas que normalmente tenham maior facilidade em lavar valores, com funções proeminentes como políticos e seus parentes, empresários oriundos de países notoriamente conhecidos como grandes produtores ou consumidores de drogas, obrigando um maior controle sobre elas. Portanto, ao estabelecimento da atividade ou do departamento de *compliance*, não bastando a ou o eventual de sua congênere (principalmente quando situada fora do país da negociação ou da doação da arte porque pode falhar até mesmo sobre a própria existência dela) a fim de evitar o aumento artificial da avaliação da arte, tanto quanto se faz com relação a imóveis, inibindo vendas ou aquisições fraudadas, documentos forjados, identificação pouco convincente ou inexistente, negociação em nome de terceiros ou *trustees*, envolvimento de *offshores* para mascarar a verdadeira identidade do comprador ou do vendedor;

78. Comparar os registros efetuados com o banco de dados das seguradoras porquanto, muitas vezes, as empresas de seguro são *offshores* e foram constituídas apenas para realizarem a garantia. Ainda que existentes estas, mas, se em nome de terceira parte localizada em paraíso fiscal, este pode, futuramente, alegar que não estava de acordo com o contrato;

79. Cancelar negociação ou doação de negócios que não se justifiquem economicamente de forma a serem verificados os fatos relativamente à capacidade econômica do investidor;

80. Recusar pagamentos em espécie, em cartões pré-pagos ou mediante transferências eletrônicas ou outras modalidades que não permitam o seu rastreamento e normalmente são decorrência de algum crime fiscal ou ilicitude;

81. Recusar pagamento em nome de terceiros ou *trustees* ou mediante o envolvimento de *offshores* quando mascarar a verdadeira identidade do comprador, uma vez que o uso de terceiros pode ter o objetivo de ocultar a real propriedade do bem e dos recursos, com possibilidade de fraude fiscal. Logo, os pagamentos somente podem ser aceitos pelo comprador que figurar na fatura;

82. No caso das casas de leilões internacionais, a garantia de cinco anos deve ir além das suas próprias descrições em caixa-alta ou em letras maiúsculas, que apenas contemplam nome do autor (criador da obra) ou a autoria (período, cultura, fonte ou origem), para alcançar, também, todos os demais itens descritos (até mesmo quanto à *provenance*) e, ainda, perante terceiros;

83. Comunicar obrigatoriamente às autoridades competentes, ao órgão regulador, se existente, e à unidade de inteligência financeira qualquer oferta ou recusa de participante pautada em suspeita de roubo, furto, fraude, falsidade, comércio ou transporte ilegais, lavagem de dinheiro e financiamento ao terrorismo, ainda que de forma sigilosa;

84. Exigir prévio registro do comprador, ainda que *online,* com envio de sua documentação pessoal (cópia de identidade, com foto, e comprovante de residência) e referências bancárias, não somente da conta que servirá de pagamento, devendo ser arquivado por cinco anos;

85. Cancelar vendas se houver suspeita de lavagem de dinheiro e de que os recursos decorrem do financiamento ao terrorismo, comunicando às autoridades competentes, havendo ou não norma específica que obriga a comunicação de operações suspeitas;

86. Perante as autoridades judiciais, não cabe invocar discricionariedade ou confidencialidade, inclusive do leiloeiro para, eventualmente, recusar a aposta, avançar o ritmo do leilão, dividir os lotes e, no caso de dúvida ou erro, decidir quem é o ganhador;

87. Disponibilizar informações à Receita Federal de seus países, ou quando demandadas e de forma detalhada por cliente (nome, endereço, identidade, atividade, impressão digital, ganhos ou perdas auferidos, negócios realizados), sob pena de punição, inclusive da unidade de inteligência financeira;

88. Submeter o seu pessoal a treinamento obrigatório em atividades de prevenção e repressão à lavagem de dinheiro e financiamento ao terrorismo, com premiação de gestores que cumprem adequadamente as obrigações de *compliance*;

89. Detalhar, por cliente e por bem cultural, as obras recebidas para estocagem, possibilitando amplo acesso pelas autoridades públicas;

90. Executar lista de compradores e submeter ao cadastro nacional de adquirentes de obras de arte;

91. Recusar negociação quando envolver *art dealers* não oficialmente registrados;

92. Trocar informações com os órgãos incumbidos da prevenção e repressão do crime de roubo, furto, falsidade, comércio e transporte internacionais, lavagem de dinheiro e financiamento ao terrorismo, bem ainda com a sua contraparte internacional, antes do fechamento de qualquer negociação com arte (compra, venda, doação, consignação ou estocagem);

93. Conceber um suporte tecnológico, um *software*, que contenha informações sobre o inventário das obras, transações realizadas, contatos, nome de compradores e vendedores;

94. Os artistas devem cuidadosamente considerar a necessidade da preservação de sua reputação artística a fim de minimizar problemas existentes no mercado (falsidades, fraudes fiscais etc.), mediante uma estruturação jurídica e comercial compatível e abrangente, a qual inclua consistentes e adequadas práticas negociais que assegurem o seu legado artístico;

95. Para evitar fraudes, os leilões devem ser fechados, ao contrário de outros sistemas, e os convites realizados de *dealers* para *dealers*, devendo ser obrigatória a realização de uma lista de potenciais compradores e de seus itens para as autoridades locais, dez dias antes do leilão, a fim de deter o impulso na compra de bens e ocorrer o aumento artificial da peça.

REFERÊNCIAS BIBLIOGRÁFICAS

ACCUSATIONS of money laundering, vandalism and the theft of a Picasso lithograph in Nothern California at a mansion allegedly belonging to the former Ukrainian Prime Minister. Published on June 9th, in the site of Association for Research into Crimes against Art – ARCA (*http://art-crime.blogspot.com/*, last visit on June 13th, 2012.

ANCEL, Marc. *A nova defesa social: um movimento de política criminal humanista.* Trad. Osvaldo Melo. Rio de Janeiro: Forense, 1979.

ANDRADE, Manuel da Costa. A nova lei dos crimes contra a economia (Decreto Lei n. 28/84, de 20 de janeiro) à luz do conceito de *bem jurídico*. In: CORREIA, Eduardo et al. *Direito penal econômico e europeu: textos doutrinários.* Coimbra: Coimbra Ed. 1998. vol. 1.

_____; COSTA, José de Faria. Sobre a concepção e os princípios do Direito Penal Econômico. In: CORREIA, Eduardo et al. *Direito penal econômico e europeu: textos doutrinários.* Coimbra: Coimbra Ed., 1998. vol. 1.

_____. *A Vítima e o Problema Criminal.* Coimbra: Coimbra, 1980.

_____; DIAS, Jorge de Figueiredo. Problemática geral das infrações contra a economia nacional. In: CORREIA, Eduardo et al. *Direito penal econômico e europeu: textos doutrinários*. Coimbra: Coimbra Ed., 1998. vol.1.

ANDREUCCI, Ricardo. O Direito Penal máximo. *Revista da Associação Paulista do Ministério Público*. n.º 35. p. 48-49. São Paulo: Associação Paulista do Ministério Público, out.-nov. 2000.

ANI, Terror outfit-turned 'charity' JuD set to come under Pak Central Bank scanner Asian News Int'l. WLNR 5345310. Loaded Date: March 13, 2012. 12/24/11 *Times of India* (Online Ed.) (Pg. Unavail. Online) 2011 WLNR 26520410. Loaded Date: 12/24/2011.

ANISTIA poderá coibir o 'esquema Daslu'. Colecionadores afirmam que sonegação continuará sendo praxe no meio enquanto carga tributária não diminuir. *Folha de São Paulo*, 10.01.2012, caderno Ilustrada, p.E5.

ANNUAL REPORT 2010-2011. Financial Action Task Force/Groupe d'Action Financière. Site: fatf-gafi.org, em 20.03.2012.

APG reports deficiencies in Nepal's anti-moneylaundering compliance. Ekantipur.com. Loaded Date: 08/20/2011. Ekantipur.com. Copyright 2011 Kantipur Publications Pvt.

APOSTOLOS-CAPPADONA, DIANE. Curso de "Art and Terrorism" e de "Art and Ethics" Informações obtidas da própria professora em 19.04.2012, em reunião na Universidade de Georgetown, em Washington, DC, em 19.04.2012, às 16h00 ou PELO ENDEREÇO ELETRÔNICO DA UNIVERSIDADE CITADA (*WWW.GEORGETOWN.EDU*, ÚLTIMO ACESSO EM 08.05.2012).

ARAÚJO JR, João Marcello de. O Direito Penal Econômico. *Revista Brasileira de Ciências Criminais*. vol. 25. p. 142-156. São Paulo: Ed. RT, jan.-mar. 1999.

ARTISTS and Art Galleries. Publication by *Internal Revenue Service. Department of the Treasury. Market Segment Specialization Program. Source: www.artchain.com/resources/art_audit_guide.pdf, accessed on May 23 2012*.

ASCENSÃO, José de Oliveira. Branqueamento de Capitais: reacção criminal. Estudos de Direito Bancário. Coimbra: Coimbra, 1999.

ASSIS TOLEDO, Francisco de. *Princípios Básicos de Direito Penal – De acordo com a Lei n.º 7.209, de 11.07.1984, e a Constituição de 1988*. São Paulo: Saraiva, 4 ed., 1991.

BALDWIN Júnior, Fletcher N. *Art Theft Perfection the Art of Money Laundering*. (Jan. 2009 for the 7th Annual Hawaii International Conference on Arts & Humanities).Texto não publicado, enviado em 20.04.2012 pelo professor emérito da Universidade da Flórida Levin College of Law para a Biblioteca do Congresso norte-americano a pedido do autor.

BALTAZAR JÚNIOR, José Paulo. *Crimes Federais*. Porto Alegre: Livraria do Advogado, 7 ed., 2011.

_____. *Crime Organizado e Proibição de Insuficiência*. Porto Alegre: Livraria do Advogado, 2010.

_____. *et alii. Lavagem de dinheiro. Comentários à lei pelos juízes das varas especializadas em homenagem ao Ministro Gilson Dipp*. Porto Alegre: Livraria do Advogado, 2007.

BARBOSA, Renato Rodrigues. Perito propõe estratégias de inteligência financeira no CJF. *Revista Perícia Federal*, Brasília, ano 5, n.º 19, nov./dez.2004.

BARROS, Marco Antônio de. *Lavagem de capitais e obrigações civis correlatas: com comentários, artigo por artigo, à Lei 9.613/98*. São Paulo: Ed. Revista dos Tribunais, 2004.

_____. *Lavagem de dinheiro: implicações penais, processuais e administrativas. Análise sistemática da Lei n.º 9.613, de 3-3-1998*. São Paulo: Oliveira Mendes, 1998.

BARROSO, Luís Roberto. Da constitucionalidade do Projeto de Lei 3.115/97. *Revista de Direito Bancário, do Mercado de Capitais e da Arbitragem*, n.º 16, p. 199-210, abr,/jun. 2002.

BATISTA, Nilo. *Introdução crítica ao Direito Penal brasileiro*. 8. ed. Rio de Janeiro: Revan, 2006.

BEDÊ Jr, Américo et al. *Garantismo penal integral*. Salvador: JusPodivm/ Escola Superior do Ministério Público da União, 2010.

BERENSTAIN, Erica. Megaupload's Kim Dotcom denied bail in New Zealand. *Agence France Presse English Wire*, January 25, 2012, *www.lexis.com*, last visit April 11, 2012.

BERTOLDI, Marcelo M. (Coord.). *Reforma da Lei das Sociedades Anônimas* – comentários à Lei 10.303, de 31.10.2001. São Paulo: Ed. Revista dos Tribunais, 2002.

BETTI, Francisco de Assis. *Aspectos dos crimes contra o sistema financeiro no Brasil* – comentários às Leis 7.492/86 e 9.613/98. Belo Horizonte: Del Rey, 2000.

BETTIOL, Giuseppe. *Direito penal.* Tradução brasileira e notas de Paulo José da Costa Júnior e de Alberto Silva Franco. São Paulo: Ed. Revista dos Tribunais, 1976.

BIANCHINI, Alice; GOMES, Luiz Flávio. *Palestra no Curso temático de Direito Penal e Processo Penal.* Escola de Magistrados Federal. Tribunal Regional Federal da 3ª Região, aos 14.04.2005.

BICKERTON, Rob. For a Good Cause. *Canadian Underwriter.*2009 WLNR 26429376. Loaded Date: 01.25.2010. *In www.westlaw.com,* last visited on June 23rd 2012.

BIENAL vende tudo. Principal feira de arte do país, SP-Arte completa sete anos e comemora aquecimento do setor. São Paulo, p.30-35. Publicação da Folha de São Paulo, 6 a 12 de maio de 2012.

BINDING, Karl. *La culpabilidad en derecho penal.* Trad. Manuel Cancio Meliá. Montevidéu/Buenos Aires: B de F, 2009.

BITENCOURT, Cezar Roberto. *Tratado de Direito Penal – Parte geral.* 17. ed. São Paulo: Saraiva, 2012. vol.1.

_____. Crimes contra o sistema financeiro nacional praticados por administradoras de consórcios. Responsabilidade penal da pessoa jurídica. Atipicidade. *Revista dos Tribunais,* São Paulo, n.º 735, jan. 1997.

_____. *Manual de Direito Penal:* parte geral. 6. ed. São Paulo: Saraiva, 2000. vol. 1.

_____. Responsabilidade penal da pessoa jurídica à luz da Constituição Federal. *Boletim do IBCCrim,* São Paulo, ed. esp. n.º 65, abr. 1998.

BOLDT, Raphael. Delação premiada: o dilema ético. *Direito Net.* Disponível em: <www.direitonet.com.br>. Acesso em 15 set. 2005.

BOULOC, Bernard. Coactivité en matière de publicité trompeuse. *Revue de Science Criminelle et de Droit Pénal Comparé,* [S.l.], p. 95, jan./mars 1995.

_____; STEFANI, Gaston; LEVASSEUR, Georges. *Droit pénal géneral.* 17. ed. Paris: Dalloz, 2000.

BRANCO, Vitorino Prata Castelo. *A defesa dos empresários nos crimes econômicos.* São Paulo: Saraiva, 1982.

BRIEFING explores the factors that have influenced increases in remitting. Publicação do *Inter-American Dialogue*, 20.03.2012, p. 01

BRINA CORRÊA LIMA, Osmar. Lei das Sociedades por Ações: permanência, mutações e mudança. *Revista da Faculdade de Direito da Universidade Federal de Minas Gerais,* Belo Horizonte, n.º 40, p.219-232, jul./dez. 2001.

BRINKMAN, Manus. Reflexions on the Causes of Illicit Traffic in Cultural Property and Some Potencial Cures. *Art and Cultural Heritage. Law, Policy, and Practice.* New York: Cambridge University Press, edited by Barbara T. Hoffman, 2006.

BROYER, Philippe et al. *La nouvelle économie criminelle*: criminalité financière – comment le blanchiment de l'argent sale et le financement du terrorisme sont devenus une menace pour les entreprises et les marchés financiers. Paris: Éditions d'Organisation, 2002.

BRUNO, Aníbal. *Direito Penal.* Rio de Janeiro: Forense, 2009.

BULGARELLI, Waldirio. Manual das Sociedades Anônimas. São Paulo: Atlas, 11 ed., 1999.

BUREAU of Educational & Cultural Affairs. United States Department of State, reunião com Margaret G.H. MacLean, Senior Analyst, em 21.06.2012, às 15h00, no SA5, Fifth Floor; e acesso ao endereço eletrônico: *exchanges.state.gov/ heritage/ culprop/ review.html,* visitado em 22.06.2012.

BUSTOS RAMÍREZ, Juan. *Manual de derecho penal español*: parte general. Barcelona: Ariel, 1984.

_____; LARRAURI, Elena. *La imputación objetiva.* Santa Fé de Bogotá/ Colômbia: Temis, 1998.

BUTT, Naveed. Insurance/takaful companies: SECP enforces compliance with AML Act. *The Financial Times Limited.* NPO 3/25/12 Bus. Recorder (Pak.) (Pg. Unavail. Online) 2012 WLNR 6308356. Loaded Date: 03/24/2012. BUSINESS RECORDER. Source: March 25, 2012.

CAEIRO, Pedro. *Branqueamento de capitais.* Manual distribuído no curso promovido pela OEA e o Ministério da Justiça a juízes e promotores brasileiros entre 17 e 21 de outubro de 2005.

CALLEGARI, André Luís. *Direito Penal Econômico e lavagem de dinheiro*: *aspectos criminológicos.* Porto Alegre: Livraria do Advogado, 2003.

_____. Importância e efeito da delinquência econômica. *Boletim do Instituto Brasileiro de Ciências Criminais,* São Paulo, n.º 101, abr. 2001.

CAMARANTE, Andre. Carro da Polícia Civil é atingido por tiros na zona leste de SP (*site* UOL, *www.1.folha.uol.com.br/cotidiano/1109151-carro-da-policia-civil-e-atingido-por-tiros-na-zona-leste-de-sp.shtml,* publicado em 22.06.2012 e acessado em 02.08.2012).

CAMARGO, Antonio Luis Chaves. *Imputação objetiva e Direito Penal brasileiro.* São Paulo: Cultural Paulista, 2002.

CAMARGO VIDIGAL, Geraldo de, e SILVA MARTINS, Ives Gandra (Coordenação). Colaboradores: Eros Roberto Grau e outros. Comentários à lei das sociedades por ações (Lei 6404/76). São Paulo: Resenha Universitária: em coedição do Instituto dos Advogados de São Paulo, 1978.

CANTIDIANO, Luiz Leonardo. Breves comentários sobre a reforma da Lei das Sociedades por Ações. Revista Forense, vol. 360.

CAPEZ, Fernando. *Curso de Direito Penal – Parte geral.* 16. ed. São Paulo: Saraiva, 2012. vol. 1.

_____. *Curso de processo penal.* 5. ed. São Paulo: Saraiva, 2000.

CAPPELLI, Silvia. Responsabilidade penal da pessoa jurídica em matéria ambiental: uma necessária reflexão sobre o disposto no art.225, § 3º, da Constituição Federal. *Revista de Direito Ambiental,* São Paulo, vol. 1, p. 100-106, jan./mar. 1996.

CARMICHAEL, Trevor A. Cultural Heritage Preservation: A National Trust Perspective.*Art and Cultural Heritage. Law, Policy, and Practice.* New York: Cambridge University Press, edited by Barbara T. Hoffman, 2006.

CARTIER, Marie-Elizabeth et al. *Entreprise et responsabilité pénale.* Paris: LGDJ, 1994.

CARVAJAL, Doreen e VOGEL, Carol. Venerable Art Dealer Is Enmeshed in Lawsuits. *New York Times*, 2011 (WLNR 7675570, 2011 WLNR 7675570, loaded date: 04/20/2011, April 20, 2011, *www.westlaw.com*, last visit April 11, 2012; Lost Art and a mystery vault Billionaire French dealer claims his institute has no record of treasures. Dooren Carvaja. e Carol Vogel. *International Herald Tribune*, 2011, WLNR 14463006, loaded date: 07/21/2011, July 22, 2011, *www.westlaw.com*, last visit April 11, 2012.

CARVALHO, Márcia Dometila Lima de. *Fundamentação constitucional do Direito Penal.* Porto Alegre: Sérgio A. Fabris, Editor, 1992.

CARVALHOSA, Modesto e Nelson Eizirik. *A nova Lei das S/A:* São Paulo: Saraiva, 2002.

CASSELLA, Stefan D. The Money Laundering Statutes (18 U.S.C. §§ 1956 and 1957). *United States Attorney's Bulletin.* Washington, DC, vol. 55, n.º 5, set./2007.

CASTILHO, Ela Wiecko V. de. *O controle penal nos crimes contra o sistema financeiro nacional.* Belo Horizonte: Del Rey, 1998.

CAVERO, Percy García. *Derecho Penal Económico – Parte General.*Lima-Peru: Grijley, 2 ed., 2007.

CEREZO MIR, José. *Curso de derecho penal español – Parte general.* Madri: Tecnos, 2001. vol. II e III.

CERVINI, Raúl. Macrocriminalidad económica. *Revista Brasileira de Ciências Criminais.* vol. 11. p. 50-79. São Paulo: Ed. RT, jul.-set. 1995.

_____ et al. *Lei de lavagem de capitais.* São Paulo: Ed. RT, 1998.

CESTRI, Virgínia Charpinel Junger; TOFFOLI, José Antonio Dias. Mecanismos de Cooperação Jurídica Internacional no Brasil. *Manual de Cooperação Jurídica Internacional e Recuperação de Ativos – Matéria Civil.* Departamento de Recuperação de Ativos e Cooperação Jurídica Internacional, Secretaria Nacional de Justiça, Ministério da Justiça. 2 ed. Brasília: 2009.

CHAIRMAN'S SUMMARY, Paris Plenary, 20-23 June 2006. Financial Action Task Force/Groupe d'Action Financière. Fatf Gafi. Disponível em: <http://www.fatf-gafi.org>. Acesso em: 03 jul. 2006.

CHARNEY, Noah. *Stealing The Mystic Lamb. The True Story of The World's Most Coveted Masterpiece.* New York: PublicAffairs, lst ed., 2010.

CHAUVIN, Francis. *La responsabilité des communes*. Paris: Dalloz, 1996. (Série Connaissance du droit).

CHRISTIE'S. Endereço eletrônico: *http://christies.com/features/guides/buying/pay-ship.aspx*. (último acesso em 02.03.2015).

CHRISTIE'S CATALOG.*New York, Old Master Paintings. Wednesday 6 June 2012*. London: Christie, Manson & Woods Ltd., 2012.

CINTRA, Marcos Antônio. O Acordo de Basileia e os bancos públicos. *Folha de S. Paulo*, São Paulo, 4 jan. 2006.

COELHO, Fábio Ulhoa. *Curso de Direito Comercial*. 4. ed. São Paulo: Saraiva, 2000. vol. 1.

_____. *O empresário e os direitos do consumidor*. São Paulo: Saraiva, 1994.

_____ et al. *Comentários ao Código de Proteção ao Consumidor*. São Paulo: Saraiva, 1991.

COELHO, Walter. *Teoria geral do crime*. Porto Alegre: Fabris/Escola Superior do MPRS, 1991.

COHEN, Patricia. Knoedler Gallery Seeks Dismissal of Fraud Suit. *New York Times*, May 16, 2012, *www.westlaw.com*, 2012 WLNR 10297512, loaded date 05/16/2012, last visit em 20.06.2012.

COMPARATO, Fábio Konder. Crime contra a ordem econômica. *Revista dos Tribunais*. São Paulo, vol. 734, dez. 1996.

CONFISCATION and Asset Recovery: Better Tools to Fight Crime. *States New Service*, Bruxelas, March 12, 2012.(*WWW.LEXIS.COM*, ACESSO EM 26.05.2012).

CONSELHO DA JUSTIÇA FEDERAL. Centro de Estudos Judiciários, Secretaria de Pesquisa e Informação Jurídicas. *Uma análise crítica da lei dos crimes de lavagem de dinheiro*. Brasília: CJF, 2002.

CONSELHO DE CONTROLE DE ATIVIDADES FINANCEIRAS – COAF. Estatísticas. Endereço Eletrônico: *https://www.coaf.fazenda.gov.br/conteudo/estatisticas/comunicacoes-recebidas-por-segmento/*, acessado em 26.02.2015.

CONSELHO Internacional de Museus – ICOM, *http://icom.museum/programmes/fighting-illicit-traffic*, (acesso em 20.06.2012).

CONTE, Philippe; LARGUIER, Jean. Le recel de choses et le blanchiment. In: *Droit pénal des affaires*. Paris: Dalloz; Armand Colin, 2004.

_____; _____. *Droit pénal des affaires*. 11. ed. Paris: Paris: Dalloz; Armand Colin, 2004.

CORRÊA, Hudson. Juiz denuncia uso de gado para lavagem de dinheiro. *Folha de S. Paulo*, São Paulo, 24 jul. 2005. Dinheiro, B7.

CORREIA, Eduardo. Introdução ao Direito Penal Econômico. In: CORREIA, Eduardo et al. *Direito Penal Econômico e europeu*: textos doutrinários. Coimbra: Coimbra Ed. 1998. vol. 1, p. 293-318.

_____. Introdução ao Direito Penal Econômico. *Revista de Direito e Economia*, n.º 3, 1977.

_____. Novas críticas à penalização de atividades econômicas. In: CORREIA, Eduardo et al. *Direito Penal econômico e europeu*: textos doutrinários. Coimbra: Coimbra Ed. 1998. vol. 1, p. 365-373.

_____. A responsabilidade jurídico-penal da empresa e dos seus órgãos (ou uma reflexão sobre a alteridade nas pessoas colectivas à luz do Direito Penal). In: CORREIA, Eduardo et al. *Direito Penal Econômico e europeu*: textos doutrinários. Coimbra: Coimbra Ed. 1998. vol. 1.

COSTA, Emílio Carlos Dantas. Crimes do colarinho branco. *Jornal da Tarde*. São Paulo, 18 out. 1997, p. 2A.

COSTA, José de Faria. O branqueamento de capitais (algumas reflexões à luz do Direito Penal e da política criminal). In: CORREIA, Eduardo et al. *Direito Penal Econômico e europeu*: textos doutrinários. Coimbra: Coimbra Ed. 1999. vol. 2.

_____. *Breves reflexões sobre o Decreto-Lei n.º 207-B/75 e o Direito Penal Econômico*. In:

COSTA, Tailson Pires e ROCHA, Joceli Scremin da. A incidência da Receptação e do Tráfico Ilícito de Obras de Arte no Brasil. *https://www.metodista.br/revistas/revistas-ims/index.php/.../523, acesso em 23.05.2012.*

COSTA JÚNIOR, Paulo José. *Comentários ao Código Penal*. São Paulo: Saraiva, 5 ed., 1997.

_____.e PEDRAZZI, Cesare. *Direito Penal Societário*. São Paulo: Malheiros, 2 ed., 1996.

_____. Direito Penal das sociedades anônimas. In: ANTUNES, Eduardo Muylaert (Coord.). *Direito Penal dos negócios*: crimes do colarinho branco. São Paulo: Associação dos Advogados de São Paulo, 1990.

COTTER, Holland. Art and News, Intersecting in the Digital Age. *The New York Times.* October 8, 2010 Friday. Late Edition – Final.

CROCQ, Jean-Christophe. *Le guide des infractions.* 3. ed. Paris: Dalloz, 2001. (Collection Dalloz Service).

CUESTA AGUADO, Paz M. de la. *Causalidad de los delitos contra el medio ambiente.* Valencia: Tirant lo Blanch, 1995.

CUMMINS, Alissandra. The Role of the Museum in Developing Heritage Policy. *Art and Cultural Heritage. Law, Policy, and Practice.* New York: Cambridge University Press, edited by Barbara T. Hoffman, 2006.

CUOMO, Andrew M. Internal Controls and Financial Accountability for Not-for-Profit Boards. *Charities Bureau.* In *http://www.oag.state.ny/bureaus/charities/about.html*, último acesso em 20.06.2012.

_____. Right From the Start – Responsabilities of Directors and Officers of Not-for-Profit Corporations. In *http://www.oag.state.ny.us/bureau/charities/guide_advice.html*, último acesso em 20.06.2012.

DANTAS COSTA, Emílio Carlos. Crimes do colarinho branco. Jornal da Tarde. São Paulo, 18 de outubro de 1997.

D'AMORIM, Sheila; SOUZA, Leonardo. BC falha no combate à lavagem, afirma TCU. *Folha de S. Paulo.* São Paulo, 13 out. 2005. Caderno Dinheiro, B3.

DE CARLI, Carla Veríssimo (Org.). *Lavagem de dinheiro: prevenção e controle penal.* Porto Alegre: Verbo Jurídico, 2011.

DELMANTO JÚNIOR, Roberto. Justiça especializada para os crimes de lavagem de dinheiro e contra o Sistema Financeiro Nacional (a inconstitucionalidade da Resolução n.º 314, de 12/5/2003, do Conselho da Justiça Federal). *Revista do Advogado*, São Paulo, ano 24, n.º 78, p. 95-102, set. 2004.

DELMANTO Jr., Roberto *et alli.Código Penal comentado.*8. ed. São Paulo: Saraiva, 2010.

_____. *Leis Penais Especiais Comentadas.* Rio de Janeiro: Renovar, 2006.

DELMAS-MARTY, Mireille. *Droit pénal des affaires.* 3. ed. Paris: Presses Universitaire de France, 1990. t. 1.

_____; GIUDICELLI-DELAGE, Geneviève. *Droit pénal des affaires.* 4. ed. Paris: Presses Universitaire de France, 2000.

DENICOLA, Robert. C. Access Controls, Rights Protection, and Circumvention: Interpreting the Digital Millennium. Citation: 31 Colum. J.L. & Arts 209 2007-2008. Content downloaded/printed from HeinOnline (*http://heinonline.org).* Wed Apr 18 14:38:47 2012.

DE SANCTIS, Fausto Martin. *Lavagem de Dinheiro: Jogos de Azar e Futebol. Análise e Proposições.* Curitiba: Juruá, 2010.

_____.*Crime Organizado e Lavagem de Dinheiro. Destinação de Bens Apreendidos, Delação Premiada e Responsabilidade Social.* São Paulo: Saraiva, 2009.

_____.*Responsabilidade Penal das Corporações e Criminalidade Moderna.* São Paulo: Saraiva, 2009.

_____. *Combate à Lavagem de Dinheiro. Teoria e Prática.* Millennium: Campinas, 2008.

_____. *Punibilidade no Sistema Financeiro Nacional.* Campinas: Millennium, 2003.

_____. *Responsabilidade penal das pessoas jurídicas.* São Paulo: Saraiva, 1999.

DIAS, Jorge de Figueiredo. Breves considerações sobre o fundamento, o sentido e a aplicação das penas em Direito Penal Econômico. In: CORREIA, Eduardo et al. *Direito Penal Econômico e europeu: textos doutrinários.* Coimbra: Coimbra Ed., 1998, vol. 1, p. 374-386.

_____. *Questões fundamentais do Direito Penal revisitadas.* São Paulo: Ed. Revista dos Tribunais, 1999.

_____. *Direito Penal. Parte Geral. Questões fundamentais da doutrina geral do crime.* Coimbra: Coimbra Ed., 2004.

DIAS, José Carlos. Evasão de Divisas. In: ANTUNES, Eduardo Muylaert (Coord.). *Direito Penal dos negócios:* crimes do colarinho branco. São Paulo: Associação dos Advogados de São Paulo, 1990.

DIAS, Maria Berenice. *A Lei Maria da Penha na justiça: a efetividade da Lei 11.340/2006 de combate à violência doméstica e familiar contra a mulher.* São Paulo: Ed. Revista dos Tribunais, 2007.

DIPP, Gilson. Legislação atrapalha o combate à lavagem de dinheiro [Entrevista em 03.11.2004]. *Consultor Jurídico.* Disponível em: *www.conjur.com.br.* Acesso em 18.06.2012.

_____. Lava-jato de dinheiro. Entrevista. *Revista Época*, São Paulo, 28 out. 2004.

DOTTI, René Ariel. *Curso de Direito Penal – Parte geral.* 2. ed. Rio de Janeiro: Forense, 2004.

DUBOFF, Leonard D., MURRAY, Michael D., KING, Christy A. *The Deskbook of Art Law.* Booklets A (*Art: The Customs Definition*), B (*International Movement of Art*), C (*Theft*), L (Insurance) and M (*Auctions*). New York: Oceana, Second Edition, Release 2010-2, Issued December 2010.

DURAN, José Carlos. *Arte, Privilégio e Distinção.* Artes Plásticas, Arquitetura e Classe Dirigente no Brasil, 1855/1985. Estudos. Sociologia da Arte. São Paulo: Perspectiva e Universidade de São Paulo – Edusp (coedição), 1989.

EIZIRIK, Nelson. *Instituições financeiras e mercado de capitais – jurisprudência.* Rio de Janeiro: Renovar, 1996. vol. 1 e vol. 2.

FARIA, Bento de. *Código Penal brasileiro* (comentado). 2. ed. Rio de Janeiro: Record, 1959. vol. 5.

FATF, Annual Report 2013-2014, in *http://www.fatf-gafi.org/media/fatf/documents/brochuresannualreports/FATF%20Annual%20report%202013-2014.pdf*, acessado em 02.03.2015.

FEDERAL Bureau of Investigation – FBI, endereço eletrônico*http://www.fbi.gov/about-us/investigate/vc_majorthefts/arttheft* (acesso em 21.05.2012).

FELDENS, Luciano. *Tutela Penal de Interesses Difusos e Crimes do Colarinho Branco.* Porto Alegre: Livraria do Advogado, 2002.

FELDENS, Luciano. SCHMIDT, Andrei Zenkner. *O Crime de Evasão de Divisas – A Tutela Penal do Sistema Financeiro Nacional na Perspectiva da Política Cambial Brasileira.* Rio de Janeiro: Lumen Juris, 2006.

FELTRIN, Sebastião Oscar. As ansiedades do juiz. *Revista dos Tribunais*, ano 77, vol. 628, p. 275-278, fev.1988.

FERRARA, Francesco. *Le persone giuridiche*. Con note di Francesco Ferrara Junior. 2. ed. Torino: UTET, 1958. (Trattato di diritto civile italiano, dir. Filippo Vassali, 2).

FERRAJOLI, Luigi. *Derechos y garantias – La ley del más de débil*. Trad. Perfecto Andrés Ibañez. Madrid: Trotta, 1999.

_____. *Derecho y razón. Teoría del garantismo penal*. Madrid: Trotta, 1995.

_____. *Direito e razão. Teoria do garantismo penal*. Trad. Luiz Flávio Gomes et al. São Paulo: Ed. RT, 2002.

_____. *El garantismo y la filosofía del derecho*. Bogotá: Universidade Externado de Colombia, 2000. Série de Teoria Juridica y Filosofia del Derecho, n.º 15.

FERREIRA, Gabriel Jorge. Estrutura normativa do Sistema Financeiro Nacional. *Revista dos Tribunais,* São Paulo, n.º 16, jul./set. 1996.

FISCHER, Douglas. *Inovações no Direito Penal Econômico: contribuições criminológicas, político-criminais e dogmáticas*. Organizador: Artur de Brito Gueiros Souza. Brasília: Escola Superior do Ministério Público da União, 2011.

FLORIDA Man Arrested on Charges of Selling Stolen Art and Selling Forged Paintings for Millions of Dollars. U.S. Attorney's Office Information from Central District of California. Published on September 15th, 2011*http://www.justice.gov/usao/cac/Pressroom/pr2011/134.html,* last visit on June 13th, 2012.

FOLEY, Rita Elizabeth. *Bulk Cash Smuggling. United States Attorney's Bulletin*. Washington, DC, vol. 55, n.º 5, set./2007.

FORTUNA. Eduardo. *Mercado Financeiro. Produtos e Serviços*. Rio de Janeiro: Qualitymark, 2004.

FRAGOSO, Heleno Cláudio. *Lições de Direito Penal: a nova parte geral*. 8. ed. Rio de Janeiro: Forense, 1985.

FRAMMOLINO, Ralph e FELCH, Jason. What Went Wrong at the Getty. *TheNewYorkReviewof Books.*Fonte:http://www.nybooks.com/articles/archives/2011/aug/18/what=-went-wrong-getty-exchange/?pagination-false, publicado em 23.06.2011, acesso em 23.05.2012.

FREMONT-SMITH, Marion R. *The Search for Greater Accountability of Nonprofit Organizations. Summary Charts: State Nonprofit Corporation Act*

Requirements and Audit Requirements for Charitable Organizations (document obtido em 16.05.2012 (11h00) de Patrícia Lobaccaro, presidente e *CEO* da Fundação BrazilFoundation, localizada em 345 Seventh Avenue, conjunto 1401, Nova Iorque.

FREIRE JÚNIOR, Américo Bede e SENNA MIRANDA, Gustavo. *Princípios do processo penal – Entre o garantismo e a efetividade da sanção.* São Paulo, Ed. RT, 2009

GALERIE FURSTENBERG, Plaintiff, v. PHILIP COFFARO, individually, and in his capacity as an officer, agent and/or director of C.V.M. ART COMPANY, LTD., GALLERY 25 LTD., HERITAGE GRAPHICS, INC. and/or d/b/a COMBINED GRAPHICS, THOMAS WALLACE, individually, and in his capacity as an officer, agent and/or director of GENEVA GRAPHICS LIMITED and/or INTERNATIONAL FINE ARTS LTD. and/or as an agent of C.V.M. ART COMPANY, LTD., CAROL CONVERTINE, individually, and in her capacity as an officer, agent and/or director of CONVERTINE FINE ART LTD., JULIEN AIME, ANDREW LEVINE, individually, and in his capacity as an officer, agent and/or director of A.D.L. FINE ARTS INC. and/or d/b/a COMBINED GRAPHICS, T.R. ROGERS, a/k/a Tom Reed, a/k/a Reed Rogers, individually, and in his capacity as an officer, agent and/or director of T.R. ROGERS INC. and/or ROGERS ON RODEO INC., MELTON MAGIDSON, individually, and in his capacity as an officer, agent and/or director of MAGIDSON & ASSOCIATES, INC., Defendants. N.º 88 Civ. 355 (LLS).United States District Court For The Southern District Of New York. 697 F. Supp. 1282; 1988 U.S. Dist. LEXIS 11750; 9 U.S.P.Q.2D (BNA) 1201.

GÁLVEZ VILLEGAS, Tomás Aladino.Delito de lavado de activos: analisis de los Tipos Penales Previstos en la Ley n.º 27.765. *Revista do Ministério Público do Peru,* ("Fiscalía de la Nación"), p. 46-62, fev. 2005.

GAMA, Guilherme Calmon Nogueira da; GOMES, Abel Fernandes. *Temas de Direito Penal e Processo Penal: em especial na Justiça Federal.* Rio de Janeiro: Renovar, 1999.

GARCIA, Basileu. *Instituições de Direito Penal.* 4. ed. São Paulo: Max Limonad, 1978. vol. 1, t. 1.

GARCIA, José Ángel Brandariz. *El delicto de defraudación a la seguridad social.* Valencia: Tirand lo Blanch, 2000.

GARCIA, Plínio Gustavo Prado. Arbítrio e inconstitucionalidade na Lei de Lavagem de Dinheiro ou Bens. *Informativo do I.A.S.P,* São Paulo, n.º 45, mar./abr. 2000.

GARZÓN, Juan Carlos. *Mafia & Co. The criminal networks in Mexico, Brazil, and Colombia.* Translated by Kathy Ogle. The first edition was published in June 2008. Washington, DC: Woodrow Wilson International Center for Scholars Publication.

GIMENEZ, Letícia. Delação premiada combate máfia, terrorismo e tráfico na Europa. *Ultima Instância:* revista jurídica. Disponível em: <www.ultimainstancia.com.br>. Acesso em: 25 ago. 2005.

GIORGI, Giorgio. *La dottrina delle persone giuridiche o corpi morali.* Firenze: Fratelli Cammelli, 3 ed., 1913. vol. 1.

GODDARD, Terry. *How to Fix a Broken Border: FOLLOW THE MONEY.* Part III of III. A Three Part Series. Perspectives. American Immigration Council Publication. Imigration Policy Center, May 2012.

GODINHO, Jorge Alexandre Fernandes. *Do crime de "branqueamento" de capitais:* introdução e tipicidade. Coimbra: Almedina Ed., 2001.

GODOY, Arnaldo Sampaio de Moraes. *Direito Tributário comparado e tratados internacionais fiscais.* Porto Alegre: Sergio Antonio Fabris, 2005.

_____. *Direito Tributário nos Estados Unidos.* São Paulo: Lex, 2004.

GODOY, Luiz Roberto Ungaretti de. *Crime organizado e seu tratamento jurídico penal.* Rio de Janeiro: Elsevier, 2011.

GOMES, Luiz Flávio. *Direito Penal – Parte geral.* 2. ed. São Paulo: Ed. RT, 2009.

_____. Aspectos penais das liquidações e intervenções extrajudiciais – parte I. In: SADDI, Jairo (Org.). *Intervenção e liquidação extrajudicial no Sistema Financeiro Nacional:* 25 anos da Lei 6.024/74. São Paulo: Textonovo, 1999.

_____. Crime organizado: que se entende por isso depois da Lei n.º 10.217/01? – Apontamentos sobre a perda de eficácia de grande parte da Lei 9.034/95. *Jus Navigandi,* Disponível em: <www1.jus.com.br>. Acesso em: 01 jun. 2004.

_____. Crimes de lavagem de capitais. *Curso de Direito Penal* – crimes de competência da Justiça Federal. Palestra aos 09.09.2004 na Escola de Magistrados da Justiça Federal da 3ª Região.

_____. *Interceptação telefônica*: Lei 9.296, de 24.07.96. São Paulo: Ed. Revista dos Tribunais, 1997.

_____. *Lei de lavagem de capitais*. São Paulo: Ed. Revista dos Tribunais, 1998.

_____. Limites à inviolabilidade do advogado e do seu escritório (2). *Ultima Instância: revista jurídica*. Disponível em: <www.ultimainstancia.com.br>. Acesso em: 30 ago. 2005.

GONÇALVES, Wagner. Ética na justiça: atuação judicial da advocacia pública e privada. *Etical*: ética na América Latina. Disponível em: <http://www.etical.org.br>. Acesso em: 09 maio 2005.

_____. Lavagem de dinheiro: conflito de competência da Justiça Federal. *Boletim dos Procuradores da República*, ano 4, n.º 42, p. 29-31, out. 2001.

GOVERNMENT plans 'umbrella law' to tighten scrutiny and regulation of religious trusts and NGOs. Loaded Date: 09/27/2011. *Economic Times* (India). Copyright 2011 BENNETT,COLEMAN& CO.LTD. May 3, 2011. Section: Policy (*www.westlaw.com*, acesso em 22.06.2012).

GRECO FILHO, Vicente. *Interceptação telefônica*: considerações sobre a Lei n.º 9.296, de 24 de julho de 1996. São Paulo: Saraiva, 1996.

GRINOVER, Ada Pellegrini; FERNANDES, Antônio Scarance; GOMES FILHO, Antonio Magalhães. *As nulidades do processo penal*. São Paulo: Revista dos Tribunais, 2011.

GUIBU, Fábio. Para ministro, há cultura de crimes. *Folha de S. Paulo*. São Paulo, 28 out. 2005. Caderno Brasil, A7.

HAMPTON, Alan. *Sources of Information in a Financial Investigation. United States Attorney's Bulletin*. Washington, DC, vol. 55, n.º 5, set./2007.

HASSEMER, Winfried. *Fundamentos del derecho penal*. Trad. Muñoz Conde. Barcelona: Bosch, 1981.

_____; MUÑOZ CONDE, Francisco. *La responsabilidad por el producto en derecho penal*. Valencia: Titant lo Blanch, 1995.

HEEM, Virginia; HOTTE, David. *La lutte contre le blanchiment des capitaux.* Paris: Librarie Générale de Droit et de Jurisprudence (LGDJ), 2004.

HENRIQUES, Diana B., Madoff, Apologizing is Given 150 Years, *New York Times,* June, 30, 2009, A1., (*www.westlaw.com,* acessado em 24.05.2012).

HERREMAN, Yani. The Role of Museums Today: Tourism and Cultural Heritage. *Art and Cultural Heritage. Law, Policy, and Practice.* New York: Cambridge University Press, edited by Barbara T. Hoffman, 2006.

HIDALGO, Rudolph et al. *Entreprise et responsabilité pénale.* Paris: LGDJ, 1994.

HIRLE, Peter B. Symposium: Digital Archives: Navigating the Legal Shoals Undue Diligence? Citation: 34 Colum. J.L. & Arts 55 2010-2011. Content downloaded/printed from HeinOnline (*http://heinonline.org*). Wed Apr 18 14:36:26 2012.

HOFFMAN, Barbara T. International Art Transactions and the Resolution of Art and Cultural Property Disputes: A United States Perspective. *Art and Cultural Heritage. Law, Policy, and Practice.* New York: Cambridge University Press, edited by Barbara T. Hoffman, 2006.

_____. European Union Legislation Pertaining to Cultural Goods. *Art and Cultural Heritage. Law, Policy, and Practice.* New York: Cambridge University Press, edited by Barbara T. Hoffman, 2006.

HUNGRIA, Nélson. *Comentários ao Código Penal – Arts. 1 a 10, 11 a 27, 75 a 101.* 4. ed. Rio de Janeiro: Forense, 1958.

INFORME ANNUAL 2011. *Unidad de Información Financiera.* Buenos Aires: Departamento de Prensa, Ministerio de Justicia y Derechos Humanos/Presidencia de la Nación, 2012.

INSUFFICIENT laws to tackle terror-funding: FATF. *Mint.* WLNR 14346920. Loaded Date: July 18, 2010.

INTERPOL, *http://www.interpol.int/en/content/search?searchText=works of art,* acesso em 21.06.2012.

JAKOBS, Günther. *Atuar e omitir em Direito Penal.* São Paulo: Damásio de Jesus, 2004. Série Perspectivas Jurídicas.

_____; MELIÁ, Manuel Cancio. *Direito Penal do inimigo. Noções e críticas.* Trad. André Luís Callegari e Nereu José Giacomolli. Porto Alegre: Livraria do Advogado, 2005.

JESCHECK, Hans-Heinrich. *Tratado de derecho penal– Parte general.* 4. ed. Trad. José Luis Manzanares Samaniego. Granada: Comares, 1993.

JEANDIDIER, Wilfried. *Droit Penal dês Affaires.* Paris: Dalloz, 1996.

JIAO, Priscilla. Art auctions 'marred by fakes, cheats' As prices soar for Chinese artworks, the auction system is linked to fake certificates, artificial prices and a myriad of other irregularities. *South China Morning Post,* (2011 WLNR 12240563). June 20, 2011. In *www.westlaw.com,* last visit April 14, 2012.

JOSEPH, Lester. *Suspicious Activity Reports Disclosure and Protection. United States Attorney's Bulletin.* Washington, DC, vol. 55, n.º 5, set./2007.

_____; ROTH, John. *Criminal Prosecution of Banks Under the Bank Secrecy Act. United States Attorney's Bulletin.* Washington, DC, vol. 55, n.º 5, set./2007.

JESUS, Damásio Evangelista de. *Direito Penal – Parte geral.* 33. ed. São Paulo: Saraiva, 2012. vol. 1.

_____. *Imputação objetiva.* 3. ed. São Paulo: Saraiva, 2007.

Kato, Gisele. SP-ARTE. O Mercado virou curador. *Bravo!* São Paulo: Abril, maio de 2012, p.16-27.

KATYAL, Sonia K. Filtering, Piracy Surveillance and Disobedience. Citation: 32 Colum. J.L. &Arts 401 2008-2009. Content downloaded/printed from HeinOnline (*http://heinonline.org*). Wed Apr 18 13:28:58 2012.

KOBOR, Emery. *Money Laundering Trends. United States Attorney's Bulletin.* Washington, DC, vol.55, n.º 5, set./2007.

LACERDA DA COSTA PINTO, Frederico de. Crimes econômicos e mercados financeiros. *Revista Brasileira de Ciências Criminais,* São Paulo, n.º 39, p. 28-62, jul./set. 2002.

LANDERS, Amy L. Patent Claim Apportionment, Patentee Injury, And Sequential Invention. Citation: 19 Geo. Mason L. Rev. 471 2011-2012. Content downloaded/printed from HeinOnline (*http://heinonline.org*). Wed Apr 18 14:48:12 2012.

LAUDERING Drug Money With Art. *Forbes Magazine.* Source: *http//www/fprber/cp,/2003/04/08/cx_0408hot_print.html,* acceded on May 23, 2012.

LAVROV, Corridors of Power. Violence in South Ossetia can be avoided. 2008 WLNR 25693898. Loaded Date: 03/20/2009. Military News Agency. July 18, 2008. *InterfaxRussia & CIS Military Weekly.*

LEITE, Carlos Eduardo Copetti. Força-tarefa: conceito, características e forma de atuação. *Revista dos Procuradores da República,* ano 1, n.º 2, p. 8-9, set. 2004.

LEONARDO Jr., Maurício Fernandes. Transferências Financeiras de Pessoas Físicas entre Estados Unidos e o Brasil. Entregue ao autor em junho de 2012. Artigo em vias de publicação.

LERNER, Ralph E. The Nazi Art Theft Problem and The Role of The Museum: A Proposed Solution To Disputes Over Title. CITATION: 31 N.Y.U.J. INT'L L & POL. 15 1998-1999. Content download/printed from HeinOnline (*http://heinonline.org*). Wed Apr 18 11:44:51 2012.

LEWIS, Geoffrey. The "Universal Museum": A Case of Special Pleading? *Art and Cultural Heritage. Law, Policy, and Practice.* New York: Cambridge University Press, edited by Barbara T. Hoffman, 2006.

LINN, Courtney J. One-Hour Money Laundering: Prosecutiong Unlicensed Money Transmitting Businesses Using Section 1960. *United States Attorney's Bulletin.* Washington, DC, vol. 55, n.º 5, set./2007.

LOBO, Jorge. *Curso de Direito Comercial.* Rio de Janeiro: Forense, 2002.

LOULA, Maria Rosa Guimarães. *Auxílio direto: novo instrumento de cooperação jurídica internacional civil.* Belo Horizonte: Fórum, 2010.

LYRA, Roberto. *Criminalidade econômico-financeira.* Rio de Janeiro: Forense, 1978.

MACCAW, Catherine E. *Asset Forfeiture as a Form of Funishment: A Case for Integrating Asset Forfeiture into Criminal Sentencing.* Citation: 38 American Journal of Criminal Law 181 2010-2011. Content download/printed from HeinOnline (*http://heinonline.org*). Wed Apr 18 11:30:50 2012.

MACHADO, Agapito. *Crimes do colarinho branco e contrabanco/descaminho.* São Paulo: Malheiros Ed., 1998.

MACHADO, Miguel Pedrosa. A propósito da revisão do Decreto-Lei n.º 28/84, de 20 de janeiro (Infracções antieconômicas). In: CORREIA, Eduardo et al. *Direito Penal Econômico e europeu:* textos doutrinários. Coimbra: Coimbra Ed. 1998. vol. 1.

MACKENZIE, S.R.M. *Going, Going, Gone: Regulating the Market in Illicit Antiquities.* London: Institute of Art and Law – IAL, January 1, 2005.

MAGALHÃES NORONHA, Edgard. *Direito Penal: introdução e parte geral.* 2. ed. São Paulo: Saraiva, 1963. vol. 1.

MAIA, Rodolfo Tigre. *Dos crimes contra o sistema financeiro nacional:* anotações à Lei Federal n.º 7.492/81986. São Paulo: Malheiros Ed., 1996.

_____. *Lavagem de dinheiro – lavagem de ativos provenientes de crime. Anotações às disposições criminais da Lei n.º 9.613/1998.* São Paulo: Malheiros Ed., 1999.

MAKING a dent in the trafficking of stolen art. *Smithsonian,* 9/1/95, 1995 WLNR 5552723, Loaded Date 12/26/2008, September 1995, vol. 26, Issue n.º 6, last visit July 5th 2012.

MALHEIROS FILHO, Arnaldo. Crimes contra o sistema financeiro: as "triangulações" e a "doutrina da estrada de Santos". Atualidades em Direito Penal. *Revista do Advogado,* São Paulo, n.º 53, out. 1998.

MARPAKWAR, Prafulla. State forms cells to detect source of terror funds. *Times of India* (Online Edition). Copyright 2011 BENNETT,-COLEMAN& CO.LTD. December 24, 2011. Section: Times City (*www. westlaw.com,* último acesso em 19.06.2012).

MARQUES, José Frederico. *Curso de Direito Penal.* São Paulo: Saraiva, 1954.

_____. *Tratado de Direito Penal.* Campinas: Bookseller, 1997. vol. 1 e 2.

MARQUES, Oswaldo Henrique Duek. A responsabilidade da pessoa jurídica por ofensa ao meio ambiente. *Boletim do IBCCrim,* São Paulo, ed. esp. n.º 65, abr. 1998.

MARQUES DA SILVA, Germano. *Direito Penal Português – parte geral.* Lisboa: Verbo, vol. II, 1999.

MARTÍ, Silas. Sp-Arte atrai estrangeiros, mas compete com ArtRio, *Folha de São Paulo,* E4 Ilustrada, em 09.05.2012.

MARTINS, Charles Emil Machado. A reforma e o "poder instrutório do juiz". Será que somos medievais? Disponível em: [www.mp.rs.gov.br/areas/criminal/arquivos/charlesemi.pdf]. Acesso em: 03.11.2011.

MARTINS, Fran. *Curso de Direito Comercial*. Rio de Janeiro: Forense, 28 ed., 2002.

MATONIS, Jon. The Monetary Future At The Intersection of Free Banking, Cryptography, and Digital Currency. Thoughts on Bitcoin Laundering. Published on internet on May 13, 2011, *http://themonetaryfuture.globspot.com/2011/05/thoughts-on-bitcoin-laundering.html* (last visited, on March 08, 2012).

MAZZUOLI, Valério de Oliveira. *Curso de Direito Internacional Público*. 2. ed. São Paulo: Ed. Revista dos Tribunais, 2007.

MESSINEO, Francesco. Máfia e Crime de Colarinho Branco: uma nova abordagem de análise. *Novas tendências da criminalidade transnacional mafiosa*. Organizadores: Alesandra Dino e Wálter Fanganiello Maierovitch. São Paulo: Unesp Ed., 2010.

MENDEZ RODRIGUEZ, Cristina. *Los delictos de peligro y sus técnicas de tipificación*. Madrid, 1993.

MENDRONI, Marcelo Batlouni. *Crime de lavagem de dinheiro*. São Paulo: Atlas, 2006.

_____. Crime de lavagem de dinheiro: consumação e tentativa. *Ultima Instância*: revista jurídica. Disponível em: *www.ultimainstancia.com.br*. Acesso em: 21.06.2012.

_____. Delação premiada. *Última Instância: revista jurídica*. Disponível em: <www.ultimainstancia.com.br>. Acesso em: 28 ago. 2005.

MERCED, Michael J. De la, Prosecutors Try to Claim Madoffs's Properties, *New York Times,* March 17, 2009, B6 (*www.westlaw.com*, acessado em 24.05.2012).

MEXICO proposes to limit cash purchases of certain goods to 100,000 pesos. *2010 FINTRAC REPORT,* cujo endereço eletrônico foi acessado em 14.03.2012.

MIR, José Ricardo Sanches e Vicente Garrido Genovês. *Delincuencia de cuella blanco*. Madri: Instituto de Estudos de Política, 1987.

MIR PUIG, Santiago. *Derecho penal – Parte general (fundamentos y teoría del delicto)*. Barcelona: Promociones Publicaciones Universitarias, 1984.

_____. *Introducción a las bases del derecho penal.* Montevidéu/Buenos Aires: B de F, 2003.

MIRABETE, Júlio Fabbrini. *Processo penal.* 10. ed. São Paulo: Atlas, 2000.

MONEY LAUNDERING CHARGES for Art Dealers. *New York Times,* published June 02, 2001, *www.westlaw.com*, last visit June 23rd 2012.

MONEYLAUNDERING, TERROR financing: SECP imposes more conditions. *Business Recorder.* Recorder Report. WLNR 17872644. Loaded Date: 09/12/2009. In *www.westlaw.com*, last visit June 23rd, 2012.

MONEY-LAUNDERING: THIRD Directive set to be unveiled by Commission. *European Report.* 2004 WLNR 7240827, June 23rd 2004, last visit June 23rd, 2012.

MORAES, Alexandre. *Direito Constitucional.* São Paulo: Atlas, 6 ed., 1999.

MORAES FILHO, Antônio Evaristo et al. Habeas corpus – crime de gestão fraudulenta de instituição financeira. *Revista Brasileira de Ciências Criminais,* São Paulo, n.º 20, out./dez. 1997.

MORAES, Maurício Zanoide de. Presunção de inocência no processo penal brasileiro: análise de sua estrutura normativa para a elaboração legislativa e para a decisão judicial. Rio de Janeiro: Lúmen Juris, 2010.

MORO, Sérgio Fernando. Artigo *"Sobre o elemento subjetivo no crime de lavagem".* Ainda não publicado.

MUÑOZ CONDE, Francisco. Principios politicocriminales que inspiran el tratamiento de los delitos contra el orden socioeconômico en el proyecto de Código Penal Español de 1994. *Revista Brasileira de Ciências Criminais,* São Paulo, n.º 11, p. 7-20, jul./set. 1995.

MUSCATIELLO, Vicenzo Bruno. Associazione per delinquere e riciclaggio: funzione e ilimite della clausola di riserva. *Rivista Trimestrale di Diritto Penale Dell'Economia.* n.º 1. p. 97-156. Padova: Cedam, gen.-mar. 1996.

NORONHA, E. Magalhães. *Direito Penal.* 20. ed. São Paulo: Saraiva, 1982. vol. 1.

NUCCI, Guilherme de Souza. *Manual de Direito Penal – Parte geral – Parte especial.* 7. ed. São Paulo: Ed. RT, 2011.

_____. *Leis Penais e Processuais Penais Comentadas.* São Paulo: Ed. Revista dos Tribunais, 2 ed. rev., atual. e ampl., 2007.

_____.*Individualização da pena.* São Paulo: Ed. RT, 2005.

NUNES JR., Vidal Serrano; ARAUJO, Luiz Alberto David. *Curso de Direito Constitucional.* 7. ed. São Paulo: Saraiva, 2003.

OLIVEIRA, Eugênio Pacelli de. Coordenador. *Direito e Processo Penal na justiça federal: doutrina e jurisprudência.* São Paulo: Atlas, 2011.

OLIVEIRA, Leonardo Henrique Mundim. Crimes de gestão fraudulenta e gestão temerária em instituição financeira. *Revista de Informação Legislativa,* Brasília, n.º 143, jul./set. 1999.

OLIVEIRA, Odilon. Lavar dinheiro com gado é muito fácil. *Jornal da Tarde,* 25.06.2007.

OLIVEIRA, William Terra de; CERVINI, Raúl; GOMES, Luiz Flávio. *Lei de* lavagem de capitais. São Paulo: Ed. Revista dos Tribunais, 1998.

OLSON, Eric L. *Considering New Strategies for Confronting Organized Crime in Mexico.* Washington, DC: Woodrow Wilson International Center for Scholars. Mexico Institute. March, 2012.

ORION Group chairman sentenced to prison over slush funds, *YON – Yonhap News Agency of Korea,* October 21, 2011, loaded date 10/22/2011, *www.lexis,com,* last visit on April 14, 2012.

PALAK, Shah. Trusts, NGOs under ambit of money-laundering law. *Business Standard,* Mumbai. 2009 WLNR 23270783. Loaded Date: 11/18/2009.

PALLANTE, Maria. Symposium: Digital Archives: Navigating the Legal Shoals Orphan Works, Extended Collective Licensing and Other Current Issues. Citation: 34 Colum. J.L. & Arts 23 2010-2011. Content downloaded/printed from HeinOnline (*http://heinonline.org*). Wed Apr 18 14:40:17 2012.

PAULA, Áureo Natal de. *Crimes contra o Sistema Financeiro Nacional e o Mercado de Capitais.* Curitiba: Juruá, 2 ed., 2007.

PARIENTE, Maggy et al. Les groupes de sociétés et la responsabilité pénale des personnes morales. In: *La responsabilité pénale des personnes morales.* Paris: Dalloz, 1993.

PEDRAZZI, Cesare. O Direito Penal das Sociedades e o Direito Penal comum. *Revista Brasileira de Criminologia e Direito Penal.* Rio de Janeiro: Instituto de Criminologia do Estado da Guanabara, 1965, vol. 9.

PIMENTEL, Manoel Pedro. Crimes contra o Sistema Financeiro. In: ANTUNES, Eduardo Muylaert (Coord.). *Direito Penal dos negócios:* crimes do colarinho branco. São Paulo: Associação dos Advogados de São Paulo, 1990.

_____. *Crimes contra o sistema financeiro nacional: comentários à Lei 7.492, de 16/6/86.* São Paulo: Ed. Revista dos Tribunais, 1987.

_____. Responsabilidade penal das pessoas jurídicas. *Repertório IOB de Jurisprudência,* São Paulo, n.º 12, p. 230-232, jun. 1990.

PINHEIRO, Luís de Lima. *Direito Internacional Privado.* Coimbra: Almedina, 2002. vol. 1.

PINHO, Diva Benevides. *A Arte como Investimento. A Dimensão Econômica da Pintura.* São Paulo: Nobel e Universidade de São Paulo – Edusp (coedição), 1989.

PINTO, Frederico de Lacerda da Costa. Crimes econômicos e mercados financeiros. *Revista Brasileira de Ciências Criminais,* São Paulo, n.º 39, p. 28-62, jul./set. 2002.

PRADO, Luiz Regis. *Direito Penal Econômico: ordem econômica, relações de consumo, sistema financeiro, ordem tributária, sistema previdenciário, lavagem de capitais, crime organizado.* São Paulo: Ed. Revista dos Tribunais, 4. ed. rev., atual e ampl., 2011.

_____. *Curso de Direito Penal brasileiro – Parte geral.* 6. ed. São Paulo: Ed. RT, 2010. vol. 1.

_____. Crime ambiental: responsabilidade penal da pessoa jurídica? *Boletim do IBCCrim,* São Paulo, ed. esp., n.º 65, abr. 1998.

_____. Responsabilidade penal da pessoa jurídica: o modelo francês. *Boletim do IBCCrim,* São Paulo, n.º 46, set. 1996.

_____. *Curso de Direito Penal Brasileiro*. São Paulo: Ed. Revista dos Tribunais, 7 ed. rev., vol. 1, atual. e ampl., 2007.

_____. *Direito Penal Econômico: ordem econômica, relações de consumo, sistema financeiro, ordem tributária, sistema previdenciário, lavagem de capitais, crime organizado*. São Paulo: Ed. Revista dos Tribunais, 4 ed. rev., atual e ampl., 2011.

PURKEY, Hannah. *The Art of Money Laundering*. HeinOnLine (*http://heinonline.org*), acessado em 18.04.2012, Citation: 22 Fla. J. Int'l L. 111 2010.

QUEIJO, Maria Elizabeth; MACHADO, Charles M. *Crimes de Colarinho Branco*. São Paulo: Saraiva, 2000.

RAJA D, John Samuel. Ten means to put an end to black money issue. Economic Times (India). Copyright 2011 Bennett, Coleman & Co., Ltd., Source: *The Financial Times Limited*. November 18, 2011.

REALE JR, Miguel. Despenalização no Direito Penal Econômico: uma terceira via entre o crime e a infração administrativa? *Revista Brasileira de Ciências Criminais*. vol. 28. p. 116-129. São Paulo: Ed. RT, out.-set. 1999.

_____. *Instituições de Direito Penal – Parte geral*. Rio de Janeiro: Forense, 2004. vol. 1.

REALUYO, Celina B. *It's All about Money: Advancing Anti-Money Laundering Efforts in the U.S. and Mexico to Combat Transnational Organized Crime*. Washington, DC: Woodrow Wilson International Center for Scholars. Mexico Institute, May 2012.

REAP, James K. The United States and the World Heritage Convention. *Art and Cultural Heritage. Law, Policy, and Practice*. New York: Cambridge University Press, edited by Barbara T. Hoffman, 2006.

REZEK, Francisco. *Direito Internacional Público*: curso elementar. 10 ed. São Paulo: Saraiva, 2005.

RIDER, Barry. The financial world at risk: the dangers of organized crime, money laudering and corruption. *Managering Auditing Journal*. n.º 7, 1993.

ROCHA, Fernando A. N. Galvão da. Responsabilidade penal da pessoa jurídica. *Revista da Associação Paulista do Ministério Público*, São Paulo, n.º 18, maio 1998.

ROCHA, Manuel Antônio Lopes. A responsabilidade penal das pessoas colectivas – novas perspectivas. In: CORREIA, Eduardo et al. *Direito Penal Econômico e europeu:* textos doutrinários. Coimbra: Coimbra Ed. 1998. vol. 1.

RODRIGUES, Anabela Miranda *Contributo para a fundamentação de um discurso punitivo em matéria fiscal. Direito Penal Económico e Europeu: textos doutrinários.* Coimbra: Coimbra ed., 1999.

ROSA, Fábio Bittencourt da. Lei n.º 7.492/86 e o Concurso Aparente de Leis. Direito Federal. *Revista da Ajufe*, ano 23, p. 205-211, 1º sem. 2005.

ROTHENBURG, Walter Claudius. *A pessoa jurídica criminosa.* Curitiba: Ed. Juruá, 1997.

ROXIN, Claus. *Derecho penal – Parte general – Fundamentos. La estructura de la teoría del delito.* Madri: Civitas, 2006. t. I.

_____. *Funcionalismo e imputação objetiva no Direito Penal.* Trad. e introdução de Luís Greco. Rio de Janeiro: Renovar, 2002.

_____. *Problemas fundamentais de Direito Penal.* 3. ed. Trad. Ana Paula dos Santos Luís Natscheradetz (Textos I, II, III, IV, V, VI, VII e VIII), Maria Fernanda Palma (Texto IX) e Ana Isabel de Figueiredo (Texto X). Lisboa: Vega Universidade/Direito e Ciência Jurídica, 1998.

_____. Reflexões sobre a construção sistemática do Direito Penal. *Revista Brasileira de Ciências Criminais.* vol. 82. p. 24-47. São Paulo: Ed. RT, 2010.

_____. *La teoria del delito en la discusión actual.*Trad. Manuel Abanto Vásquez. Lima: Grijley, 2007.

RUIVO, Marcelo Almeida. *Criminalidade financeira: contribuição à compreensão da gestão fraudulenta.* Porto Alegre: Livraria do Advogado, 2011

RUSSI, Joyce. ENCLA 2006. Entidades buscam aperfeiçoamento normativo. Formular leis que garantam o efetivo combate à lavagem de dinheiro e a recuperação dos ativos é a principal meta da Encla para este ano. *Jornal da Associação Nacional dos Procuradores da República*, n.º 34, fev. 2006.

SÁNCHEZ, Jesús-María Silva. *Eficiência e Direito Penal. Coleção Estudos de Direito Penal.* São Paulo: Manole, 2004, n.º 11.

SANTIAGO, Rodrigo. O "branqueamento" de capitais e outros produtos do crime: contributos para o estudo do art. 23.º do Decreto-Lei n.º 15/93, de 22 de janeiro, e do regime de prevenção da utilização do sistema financeiro no "branqueamento" (Decreto-Lei n.º 313/93, de 15 de setembro). In: CORREIA, Eduardo et al. *Direito Penal Econômico e europeu:* textos doutrinários. Coimbra: Coimbra Ed. 1999. vol. 2.

SANTOS, Cláudia Maria Cruz. *O crime de colarinho branco (da origem do conceito e sua relevância criminológica à questão da desigualdade na administração da justiça penal).* Coimbra: Coimbra Ed., 2001.

SANTOS, Gérson Pereira dos. *Direito Penal Econômico.* São Paulo: Saraiva, 1981.

SANTOS, José Roberto Bedaque. A garantia da amplitude de produção probatória. In: CRUZ E TUCCI, José Rogério. *Garantias constitucionais do processo civil. Homenagem aos 10 anos da Constituição Federal de 1988. São Paulo: Ed. RT, 1999.*

SCHIMIDT, Andrei Zenckner; FELDENS, Luciano. *O crime de Evasão de Divisas; a tutela penal do Sistema Financeiro Nacional na perspectiva da política cambial brasileira.* Rio de Janeiro: Lúmen Juris, 2006.

SECOND Report on the Situation of Human Rights Defenders in the Americas.Inter-American Commission on Human Rights. Published by Organization of American States – OAS, December 31, 2011.

SEXER, Ives. Les conditions de la responsabilité pénale des personnes morales. *Droit et patrimoine,* [S.l.], p. 38-46, jan. 1996.

SHAH, Palak. Trusts, NGOs under ambit of money-laundering law. *Business Standard,* 2009 WLNR 23270783, loaded date 11.18.2009. November 19, 2009, *www.westlaw.com,* último acesso em 23 de junho de 2012.

SHECAIRA, Sérgio Salomão. A responsabilidade das pessoas jurídicas e os delitos ambientais. *Boletim do IBCCrim,* São Paulo, ed. esp. n.º 65, abr. 1998.

SIKARWAR, Deepshikha. Religious trusts, non-profit organizations to face geater scrutiny. *Economic Times* (India). Section: Corporate Trendes.. 2011 WLNR 19624448. Loaded Date: 09/27/2011

SILVA, Antônio Carlos Rodrigues da. *Crimes do colarinho branco.* Brasília: Brasília Jurídica, 1999.

SILVA, Germano Marques da. *Direito Penal português – Parte geral.* Lisboa: Verbo, 1999. vol. II.

SILVA FRANCO, Alberto. *Código Penal e sua interpretação jurisprudencial.* São Paulo: Ed. RT, 1995.

SILVA SÁNCHEZ, Jesús-María. *A expansão do Direito Penal. Aspectos da política criminal nas sociedades pós-industriais.* Trad. Luiz Otavio de Oliveira Rocha. São Paulo: Ed. RT, 2002.

SIMÕES, Euclides Damaso. Manual distribuído no curso promovido pela OEA e o Ministério da Justiça a juízes e promotores brasileiros entre 17 e 21 de outubro de 2005.

SIMPÓSIO sobre Direito dos valores mobiliários. Série cadernos do Centro de Estudos Judiciários do Conselho da Justiça Federal, ns.15 e 16. Brasília: respectivamente 1998 e 1999.

SIRVINSKAS, Luís Paulo. Questões polêmicas atinentes à responsabilidade penal da pessoa jurídica nos crimes ambientais. *Revista da Associação Paulista do Ministério Público,* São Paulo, n.º 17, abr. 1998.

SNELL-PYM, Alaric. Bitcoin Security. Publicado na *internet, http://www. snell-pym.org.uk/archives/2011/05/12/bitcoin-security/,* último acesso em 08.03.2012.

SOTHEBY'S. Endereço eletrônico: *http://www.sothebys.com/held/buy/index.html* (última visita em 02.03.2015); Sotheby's Fine Art Storage Facility(*http://www.sothebys.com/en/inside/services/sothebys-fine-art-storage-facility/overview.html,* acesso em 02.03.2015).

SOCIEDADES ANÔNIMAS. Consulex: Revista Jurídica, vol. 5, n.º 116, p. 10-25, nov./2001.

SOUZA E SILVA DE OLIVEIRA, Márcia. Dos crimes contra o mercado de capitais. Trabalho a respeito da Lei n.º.10.303, de 31.10.2001, a ser publicado.

SPIEL JUNIOR, Robert E. *Art Theft and Forgery Investigation. The Complete Field Manual.* Springfield, Illinois/USA: Charles C Thomas, 2000.

STOCO, Rui. *Crimes contra a economia popular, a ordem tributária e as relações de consumo. Leis penais especiais e sua interpretação jurisprudencial.* São Paulo: Ed. Revista dos Tribunais, 1995.

_____. Direito Penal Econômico. *Revista Brasileira de Ciências Criminais,* São Paulo, n.º 16, out./set. 1996.

SUÁREZ-INCLÁN DUCASSI, María Rosa. Financial Regulations and Tax Incentives with the Aim to Stimulate the Protection and Preservation of Cultural Heritage in Spain. *Art and Cultural Heritage. Law, Policy, and Practice.* New York: Cambridge University Press, edited by Barbara T. Hoffman, 2006.

SUTHERLAND, Edwin H. *El Delito de Cuello Blanco – White Collar Crime – The Uncut Version.* Buenos Aires: Editorial IBdeF, 2009.

_____.*White-Collar Crime – The Uncut Version.* New Haven: Yale University Press, 1983.

THEODORO JÚNIOR, Humberto. *Direitos do Consumidor: a busca de um ponto de equilíbrio entre as garantias do Código de Defesa do Consumidor e os princípios gerais do Direito Civil e do Direito Processual Civil.* Rio de Janeiro: Forense, 2009.

TERROR outfit-turned 'charity' JuD set o come under Pak Central Bank scanner. In *Asian News Internacional,* March 13, 2012 (*www.lexis.com,* último acesso em 19.06.2012).

THE ART cheats who betrayed my father. *The Guardian.* Source: *http// www.guardian.co.uk/artanddesign/2008/sep/14/art1,* accessed on May 08, 2012.

THE FIGHT Against Money Laudering. Economic perspectives. *An Electronic Journal of the U.S. Department of State,* n.º 2, vol. 6, maio 2001.

THE Relationship between Tax Deductions and the Market for Unprovenanced Antiquities. Citation: 33 Colum. J.L. & Arts 241 2009-2010. Content downloaded/printed from HeinOnline (*http://heinonline.org*). Wed Apr 18 13:23:53 2012.

THE SAR Activity Review, Trends, Tips & Sigues. *Publishd Under the auspices of the BSA Advisory Group,* Issue 12 FinCEN, oct./2007.

THE UNITED STATES DEPARTMENT OF JUSTICE, Asset Forfeiture Program, Annual Financial Statements, FY 2011 Report n.º 12-12, *http://www.justice.gov/jmd/afp/01programaudit/index.htm,* última visita em 25.05.2012.

THOMPSON, Erin. *The Relationship between Tax Deductions and the Market for Unprovenanced Antiquities.* HeinOnLine (*www.heinonline.com*), Citation: 33 Colum. J.L.& Arts 241 2009-2010, acesso em 18.04.2012.

THORNTON, Sarah. *Sete dias no mundo da arte. Bastidores, tramas, intrigas de um mercado milionário.* Tradução: Alexandre Martins. Rio de Janeiro: Agir, 2010.

TIEDEMANN, Klaus. Responsabilidad penal de personas jurídicas y empresas en derecho comparado. *Revista Brasileira de Ciências Criminais,* São Paulo, n.º 11, p. 21-35, jul./set. 1995.

_____. *Poder económico y delito* (Introducción al derecho penal económico y de la empresa). Barcelona: Ariel, 1985.

_____.*Delitos contra el orden económico*: la reforma penal. Madrid: Instituto Alemão, 1982.

TOLEDO, Francisco de Assis. *Princípios básicos de Direito Penal.* São Paulo: Saraiva, 2000.

_____. *Princípios básicos de Direito Penal – De acordo com a Lei n.º 7.209, de 11.7.1984, e a Constituição de 1988.* 4. ed. São Paulo: Saraiva, 1991.

TOURINHO FILHO, Fernando da Costa. *Curso de Direito Constitucional.* 7. ed. São Paulo: Saraiva, 2003.

TRUE, Marion. "Neighter condemned nor vindicated". *The Art Newspaper,* published online at 05 January 2011. Source: *http://www. theartnewspaper.com/articles/%E2%80%9CNeither-condemned-nor-vindicated%E2%80%9D/22163*, accessed on June 20th, 2012.

TSITSOURA, Aglaia. Les travaux du Conseil de l'Europe. *Revue Internationale de Droit Pénal,* [S.l.], vol. 54, n.º 3/4, 1983.

TWO TOP Cartels at War in Mexico. *Express.* Washington, DC: publicação do *The Washington Post,* p. 6, em 25.05.2012.

UNITED STATES OF AMERICA, Appelant v. Opportunity Fund and Tiger Eye Investiments, Ltd., Appelles (n.º 1:08-mc-0087-JDB, decided July 16, 2010). Site: *http://www.cadc.uscourts.gov/internet/opinions.nsf/1B9D-C0B1D05DB6D5852578070070EC9C/$file/09-5065-1255619.pdf,* last visit June 14th, 2012.

UNITED STATES OF AMERICA, Appellee, v. Orlando BIRBRA-GHER, also known as Orlando Villarreal Birbragher, also known as Orlando Villarreal, Appellant. N.º 08-4004. Submitted: Nov. 20, 2009. Filed: April 26, 2010. *603 F.3d 530, 2010 WL 1643597*. Rehearing Denied May 27, 2010.

UNITED STATES OF AMERICA v. MICHAEL S. CIARCIA.CRIM. N.º 3:04CR172(AWT). United States District Court For The District Of Connecticut 2006 U.S. Dist. LEXIS 43833.

UNITED STATES OF AMERICA v. ONE-SIXTH SHARE, 326 F.Wd 36,40 (1st Circ. 2003).

UNITED STATES OF AMERICA, Appellee, v. Frederick SCHULTS, Defendant-appellant. (333 F.3d.393 2003).*Http://law.justia.com/cases/federal/appellate-courts/F3/333/393/603190/*

UNITED STATES OF AMERICA, Appellee, v. MAHIR REISS, also known as BARBITAS, also known as BARBAS, also known as UNCLE, also known as THE RABBI, Defendant-Appellant, ABRAHAM REISS, BERNARD GRUNFELD, JACK PINSKI, ROBERTO BUENDIA, FABIO ARANA, LISANDRO MONTES DE OCA, FRANCISCO GIL, ESTONIO RODRIGUEZ, JUAN SUAREZ, ALVARO DUQUE, AND ISRAEL KNOBLOCH, Defendants. Docket Nos. 98-1468 & 98-1441(L). UNITED STATES COURT OF APPEALS FOR THE SECOND CIRCUIT. 186 F.3d 149; 1999 U.S. App. LEXIS 11132 March 17, 1999, Argued May 27, 1999, Decided.

UNITED STATES OF AMERICA, Appellee, v. MAHIR REISS, also known as BARBITAS, also known as BARBAS, also known as UNCLE, also known as THE RABBI, Defendant-Appellant, ABRAHAM REISS, BERNARD GRUNFELD, JACK PINSKI, ROBERTO BUENDIA, FABIO ARANA, LISANDRO MONTES DE OCA, FRANCISCO GIL, ESTONIO RODRIGUEZ, JUAN SUAREZ, ALVARO DUQUE, AND ISRAEL KNOBLOCH, Defendants. Docket Nos. 98-1468 & 98-1441(L) UNITED STATES COURT OF APPEALS FOR THE SECOND CIRCUIT 186 F.3d 149; 1999 U.S. App. LEXIS 11132 March 17, 1999, Argued May 27, 1999, Decided, *186 F.3d 149, 1999 U.S. App. LEXIS 11132*.

UNITED STATES OF AMERICA v. BAJAKAJIAN, 524 U.S. 321, 330-31 (1998).

UNITED STATES OF AMERICA, Plaintiff-Appellee, v. VIOLET M. MARSH, Defendant-Appellant. N.º 97-30188. United States Court of Appeals for the ninth circuit. 1998 U.S. App. LEXIS 25440. September 16, 1998, Argued and Submitted, Seattle, Washington October 7, 1998, Filed.

UNITED STATES OF AMERICA against KATHRYN AMIEL, JO-ANNE AMIEL, and SARINA AMIEL, Defendants. 92-CR-238 (TCP) United States District Court For The Eastern District Of New York 889 F. Supp. 615; 1995 U.S. Dist. LEXIS 12611.

UNITED STATES OF AMERICA v. CAMPBELL, 977 F.2d 854 (4th Cir. 1992).

UNITED STATES OF AMERICA v. ISABEL, 945 F.2d 1193, 1202-03 (1st Cir. 1991).

UNITED STATES OF AMERICA v. MASSAC, 867 F.2d. 174, 177-78 (3d Cir. 1989).

UNITED STATES OF AMERICA v. MCCLAIN, 545 F. 2d 998 (5th Circ.) [McClain I], rehearing denied, 551 F. 2d 52 (5th Cir. 1977 (per curiam); US v. MaClain, 593 F. 2d 658 (5th Cir.) [McClain II], cert. denied, 444 919 (1979).

VAROTO, Renato Luiz Mello. Da responsabilidade penal dos sócios. *Repertório IOB de Jurisprudência*, São Paulo, n.º 2, p. 30-31, jan. 1996.

VERMELLE, Georges. *Le nouveau droit pénal.* Paris: Dalloz, 1994. (Série Connaissance du droit).

VIDIGAL, Geraldo Facó. *Sistema Financeiro Nacional: atualidades e perguntas.* 1º Ciclo de Estudos de Direito Econômico. São Paulo: Escola Nacional de Magistrados e Instituto dos Advogados de São Paulo, 1993.

VIEIRA, Ariovaldo M. Coordenador. *Temas relevantes no Direito Penal Econômico e Processual Penal.* São Paulo: Ed. Federal, 2007.

VILLA, John K. *Banking Crimes. Fraud, Money Laundering and Embezzlement.* WEST, vol. 1 e 2, 2011-2012 Supplement. Issued in October 2011.

YAMSUAN, Cathy. Money Laundering through artworks. *Philippine Daily Inquirer.*9/27/10, 2010 WLNR 19286199, loaded date 09/28/2010, September 27, 2010, *www.westlaw.com,* last visit June 26th 2012.

WALD, Arnoldo. A Constituição de 1988 e o sistema financeiro nacional. *Revista de Informação Legislativa,* Brasília, n.º 107, jul./set. 1990.

_____ et al. *Aspectos atuais do direito do mercado financeiro e de capitais.* Coordenação de Roberto Quiroga Mosquera. São Paulo: Dialética, 1999.

_____ et al. In: SADDI, Jairo (Org.). *Intervenção e liquidação extrajudicial no Sistema Financeiro Nacional:* 25 anos da Lei 6.024/74. São Paulo: Textonovo, 1999.

WELZEL, Hans. *Derecho penal alemán: parte general.* 11. ed. (4. ed. castellana). Trad. Juan Bustos Ramírez e Sérgio Yánez Pérez. Santiago: Jurídica, 1997.

WHAT´S Hot Now. Laundering Drug Money With Art. In: *http://forber.com/2003/04/08/cx_0408hot_print.html,* ultimo acesso em 02.03.2015.

WILSON, David Mckay. Who Owns Art? Raymond Dowd, Law'91, and the Fate of Artworks Looted by the Nazis. *Fordham University Alumini Magazine,* Spring, 2012, p. 23-25.

WIZIACK, Júlio. Obra de Arte rende mais que a Bolsa e fica acessível. Por R$ 1.000 investidor pode iniciar coleção; galerias fazem parcelamento. *Folha de São Paulo,* 10.12.2012, folhinvest B1 e B3.

WU, Laura Flahive. Massachusetts Museum of Contemporary Art v. Bichel*:* Construing Artists' Rights in the Context of Institutional Commissions. Citation: 32 Colum. J.L. & Arts 151 2008-2009. Content downloaded/printed from HeinOnline (*http://heinonline.org*). Wed Apr 18 14:34:58 2012.

ZAFFARONI, Eugenio Raúl. *Moderna dogmática del tipo penal.*Lima: Aras Editores, 2009.

_____; PIERANGELI, José Henrique. *Manual de direito penal brasileiro – Parte geral.* 2. ed. São Paulo: Ed. RT, 2005.

_____; _____. *Tratado de derecho penal. Parte general.* Buenos Aires, 1998.

ZANCHETTI, Mário. Il ricciclaggio di denaro proveniente da reato. Milão: Giuffrè. 1997.

Schedule for Fausto De Sanctis – Visiting Judicial Fellow

April 2 – September 28, 2012

Not available the following dates: 7/13-27

Updated as of 9/11/2012 1:00 p.m.

Date	Time	Meeting Participant(s)	Meeting Topic	Meeting Location
Monday, April 2	11:00 a.m.	Milena Sanchez de Boado	Orientation/welcome	Milena's Office
		Lunch with Milena		
Wednesday, April 4	2:00 p.m.	Deena Smith	Overview of FJC library and resources	FJC Library
Wednesday, April 4	11:00 a.m.	JudgeFogel and JohnCooke	Introductions	Director's Office
Thursday, April 5	4:00 p.m.	Todd Haugh, Supreme Court Fellow, U.S. Sentencing Commission	Overview of U.S. Sentencing Commission	Executive Conference Room
Monday, April 9	11:00 a.m.	Julie Yap, Supreme Court Fellow,Administrative Office of the U.S. Courts	Overview of AO	Julie's Office
Monday, April 9	2:45 p.m.	Supreme Court Tour (attending with Milena)	Attend Supreme Court Tour	You will meet Milena FJC at 2:45 p.m. and walk with her to the Court.
Thursday, April 12	9:00-5:00	Rules Committee		Training Rooms
Monday, April 16	9:00 -5:00	Conference for Chief Judges		Training Rooms& Auditorium

Date	Time	Meeting Participant(s)	Meeting Topic	Meeting Location
Tuesday, April 17	9:00 - 10:30	Center for American Progress Action Fund: Federal Courts in Crisis	Presentation	Center for American Progress Action Fund 1333 H St. NW, 10th Floor Washington, DC 20005
Tuesday, April 17	2:00 p.m.	Eduardo Soares, Senior Foreign Law Specialist, Global Legal Research Center The Law Library of Congress	Introduction to the Law Library of Congress	Mr. Soares' office is at the James Madison Memorial Building, which is located at: The Law Library of Congress 101 Independence Avenue, SE, Room LM240 Washington, DC 20540-3230
Thursday, April 19	11:30 a.m.	Observe presentation on social media to delegation from China		FJC Conference Room
Thursday, April 19	4:00 p.m.	Diane Apostolos-Cappadona, Ph.D. Adjunct Professor of Religious Art & Cultural History Prince Alwaleed bin Talal Center for Muslim-Christian Understanding Georgetown University	Money Laundering and Art Theft	Georgetown University – Milena and Todd will attend with you.

Date	Time	Meeting Participant(s)	Meeting Topic	Meeting Location
Tuesday, April 24	10:00 a.m.	**Supreme Court Oral Arguments**	Link to SCOTUS-blog summaries: *http://www.scotus-blog.com/case-files/cases/match-e-be-nash-she-wish-band-of-pottawatomi-indians-v-patchak* *http://www.scotusblog.com/event/salazar-v-patchak-11-274/*	Please arrive at the Supreme Court at 9:15 a.m. and meet Milena outside. If Milena won't be attending with you, please let an officer know you are on the access list with reserved seating and have them direct you. Please do not bring cell phones or cameras into the courtroom. There are lockers available near Main Hall where you can store your belongings.

Date	Time	Meeting Participant(s)	Meeting Topic	Meeting Location
Wednesday, April 25	9:15 a.m.	**Judge Peter Messitte** **The U.S. Federal District Court for the District of Maryland, Greenbelt Division**	Join a delegation of judges from Brazil who will be visiting the court. The program will include a tour of the court, briefing on the clerk's office, demonstration of electronic case filing, visit with the Corrections Department officials and meetings with other judges, prosecutors, and lawyers from the federal public defender's office. There may also be an opportunity to observe court proceedings.	The U.S. Federal District Court for the District of Maryland, Greenbelt Division, is located at 6500 Cherrywood Lane, Greenbelt, MD. It is accessible via Metro and then a short bus ride or taxi ride. (Elia will provide you with directions so you can attend with Judge Karabiyik).
Wednesday, April 25	5:00 p.m.	**International Judicial Academy reception honoring the visiting delegation of Judges from Brazil**		Brookings Institution □ Somers Room 1775 Massachusetts Ave. N.W., 1st floor Washington, DC
Tuesday, May 8	11:00 a.m.	**Lexis Representative**	Lexis Training Session	Your Office
Tuesday, May 8	2:00 p.m.	**Westlaw Representative**	Westlaw Training Session	Your Office

Date	Time	Meeting Participant(s)	Meeting Topic	Meeting Location
Wednesday, May 9	12:00 p.m.	Lunch with Judge Williams		National Gallery – meet at the cafeteria entrance, which is in the underground passage between the east and the west wings of the museum.
Tuesday, May 15 - Thursday, May 17		Trip to NYC, meetings with: Sharon Cohen Levin Chief, Asset Forfeiture Unit United States Attorney's Office Southern District of New York (212) 637-1060 Monica Dugot Senior Vice President/International Director of Restitution Christie's Auction House 20 Rockefeller Plaza New York, NY 10020 (212) 636-XXXX	Meetings	

Date	Time	Meeting Participant(s)	Meeting Topic	Meeting Location
Friday, May 18	8:30 a.m.	Event at the Woodrow Wilson Center	Disrupting Money Laundering by Mexican Transnational Organized Crime	5th Floor, Woodrow Wilson Center Directions: From Dupont Circle metro, take metro to Metro Center. Switch to Orange or Blue line trains, and take one stop to Federal Triangle. At the top of the escalator at street level, cross Woodrow Wilson Plaza. Enter the Center's lobby at the left (southeast) corner of the Ronald Reagan Building. The entrance doors are around the corner behind the large bronze sculpture by Martin Puryear ("Bearing Witness").

Date	Time	Meeting Participant(s)	Meeting Topic	Meeting Location
Monday, May 21	10:00 a.m.	**Judith Leonard General Counsel Smithsonian Institution** & **Bonnie Magness-Gardiner FBI Art Theft Program**	Meeting	Ms. Leonard's office in the Smithsonian Castle (office #302). Please enter at the East end (by the Rose Garden facing the Capitol) it is the staff entrance. The guard will have your names and call Ms. Leonard.
Thursday, May 24	12:00 p.m.	**Lunch with Phil Hart, Education Division**		
Monday, May 29 - Friday, June 1	09:00 a.m. - 04:00 p.m.	**OAS Money Laundering Meeting**		
Monday, June 4	11:30 a.m.	**Sharon Cohen Levin Chief, Asset Forfeiture Unit United States Attorney's Office Southern District of New York (212) 637-XXXX** & **Monica Dugot Senior Vice President/International Director of Restitution Christie's Auction House 20 Rockefeller Plaza New York, NY 10020 (212) 636-XXXX**		20 Rockefeller Plaza, 49th between Ave of Americasand Rock Center.

Date	Time	Meeting Participant(s)	Meeting Topic	Meeting Location
Wednesday, June 6	5:00 p.m.	Auction at Christie's Auction House		20 Rockefeller Plaza, 49th between Ave of Americas and Rock Center.
Wednesday, June 6	8:00 p.m.	Judge Joanna Seybert District Judge, New York Eastern District Court		
Tuesday, June 19	9:30 a.m.	Nancy Yeide & Julian Saenz National Gallery of Art		Ms. Yeide and Mr. Saenz are located in theEast Building of the National Gallery of Art. There is only one entrance, on 4th street (under the construction). Ms. Yeidewill try to be waiting for you, but if not alert the guard that you have an appointment. As the National Gallery of Art is not open to the public until 10:00am, the guardwill call Ms. Yeide. You will meet in Ms. Yeide's office.

Date	Time	Meeting Participant(s)	Meeting Topic	Meeting Location
Tuesday, June 19	1:00 p.m.	Presentation by Timothy Dale Attorney Advisor Office of the Deputy Director AO		TMFJB, Second Floor Conference Room
Thursday, June 21	3:00 p.m.	Margaret MacLean Senior Analyst Cultural Heritage Center U.S. Department of State (202) 632-XXXX		The address is 2200 C St. NW. Thebuilding sits facing C Street, between 22nd and 23rd Streets. It isacross the street from the main building of the State Department. Ifyou are taking a taxi, just tell the taxi to take you to the State Department. He will drop you at the security gate on 22nd Street,facing the Department. Our building will be on your left. It's called"SA-5", and belongs to the American Pharmacists Association. When you enter our building, you'll walk downstairs a half-level down from the street.

				You will see the SecurityDesk on the right. After you walk through the scanner, an officer will take your ID and give you a visitor badge. Have the officer call Ms. MacLean from the desk at 2-6305, and she come down and get you. *Please bring with you 2 forms of government-issued photo identification.*
Tuesday, June 26	4:00 p.m.	**Gloria Ford Stolen Artwork Program Manager Economic Crimes Division INTERPOL Washington U.S. Department of Justice**		Please find attached directions to INTERPOL Washington. When you arrive at the building, please call Ms. Ford on her personal cell phone at 203-640-XXXX and she will come down to greet and escort you to her office.
June 25 -28			Legal English Program American University Washington College of Law	

Thursday, June 29	5:00 p.m.	Bonnie Magness-Gardiner and prosecutors		Grand Hyatt H and 11th St NW
Friday, July 6	9:00 a.m.	Karine Moreno Taxman Assistant U.S. Attorney Eastern District of Wisconsin		517 East Wisconsin Ave Room 530 Milwaukee, WI
Friday, July 6	11:00 a.m.	Jill M. Gehring & Robert Warren Internal Revenue Service		211 West Wisconsin Avenue Milwaukee, WI
Friday, July 6	2:00 p.m.	Daniel Blinka Professor & Joseph D. Kearney Law School Dean Marquette University Law School		Marquette University Law School Milwaukee, WI
Friday, July 6	5:00 p.m.	James L. Santelle U.S. Attorney Eastern District of Wisconsin		517 East Wisconsin Ave Room 530 Milwaukee, WI
July 9-13			Program on Judicial Reforms in Latin America and the United States American UniversityWashington College of Law	
Friday, July 13	1:00 p.m.	Paulo Soares		Woodrow Wilson Center, Brazil Institute

Wednesday, August 1	12:00 p.m.	**Brown Bag Lunch with FJC Employees**	Brown bag lunchtime discussion about recent legal and judicial reform initiatives in Brazil.	FJC Conference Room
August 6-31	Monday-Friday 9:00 a.m. - 2:10 p.m.		International Language Institute Intensive English as a Second Language Day Program	
Monday, August 20	3:00 p.m.	**Charles E. Ex Organized Crime Prosecutor Civilian Response Corps-Active Office of Overseas Prosecutorial Development, Assistance and Training (OPDAT) U.S. Department of Justice, Criminal Division 1331 F Street NW, Suite 400 Washington, D.C. 20530 email address: Charles.Ex@us-doj.gov**		Federal Judicial Center
Friday, August 31	2:00 p.m.	**Bill Bradley FinCEN Chief Counsel**		2070 Chain Bridge Road, Tycon Court House Building, Vienna, VA

Wednesday, September 5	12:15 p.m.	Presentation at Marquette Law School	"Money Laundering Perfected with Art: U.S. Law, Brazilian Law, and the Art Sector" by the Honorable Fausto Martin De Sanctis, a federal judge in Brazil who is currently a fellow at the Federal Judicial Center in Washington D.C. He is internationally recognized for his expertise on money laundering and for his fight against corporate, political, and organized crime. Judge De-Sanctis will discuss how money launderers are using museum-quality art purchases to evade criminal and regulatory laws in the United States and Brazil.	Eckstein Hall 1215 W. Michigan Street, Milwaukee, WI 53233
Tuesday, September 11	12:30 p.m.	Lunch with Jennifer Wallis, Trial Attorney, U.S. Department of Justice		Old Ebbitt Grill 675 15th Street, NW Washington, DC

September 12 -28	Monday - Friday 9:00 a.m. - 2:10 p.m.		International Language Institute Intensive English as a Second Language Day Program	
Tuesday, September 11	2:00 p.m.	**Gabriel Gonzales HSI Attache**		Old Ebbitt Grill 675 15th Street, NW Washington, DC
Tuesday, September 25	6:30 p.m.	**Preview of CNN's Visayan Forum and meeting with Cecilia Oebanda to discuss her work on domestic sex trafficking**		The home of Thomas Rush

Impresso em abril 2015